鹿 鸣 至 远　 叙 言 未 尽

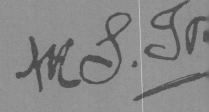

MADAME
FOURCADE'S
SECRET
WAR

THE DARING YOUNG WOMAN
WHO LED FRANCE'S
LARGEST SPY NETWORK
AGAINST HITLER

蔡佳　译

弗尔卡德夫人
的
秘密战争

抵抗希特勒的法国间谍战

〔美〕琳内·奥尔森　　著
Lynne Olson

社会科学文献出版社
SOCIAL SCIENCES ACADEMIC PRESS (CHINA)

谨以此书献给斯坦和卡莉

他们隐藏了身份，你突然意识到其实一直认识他们。当国家面临威胁，国人紧紧团结在一起。人们接纳彼此，一起前进。只有被俘或死亡才能将他们分离。

——玛丽-玛德琳·弗尔卡德

（Marie-Madeleine Fourcade）

玛丽-玛德琳的真实经历，比影片《美丽间谍》（*Beautiful Spy*）中的故事更精彩。

——肯尼思·科恩（Kenneth Cohen）

军情六处中负责法国情报行动的官员

主要人物介绍

联盟情报网

领导者

乔治·卢斯托诺-拉科① （Georges Loustaunau-Lacau）

法国军事情报官，是菲利普·贝当元帅（Philippe Pétain）的一名副官。1940 年秋天，他建立了联盟情报网。

玛丽-玛德琳·梅里克/弗尔卡德［Marie-Madeleine（Méric）Fourcade］

她一开始是乔治·卢斯托诺-拉科的副手，从 1941 年 7 月开始接管联盟，一直到战争结束。

玛丽-玛德琳·弗尔卡德是这本书的主角，她是一个经历复杂的女人，就连姓氏都更换了两次。在第二次世界大战（简称二战）期间，她姓梅里克，这是她第一任丈夫的姓氏，但两人的感情实际早已疏远。二战后，她改用弗尔卡德这个姓氏，这是她第二任丈夫的姓氏，她写回忆录时也是用的弗尔卡

---

① 原文中交替出现乔治·卢斯托诺-拉科和卢斯托诺-拉科，本书统一为卢斯托诺-拉科。另文中经常用其代号纳瓦尔指代乔治·卢斯托诺-拉科，本书对此不做修改。——编者注

德，这也是如今她在法国为人所知的名字。为了避免两个姓氏来回切换引起读者的困惑，我在本书中自始至终使用的都是弗尔卡德。①

莱昂·费伊（Léon Faye）

驻北非法国空军的前副首领，1942 年 1 月成为情报网的二把手。

保罗·伯纳德（Paul Bernard）

银行高级职员，也是玛丽-玛德琳的老朋友。1943 年，玛丽-玛德琳在伦敦避难期间，他接替玛丽-玛德琳担任联盟的首领。

第一批招募者（1940~1941）

莫里斯·库斯特诺布勒（Maurice Coustenoble）

前空军飞行员，是玛丽-玛德琳招募的第一人，后来成为她的主要副手。

亨利·舍雷尔（Henri Schaerrer）

前海军军官，联盟建立初期，他和莫里斯·库斯特诺布勒是玛丽-玛德琳关系最密切的副手。

---

① 原版书中交叉使用玛丽-玛德琳、弗尔卡德和玛丽-玛德琳·弗尔卡德，中文版中尽量统一为玛丽-玛德琳。——编者注

让·布特龙（Jean Boutron）

1940 年 7 月，英国在米尔斯克比尔军港①（Mers-el-Kébir）袭击法国海军舰队，他是幸存者，也是联盟最初行动的另一个关键人物，他在马德里接受了一份卧底工作，担任维希的副海军专员。

夏尔·贝尼斯（Charles Bernis）

法国主要的军事情报理论家，他协调和监督联盟向英国发送情报，后来成为联盟在法国南部的负责人。

加布里埃尔·里维埃（Gabriel Rivière）

他身材魁梧，热情洋溢，领导联盟在马赛地区的行动。他经营一家水果蔬菜店来掩护自己的秘密活动。

埃米尔·奥多利（Émile Audoly）

马赛的粮食商人，主要负责收集地中海货物和船只动向的情报。

雅克·布里杜（Jacques Bridou）

前奥运会雪橇运动员，玛丽-玛德琳的弟弟，是联盟派往伦敦军情六处的第一位特使。

---

① 因本书中出现的地名众多，故有通译的地名中文版不在后面括注原文。——编者注

亨利·穆朗 （Henri Mouren）

布列塔尼的圣纳泽尔造船厂厂长，他向联盟提供了一份关于德国在布列塔尼的重要潜艇基地的详细地图。

安托万·于贡 （Antoine Hugon）

布列塔尼的修理店老板，也是联盟在布列塔尼的负责人，他曾把穆朗绘制的圣纳泽尔地图交给了玛丽-玛德琳。

吕西安·瓦莱 （Lucien Vallet）

年轻的前军官，他曾担任联盟建立第一年的无线电操作负责人。

加瓦尔尼 （Gavarni） （姓氏不详）

脾气暴躁的前空军军官，曾短暂担任玛丽-玛德琳的参谋长。

让·圣特尼 （Jean Sainteny）

联盟最具技术和胆识的特工之一，他负责联盟在诺曼底的情报工作，在诺曼底成功登陆的过程中发挥了重要作用。

第二批招募者 （1942~1943）

莫妮克·邦廷克 （Monique Bontinck）

玛丽-玛德琳的私人信使和助理，她娴静的外表下有着大无畏的精神。

费迪南德·罗德里格斯（Ferdinand Rodriguez）

英国无线电操作员，他被军情六处派往联盟开展无线电工作。1942~1943 年，他与邦廷克、费伊是玛丽-玛德琳最亲密的同事和朋友。

埃内斯特·西格里斯特（Ernest Siegrist）

前巴黎警察，负责联盟的安全，也是伪造身份证和其他文件的高手。

爱德华·考夫曼上校（Col. Édouard Kauffmann）

费伊的前空军同事，他是联盟在多尔多涅地区的负责人。

莫里斯·德·麦克马洪，马真塔公爵（Maurice de MacMahon, the Duke of Magenta）

有趣的飞行高手，也是法国最显赫贵族家族的后裔，他被任命负责联盟在法国德占区的行动。

吕西安·普拉尔（Lucien Poulard）

被费伊招募的空军飞行员，他曾担任费伊的副官，后来在布列塔尼担任联盟在当地的负责人。

皮埃尔·达拉斯（Pierre Dallas）

费伊招募的另一名空军飞行员，他领导联盟的阿维亚（Avia）队伍，负责英国空投行动的后勤工作。

玛格丽特·布鲁耶（Marguerite Brouillet）

社会工作者，她曾为玛丽-玛德琳和其他联盟特工提供庇护，使他们免受维希政府和德国警方的追捕。后来成为玛丽-玛德琳的密友，也是一名重要的联盟特工。

菲利普·柯尼希斯瓦特（Philippe Koenigswerther）

他曾是自由法国情报机构法国中央情报局（BCRA）的间谍，后来成为联盟在波尔多地区的负责人。

乔治·拉马克（Georges Lamarque）

一位才华横溢的年轻数学家，他领导一个名为德鲁伊（Druids）的联盟子情报网，覆盖了整个法国。在战争的最后两年里，他为维持摇摇欲坠的联盟情报网发挥了重要作用。

珍妮·鲁索（Jeannie Rousseau）

拉马克领导的德鲁伊情报网的成员之一，她通过收集关于德国 V-1[①] 导弹和 V-2[②] 火箭恐怖武器的情报，为联盟提供了

---

① V-1 是第 1 号复仇武器（德文名称为 Vergeltungswaffe 1）的缩写。V-1 导弹是德国在第二次世界大战中研发和生产的，也称 V-1 火箭。它在飞行中经常伴随着"嗡嗡"声，因此也被称作"嗡嗡炸弹"，有些人还将其称为"机器人炸弹"。——译者注

② V-2 是第 2 号复仇武器（德文名称为 Vergeltungswaffe 2）的缩写。V-2 导弹是德国在第二次世界大战中研制的大型火箭导弹，也称 V-2 火箭，被认为是现代远载火箭和远程导弹的前身。——译者注

战争中最重要的情报之一。

罗伯特·林恩（Robert Lynen）

20世纪30年代法国最著名的童星，被玛丽-玛德琳招募，成为联盟马赛总部的信使。

让·温赞特（Jean Vinzant）

煤炭和木材商人，他负责联盟在科雷兹（Corrèze）的行动，包括让英国皇家空军飞机秘密着陆在于塞勒附近的一个机场接送联盟特工。

安德烈·宽多（André Coindeau）

来自南特的工程师，他在战争后期负责联盟在圣纳泽尔港的情报收集工作。

让·菲利普（Jean Philippe）

图卢兹的一名警察局长，1942年加入联盟，并继续为维希政府工作。战后，他因在战争期间拒绝围捕犹太人而被犹太大屠杀纪念馆授予荣誉称号。

安妮·德·梅雷伊（Anne de Mereuil）

法国时尚杂志《嘉人》（Marie-Claire）的记者，她是玛丽-玛德琳的老朋友，曾把玛丽-玛德琳和联盟其他人员藏在她位于里昂的公寓里。

玛格丽特·伯恩-丘吉尔（Marguerite Berne-Churchill）

里昂的一名医生，也曾为玛丽-玛德琳提供藏身之处，后来加入联盟，成为联盟在巴黎总部的工作人员。

第三批招募者（1943～1944）

罗伯特·杜安（Robert Douin）

雕塑家和艺术家，他亲手绘制了诺曼底海滩上德军军事阵地和防御工事的地图，这为盟军成功登陆诺曼底发挥了作用。

雅克·施托斯科普夫（Jacques Stosskopf）

洛里昂潜艇基地的一名海军工程师，他的同事都认为他为纳粹做事，实际上他向联盟和英国提供了关于德国 U 型潜艇的重要情报。

埃朗·德伊斯纳尔（Helen des Isnards）

出身于显赫贵族家庭的前空军飞行员，曾负责联盟在法国东南部的行动。

皮埃尔·诺阿尔（Pierre Noal）

一位年轻的医生，1944 年底，他深入敌后，向盟军提供了德军在法国东部的行动情报，并担任玛丽-玛德琳的副手。

那是一个午夜。

牢房里又热又闷，一个女人大汗淋漓地躺在监狱的简易床板上。法国南部普罗旺斯的艾克斯市，7 月常有这样的天气，不足为奇。但牢房中这个女人出汗的原因除了闷热，更多的是出于恐惧。就在几个小时前，她在整理从敌方收集到的情报时被盖世太保抓获。

德国人知道她是一个盟军间谍，但他们并不清楚眼前这个女人的真实身份。根据女人提供的文件（当然是伪造的），她是一个名叫热尔梅娜·珀泽（Germaine Pezet）的法国家庭主妇。她脸色阴沉，邋里邋遢，戴着眼镜，衣着单调，顶着一头没有光泽的黑发。其实这只是这个女人众多伪装中最新的一个。伦敦的一名牙医给她整了牙，帮助她改变了容貌，在她身上已经完全看不到曾经时髦、金发的巴黎女郎的痕迹了。谁能想到，在战前她可是一位出身显贵，以美貌和魅力著称的美人呢？

对于玛丽-玛德琳来说，战前那些年的记忆已像是一段久远的历史。德国占领法国后不久，她就参加了抵抗纳粹德国的运动。1940 年就开始奋起反抗德国纳粹的法国人数量少之又少，玛丽-玛德琳的密友、英国高级情报官员肯尼思·科恩称呼这群人为"少数精英分子"①。

　　1941年，31岁的玛丽-玛德琳已经是法国被占领区最大、最重要的情报网的领导者。战争期间，该情报网向英国和美国的军事高层提供了德军的重要机密：军队调动情况、潜艇航行时间表、防御工事和沿海炮台的位置，还有德国最新的恐怖武器，如V-1导弹和V-2火箭等的信息。

　　战争期间，玛丽-玛德琳是法国重要情报网里唯一的一位女性领导者，她领导了约3000名特工，力量渗透到法国每一个重要港口和大城镇。这些特工有军官、政府官员、建筑师、商人、渔民、家庭主妇、医生、艺术家、水管工、学生、公共汽车司机、牧师、贵族，甚至有法国最著名的儿童演员。由于玛丽-玛德琳的不懈努力，特工中约20%是女性。在法国所有抵抗组织中，这一情报网的女性比例是最高的。

　　玛丽-玛德琳领导的情报网的正式名称是联盟。但盖世太保都称它为"挪亚方舟"，主要是因为情报网特工都用动物或鸟类的名字作化名。这个主意是玛丽-玛德琳提出来的，她为每个特工起了动物名代号。情报网中很多人以高傲强大的动物或鸟中王者作化名，比如狼、狮子、老虎、大象、狐狸、公牛、鹰等。玛丽-玛德琳的代号则是刺猬。

　　从表面上看，刺猬这个代号似乎是个奇怪的选择。刺猬有着明亮的眼睛，它全身长满刺，一直是经典儿童读物中深受喜

---

①　Marie-Madeleine Fourcade, *Noah's Ark：A Memoir of Struggleland Resistance* (New York：Dutton, 1974), 10.

爱的小动物。在童话《爱丽丝梦游仙境》（*Alice in Wonderland*）中，刺猬被红心王后当作板球。在比阿特丽克斯·波特（Beatrix Potter）关于彼得兔的童话故事中，她最喜爱的角色之一是一只名叫"温克尔夫人"的刺猬，原型是作者自己的宠物刺猬。

刺猬不具有危险性的外表是带有欺骗性的。当遇到敌人时，它会蜷缩成一团，这使得它身上所有的刺都指向外面。玛丽-玛德琳的一位朋友曾经这样说，那时的刺猬就变成"一只强悍的小动物，连狮子都不敢咬它"。①

1944 年 7 月之前，玛丽-玛德琳就像刺猬一样成功避开了所有敌人。但联盟中的其他许多人可就没有这么幸运了。过去的一年半，盖世太保发动了全面攻势，试图彻底摧毁联盟。她的数百名特工遭遇了一波又一波逮捕和杀戮，在一些地区几乎所有特工都被杀害了。到了 1944 年夏天，玛丽-玛德琳并不知道她的人还有多少活着，很多特工被处决了，甚至包括她的一些亲信。

每次镇压之后，盖世太保都确信他们已经摧毁了联盟。但他们忽略了一点，该组织的领袖是一个足智多谋、坚毅顽强的人。每当某个地方遭到破坏，她都能重新组织一个新的情报网。

然而在普罗旺斯的艾克斯市，玛丽-玛德琳的好运似乎用尽了。被捕后，她得知一位从马赛过来的盖世太保高级官员将

---

① David Schoenbrun, *Soldiers of the Night: The Story of the French Resistance* (New York: Dutton, 1980), Loc. 3483 (Kindle edition).

在第二天一早审问她。她清楚这名官员到达后肯定会发现她的真实身份。她担心自己会因无法忍受残酷的审讯和酷刑而在被处决之前就屈服招供，于是想过吞下氰化物药片直接了结自己。她在伦敦时就已经准备了药片，就是怕有这么一天。

但玛丽-玛德琳明白，她个人生命的结束可能也意味着联盟的毁灭。她的情报网为盟军反法西斯斗争做出了重要贡献，就连一个月前的诺曼底登陆的成功也少不了他们的功劳。玛丽-玛德琳不敢想象联盟就此被摧毁，她必须想办法逃跑。

我的写作一直专注于历史题材，这些作品主要以第二次世界大战为背景，以众多人物为主角，讲述一个个宏大、全景式的故事。虽然我也会沉浸在写书的快乐中，但我经常会感到沮丧，因为我认为书中的一些人是值得给予更多关注和笔墨的，但我不得不只用三言两语简单描述。

在我的上一本书《最后的希望之岛：流亡英伦的"二战"英雄》（*Last Hope Island：Britain，Occupied European，and the Brotherhoocl That Helped Turn the Tide of War*）中尤其如此。书中有许多引人注目的人物吸引了我，但最引人注目的莫过于玛丽-玛德琳。这位出身名门望族又有教养的年轻女子的故事怎能不让人着迷呢？她曾梦想成为一名音乐会钢琴师，但最终成为二战时期欧洲最伟大的情报网的领导者。

英国历史学家 M. R. D. 福特（M. R. D. Foot）是公认的研究二战时期欧洲抵抗运动的权威。他研究发现，"除了勇敢，抵抗者还有一个共同特点——反抗。他们好争辩，不墨守成规，不喜欢被人使唤"。而玛丽-玛德琳就是这样一位典型代表。

她一生都在反抗法国社会根深蒂固的保守主义男权思想。在这个社会中，女性基本上被束缚在作为妻子和母亲的家庭职责范围内，没有投票权。佩内洛普·弗尔卡德-弗蕾西内（Pénélope Fourcade-Fraissinet）是玛丽-玛德琳的小女儿，她这样评价自己的母亲："她非常独立，从一开始就有自己的想法。"①

战争爆发时，玛丽-玛德琳和她第一任丈夫的感情已经疏远很久了。她的丈夫是一名在北非服役的法国军官。她深爱着两个年幼的孩子，但在战争期间，她有几个月甚至好几年都没有见过他们。

当她刚成为情报网领导者时，她内心其实担心过其他男性抵抗者无法接受一个女性领导者。一开始有些人持怀疑态度，但大多数人很快就被她的勇气、韧性、超群的组织能力以及她与特工们并肩战斗的决心征服，这些被征服的人中甚至还包括一些前保守派军官。正如一位评论家后来写道的，这些军官"不倾向于女权主义"②，但"她有很大的魅力"③。夏尔-埃朗·德伊斯纳尔（Charles-Helen des Isnards）的父亲曾是玛丽-玛德琳的高级副官之一，他曾评价玛丽-玛德琳："只要她在房间里，这个房间的领导者就是她。"

战争结束后的几年里，玛丽-玛德琳因她在战争中的卓越

---

① 引自对佩内洛普·弗尔卡德-弗蕾西内的采访内容。

② 引自让·诺沃赛洛夫（Jean Novosseloff）对玛丽-玛德琳的一篇网络评价文章《抵抗组织领导人》（"A Leader of the Resistance，Fondation de la Résistance"），详见 https://fondationresistance.org/pages/rech_doc/marie-madeleine-fourcade-chef-resistance_cr_lecture55.html。

③ 引自对夏尔-埃朗·德伊斯纳尔的采访内容。

贡献而受到法国人民的赞颂，但是今天，她及联盟在法国之外却几乎不为人知。二战后涌现出了大量关于法国抵抗运动的图书和电影，大部分作品的注意力集中在正面阻止或以其他形式公开反抗纳粹德国压迫的团体和个人身上，几乎没有作品是讲述玛丽-玛德琳以及她的情报网或者其他情报组织的。甚至抵抗运动的第二种活动——逃生活动——都引起了相当多的关注。然而，这些令人兴奋且富有戏剧性的故事实际上并没有对战争的胜利起到十分重要的作用。不容置疑，在诺曼底登陆之后，法国的破坏者和其他抵抗战士是重要的，但此前，他们几乎没有发挥作用去阻止纳粹德国。同样逃生活动帮助大量人士在战争中虎口脱险，他们把被击落的盟军飞行员或其他人从被占领的欧洲带去了安全地区，但这些对战争的胜利所做出的实际贡献其实微乎其微。

相比之下，第三种活动——间谍活动——从战争开始到战争最后胜利都对盟军至关重要。为了制定针对纳粹德国的防御和进攻行动，盟军指挥官依靠法国间谍和其他欧洲被占领区间谍的情报来获取重要信息，如敌军的位置和行动。在法国，大量情报网如雨后春笋般涌现，以满足盟军的需求。其中有些组织，比如联盟，与重要的军事情报机构英国陆军情报六局（Military Intelligence 6，MI6，简称军情六处）密切合作。其他组织则与戴高乐和他在伦敦发起的"自由法国运动"密切相关。然而尽管情报网实际上对战争产生了巨大的影响，但历史学家、小说家和电影编剧对此关注不多，这在很大程度上是因为情报工作的开展是保密的。

　　20 世纪 60 年代末，玛丽-玛德琳在其回忆录《挪亚方舟》（*Noah's Ark*）中揭开了自己战时情报工作的神秘面纱，内容扣人心弦。英国军情六处的肯尼思·科恩高度评价了这本回忆录，它记录了玛丽-玛德琳和其他特工在德国侵略背景下的日常生活，是荷马史诗般的传奇故事。但跟玛丽-玛德琳本人一样，这本回忆录在今天并不知名。

　　玛丽-玛德琳的事迹并不知名的另一个原因是她的性别。作为一名女性领导者，她不符合法国抵抗运动历史的传统叙述，因为传统意义上的抵抗运动的领导者是男性。英国历史学家 J. E. 史密斯（J. E. Smyth）在 2014 年指出："直到今天，研究抵抗运动的历史学家仍坚持认为，没有女性领导过抵抗运动的情报工作，这公然无视了玛丽-玛德琳的工作。"[①]

　　写这本书的主要目的之一就是讲述玛丽-玛德琳的故事，并给予她应有的荣誉。还有一个目的是让人们注意到玛丽-玛德琳领导的成千上万的特工，尽管他们只是普通人，但为阻止世界和人类文明被战争摧毁、国家遭受耻辱与陷入深渊倒退做出了重要贡献。

　　珍妮·鲁索是玛丽-玛德琳的下属特工之一，她在战争中曾领导过重要的情报行动。在二战结束多年后，一位美国记者采访了她，问她为什么要冒着生命危险加入联盟。珍妮·鲁索答道："我不明白你为什么要问这个问题，去做自己能做的事情是一种义务。这是必需的。你怎么能不做呢？"

---

　　① 　引自珍妮·鲁索与大卫·伊格纳休斯（David Ignatius）的视频采访，国际间谍博物馆（International Spy Museum）档案，华盛顿。

目 录

1936～1942

1936 ~ 1942

1940 年 9 月，卢斯托诺－拉科和玛丽－玛德琳在维希创建了十字军情报网（后来的联盟情报网）。1941 年初，联盟情报网将总部从维希迁往波城，当年晚些时候又迁至马赛。

第一章　进入未知的世界

　　玛丽-玛德琳抵达她姐姐家时，客厅里早已人头攒动，热闹非凡。她的姐夫乔治正在与一群男宾客热情交流。她注意到姐姐在房间另一边，便穿过人群去找她。

　　姐姐伊冯娜把她介绍给了几位女宾客，宾客们与她打过招呼之后转头继续聊天，讨论孩子、近期的旅行计划、与仆人之间无休止的矛盾。过了一会儿，一位名叫伊冯娜·戴高乐（Yvonne de Gaulle）的女人一边喝茶，一边大谈乡村生活的舒心，感叹在乡村拥有一栋房子是多么重要，这样一来像她丈夫这样忙碌的男人就能找到一个安静的去处。

　　玛丽-玛德琳心不在焉地环视了一下房间，她认出了几个男人，很多是和乔治一样的军官，还有一些外交官、记者和商界领袖等。自从她回到巴黎，她的姐姐和姐夫总引荐她去接触有影响力的上流圈子。这个圈子里的很多人经常参加夫妻二人傍晚在公寓里举办的沙龙活动。他们的公寓位于瓦诺街上，这里距离法国首都的政府部门和大使馆都很近。

　　不一会儿，乔治注意到了玛丽-玛德琳，并向她招手。当她走到乔治身边时，注意到乔治周围的男人向她投来了欣赏的目光。这位 26 岁的金发碧眼的女性高冷而优雅，有着瓷白色的肌肤和高高的颧骨，她已经习惯了成为男人关注的焦点。

乔治把她介绍给几位还没有见过她的客人，提到她对汽车和快速驾驶的热爱，并夸赞她在最近的一次汽车长途拉力赛上获得可喜的成绩。之后的一两分钟，她和客人们讨论各种汽车的优点，包括她拥有的那款速度很快的前轮驱动雪铁龙。不过，话题很快又回到男人们先前探讨的问题上：就在几周前，纳粹德国占领了莱茵非军事区。

1936 年 3 月 7 日，德国军队进军莱茵非军事区，该地区是德国西部横跨莱茵河的狭长地带，位于法国、卢森堡、比利时和荷兰四国的交界处。第一次世界大战（简称一战）德国战败后，该地区被宣布为非军事区，禁止德国驻军设防。但阿道夫·希特勒藐视禁令进军莱茵非军事区，明目张胆地违背 1919 年的《凡尔赛条约》，这也是迄今为止对英国和法国最具戏剧性的挑战。

如果当时有任何一个国家给予武力反击，希特勒的军队就会立即撤退，他后来也承认了这一点。但英国和法国都没有采取军事行动阻止德军入侵。4 月的这个傍晚，参加乔治和伊冯娜公寓沙龙的人对此感到十分震惊。

沙龙上有几位客人是军方情报官员，在过去的 3 年里，他们一直在向法国政府提供详细情报，报告希特勒为战争做的准备工作。事实上，在过去的几个月里，他们早就已经报告了关于入侵莱茵的情报，但法国政府官员和最高军事指挥官对此几乎不予理会。

一些下属要求开展法国军队现代化改革的呼声日益高涨，军队高级将领同样无动于衷。正如一位评论家后来说的，"法

4

国将军们的思想已经停滞不前，并且已经被一层厚厚的锈覆盖"。备战时，法国军队最高指挥部仍然致力于防守战。因为法国和盟友虽然在一战中付出了沉重代价，但通过防守战，最终取得了胜利。法国很少或根本没有注意到技术上飞速发展的进攻型武器，比如飞机和坦克。他们还不遗余力地阻止更有活力的军官晋升，这些年轻力量提倡在军事战术和战略上进行革命。

戴高乐上校和卢斯托诺-拉科少校是法国军队中最具影响力的年轻力量。在瓦诺街的这次讨论中，他们两位成了焦点，这次讨论很快升级为激烈的争论。玛丽-玛德琳很快明白了，这两位军官都把对方看作竞争对手。考虑到两人有很多共同点，他们互相竞争也就不足为奇了。

两人都毕业于法国最重要的军事学院圣西尔（Saint-Cyr），都是巴黎高等战争学院（École Supérieure de Guerre）的精英。两人都参加过第一次世界大战，都受过伤，都因个人的勇敢表现多次受到嘉奖。一战后，他们曾在不同时期担任过菲利普·贝当元帅的参谋。贝当元帅是凡尔登战役的英雄，他在战后陆续担任了很多军队要职，比如陆军总司令、监察长和战争部长。45 岁的戴高乐和 42 岁的卢斯托诺-拉科都才华横溢、野心勃勃，以自我为中心，他们骨子里的桀骜不驯使他们在与贝当元帅和其他军事长官共事时，多次陷入大麻烦。两人都喜欢聚光灯，但谁也不想和对方分享。

在德国占领莱茵非军事区后，戴高乐向法国极具影响力的《国防》（Défense Nationale）杂志投递了一篇文章，预测该事件将带来灾难性后果，但这篇文章未被发表。此刻，戴高乐正倚靠在公寓的壁炉架上，批判法国高级指挥官在战术和战略上的无能，抨击他们过于依赖马其诺防线等已有的防御工事。他主张通过与空军密切配合，组建一支快速行进的装甲机械化部队。卢斯托诺-拉科打断了他的话，认为戴高乐提出的想法是行不通的。争论过程中，他们似乎只在一点上达成了共识：如果不立即重组法国军队，军队就会崩溃，整个国家就会在一场即将爆发的战争中被德国击败。

　　玛丽-玛德琳被他们之间的激烈争吵吸引了，这时她还不知道这两个男人很快会对她的生活产生深远影响。

　　事实上，玛丽-玛德琳与这两位打破传统的军官有许多共同之处，包括坚强的意志、冒险和反叛的精神，这些特点在像她这样出身高贵的法国年轻女性身上并不常见。但话说回来，很少有优雅的法国女性拥有像她这样非传统的血统和教养。

　　勇敢似乎是玛丽-玛德琳家族的特点，她的祖先德巴克维尔（de Bacqueville）侯爵在冒险家中也是名列前茅的。与 18 世纪的许多法国人一样，侯爵痴迷于飞行。但与其他法国人不同的是，他决定亲自测试飞行的可能性。1742 年 3 月 19 日，他在自己的胳膊和腿上绑上了白色大翅膀，站上了巴黎家中的屋顶，俯瞰塞纳河。这位 54 岁的贵族把他的飞行试验计划告诉了亲朋好友，于是包括作家让-雅克·卢梭在内的一大群人都聚集在他家楼下的街道上。

侯爵张开双翼，从屋顶一跃而下，他很快向下坠落了几英尺①。这时一阵风吹来，他又被吹向空中，并慢慢地向河对岸飞行，围观人群时而屏住呼吸，时而大声欢呼。当大家觉得他可能真的可以到达河对岸时，风却骤停，和起风时一样突然，他瞬间掉落在塞纳河的一艘游艇上，摔断了腿。接下来的几个月，侯爵一直是全巴黎人的笑柄。然而，正如他的后代指出的那样，他确实飞起来了，尽管只是飞了一会儿。

6

玛丽-玛德琳自由奔放的母亲玛蒂尔德·布里杜（Mathilde Bridou）也以她的方式表现出一种跃入未知世界的热情。20世纪初，她嫁给吕西安·布里杜（Lucien Bridou）后不久，吕西安就被派往上海，担任航海时代海运公司（Messageries Maritimes）的高管。航海时代海运公司是一家法国海运公司，主要负责往来于法国及其庞大殖民帝国的大部分客运和货物运输。

当玛蒂尔德明确表示她计划陪吕西安去上海时，她的家人都惊呆了：她怎么面对生活在中国的种种危险——中国可怕的气候、无数的疾病、地震和不断发生的暴乱和革命，更不用说两人未来的孩子。玛蒂尔德对这些警告都置之不理，不过在1909年她的第二个女儿玛丽-玛德琳出生时，她还是同意回到法国马赛的家中待产。

玛丽-玛德琳和姐姐伊冯娜、弟弟雅克在上海长大，和自己的父母一样，他们也被这座拥挤的城市迷住了。上海被称为

① 1英尺约合30.48厘米，1英寸约合2.54厘米。——译者注

"东方巴黎"，是当时全球主要的港口城市之一，也是亚洲最大、最富有、最现代化的大都市。19世纪，中国迫于英国、法国和其他西方国家的施压，对外开放了5个通商口岸，上海是其中最重要的一个。

20世纪最初的30年，上海一直被认为是最具异国风情、最神秘、最刺激的城市。作为一个对外开放的城市，外国人不需要签证或护照就可以进入上海，这为形形色色的移民提供了一个避风港，其中包括逃离布尔什维克的白俄罗斯人、美国和欧洲的匪徒和间谍、毒品走私贩以及国际军火商等。

对许多人来说，上海"从服饰到政治的一切事物都是时髦的、新潮的、大胆的"。正如一位评论家所说，"你可以是一个见多识广的巴黎人或伦敦人，但要是你没去过上海，你就还不够时髦"。

在上海的大部分外国人，包括玛丽-玛德琳一家，都住在宽敞、通风、欧式风格的房子里，这些房子建在上海法租界区树木林立的街道上。但最吸引年轻的玛丽-玛德琳的是上海生机勃勃的滨江区和熙熙攘攘的市中心街道。同样爱冒险的父母给了姐弟三人自由探索这座城市的机会。她有点跛，因为遗传了她母亲的先天性髋关节脱位，但这似乎从未拖累她探索的步伐。

外滩是上海的主要大道。汽车和电车在人流中穿梭，街道上还有成群的人骑自行车，有黄包车车夫，也有用竹竿挑着鸭子和其他食品的农民，每个人似乎都对汽车鸣笛声和警察吹哨声、命令声无动于衷。很多警察是包着头巾的锡克教徒。街上噪声刺耳，行人能听到至少十种不同的语言。

黄浦江上，船上的喇叭声更增添了几分喧嚣。江面和外滩一样拥挤，满是小木船、驳船和舢板，船帆张得很大，在停泊着的客船和来自世界各地的货船之间穿梭。还有英国和法国的军舰，甲板上枪炮林立。

玛丽-玛德琳回忆说："我母亲喜欢中国的风景，她也总是让我们关注身边的一切。她会带我们乘坐一艘专供我们使用的游艇去游览中国的运河。我们会在那些奇特的桥下停留，欣赏乡村的风景。"①

有时姐弟三人会在中国奶妈的陪同下离开上海市中心，由此见到了这座古老中国城市的另一面。这里阴暗狭窄的鹅卵石街道上挤满了乞丐、算命先生、写字先生和街头小贩，他们会从小贩那里买糖果，这也是玛丽-玛德琳最喜欢的童年记忆之一。

尽管上海是一座国际城市，但英国在经济和政治上都占主导地位，并为这里的其他外国人定下了基调。在玛丽-玛德琳就读的那所法国学校里，她和几个英国女孩成了朋友。"她们想学法语，我想学英语，最后我们都掌握了双语。"她后来说。在那些年里，她爱上了英国的一切，包括英式下午茶。

1917 年，玛丽-玛德琳的父亲不幸感染了一种热带病，不久便去世了。她在上海的悠闲生活就这样匆匆画上了句号。她

8

---

① 引自 1989 年 7 月 2 日对玛丽-玛德琳的电台采访内容。

母亲带着一家人搬回了巴黎，玛丽-玛德琳在巴黎进入了一所女修道院学校学习，这所学校是专门为贵族或其他出身良好的女孩开设的。之后，她在巴黎一所著名的音乐学院学习，希望成为一名钢琴家。

17 岁时，玛丽-玛德琳放弃了自己的音乐梦想。因为她遇到了一位英俊的黑发陆军上尉，名叫爱德华-让·梅里克（Édouard-Jean Méric）。他毕业于圣西尔军校，其父是一位将军。他们迅速坠入爱河，很快就结婚了。一方面，她被他的个人魅力所吸引，另一方面是因为他将在摩洛哥就职，这是一个充满异国情调的地方，能将她带回童年经历的刺激和冒险中。

20 世纪 20 年代末，法国是当时世界上第二大殖民帝国，拥有 1 亿殖民人口，殖民地面积达 450 万平方英里①，分布在非洲、亚洲和中东。作为法国殖民帝国王冠上最珍贵的宝石之一，摩洛哥曾是法国军队和官员精英的训练场。因此对于爱德华-让·梅里克这样前途无量的情报官员来说，去摩洛哥就职是一件美差。

他的任务是监视当地多个不安分的阿拉伯部落，并迅速采取行动镇压可能反抗法国的起义。在他们结婚的最初几个月里，会阿拉伯语的玛丽-玛德琳经常骑马陪丈夫去见阿拉伯部落首领。她特别喜欢丰盛的 14 道菜（这是部落首领们为法国客人准备的），"有各种炖锅、烤羊肉、蒸粗麦粉和其他许多食物"。她还经常在一家为当地居民设立的法国临时诊所做志愿者，她的职责包括帮助产妇接生。

---

①　1 英里约合 1.6 公里。——编者注

梅里克很高兴，因为妻子对自己的工作有着浓厚的兴趣。但他对玛丽-玛德琳在摩洛哥首都拉巴特享受热闹的社交活动不太满意。他比她大 8 岁，没有时间参加那些在他看来十分轻浮的社交活动，如鸡尾酒会、晚宴和沙漠野餐。在这些活动中，其他年轻军官都觊觎他年轻漂亮的妻子。

婚后一年，玛丽-玛德琳生了一个儿子，名叫克里斯蒂安（Christian）。两年后，她的女儿比阿特丽斯（Béatrice）出生了。尽管她很爱自己的孩子，但她对丈夫及其保守思想越来越不满，尤其是那些关于她应该如何表现的观念。梅里克希望玛丽-玛德琳成为自己说的"举止得体的妻子"，将全部身心放在丈夫和家庭上。这种观念与她自由自在、独立自主的生活方式格格不入。1933 年，两人分开了。

从那以后，玛丽-玛德琳几乎和梅里克再无瓜葛。30 多年后，她写的回忆录里也没有提到他。正如她的法国传记作者米歇尔·康特（Michèle Cointet）所言，玛丽-玛德琳再也不会"让丈夫决定她的意愿，控制她的行为，或为她的一生做出判断"。

分开后，玛丽-玛德琳带着她的两个孩子搬到了巴黎，就住在姐姐伊冯娜家所在的瓦诺街附近。她到巴黎后不久，就成了当地上流社会年轻女性小圈子中的一员。小圈子里的许多人结婚了，但也像她一样，不愿意把自己束缚在家务上。她最亲密的朋友是伊莲娜·德·沃居埃（Hélène de Vogüé），又名奈莉（Nelly），她是一位 28 岁的金发女郎，以智慧和美貌闻名。奈莉是法国东部一位富有工业家的女儿，曾就读于巴黎美术学院，是一位颇有成就的画家和天才作家。1927 年，奈莉嫁给了让·德·沃居埃（Jean de Vogüé）伯爵，他家是法国最显赫的家族。但她的一生挚爱是作家安托万·德·圣-埃克苏佩里（Antoine de Saint-Exupéry），她在结婚两年后遇到了安托万，她既是他的情妇，又是他的缪斯女神。圣-埃克苏佩里在二战后期去世后，奈莉是他的文学遗嘱执行人。

10　　　像奈莉和其他朋友一样，玛丽-玛德琳渴望在她的一生中做更多的事，而不是屈从于当时法国社会对女性的保守观念。20 世纪 20 年代末至 30 年代初，玛丽-玛德琳和其他富有的法国年轻女性被席卷全国的汽车拉力赛热潮吸引。当时，汽车在法国仍然是稀罕物，买得起一辆车的妇女可以自由来去，不需要依靠任何人。

　　玛丽-玛德琳还参加了飞行课程，并获得了飞行员资格。1935 年，她为她那个社会阶层的女性做了一件同样大胆的事，她找了一份工作：服务于法国第一家商业广播电台——城市电台（Radio-Cité）。最初玛丽-玛德琳在电台广告部工作，后来成为娱乐节目制作人。她与作家科莱特（Colette）合作开设了一档 30 分钟的女性节目。城市电台一开始就非常成功，它不仅开启了伊迪丝·琵雅芙（Édith Piaf）和莫里斯·舍瓦利耶（Maurice Chevalier）等歌手的广播事业，还设立了法国第一个广播新闻节目。

　　对于一个既有钱又有抱负的年轻女性来说，20 世纪 30 年代早期和中期的巴黎是一个令人兴奋的地方，这里有活跃的社交、艺术和文学生活。对许多仰慕者来说，无论是外国人还是本地人，巴黎就是当时的世界文化之都。数十年来，来自世界各地的作家、画家、音乐家、舞蹈家、雕塑家和各类知识分子源源不断地涌向这里。

　　然而，与此同时，巴黎乃至整个法国都陷入了日益加剧的政治、经济和社会动荡之中。正如一位历史学家所说，法国人长久以来一直以"对政治纷争有着根深蒂固的热爱"而闻名，但到了 20 世纪 30 年代，法国传统的分歧转变成了不容忍、痛苦和彻底的冲突。

　　19 世纪和 20 世纪初，法国政府以执政期短而闻名。到第一次世界大战结束后，这种不稳定性变得更加严重。1920~1940 年，短短 20 年间法国政府更替 40 多次，平均每年 2 次，没有一个政府能执政足够长的时间来解决这个国家严重的经济和社会问题。正因为法国处于长久的政治危机中，内阁部长们都集中精力寻求留任，也就意味着他们很少花精力去解决实质性问题。20 世纪 30 年代，法国发生了一系列金融丑闻，商人和银行家向部长和议会代表行贿以寻求政府的优惠待遇，这进一步加剧了法国人民对政府官员的不满与愤怒。

　　这一切都发生在 20 世纪 30 年代世界经济危机时期，以全球经济大萧条为标志，希特勒和其他极权主义者迅速崛起。与欧洲其他国家一样，法国受到了经济大萧条的沉重打击，成千上万家企业倒闭，失业率飙升至 20% 以上。20 世纪 30 年代，饱受内讧和腐败指控的法国政府未能解决这些难题，致使法国左翼和右翼极端组织有机会迅速行动。

　　在法国工人运动中占主导地位的法国共产党在各地鼓动大

11

规模的自发罢工，导致大部分工厂生产中断。此外，一大批民族主义团体如雨后春笋般涌现，包括一些法西斯组织，其中有几个组织主张暴力推翻法国的议会制度。

当国家在无政府状态边缘摇摇欲坠时，法国人民和政府最不愿意做的事就是与德国开战，尽管这一威胁已迫在眉睫。德国曾在一战中摧毁了法国，法国人民还没有完全恢复过来。一战期间，有 140 多万法国人在战争中丧生，约 420 万法国人受伤，在所有参战国中伤亡率最高。战时被德国占领的法国北部地区在战后成为一片废墟，法国人仍在努力恢复该地区被摧毁的工业。

大多数法国人尽管有着各种分歧，但都有一个共识：法国 12 绝不能再发生一场这样的战争。这种和平主义思想极大地冲击了玛丽-玛德琳，她大部分时间在法国以外生活，对祖国有着理想化的看法，她坚持爱国、服务和荣誉的传统。玛丽-玛德琳是享受法国在 1914~1918 年战争中取得胜利的荣耀长大的，她并没有感受过战争曾带来的悲伤和绝望。

玛丽-玛德琳参加的公寓沙龙深深影响了她，她想参加关于法国未能抵抗德国侵略的辩论。但她又能怎么办呢？参加完聚会的第二天，卢斯托诺-拉科少校给了她答案。

第二天上午晚些时候，她接到少校的电话。卢斯托诺-拉科表示很高兴见到她，还想再见一面。他有一些机密想要告诉她。他希望能尽快和她见个面，最好找个僻静的地方。

她犹豫了一会儿。他有什么想法呢？难道是一场约会？她承认，他是一个很有魅力的男性长辈，可她是一个已婚妇女，但她还是不禁对他产生了兴趣。虽然他相对较矮，尤其是与戴高乐相比，但他有着宽厚的肩膀、锐利的目光、十足的活力，以及一种强大而富有魅力的风度，在她看来，他的个子高却冷冰冰的辩论对手没有这种气质。

　　她答应见面，然后建议他来她的公寓。挂断电话后，她又重新考虑了一下。她点了根烟，走到衣橱边，拿出见面时打算穿的衣服——一套朴素的灰色套装、一件白色衬衫、一双平底鞋，这意味着她没有别的意思。

　　事实证明，卢斯托诺-拉科也没有别的意思。他刚到就为自己在电话里的鲁莽道歉。不过，时间非常宝贵，他又说："你似乎对昨天我在你姐夫家说的话很感兴趣，我想告诉你更多，并请你帮我完成一个我无法独自完成的任务。"

　　具体就是，他希望玛丽-玛德琳和他一起进行一项他已经开始的新事业——为有影响力的法国人创建一份机密报纸，为立即推动法国军队改革做宣传。他还说，局势比她想象的还要糟糕。至关重要的是，要尽快让法国领导人看清德国总参谋部的真正意图。

　　他们的工作将立即开始。他说："我的一位比利时朋友弄

13

图 1-1　乔治·卢斯托诺-拉科

到了一些秘密情报，揭露了德国最高指挥部的意图。我需要尽快拿到它们，但这种文件不能邮寄。你有一辆车，你得去布鲁塞尔把情报带回来。当然我会支付一切费用。"

　　在这部真实的关于间谍的著作里，玛丽-玛德琳同意了这个彻底改变她生活的决定。她后来写道，从那一刻起，她和卢斯托诺-拉科开始着手建立一个情报网来对抗纳粹德国。

第二章　混乱的争斗

在玛丽-玛德琳的协助下，接下来的两年里卢斯托诺-拉科少校在法国、瑞士、比利时和德国招募了一批情报工作者。他们收集到了德国组建武装军队的重要情报。一个反对绥靖政策的英国下议院议员温斯顿·丘吉尔那时也创建了一个相似的私人情报网，尽管玛丽-玛德琳和卢斯托诺-拉科少校两人对此都不知情。丘吉尔反对英法的绥靖政策，他在德国和其他地方竭力寻找能证明纳粹德国军事威胁日益增长的可靠情报。

卢斯托诺-拉科天生是个反叛斗士，他的代号是纳瓦尔，是以亨利·德·纳瓦尔（Henri de Navrre）命名的。亨利·德·纳瓦尔是一个热血王子，也是一个阴谋大师，16世纪后期他成了法国国王亨利四世。与他的其他朋友和熟人一样，玛丽-玛德琳在书信和日常生活中一直都称他为纳瓦尔。

作为纳瓦尔的中间联络人，玛丽-玛德琳开着她的雪铁龙去各个国家与线人见面，收集他们的情报。纳瓦尔的主要情报来源是贝特霍尔德·雅各布（Berthold Jacob），他是一名勇敢的德国犹太裔记者。1933年德国纳粹党上台前不久，雅各布就离开了德国。之后他在靠近德国边境的法国城市斯特拉斯堡经营着一家独立的新闻报社。雅各布的调查性文章揭露了德国为战争做的准备，深深地激怒了德国纳粹党。1935年他被诱骗到瑞士，后被德国盖世太保绑架，最后被羁押在柏林的监

图 2-1　玛丽-玛德琳·弗尔卡德

狱。由于瑞士政府强烈抗议纳粹德国的行为侵犯了瑞士的国家主权，6 个月后雅各布被释放并再次回到了法国。他在这里继续为新闻报社和纳瓦尔工作，一直到二战爆发。

但在纳瓦尔看来，纳粹德国并不是危及法国和平与安全的唯一威胁。他还很担心苏联和法国共产党的活动。在他看来，由苏联政府支持的法国共产党是"德国不计后果的代理人，正等着时机对法国进行报复"。

纳瓦尔的这些观点是有证据支撑的。自 20 世纪 20 年代以来，苏联秘密地为纳粹德国提供了设施，用于制造和测试坦克、飞机、毒气等，以及训练纳粹德国飞行员和国防军——所有这些都是《凡尔赛条约》禁止的。

此外，苏联还与法国共产党合作，在法国建立了一个庞大的间谍网，收集有关法国国防工业和军事的可靠情报。据纳瓦尔说，法国军队是这些共产主义颠覆活动的重要目标，其中包括法国共产党进行的密集宣传运动，旨在打击法国军队的士气，并在士兵队伍中散布失败主义。

纳瓦尔确信，共产主义在军队中日益增长的影响力正在危及法国的安全，于是他试图自己想办法扭转局势。20 世纪 30 年代中期，他创建了一个由军官组成的秘密组织，名为"科尔维尼奥勒"①（Corvignolles），用以打击他理解的共产主义企图——鼓励军队不守纪律，摧毁士气。该组织的主要任务是监视军队中有共产主义嫌疑的人，并将他们的活动报告给高级军官。

纳瓦尔并不是唯一一个反对共产主义的人，实际上军队中许多同僚跟他持同样的观点，但他不该选择在政治上如此不合时宜的时机在军队中开展行动。1936 年，法国人民阵线（the Popular Front，由共产党支持的左翼政党联盟）控制了政府。第二年，纳瓦尔很快就被免去了在法国军队情报机构二处（简称二处）德国分部的职务，这个结果倒也不意外。英国历史学家福特后来写道，"他是一个极其勇敢和具有反叛精神的人"，他"非常享受身处困境，是一个很出色的领导者……很难服从指挥"。

纳瓦尔似乎并没有因被免职而一蹶不振，他很快把精力转移到创办小型出版公司上。这个出版公司由几家政治、军事和文化报纸组成，主要面向有影响力的商业、政府和军事圈。公司出版物里的大量文章详细描述了德国日益增长的军事力量、共产主义的威胁，以及法国陆军和空军令人震惊的未保持军备的做法。在这次新的冒险中，就像纳瓦尔先前的冒险一样，玛丽-玛德琳同样担任了他的副手。

---

① 该组织是以法国路易十四时期的一位著名的军事指挥官沃班元帅（maréchal de Vauban）的姓氏命名的。——译者注

1938 年 3 月，玛丽-玛德琳与纳瓦尔已经合作了两年，这一年纳粹德国吞并了奥地利，而英国和法国政府再次对此视而不见。在 6 个月后的慕尼黑会议上，英法这两个西方盟国将捷克斯洛伐克的大片领土——苏台德地区——连同当地重要的军事防御工程和主要的工业中心割让给德国。一些人认为慕尼黑协议能为"我们的时代带来和平"，纳瓦尔对此有不同观点，他在一篇发表了的文章中写道："我们不可能依靠言语或者条款去粉碎希特勒统治下的纳粹暴行。"在这份刊物上，他还根据贝特霍尔德·雅各布寄给他的情报报告整理发表了相当详细的希特勒陆海空三军作战序列。

然而，直到 1939 年 9 月，在希特勒入侵波兰和盟军对德国宣战之后，法国军方才不得不承认纳瓦尔卡桑德拉式①预言的真实性。他被召回军队，并被派往法国第九集团军（Ninth Army）担任军事情报官员。第九集团军的指挥部位于法国东部靠近比利时南部的阿登森林（Ardennes forest）。

从 1939 年到 1940 年，纳瓦尔和其他法国情报官员向政府高层和军事领导人提供了情报，德国计划通过阿登森林入侵法国。法国政府和军方均不相信这一情报，他们更倾向于认为德国未来的进攻都会经过比利时中部的平原，就像第一次世界大战时那样。纳瓦尔被激怒了。他以第九集团军情报官员的身份公开抨击法国高级将领的无能，他指出这等同于犯了叛国罪。

---

① 卡桑德拉（Cassandra），又译为卡珊德拉、卡珊卓，为希腊罗马神话中特洛伊的公主。传说因神蛇以舌为她洗耳或因阿波罗的赐予而有预言能力，但她又因为抗拒阿波罗，预言不被人相信。——译者注

对法国军事领导人来说，他们对纳瓦尔已经是一忍再忍，他这次以下犯上的行为可以说是压垮他们的最后一根稻草。1940年3月，纳瓦尔被捕，他被指控破坏了法国军队的士气。根据战时紧急法令，他将被判处死刑。

1940年5月10日，纳瓦尔的案子被移交给地方法院审理。就在这一天，希特勒对西欧发动了闪电战，德国军队正如纳瓦尔预测的那样发动了进攻。对纳瓦尔来说，在这一天开庭是最好的时机。在法庭上，地方法官承认，纳瓦尔指控他的长官极度疏忽是正确的。他在受到严厉谴责后被释放。随后他被任命为一个营的指挥官，并被派往马其诺防线附近与德国作战。马其诺防线是法国最坚固的军事防御工事之一。

5月14日，纳瓦尔的另一个预言也应验了。150多万士兵和1800辆坦克组成的德国主力部队穿过了阿登高地，从侧翼突围马其诺防线。德军攻入法国边境军事防御最薄弱的地区，击溃了装备糟糕的法国守卫军队，并横渡默兹河（Meuse River）进入法国。仅仅3天，德军迅猛的攻势就把盟军一分为二。

在巴黎，政府和军队中弥漫着恐慌。正如纳瓦尔和戴高乐4年前在瓦诺街预言的那样，法国军队像"纸牌屋"一样崩溃了，不堪一击。

3个星期后，玛丽-玛德琳离开巴黎，加入了大逃亡。因为德国军队日益逼近首都巴黎，早在6天前法国政府就已在半夜秘密撤离了。但政府在撤离前并没有做任何有关撤离或保卫城市的部署安排。

18

　　撤退的军队点燃了周边的油罐和气罐，使得巴黎城中四处浓烟滚滚，弥漫着呛人的气味，整座城市笼罩在葬礼般的低沉气氛中。树木和街道上都堆满了厚厚的烟尘，一些人在离开时注意到平时的鸟鸣也没有了。事实上，大部分的鸟都被黑烟熏死了。

　　总的来说，600多万法国人像"被打翻了蚁巢的蚂蚁"一样涌向南部，这是欧洲自"黑暗时代"以来规模最大的一次人口迁徙。美国外交官乔治·凯南（George Kennan）目睹了这次迁徙，他评论说，现场一片混乱，这个分崩离析的国家充斥着"各种各样的丑陋——恐慌、挫败、道德沦丧"。成千上万个孩子与家人走散，悲痛欲绝的父母在报纸上刊登寻人启事寻找失踪的孩子。据一名逃亡难民说："我们已经失去了参照点，因为我们所有人都在漂泊。"

19　　几个星期前，玛丽-玛德琳颇有远见，她把自己10岁的儿子克里斯蒂安和8岁的女儿比阿特丽斯送到了法国大西洋沿岸的诺埃莫蒂埃岛，由她的母亲照料。纳瓦尔奔赴战争前线之前提醒了她，依照目前这种局势看战争胜利没有多大希望，当她需要离开巴黎时可以去他的家乡躲避。纳瓦尔的家乡在奥罗伦-圣玛丽（Oloron-Sainte-Marie），是法国西南部临近西班牙边境的一个村庄。她听从了他的建议，开车带着她的女仆、她的狗和一对已婚夫妇朋友出发了。

　　她驾驶着雪铁龙缓缓向南行驶，已经开了一天半。汽车、货车、卡车、出租车、送货车，甚至还有手推车和运草马车在道路上排成了一长列，看不到尽头。一些难民推着独轮手推车和婴儿车在道路两旁艰难前行，车上坐着孩子，还堆满了物品。一名困在人群中的美国记者记录道，这就像"一股熔岩流过，这些无法阻挡的熔岩来自北方，来自一次无法想象的火山爆发"。

终于，玛丽-玛德琳和她的同伴们到达了贝里，这是位于卢瓦尔河谷的一个小村庄。她希望能和这里的一位密友奥罗拉·桑（Aurore Sand）住在一起，她是著名小说家乔治·桑（George Sand）的孙女。然而，奥罗拉·桑的家里已经挤满了朋友和亲人，他们也是为躲避战争逃亡来的。于是奥罗拉·桑把她祖母家历史悠久的诺昂城堡的钥匙交给了玛丽-玛德琳。

与其说这是一座城堡，不如说这就是一栋乡下的大房子。乔治·桑在这里写过很多书，接待过一些当时最著名的作家、画家和作曲家，包括巴尔扎克、福楼拜、屠格涅夫、德拉克洛瓦和李斯特。但这座房子最著名的客人是她的情人弗里德里克·肖邦，他在诺昂城堡断断续续住了8年多。

那天晚上，玛丽-玛德琳在吃了一顿清淡的晚餐之后，在城堡里闲逛，最后在客厅里一架钢琴前坐了下来。她知道，肖邦就是在这里创作了一些主要作品，包括《降A大调波兰舞曲》、《第二钢琴奏鸣曲·葬礼进行曲》、两首夜曲和4首玛祖卡舞曲。

但那天晚上，她最喜欢的是肖邦的另一部作品——《革命练习曲》。1831年，沙俄统治下的波兰人民为争取民族独立在华沙起义，后被沙俄血腥镇压。当时肖邦身在国外，他闻讯后悲愤不已，创作了这首练习曲，用以纪念同胞在起义中的反抗行为。玛丽-玛德琳抚摸着钢琴的琴键，开始弹奏，她把对法国即将沦陷的悲痛和愤怒倾注在肖邦激昂悲愤、震人心魄的乐曲中。稍后，她在肖邦睡过的床上睡着了。

接下来的几天时间里，她和同伴继续赶路。为了避开德国俯冲轰炸机对道路和难民的轰炸，他们在夜间赶路，白天睡在沟渠、树林或其他隐蔽的地方。他们经过了许多小镇和村庄，在其中的一个小镇，他们得知了一个令人震惊的消息。亨利·菲利普·贝当元帅取代保罗·雷诺（Paul Reynaud）成为法国总理。新总理已命令法国军队放下武器，并请求纳粹德国停战。

在一次国民广播中，84 岁的贝当把法国在战争中的溃败归咎于"武器太少，盟友太少"，以及法国人自身的缺陷，即缺乏纪律性和具备令人遗憾的"享乐精神"。与此同时，他对仍堵在法国路上的数百万难民表示同情和关切，呼吁他们和他们的同胞"在举国艰难的时刻，应团结在我执政的政府周围"。

玛丽-玛德琳被贝当政府的投降举动震惊了，但她更震惊于当时周围的人竟然对这一消息表现出喜悦之情。他们笑了起来，互相亲吻，为贝当的健康干杯。小说家亚瑟·凯斯特勒（Arthur Koestler）后来将这种欢乐场景形容为"大动乱（被掩饰）成了家庭野餐"，这种场景在全国各地反复上演。在玛丽-玛德琳看来，法国人对战争的结束无比欣慰，但他们没有意识到，这意味着法国人民和他们的国家都将失去灵魂。

1940 年 6 月 25 日，贝当签订了停战条约。法国本土被该条约一分为二，北边部分（占法国本土领土面积的 3/5）由德国占领，包括巴黎、北部工业区和大西洋海岸及其海港。剩下的 2/5 领土由贝当政府统治，被称为自由区，由法国南部省份组成。法国还将继续控制法属北非和其他殖民地，以及海上舰队。位于法国中部的温泉城市维希被指定为法国的新首都。

玛丽-玛德琳在圣-让-吕兹（Saint-Jean-de-Luz）住了几天，这是大西洋岸边一个美丽的海滨小村庄，这里的朋友邀请她去吃饭。朋友们对她从巴黎过来一路上的见闻并没有兴趣：被遗弃的蹒跚学步的孩子哭喊着寻找父母；绝望的士兵放下武器加入了逃亡大军；当德国俯冲轰炸机从头顶飞过时，难民们惊恐地挤作一团。她讲完后，她的朋友们只是耸了耸肩。他们告诉她，时候忘记这些不幸，专注于未来、专注于让法国回归正常了。

玛丽-玛德琳震惊于他们的自满，她拒绝接受他们的建议，长篇大论地严厉抨击了懦弱无能的贝当政府。这里的主人早就忍不了了，其中一个人大声斥责她："你怎么敢这么说！""你竟敢侮辱元帅！"在这顿饭剩下的时间里，玛丽-玛德琳一声不吭地坐着，从未感到如此孤独。

7 月初，她总算到达了纳瓦尔在奥罗伦-圣玛丽的乡村别墅。然而纳瓦尔的家人这时并不知道他在哪里，也不知道他出了什么事。玛丽-玛德琳和他们在一起待了一个多月，等待他的消息。终于传来了消息，纳瓦尔在马其诺防线附近的战斗中受了重伤，但他还活着。8 月底，他一瘸一拐地回到了家乡，他的体重轻了 40 磅。脖子和背部的枪伤还未痊愈，这令他痛苦不堪。尽管他身负重伤并被送往一所德国医院救治，但他得以成功逃脱。他穿过了被占领的法国北部，跑了几百英里，溜进了南部自由区，最后回到了奥罗伦-圣玛丽。

在他恢复期间，玛丽-玛德琳在这个宁静的乡村避风港里其实早已待不住了，但她竭力克制内心的急躁情绪。到最后她实在控制不住自己了，就直截了当地告诉纳瓦尔，他一直以来的同僚和对手戴高乐现在就在伦敦。戴高乐当时是法国军队中级别最低的准将。6 月 17 日，他戏剧性地逃到了英国首都，而就在 8 天前，他刚被任命为法国战争部副部长。他是唯一一个愿意离开祖国继续抵抗希特勒的法国官员。戴高乐在伦敦通过英国广播公司（BBC）呼吁法国人加入他的运动，抵制维希政府和纳粹德国。他宣称："不论发生什么，法国抵抗运动的火焰不应该也不会熄灭！"

玛丽-玛德琳认为，他们应该跟随戴高乐到伦敦去，加入自由法国运动。纳瓦尔直接拒绝了她的提议。他说，去了英国，他们就会像戴高乐一样成为难民，所有事都要依赖英国人。除了丘吉尔之外，当时英国政府中几乎没有人认真对待戴高乐和他那一小部分追随者。

纳瓦尔继续说，相反地，他们应该留在法国，在国内进行抵抗。他说，一切要从这个国家失败主义的中心——维希政府本身着手。他指出，由于战前的政治活动，他在维希有许多熟人。

玛丽-玛德琳心灰意冷。她告诉纳瓦尔，维希只不过是一个假首都，他们去那里能做什么呢？纳瓦尔告诉她，为了收集情报，他们必须找到情报来源，也就是法国现政府所在地。只有在那里，他们才能更了解法国的政治和军事形势。

不到一个星期，他们就已经在去维希的路上了。

第三章 反 击

维希看上去更像是一个歌剧小舞台，而不是一个主要欧洲国家的首都。它远离混乱与恐惧，而这些正笼罩着法国其他大部分地区。但这正是贝当政府想要的——一个安静、远离纷争的地方，没有浓烟滚滚的工厂，没有焦躁不安的工人，也没有反抗者。

两个多世纪以来，维希一直以疗养温泉而闻名，吸引了来自欧洲各地的富人前来接受温泉治疗。除了浴场，维希遍地是赌场、餐厅、茶室、音乐会场和许多"美好时代"的酒店。1940 年 7 月初，贝当和政府官员抵达维希后，他们接管了公园酒店。这家酒店的铁艺阳台和房间里都装饰着蓝色和粉色薄麻编织品，营造出了迷人又宁静的田园氛围。政府大多数部门的办公室设在酒店，但负责监管自由区的内政部不协调地设在了一个大赌场里，那里有一座用金色瓦片包裹起来的摩尔式圆顶建筑。

哥伦比亚广播公司的记者大卫·舍恩布伦（David Schoenbrun）这样形容道，"1940 年夏天，法国投降之后的维希进入了前所未有的繁华和快乐时期"。贝当政府官员的妻子和情人每天都穿着最好的夏装，沿着温泉公园对面的主街道闲逛，街道两侧树木林立、郁郁葱葱。维希的餐馆前总是排起长队，尤其是公园酒店的餐厅，因为贝当政府的主要官员都在该酒店办公，这里非常引人注目，更是一座难求。

然而欢乐的节日气氛只不过是表面现象。贝当政府背地里开始了一项旨在扼杀法国议会民主的秘密行动——建立一个效仿纳粹德国的独裁政权。7 月 8 日，在赌场的剧院里，法国议会迫于压力投票决定将其所有权力移交给贝当政府，进而移交给贝当的副手皮埃尔·赖伐尔（Pierre Laval）和其背后的势力。从那以后，法国立法机关只在当贝当要求时才会召集开会。但贝当是在德国的支持下上台执政的，他实际上服从德国，只有德国下命令时才会做一些事情。

威廉·布利特（William Bullitt）是美国当时的驻法大使。他与贝当以及其他几位官员交谈之后，写信给罗斯福总统："（法国领导人）彻彻底底战败了，他们完全接受了法国的命运，即沦为纳粹德国的一个省。为了能有尽可能多的同在战败苦难中的伙伴，他们甚至希望英国也很快被纳粹德国彻底打败。"

维希政府从一开始就制定了政策，迫害和镇压法国公民，特别是犹太人。1940 年 7 月初，距离法国投降不到 1 个月，维希政府就在没有得到德国命令的情况下在法国领土上开展了反犹暴行。

尽管贝当和维希政府对人民实施了越来越多的压迫，但在生活在祖国各地的许多法国人眼中，政府并没有做错。他们把贝当元帅视为国家救星，他们相信他的智慧和坚定的领导力将有利于治愈国家溃败的创伤。让·盖昂诺（Jean Guéhenno）是巴黎的一位反德作家和文学评论家，他在法国投降后不久无比反感地发现，法国电台"说'元帅'，就像说'我的爱'一样"。根据法国历史学家亨利·米歇尔（Henri Michel）的说法，"所有人都接受了元帅的权威，他给了国人安慰和希望"。

当贝当向法国人民宣布停战条约时，他告诉国民需要有一种"新的牺牲精神"。他宣布，为了迅速从战败的痛苦中恢复过来，法国必须进行彻底的社会变革。法国应坚持新的国家格言——劳动、家庭、国家，摒弃自法国大革命以来的国家格言——自由、平等、博爱。他明确指出，服从权威和为工作奉献必须取代自由平等的观念。法国必须回归传统，回归耕种土地，回归家庭价值观，在他和维希政府看来，家庭价值观意味着接受男人是家庭中毋庸置疑的权威，而女性只负责照料家庭。

甚至在贝当政府之前，法国就把妇女当作二等公民对待，妇女没有选举权，没有男性亲属允许就不能拥有或支配财产，也不能以自己的名字开办银行账户。20 世纪 20 年代和 30 年代，大量新女性通过独立自主的行为明确对抗束缚女性的传统观念，其中包括剪短头发、穿短裙、跳舞、喝酒、吸烟、工作、发生婚前性行为等，与美国以及世界上其他地区一样，法国女性的思想同样受到了极大冲击。

在男权统治下的法国，"新女性"的行为被认为是厚颜无耻的和具有威胁性的，维希政府严厉打击这些行为。新的限制措施包括堕胎会被判处死刑、离婚变得更加困难、禁止已婚妇女在公共部门工作，并要求所有高中女学生参加家务课程。

玛丽-玛德琳身上集中了新政权厌恶的一切特征。她和丈夫分开了，她有家务事之外的思想和抱负，她为了参加反对德

26

国的抵抗运动放弃了自己照顾孩子。一位与她相识已久的人这样评价她："她从不按社会规矩办事，并且有自己的原则。她表现的就像一个男人。"①

反过来，玛丽-玛德琳也厌恶贝当政府和它代表的一切，她从一开始就极力反对维希政权。对她来说，维希不过是一座充满八卦、内讧和阴谋的城市。用她的话说，这一政府充斥着"失败的贵族阶层"——政客、商人、政府官员、军官和其他人。这些人都试图在新政府里谋求新的出路或其他个人利益和政治利益。

到处都在酝酿阴谋。善于谋略的纳瓦尔成功地说服了贝当，让贝当相信他已经放弃了反叛，现在完全支持维希政府的政策。纳瓦尔对他的一位朋友说："元帅热情接待了我，就好像我是他的儿子一样，他看起来似乎并没有受到风波的影响。看到他，你甚至会以为，法国深陷危难，在他那儿只不过是一锅菜煮坏了而已。"

会面过程中，纳瓦尔说服贝当任命他为法国作战军团的官员，这是一个由退伍军人组成的全国性组织，是由维希政府创建并资助的。玛丽-玛德琳得知这一消息后怒不可遏。她质问道，这样一个组织怎么会符合他们的抵抗计划？他们在维希到底做什么？这个组织扮演的角色是什么？她说，或许她还是去伦敦为好。

纳瓦尔努力让她冷静下来。他告诉玛丽-玛德琳："你很

---

① 引自对夏尔-埃朗·德伊斯纳尔的采访内容。

清楚我需要你。"他也表示，他打算继续 20 世纪 30 年代末做过的事情：建立一个情报网，提供有关德国武装力量的情报，不过这一次只是获取德国在法国武装力量的情报。英国人迫切地需要这些信息，以帮助他们在德国的进攻中幸存下来，而且英德爆发战争已迫在眉睫。

但是他表示他本人不能受到怀疑。他在军团中的地位使他可以在自由区内自由走动，收集信息，并秘密地争取政治支持，以便将来能把军团转变为抵抗德国的工具。这时他拿起手中的香烟指了指玛丽-玛德琳，接着说，将由她来承担招募特工和建立情报机构的实际工作。

她被他的想法惊呆了。她怎么可能做到呢？她毕竟是个女人，又不到 30 岁。他真的认为像他这样的军人能屈尊接受一个女人的领导吗？他没有理会她的反对意见，而是继续表达自己的想法。他表示，在两次世界大战之间的那些年里，她作为副手在应对特工和复杂的情报收集工作方面积累了十分丰富的经验。至于女人的身份，他认为这反倒是一个极好的掩护，因为没有人会怀疑她。

玛丽-玛德琳陷入了沉默。纳瓦尔耸了耸肩说，如果她不够强大，那他就自己来做。犹豫片刻之后，玛丽-玛德琳认为自己别无选择。

在与贝当元帅的会面中，纳瓦尔说服贝当元帅授权并出资为国内成千上万名退伍军人建立一个接待和康复中心。因为在停战协议下，维希政府只被允许拥有 10 万人的军队，这意味着法国战争时期的绝大多数军队不再被需要了，因战争突然复员的军人又被迫在国内游荡。

纳瓦尔对贝当说，建立这个中心的目的是向军人提供膳食、医疗、休息场所、娱乐和工作建议，帮助这些年轻人适应平民生活，又能使他们在政府掌控之中。但他肯定不会透露建立该中心的真正目的是为他和玛丽-玛德琳的新行动招募一些间谍，这个新行动即建立十字军情报网。纳瓦尔对玛丽-玛德琳说，这将成为"内部抵抗运动的第一个堡垒"。

这里的绝大多数酒店被维希政府征用作为官员办公地点，只有极少数酒店未被征用。在贝当元帅的支持和维希政府资金的帮助下，纳瓦尔和玛丽-玛德琳租下了一家酒店，雇用了少量员工，以玛丽-玛德琳为经理的接待和康复中心正式开始运营了。维希电台宣布该中心成立，并邀请所有退伍军人前往体验。

从营业第一天开始，这里就挤满了退伍军官和士兵，他们被舒适的房间、美味的食物、完备的医疗诊所和娱乐设施所吸引。该中心被人群围得水泄不通，几乎没有人注意到玛丽-玛德琳和不同的人在一楼密切交流。他们更没有注意到，有些人走上了前往二楼的楼梯，然后不见了。实际上真正的招募工作正在那里秘密进行。

在战争初期的法国，纳瓦尔和玛丽-玛德琳的这种冒险活动十分少见。正如历史学家朱利安·杰克逊（Julian Jackson）所言："'他或她加入了抵抗运动'这一结论与1940~1941年的实际情况并不相符。至少必须要先有抵抗运动，才能加入……最开始还没有出现抵抗运动。"

1940 年秋天，大多数法国人仍处于震惊状态，他们不知道如何应对局势突变，更不知道如何反击。正如一位法国人所说："法国人没有过秘密生活的经验，他们甚至不知道如何保持沉默或进行隐藏。"那时德国侵略者看起来非常强大。对大多数法国人来说，最重要的是活下去。

维希政府正积极地与纳粹德国合作，这使得当时的形势更加复杂。对许多法国人来说，不服从维希政府的命令会让良心更加不安。对大多数现役和退役军人来说更是如此，因为对他们来说，绝对服从上级命令是不可侵犯的规则。所以无论如何，他们对贝当元帅的尊敬甚至超过了普通民众。此外，停战协议也明确禁止法国军队从事任何形式的反德活动。

然而，值得注意的是，纳瓦尔和玛丽-玛德琳并不是维希政权内唯一密谋进行抵抗的。事实上，法国最早的抵抗者中有很多是贝当的追随者，他们中的很多人是维希政府官员。传统观点认为，维希政府中的每个人都与贝当保持步调一致，都赞同贝当与德国人合作。实际上，维希政府远非一个稳固的政权，它是由许多背景不同、目标不同的竞争派系组成的。

29

其中一个派系由退役和现役军官组成，规模不大。他们敬仰贝当，视其为伟大的英雄，但他们也强烈反对与德国合作。该组织中最重要的是纳瓦尔和其他军事情报界成员，他们曾在20 世纪 30 年代向往届法国政府发出警告，说希特勒的威胁日益增长。

自 19 世纪末以来，法国情报机构一直将德国视为国家最危险的敌人，并将大部分间谍活动瞄准德国。在此过程中，他们与英国同行密切合作，尤其是英国军情六处。早在二战爆发之前的约15年的时间里，英国陆军情报六局就经常在法国巴黎活动，英法特工共享有关希特勒政权的情报，主要包括德国军事情报机构、反间谍机关、为海因里希·希姆莱①（Heinrich Himmler）收集情报的帝国保安部（Sicherheitsdienst，SD）活动的情报。

　　最著名的反德叛军是加布里埃尔·科切特（Gabriel Cochet）将军，他是法国空军的一名高级军官，法国军队情报机构二处（Deuxième Bureau）前处长。在贝当元帅宣布法国对德国投降的两小时后，科切特把他的幕僚召集在一起，告诉他们元帅错了，与希特勒的合作将会是一场灾难。他说："我们必须学会隐藏我们正在做的事情，学会伪装我们的行动和装备。我们必须不惜一切代价继续同敌人进行斗争。"3个月后，科切特发表了一份公开宣言，呼吁法国人民"关注、抵抗和团结起来"。随后他又分发了大量传单宣传抵抗运动，这些传单逐渐吸引了一些小规模的追随者团体。科切特这样做可以不受惩罚是因为在停战后的最初几个月里，维希政府几乎还没有采取措施阻止这种叛乱行为。

　　事实证明，法国军队情报机构二处本身就是反德活动的温床。其现任领导人路易·巴里（Louis Baril）上校在停战后不

①　海因里希·希姆莱是纳粹德国的一名法西斯战犯，历任纳粹党卫队队长、党卫队帝国长官、纳粹德国秘密警察（音译为盖世太保）首脑、警察总监、内政部长等要职，先后兼任德国预备集团军司令、上莱茵集团军群司令和维斯杜拉集团军群司令。——译者注

久就向军情六处传递了支持和团结的信号。路易·里韦
（Louis Rivet）上校是巴里的副手，他对部下说："无论发生什
么，战斗都必须继续，其他态度都不可接受。停止抵抗对我们
来说比不可原谅的错误还要糟糕，那简直就是耻辱！"

在里韦的庇护下，军事情报官员成立了一个追踪违反停战
协议潜入自由区的德国间谍的秘密组织。该组织名为农村工程
协会（Société des Travaux Ruraux），它伪装成一家主要维护和
建设农村排污系统的私人公司。但它真正的任务是查明、逮捕
和起诉德国特工。

根据停战协议，能获准进入自由区的德国官员只有停战委
员会（Armistice Commission）成员，该机构的任务是监督法国
遵守停战协议的情况。事实上，这个委员会有很多来自反间谍
机关（Abwehr）和盖世太保的特工。来自德国情报机构和反
间谍机构的数十名人员也涌入了自由区，他们使用了各种假身
份。他们的任务之一是收集在法国维希政府中避难的反纳粹活
动分子的信息。

在维希军方进行的所有反德秘密行动中，普罗旺斯乡间一
处隐蔽的城堡中进行的密码破译行动最为重要。该行动的负责
人是古斯塔夫·贝特朗（Gustave Bertrand）上尉，他是法国军
队情报机构二处无线电和密码破译部门主任。

20世纪30年代初，贝特朗从一名德国线人手中获得了一
份德国最高机密文件，该文件使用的是德国极其复杂的恩尼格
玛密码。当法国政府对他的文件表示不感兴趣时，贝特朗把这
些资料交给了波兰的密码学家，这些密码学家长期以来一直致

31

力于破解德国军事密码，德国也是波兰长久以来的敌人。由于贝特朗的帮助，1934 年波兰成为第一个破解恩尼格玛密码的国家。

1939 年 9 月，德国入侵波兰后，几名高级密码破译人员逃到了法国。他们与贝特朗及其下属一起为法国军方无线电情报和密码破译中心工作，该中心位于巴黎东北 25 英里的一处相当讲究的城堡里。贝特朗的部门与英国政府的密码破译部门密切合作，英国的密码破译部门设在布莱切利公园。在战争爆发之前，该部门从波兰收到了一部恩尼格玛密码破译机器，并附有详细的使用说明。

当德国进军巴黎时，贝特朗转移了法国和波兰的密码破译人员，但这些人不是撤离到法国境外的安全地点，而是进行了一次大胆而惊险的撤离行动，他们撤离到了位于自由区的普罗旺斯城堡。城堡一楼的窗户始终都关着，这些密码破译人员几乎没有离开过城堡。1940 年夏天，天气闷热潮湿，在这样的环境中工作非常不舒服。为防范德国或维希警察突袭，城堡中日夜备有 3 辆汽车，可以在第一时间迅速撤离人员和设备。

尽管困难重重，法国密码破译人员从未失去与英国布莱切利公园的联系。两大破译部门都继续破译恩尼格玛军事密码的工作，普罗旺斯破译部门向英国提供了有关德国在法国和其他被占领国家的空军、陆军和海军的行动以及军事装备的解密信息。

除了贝特朗的行动，早期维希抵抗者中很少能在停战后的最初几周内清楚地知道如何将他们的决心转化为实际行动。与其他人一样，纳瓦尔和玛丽-玛德琳也在摸索中前进。他们的情报网应如何运作呢？谁能为之提供资金支持呢？他们如何将特工收集到的情报传递给英国呢？对玛丽-玛德琳来说，还有一个挥之不去的问题困扰着她，这些特工会对一个女性领导者做出怎样的反应呢？他们会听她指挥吗？

32

在她招募到的首批特工中，有一位名叫莫里斯·库斯特诺布勒（Maurice Coustenoble）的年轻空军飞行员以及他的两名战友，他们在国内漂泊数周后才来到这个中心。3 个人从飞行学校开始就是朋友，一直在为法国而战，当停战协议宣布时，他们非常愤怒。

玛丽-玛德琳一开始并不看好库斯特诺布勒，因为他的外表不讨人喜欢：大背头，打过蜡的胡子，又黑又大的眼睛，高高瘦瘦的身材。她很难想象，他作为一个普通人的生活会是什么样子，会是一个专业的交谊舞舞者，或者一个小职员？但她很快就被他的热情和直率打动了。

库斯特诺布勒告诉她，他的飞机在波尔多附近坠毁后，他放火烧了飞机残骸，当时发誓要找到另一种方式继续进行战斗。他们 3 个人走遍了整个法国，试图说服其他飞行员或他们遇到的其他人加入战斗的行列。当见到玛丽-玛德琳，发现这个中心背后的真正意图之后，他们从口袋里掏出了无数张小纸片，上面潦草地写着愿意参加抵抗的人的名字和地址。

与玛丽-玛德琳招募到的大多数年轻人一样，这 3 个人也巴不得立刻就能对抗德国。玛丽-玛德琳告诉他们目前还不能反击，现在进行反击的唯一方式就是收集情报。她表示会让他们立即开展工作。他们得到的第一个任务是为情报网招募信使，即从事卡车驾驶或铁路工作的人，因为这些人可以不受阻碍地在全国各地奔走。

　　玛丽-玛德琳告诉他们，如果觉得这份工作难以胜任，可以拒绝。说完之后，玛丽-玛德琳感觉他们已经在遗憾地注视她了，她猜他们肯定在想："真是荒唐，竟然需要让她来告诉我们应该怎么做。"她担心他们会退出，没想到片刻沉默之后，库斯特诺布勒表示他们已经准备好了。

33　　几个星期之后，为十字军招募新兵的工作已经开展得差不多了。大多数招募到的人是法国陆军和空军退伍人员，但几乎没有人是在海军服役的。与陆军和空军一样，海军坚决服从上级命令，他们坚决支持法国向纳粹投降。此外，他们痛恨与英国一起对抗德国其实还有别的原因。1940 年 7 月 3 日，英国海军在温斯顿·丘吉尔的命令下，摧毁了当时驻扎在北非的大部分法国舰队，目的是防止其落入德国手中。短短几分钟内，英国炮弹炸毁了布列塔尼号战舰，还完全摧毁或严重损坏了数艘战舰。在这次轰炸中，有 1200 多名法国海军丧生。

　　法国人民对英国的蓄意屠杀感到无比愤怒，但最愤怒的还是那些死去海军的战友们。纳瓦尔哀叹，英国这次轰炸使得招募法国海军力量参加十字军的可能性降为零。

　　几个月以来，纳瓦尔的预言似乎得到了证实。但亨利·舍
34　雷尔（Henri Schaerrer）出现了！24 岁的舍雷尔出生在瑞士，入伍前曾在法国商船上担任机械师，1939 年 4 月他加入了法

国海军。战争爆发后，他被派往布列塔尼号工作。1940 年 6月，敦刻尔克撤退时，他驻守的驱逐舰被鱼雷击沉，他死里逃生。

从见到舍雷尔的第一眼开始，玛丽-玛德琳就意识到他有一股特殊的力量。他风趣幽默、英俊帅气，富有热情、活力、决心和冒险精神，其他年轻人中很少有能与他媲美的。舍雷尔向玛丽-玛德琳和纳瓦尔承诺，他将动员海军和商船船员加入抵抗事业。他提议从马赛开始，这是自由区里唯一的主要港口，位于维希东南 200 多英里处。

库斯特诺布勒和舍雷尔两人被证明是十字军行动中最有价值的关键人物。舍雷尔为了履行自己做出的承诺，很快又招募到了另一个关键人物——一位差点死在注定失败的布列塔尼号上的海军军官。

图 3-1 亨利·舍雷尔 35

第四章　马赛的间谍活动

1940 年 7 月 3 日傍晚，35 岁的炮兵军官让·布特龙（Jean Boutron）中尉坚守在布列塔尼号的战斗岗位。在停泊于北非米尔斯克比尔港的十多艘法国战舰上，数千名士兵也坚守着他们的战斗岗位。

10 英里外，由一艘战列巡洋舰、两艘战列舰、一艘航空母舰和几艘驱逐舰组成的英国舰队，正埋伏在港口入口处。就在 3 周前，英法海军还是盟友。现在英国威胁要向法国舰队开火，除非其指挥官投降或自沉军舰。他给出的最后期限是下午 5 点 30 分。

整整一天，消息在两支舰队之间来回传送。法国司令官、海军上将马尔科·布鲁诺·让苏尔（Marco Bruno Gensoul）一再拒绝英国的要求，宣称他和他的士兵将坚持到底。许多法国海军相信英国盟友不会攻击他们，随着时间一分一秒地过去，最后期限一分一秒地逼近，他们仍在战斗岗位上读杂志或闲聊。

下午 6 点，英国舰队开炮，布列塔尼号瞬间被击中。火焰和浓烟从船尾喷涌而出，船员一阵慌乱，竭力控制住火势。一分钟后，船上的鱼雷弹药舱爆炸了，发出震耳欲聋的轰鸣声，一时间港口笼罩在刺鼻的烟雾中。

布列塔尼号先是晃动了一下，接着开始剧烈晃动起来。

让·布特龙震惊地看着他的士兵纷纷跳入水中，挣扎着浮在水面上，尝试躲避在浮油覆盖的海面上浮动的火焰。"救命！""救救我！"周围充斥着撕心裂肺的呼救声。

随后船沉入水下，布特龙也被甩到了船外。他在油乎乎的黑暗中什么也看不见，他挣扎了一会儿，最后放弃了。他回忆说："一种巨大的、完全的冰冷包裹了我，我眼前浮现出我的母亲和儿子的身影。"

几分钟后，他被人从水里拉了上来，身上沾满了油污，不省人事。他的一位朋友通过他的手表认出了他。布列塔尼号上的 45 名军官中，只有布特龙和其他 6 人幸存。船上共有 1079 名船员丧生，是米尔斯克比尔港遇难人数的 85%。

在身体康复的过程中，布列塔尼号的幸存者们仍对英国犯下的罪行感到无比愤怒，他们认为那就是一场大屠杀。布特龙也被激怒了，但他不是针对英国。对他来说，法国的主要敌人是德国和维希政府。1940 年 6 月下旬，法国海军上将弗朗索瓦·达朗（François Darlan）下令舰队接受停战。这时的法国海军舰队已经是世界上

图 4-1　让·布特龙　　37

第四大舰队，而且大部分军舰完好无损地停靠在北非的海港。布特龙被彻底激怒了，他直言不讳大肆批判法国向德国投降。

在得知投降的消息后，布特龙对布列塔尼号的舰长大声疾呼：
"但我们并没有被打败！布列塔尼号被打败了吗？普罗旺斯被
打败了吗？还有敦刻尔克和斯特拉斯堡，它们还是全新的，装
满了枪和炮弹，它们被打败了吗？其他海军呢？不管怎么样，
我没有被打败！我是不会接受战败的！"

海军上将认为，停战是一场灾难，但他们别无选择。布特
龙轻蔑地回应道："现在为了遵守神圣的命令，我们要被迫接
受战败，虽然战败并不是我们的责任。"

在7月3日之前的几天里，这位头发乌黑、脾气急躁的中
尉继续走向反抗，他一度建议士兵应该凿沉军舰。士兵们提出
质疑，表示这样做将违反停战协议。他怒吼道："因为这该死
的停战协议，我们付出了沉重的代价。战争才刚刚开始。"

在米尔斯克比尔港事件之后，包括布特龙在内的大多数法
国海军被遣散了。布特龙回到故乡马赛，他为自己的未来感到
痛苦和迷茫。他不顾一切反抗德国侵略者，但他不知道自己应
该去哪里，也不知道自己应该做什么。直到一个寒冷的下午，
他在马赛的大街上遇到了亨利·舍雷尔。

几年前，在战争爆发前，布特龙是商船队的一名官员，他
培训过舍雷尔，当时舍雷尔还只是一名学员，他们两人有着深
厚的师生情谊。他们很高兴能再次相见，两人在马赛的一家酒
吧喝了几杯酒，聊起了过往的生活。尽管对舍雷尔有很深的感
情，但布特龙并不确定他能在多大程度上信任他。随着谈话的
进行，他逐渐敞开心扉。他承认自己对停战协议无比愤怒，也
正在寻找继续战斗的方法，也许加入在伦敦的自由法国（the

Free French)① 不失为一种好的方式。舍雷尔说他也可能会做同样的事，尽管他还没有完全决定。他记下了布特龙的地址，说会和他联系。

几天后，舍雷尔出现在布特龙家门口。他告诉布特龙，他偶然加入了一个新的抵抗组织，"与你的原则和目标相同"。他表示自己已经和该组织的领导者深入交流了，他们希望尽快见到布特龙。第二天，两人坐火车去了维希，在那里，舍雷尔向纳瓦尔和玛丽-玛德琳介绍了布特龙。

经过几个小时的讨论，布特龙同意加入十字军。猜到他可能会质疑由一个女人担任该情报网的二号人物，纳瓦尔明确表示，他完全信任玛丽-玛德琳，布特龙也必须服从她的领导。纳瓦尔还补充说，"她是我们所有人中最宝贵的……她是让一切运转起来的轴心人物"。他热情洋溢地高度赞扬她"有大象的记忆力、狐狸的聪明、蛇的狡诈、鼹鼠的坚韧和豹子的勇猛"。

在第一次会议中，布特龙被派往马赛和舍雷尔一起工作，他们是十字军的前哨。马赛后来也成为该情报网的第一个主要据点。在那里，他们着手从进出港口的商船海员中招募情报人员，这些商船海员可以告知来往船只的身份、货物以及它们的去向。

1940 年 12 月初，玛丽-玛德琳乘火车去见布特龙和舍雷尔招募到的头两名情报人员，这两人将负责马赛的日常行动。

---

① 第二次世界大战期间戴高乐在伦敦建立的反对纳粹德国的抵抗组织。

她很高兴能离开维希不现实的祥和氛围，哪怕只是短暂地回到马赛残酷的现实中来。这里是她的出生地，也是她视为家乡的地方。

火车到达马赛的圣查尔斯车站，从车站下来有一段陡峭的石头楼梯，玛丽-玛德琳在楼梯最高处停了下来，她眺望着脚下这座山城，狭窄的街道和小巷在下面铺展开来，城市喧嚣，生机勃勃。她深呼吸，在空气中嗅到了来自大海咸咸的味道。

公元前 600 年前后，希腊人建立了马赛港。自那以后，马赛长久以来一直都是贸易和移民中心。马赛被认为是世界上最具大都市风格的城市之一，在很多人看来，它的地位甚至超过了玛丽-玛德琳所钟爱的上海。根据当地的传说，如果一个人在马赛最著名的麻田街道上站 80 分钟，他或她就能遇到来自各个国家的人，这一数量甚至要比儒勒·凡尔纳（Jules Verne）的小说《80 天环游地球》（*Around the World in Eighty Days*）中斐利亚·福格（Phileas Fogg）遇到的还要多。

德国占领法国北部之后，马赛的移民人口更是激增。马赛是法国自由区里最大的城市，也是唯一还在运转的港口，它成为数以万计难民心中的"希望灯塔"。这些难民包括来自北部被占领区的法国人，法国投降后英国和其他盟国的士兵，还有波兰人、捷克人、比利时人、意大利人、反纳粹的德国人和奥地利人，他们中很多是犹太人。这些人涌向马赛都是为了逃离被占领的欧洲和纳粹德国。到 1940 年底，逃亡的机会大大减少了。但是无处可去的流亡者还继续挤在马赛的旅馆、咖啡馆和街边酒吧里，他们焦急地交换着有关航船和警察突袭的信息。

马赛也成为法国早期抵抗纳粹运动的温床，这也并不奇怪。因为它是一个重要的国际港口，吸引了像十字军这样羽翼未丰的组织前来收集情报。但它也成为逃亡者的大本营，被困的盟军飞行员、士兵以及欧洲难民从马赛偷渡到中立国西班牙和葡萄牙，再从那里偷渡到自由国家和地区。

对于抵抗运动的成员来说，马赛的部分吸引力在于它是一个容易藏身的地方。这个不断扩张的大都市由 100 多个区组成，其中很多区更像是独立的村庄，而不是传统意义上相邻的城区。马赛老城位于港口附近，这里的街道狭窄曲折，光线幽暗，有着大量通往房屋地窖的地下通道，要在这里追捕逃犯特别困难，无论他们是抵抗运动成员还是当地的犯罪团伙成员。

几个世纪以来，马赛一直都独立于法国其他地区，这一特点也有利于开展抵抗运动。一个观察者在 1794 年写道："马赛居民认为自己是与众不同的。这座城市的地理位置、山脉和河流把它与法国的其他地方隔开，它还有独特的语言，一切都助长了这种观点……马赛才是他们的祖国，法国不是。"

这种独立感也可以从马赛人民对维希政府及德国侵略者的态度中看出。维希政府的警察在就职时必须宣誓："我发誓反对民主，反对戴高乐起义，反对犹太麻风病。"然而，在马赛，人们普遍认为警察是亲英国的，而且是"谨慎地反纳粹"。当马赛酒吧狂欢者举杯为"戴高乐与英格兰"祝酒时，路过的警察会视而不见。一个马赛居民公开表示支持英国的胜利，在这个事件的调查报告空白处，一名警官匿名潦草地写

40

道："谁不希望这样呢？"

　　玛丽－玛德琳到达马赛之前，亨利·舍雷尔已经把十字军行动的情况告诉了两名新情报人员。她走进约定的咖啡馆，走向舍雷尔和其他人就座的桌子，她听到其中一个人大喊："天哪！竟然是一个女人！"她瞥了一眼神色不自然的舍雷尔，意识到他并没有告诉他们新领导者是女性这一事实。

41　　　发出喊声的正是加布里埃尔·里维埃（Gabriel Rivière），他是马赛商船协会的一名官员。他身材魁梧，蓄着八字胡。据舍雷尔说，他比港口里的任何人都更了解地中海的海上交通。当他从震惊中缓过来后，天性快乐的里维埃没有再提及她的性别，而是立即开始谈正事。他告诉玛丽－玛德琳，他讨厌德国人，自己很乐意加入这个情报网。为了掩饰身份，他建议十字军做水果蔬菜批发生意，这样他就可以在港口四处游荡，寻找可能的新线人。他的一个伙伴可以实际打理生意，他的妻子可以在店里工作，而仓库将成为十字军情报人员和线人的藏身之处。

　　里维埃的建议已让玛丽－玛德琳很惊讶了。她转向舍雷尔找到的另一位新人埃米尔·奥多利（Emile Audoly）。相比朴实的里维埃，他是一个瘦小、高冷而优雅的男人。奥多利在一家谷物经销公司工作，这使他能够进入马赛的码头、火车站和仓库。他可以检查海运和铁路货物的清单，有时也可以亲自检查货物。

　　里维埃和奥多利都认识很多商船无线电接线员，他们都是反德的，很可能加入十字军。如果情报网能给他们提供无线电发射器，他们就能迅速将收集到的情报传递给位于维希的情报总部。

几天之内，马赛地区的情报网就建立起来并开始运作。玛丽-玛德琳出资 5 万法郎给里维埃的水果蔬菜批发生意，他们的主要工作是招募情报人员。奥多利主要负责实际情报收集工作，关注船只和货物的运输。让·布特龙将负责该地区整个情报网的工作。

对玛丽-玛德琳来说，统筹安排马赛地区的情报网工作还只是这次旅行中最容易的部分。她更担心的是她的另一项任务：招募一名经验丰富的情报官员来协调和监督情报工作。她希望随着十字军情报人员数量迅速增长，大量的情报也能迅速涌入。

纳瓦尔推荐了他的朋友夏尔·贝尼斯上校来担任该职。贝尼斯时年 66 岁，他很精明，是法国军队情报机构二处的一名退伍军人。他被认为是主要的法国军事情报理论家，他撰写的情报收集方法和程序是最权威的。1936 年，他退休后去了小国摩纳哥，摩纳哥政府立即聘请他担任国家军队、警察和消防部门的首领。

玛丽-玛德琳到达蒙特卡洛（Monte Carlo）时，她心中充满了期待。她在巴黎咖啡馆（Cafe de Paris）与贝尼斯共进午餐。这个咖啡馆位于该城市的主要广场上，是一家"美好时代"传奇餐厅。贝尼斯个子矮小、体格健壮、头发灰白。当

42

玛丽-玛德琳介绍完自己后，他不苟言笑，非常正式地与她打招呼，这让她更紧张了。

贝尼斯问她，纳瓦尔是否真的认为法国可以反击。她非常肯定地进行了答复，纳瓦尔相信英国会坚持到底，而美国最终也会参战。在这之前，法国能提供的最重要的帮助就是向英国传递情报。

贝尼斯看了玛丽-玛德琳一眼，在她看来，这是一种嘲讽。贝尼斯问她是否知道什么是情报。玛丽-玛德琳表示，她知道这是一项艰苦的工作，因此她非常需要他的知识和经验。贝尼斯扫视四周，然后示意她跟随他过去。他从户外的桌子旁站起来，领着她走到一个可以俯瞰大海的露台。在那里，贝尼斯给了玛丽-玛德琳一本关于收集情报的详细入门书。

当玛丽-玛德琳问到该如何判断情报的重要性时，贝尼斯告诉她，判断什么是重要的并不是特工的职责。情报人员也不应该推断或做出判断。当英国要求提供情报时，情报网的回应必须尽可能准确，情报人员不应该依靠想象。一个特工必须只报告他所看到或听到的，并让接收情报的人得出他们自己的结论。

当玛丽-玛德琳终于问完了问题，贝尼斯却有了自己的困惑。她不是来招募他的吗？他应该到哪里去呢？玛丽-玛德琳早就准备好了答案：他将在法国西南部的波城工作，选在这里是因为它靠近西班牙与法国边境，而且临近法国占领区和自由区的边界线，方便情报人员和线人活动。他将从 1941 年 1 月开始在那里工作。

接着出现了一个更棘手的问题：他将向谁汇报工作？犹豫

片刻后，玛丽-玛德琳说："向我。"贝尼斯盯着她，没有说话。不久之后，两人沉默地走下一段石阶，前往火车站。

玛丽-玛德琳跟在贝尼斯身后，再次询问他是否抗拒为一个女人工作。贝尼斯又一次陷入沉默。玛丽-玛德琳感觉过了很久之后，他才开口说，如果他接受这份工作，他需要一个助手。玛丽-玛德琳告诉他，她已经有人选了。贝尼斯略带嘲讽地微笑着问，一个女人吗？玛丽-玛德琳说是的。

到了车站之后，贝尼斯给了玛丽-玛德琳一个相当隐晦的答复。上火车之前，贝尼斯微笑着递给她一沓文件，这些是关于德国陆军和海军在法国和意大利南部海岸集结的详细报告。走进车厢后，玛丽-玛德琳暗自高兴起来。她最后才发现，自己已经通过了考验。

玛丽-玛德琳回到维希之后，顺利完成任务的喜悦很快就消散了，取而代之的是深切担忧。两个月前，贝当元帅在法国小镇蒙特瓦尔会见了希特勒。不久之后贝当宣布他和维希政府已经开始与德国政府寻求合作。历史学家罗伯特·O. 帕克斯顿（Robert O. Paxton）指出，"合作不是德国的要求……（这）是法国的提议"。

蒙特瓦尔会议动摇了维希政府中部分官员的信心，他们原本支持贝当，并认为贝当自法国投降以来其实一直在玩双面游戏。在他们看来，尽管停战协议的条款阻止了这位元帅公开反对德国，但他秘密地反对德国入侵者，并将最终加入盟军。

44

在蒙特瓦尔会议导致幻想破灭的人中，有一位名叫亨利·弗里内（Henri Frenay）的法国军队情报机构二处年轻官员，他后来写道，在法国向德国投降之后，"加入反对纳粹的斗争与保持对贝当的信仰之间似乎并没有内在的矛盾"。但在蒙特瓦尔会议之后，他意识到，"贝当元帅曾经在我心中唤起的所有希望现在都消失了"。在蒙特瓦尔会议之后，弗里内离开了维希政府，并开始建立抵抗组织，称之为"战斗"（Combat）。这一组织后来发展成为法国最大、最具有影响力的地下组织之一。

事后看来，贝当从来没有想过要反抗德国。不过至少在一开始，他极易受到来自政府里反德力量的压力。1940 年 12 月，反德势力说服贝当逮捕赖伐尔，贝当从来都不喜欢赖伐尔，把他从自己副手的职位上赶了下来。而德国在巴黎的最高指挥官大力支持赖伐尔，他非常愤怒并向贝当施压，要求释放并恢复赖伐尔的职务。最后赖伐尔被释放了，但贝当迟迟没有恢复其职务。

蒙特瓦尔会议加上维希政府内部的权力斗争，致使德国对贝当施加了更大的压力，并非法进入自由区。纳瓦尔告诉玛丽-玛德琳，合作协议将允许纳粹渗透到任何地方。

混乱中，纳瓦尔失去了他在法国退伍军人协会（Légion Française des Combattants）的官职，该组织由政府资助。玛丽-玛德琳曾多次劝纳瓦尔断绝与贝当的关系，当听到这个消息后她才松了一口气。但是她知道这也意味着十字军行动将失去维希政府提供的资金支持。

一个月前，纳瓦尔派了一名特使到伦敦去试探戴高乐和军情六处是否愿意与十字军合作。这次试探是通过中间人雅克·布里杜（Jacques Bridou）进行的，他是玛丽-玛德琳 29 岁的弟弟，从这个情报网建立时，他就是其中的一员。雅克·布里杜是 1936 年奥运会法国雪橇队的成员，他接受过律师培训，也和姐姐玛丽-玛德琳一样痴迷于冒险事业。在西班牙内战期间，他曾是一名记者，也曾为法国而战。他英语流利，在几个月前刚娶了一名年轻的英国女子。

纳瓦尔给了雅克·布里杜两封信，让他带去伦敦。其中一封给戴高乐，另一封给军情六处。两者都包含十字军创立至今的详细报告。在写给戴高乐的信中，纳瓦尔向他的前同事和竞争对手保证，他将全力支持和开展合作，继续进行反对德国的斗争。他写道，只要他的情报机构能与自由法国地位平等，并能与英国分享情报，他很乐意与戴高乐在伦敦新建立的情报机构合作。

整个战争期间，从法国自由区到英国的旅程极其困难，特别是在 1940 年末。那时逃亡者和其他抵抗组织还没有在法国和中立国西班牙之间建立稳固的地下通道。雅克·布里杜的计划是先去摩洛哥，他希望在那里找到一条路到达英属直布罗陀海峡，然后再从那里到达伦敦。他不知道这需要多长时间，也不知道什么时候能回来。他走了一个月后，纳瓦尔和玛丽-玛德琳一直没有他的消息。

与此同时，十字军的退役军人接待和康复中心引起了维希政府官员不友好的注意。考虑到该中心已经不再是一个安全的

45

掩护所，而且纳瓦尔已经失去了在维希政府的职位，他和玛丽-玛德琳决定关闭该中心，并把他们的活动转移到另一家不太显眼的酒店。

　　然而，尽管存在种种不确定性和焦虑，1940 年底还是有许多事情值得庆祝。在短短几周内，这个新建的情报网已经从几个人发展到 50 多人的规模。他们中的大多数人来到接待和康复中心欢度圣诞节，这也是该中心关闭前的最后一次活动。

46

第五章 建立同盟

到了 1941 年 3 月中旬，十字军如滚雪球般迅速发展壮大，势力从维希和马赛蔓延到自由区的其他地方，甚至渗透到北非和北部德国占领区的一些地方。法国维希政府时期，特工们在东南部里昂、第戎以及西南部多尔多涅山区工作。多尔多涅山区以中世纪的村庄、青翠郁葱的乡村和史前的洞穴而闻名。多尔多涅山区对十字军尤为重要，因为它靠近波尔多和它的内陆港口，那里已经变成了德国潜艇、军舰、布雷船和鱼雷运输船的主要基地。

信使开始穿梭于全国各地，收集特工们的情报，并把情报带到风景如画的度假小镇波城。贝尼斯上校在波城一家小旅馆开始了情报工作，这家旅馆名叫"养老欢迎营"。新招募的情报人员包括维希政府一架小型飞机的飞行员和无线电接线员，该飞机用于在法国全境（包括占领区）发送官方电报。在为贝当和他的下属工作的同时，他们也为十字军收集情报并送到波城。

尽管十字军发展迅速，但是玛丽-玛德琳仍为未来感到担忧。每天工作 16 个小时之后，她晚上躺在床上睡不着觉，努力想办法让情报网保持运转。她弟弟去伦敦已经 4 个月了。她知道他已经到了摩洛哥，但从那以后就没有任何消息了。由于十字军与戴高乐或军情六处还没有建立正式的联系，他们已经收集到的情报很快会被白白浪费掉。更糟糕的是，她和纳瓦尔的钱用光了，仅靠贷款维持生活。如果没有新的资金来源，他们很快就得关闭情报网。

1941 年 3 月 14 日，玛丽-玛德琳终于接到了她一直等待的来电。她的弟弟已经回到法国，他乘坐英国皇家空军的飞机在克莱蒙特·费兰附近跳伞到达地面。克莱蒙特·费兰是一个工业小镇，位于维希西南约 45 英里处。她和纳瓦尔立即开车去接他。

雅克·布里杜的第一次跳伞经历并不顺利，他落地时一个脚踝严重受伤，他似乎还没有从这次惊吓中缓过来。但他坚持要回维希，并在途中讲述了他从希吉拉到伦敦的经历，这是一个漫长而艰难的故事。

他从摩洛哥抵达直布罗陀后，便告知当地英国基地的海军上将，自己被法国一个新兴地下情报网派往伦敦与戴高乐以及他的英国情报机构建立联系，麻烦从这个时候就已经开始了。海军上将断定雅克·布里杜是一个德国间谍，把他送上一艘前往英格兰的运兵船。在那里，他遇到了伦敦警察厅的警察并被逮捕。然后他们把他带到了伦敦，对他进行了没日没夜的审讯。

面对质问，他坚持辩解，自己娶了一个英国女人，他的岳父——一个伦敦商人，可以证明自己的身份。但他的岳父从未见过他，也没有从他的女儿西尔维娅那里得到关于雅克·布里杜来伦敦的消息，他不承认眼前的陌生人实际上是西尔维娅的丈夫。当雅克·布里杜和岳父见面后，他终于说服了岳父，让其相信他所说的都是真话。

48

从英国监狱中出来后，雅克·布里杜前往伦敦西部自由法国的总部，把纳瓦尔交给他的信转交给了戴高乐，但他又一次遭到了拒绝。戴高乐早已经知道了十字军的存在。在一份有关纳瓦尔十字军的报告中，他的一名助手写道："我们必须注意到这个组织，因为它在法国影响力非常大。"他还表示，如果自由法国愿意为十字军提供资金支持，"它将在某种程度上自动依附于我们，我们将获得无可争辩的优势"。戴高乐没有同意。在读了纳瓦尔的信后，他冷漠地拒绝了曾经的对手提出的合作建议。他宣告："除了这些与我并肩作战的人，其他的都是敌人。"

当雅克·布里杜讲述戴高乐的消极回应时，纳瓦尔丝毫没有感到意外，反而非常淡定。雅克·布里杜后来又告知军情六处欣然接受与十字军合作。听到这个好消息时，纳瓦尔似乎也毫不惊讶。军情六处邀请纳瓦尔在接下来的一个月内前往中立的里斯本，与军情六处法国部的一名高级官员开展几天的会谈。

军情六处答应了合作，这让玛丽-玛德琳激动不已。她怀疑纳瓦尔从一开始就知道会是这样的结果。纳瓦尔如此了解戴高乐，怎么可能寄希望于他的老竞争对手会同意建立平等的合作关系呢？但当玛丽-玛德琳询问纳瓦尔是不是早料到了结果时，纳瓦尔微笑着否认了。

是时候采取下一步行动了，以确保十字军能继续运转。几周以来，纳瓦尔在维希一直被严密监视。而且他的一位朋友也曾警告过他，维希海军头目达朗上将取代皮埃尔·赖伐尔成为贝当元帅的副手，他想要下令逮捕纳瓦尔。达朗已经逮捕了加布里埃尔·科切特将军，后者自停战以来一直呼吁抵抗德国。

　　1941 年 3 月下旬，纳瓦尔决定关闭在维希的军事情报机构总部，将其转移到维希西南部约 350 英里的波城，并与贝尼斯上校在这里的情报机构联合起来。玛丽-玛德琳在维希从来就没有安全感，听到这个消息，她松了一口气。

　　波城建于 11 世纪，是亨利·德·纳瓦尔，也就是后来的亨利四世的出生地，他的城堡俯瞰着整个波城。这座城市空气清新干燥，有着比利牛斯山山麓令人惊叹的风景，从 19 世纪早期就吸引了英国和其他欧洲上流社会的人来这里度假。

　　波城的主干道建在陡峭的悬崖之上，道路两侧棕榈树林立，酒店、咖啡馆、赌场、19 世纪的宅邸等建筑簇拥，往南望去可以清楚地看到 30 英里外景色壮丽的雪山，亚热带丛林从悬崖上的斜坡倾泻延伸到下面郁郁葱葱的绿色山谷里。该地区以猎狐活动和欧洲第一个 18 洞高尔夫球场而闻名，这些娱乐消遣活动是由富有的英国游客带来的。然而，对纳瓦尔和玛丽-玛德琳来说，这里最吸引人的是它的地理位置，它靠近西班牙边境，安静而偏远。纳瓦尔是在附近的奥罗伦-圣玛丽长大的，他在波城小有名气，很多当地居民都把他视为宠儿。

　　喜欢他的人中有两位年长的姐妹，贝尼斯上校新的情报基地——养老欢迎营就是她们家的。当她们礼貌地询问贝尼斯房间里为什么贴着大量法国情报地图时，他告诉她们，他是一位专门研究法国海岸和山区边界的地理学家。当十字军特工和情报人员在旅馆里进进出出时，这对姐妹被告知他们是从德国战俘集中营里逃出来的法国士兵，这些人在波城的行踪必须保密。两姐妹后来也就欣然接受了玛丽-玛德琳出现在旅馆里，她们认为她是来帮助纳瓦尔处理越狱战俘的。

距离纳瓦尔去里斯本接受军情六处的约见还有一周多的时间，玛丽-玛德琳决定暂停情报网工作，去看望她的孩子们。1940 年秋天，她的两个孩子去维希看望过她，之后她就再没见过他们。8 岁的女儿比阿特丽斯现在和玛丽-玛德琳的母亲住在戛纳附近的蓝色海岸，在他们的夏季别墅里，而 10 岁的克里斯蒂安则在萨尔拉（Sarlat）的一所天主教寄宿学校上学。

复活节假期前不久，玛丽-玛德琳去学校接了克里斯蒂安。她觉得是时候告诉儿子她的秘密行动了，希望他能明白为什么在过去的几个月里很少见到自己的母亲。她显然对自己"明显的抛弃"行为感到无比懊悔。克里斯蒂安抱怨母亲从未回复他的信，这更加深了玛丽-玛德琳的内疚感。她告诉自己的孩子她不能写信，因为这很可能会让她被抓去坐牢。当克里斯蒂安问她的工作是否危险时，她说她在做所有法国人在战时都应该做的事情。玛丽-玛德琳向孩子们保证，她会尽可能地远离危险。

玛丽-玛德琳把自己的工作描绘成一个秘密游戏，在这个游戏中，所有玩家都必须异常安静和狡猾。在去蓝色海岸的路上，她还带着克里斯蒂安做了一些情报工作：她考察了一个可能的降落伞空降区，以便将来从英国输送补给；她暗中查看了一个德国机场；她一路上采访了一些可能成为特工的人。

50

当她结束情报工作后，他们才动身前往自家的夏季别墅。在距戛纳以北 3 英里的地方，她开着车离开大路，沿着一条陡峭的土路开进了自家的院子，早年她在这里度过了许多悠闲的夏日时光。别墅主屋的白色灰泥墙上爬满了葡萄藤和紫藤，在早春明媚的阳光下闪闪发光。而别墅的正后方有一小片松树林。在一边，地面成阶梯状向下倾斜；另一边是两棵大桉树和一片草坪，草坪尽头是一排开着明黄色花朵的含羞草。在松树林的后面有一片果园，这里种着草莓、桃子、樱桃和无花果。战争爆发前，果园里的水果和鲜花会被定期空运到伦敦和巴黎的市场。

玛丽-玛德琳没有在别墅停留，而是沿着小路继续往前走，一直走到山顶的一个普罗旺斯小农舍。她的母亲在战争期间把别墅租了出去，她、比阿特丽斯还有管家搬进了农场的房子。同样勇敢和敢于冒险的玛蒂尔德·布里杜能够完全理解她的女儿和儿子进行的抵抗运动。她不仅赞成这件事，也不抗拒自己参与其中。

玛蒂尔德·布里杜的儿媳西尔维娅·布里杜（Sylvia Bridou）后来回忆说，二战期间，玛蒂尔德是家里的支柱，"无论当时所处的情况多么糟糕，她的幽默感却从未完全消失，她那棕色眼睛里总是闪烁着温暖和爱。她就是法国人常说的优雅、诙谐且充满活力和智慧的女人。这些优秀的品质一直支撑着她和周围的人度过了困难时期"[1]。

---

[1] 引自西尔维娅·布里杜未出版的手稿。

当玛丽-玛德琳和克里斯蒂安到达农舍后，玛蒂尔德跑出来迎接他们，比阿特丽斯、雅克和西尔维娅也跟在后面。拥抱和亲吻礼之后，雅克带着姐姐来到屋后的猪圈。他在猪圈里挖了一个隐蔽的藏东西的地方，用来存放姐姐从波城带过来的十字军早期的文件，这是玛丽-玛德琳和雅克能想到的最安全的地方。他们确信，没有人会想到要去那里查看。

在接下来的几天里，玛丽-玛德琳和儿子、女儿一起玩耍，帮母亲在花园里干活，在户外散步，或是眺望远处壮观的景色，在这里可以看到附近山丘上的穆然村（Mougins）和远处闪闪发光的地中海。家人团聚、与儿女在一起，这让玛丽-玛德琳感到幸福快乐，但她心中始终担忧十字军的未来。纳瓦尔和军情六处的会见可以拯救情报网吗？她忍不住去担心另一种可能。

一天早晨，亨利·舍雷尔突然出现在乡下农舍，给玛丽-玛德琳带来了她期盼已久的消息。他告诉玛丽-玛德琳，纳瓦尔在里斯本获得了军情六处的支持，她必须立即返回波城。玛丽-玛德琳没有丝毫犹豫。她立刻收拾好自己的东西，吻别孩子们和母亲，让弟弟开着她的雪铁龙回到波城，然后和舍雷尔一起去戛纳赶火车。

与二战期间法国的大多数火车一样，玛丽-玛德琳他们乘坐的这列火车非常拥挤。夜间大部分时间她都被迫坐在自己的行李箱上，周围地板上全是睡着的乘客。但糟糕的环境并没有影响玛丽-玛德琳内心的兴奋与激动。对十字军来说，真正的战斗即将开始。

52

在火车上，玛丽-玛德琳告诉舍雷尔她正筹划建立一个新的指挥体系。她决定任命莫里斯·库斯特诺布勒为她的副手，并指派舍雷尔负责占领区的情报行动。一个与舍雷尔一起共事过的人评价他是一位行动派招募能手，"他似乎无处不在，认识很多人，也时刻准备接受任务并确保顺利完成"。不过玛丽-玛德琳唯一担心的是，他有追求成功的热情，但也有鲁莽的冒险倾向。

当玛丽-玛德琳回到波城之后，她对舍雷尔和其他事情的担忧已经被内心的兴奋盖过了。在养老欢迎营的小旅馆里，空气中弥漫着英国香烟浓浓的烟雾，这是纳瓦尔从英国带回来分发给情报网工作人员的。热闹欢腾的庆祝活动仍在继续，纳瓦尔把玛丽-玛德琳拉到一边，把他在里斯本的冒险经历告诉了她。

4月14日上午，纳瓦尔到了指定的会面地点，即贝伦圣玛利亚教堂中殿里葡萄牙探险家瓦斯科·达伽马的坟墓。几分钟后，一个又高又瘦的英国人走到了他旁边。他自称是基思·克莱恩（Keith Crane），而事实上他就是军情六处在法国维希政权的最高指挥官肯尼思·科恩。

在军情六处所有的军官中，41岁的肯尼思·科恩显得非常特殊。其他军官往往出身军官家庭，有着不菲的私人收入，其中有许多人甚至是上流社会里排他势力集团的成员，世代控制着英国社会。而肯尼思·科恩是一个犹太人，他参加过第一次世界大战，是一个海军军官和鱼雷专家。像他这种出身背景在军情六处中很少见。肯尼思·科恩能说一口流利的法语和俄语，并以敏感、机智、敏锐和对国际问题的深刻理解而闻名。他具备的这些特质在情报部门同事中也不常　53
见，他们大多数坚决反对知识分子。

肯尼思·科恩的工作是负责从法国自由区内招募情报人员，他认为与纳瓦尔的会面可能是对军情六处祈祷的回应。在第一次会面以及随后 3 天的会议中，肯尼思·科恩一再强调英国现在的糟糕处境。在单独对抗希特勒 10 个月之后，这个国家面临着即将到来的失败。尽管英国皇家空军在 1940 年秋伦敦大轰炸中击退了德国空军，但德国的炸弹还在

图 5-1　肯尼思·科恩

继续轰炸伦敦和英国其他城市。与此同时，德国潜艇在大西洋上对英国商船造成了严重破坏，使英国的补给线瘫痪。

法国是离英国最近的被占领国家，德军的大多数轰炸机和潜艇也是从法国的军事基地出发的，法国成为希特勒取得战争胜利的跳板，也将成为所有入侵英国势力的出发点。英国如果　54
要反击，就必须尽可能全面地了解德国在法国的所有行动，这一点至关重要。在法国陷落后几天，温斯顿·丘吉尔就曾给一位下属写信说："当然，我们必须尽一切努力秘密获取有关德国军队尽可能多的情报。"其中最重要的是关于军队、船只、

潜艇、驳船和飞机的行动和部署情报。

英国的生死存亡在一定时期内取决于能否及时发现敌人的意图。1940 年，德国的闪电战使得军情六处在欧洲的势力几乎被全部摧毁，甚至没有哪怕一个情报人员能够给政府传递迫切需要的情报。

几十年来，军情六处享誉全球，它是一个无所不知的间谍组织，享有极高的声誉。温斯顿·丘吉尔认为，英国情报机构是"世界上顶尖的"。有趣的是，希特勒和其他纳粹高层，包括党卫军头目海因里希·希姆莱和其副手莱因哈德·海德里希（Reinhard Heydrich）也都是这么认为的。然而事实却不是如此。在第一次世界大战后，由于缺乏政府资金支持，军情六处资金和人员不足，长期处于人才和技术极度匮乏的状态。

1940 年夏天，英国政府组建了另一个特殊机构，名为特别行动局（SOE），其职责是鼓励欧洲被占领地区的人民进行破坏和颠覆活动。新机构的建立使得军情六处的处境更加复杂。从一开始，军情六处官员就把特别行动局视为危险的对手，并尽最大努力将其摧毁。

随着纳粹势力加紧对欧洲的控制，英国军方高层抱怨军情六处未能穿透德国在欧洲活动的迷雾。在伦敦大轰炸后不久，一名高级情报官员再次指出："英国与任何被占领国家都没有建立联系。我们对被占领国家内部的情况一无所知，只是偶尔能从逃出来的极少数人那里了解到少量信息。"

为了能够获取被占领国家的情报，军情六处处于巨大压力之下。当被占领的 6 个欧洲国家的流亡政府幸运抵达伦敦时，军情六处的艰难处境得以改善，其中包括戴高乐的自由法国。军情六处为流亡政府的情报机构提供了资金、通信和运输方面的支持，以此为条件，它得以控制大部分情报机构，这些机构提供了几乎所有德国在欧洲被占领地区行动的战时情报。

从一开始，法国就是军情六处的主要关注点，也是其最棘手的政治挑战。事实上，军情六处已经设立了两个独立的法国分部，试图将摩擦和对立所带来的复杂性降到最低，这些摩擦和对立困扰着这个在地理和政治上处于分裂状态的国家。

其中一个部门与法国中央情报局（the Bureau Central de Renseignements，BCRA）合作，中央情报局是戴高乐新设立的情报机构，由年轻的军官安德烈·德瓦弗兰（André Dewavrin）领导，他曾是圣西尔军校的教授。中央情报局中第一个被派往法国的特工是吉尔伯特·雷诺（Gilbert Renault），他是一位法国电影制片人，也是狂热的戴高乐主义者。雷诺在情报工作方面虽然完全是个新手，但他组织了一个庞大的间谍网，名为"圣母兄弟会"（the Confrérie de Notre Dame），势力范围最终覆盖了法国被占领区和比利时的大部分地区。到1941年初，至少有6个戴高乐主义的情报组织，以约翰尼和菲茨罗伊的名字作掩护，向法国中央情报局和军情六处汇报。

另一个部门在肯尼思·科恩的领导下，将工作重点放在与总部设在维希的一些军事情报机构的合作上，战前它们就曾与军情六处密切合作。虽然它们是贝当政府的一部分，但它们反对德国的占领，并继续传递情报给英国。肯尼思·科恩认为这些维希式情报联系极其重要，但他更热衷于与纳瓦尔的组织进行合作。首先，纳瓦尔情报网的大部分特工是业余的，但其队**56**伍中也有几名经验丰富的军事情报人员，包括纳瓦尔本人。此外，这些特工并不是政府人员，也就没有受到限制和政治威胁。最重要的是，它已经部署了数十名特工，不仅覆盖了整个自由区，而且在法国大部分被占领地区也有势力。在肯尼思·科恩看来，纳瓦尔的情报网很有可能成为军情六处在法国最大、最重要的间谍网。

肯尼思·科恩与纳瓦尔会面时，纳瓦尔强调，为了避免战败，英国首先必须保持海上补给线畅通。在任何需要的时刻，约3000艘商船必须能够穿越大洋，将英国与它的贸易伙伴和殖民地连接起来，输送对英国存亡至关重要的货物。一旦缺乏石油、铜、铅、橡胶、铁矿石、镍、锌、铝等自然资源，英国的工业将陷入停滞，其军事力量也将无法运转。加上英国70%的食品供应依赖进口，如果这些补给运输线被切断，英国人民将会挨饿。

1941年初，丘吉尔的一位私人秘书向他报告了近期一系列商船沉没的消息。秘书感叹这些消息是多么"令人沮丧"，丘吉尔怒目而视。他喊道："只是沮丧吗？这很可怕！如果继续这样下去，我们都完蛋了！"德国高级军官也是这样想的，德国外交部长约阿希姆·冯·里宾特洛甫（Joachim von Ribbentrop）告诉日本驻柏林大使："即使是现在，英国在维持食品供应方面也遇到了很大麻烦……（现在）最重要的是击沉足够多的船只，将英国的进口量降至生存所需的最低限度之下。"

对德国潜艇舰队司令卡尔·邓尼茨（Karl Dönitz）上将来说，法国的失败简直是上天的恩赐。这样一来，他就可以控制法国北部和西部海岸的一系列港口。他相信，如果把这些港口变成潜艇基地，那就意味着英国作为一个自由国家的终结。在1940年夏天之前，邓尼茨的"灰狼"号潜艇舰队还只能从它们在北海和波罗的海的基地出发，在航行数百英里后才能到达大西洋战场。如今它们可以从大西洋的入口就开始攻击英国船只，这会使执行任务的时长比以前多10天。

停战协议签署后不到一个星期，第一艘潜艇已经抵达洛里昂，这是位于布列塔尼的一个安静的渔村。邓尼茨将把潜艇舰队总部设在这里的姊妹港圣纳泽尔港、布列斯特港和波尔多港。成千上万名法国工人被调来将港口的船坞改造成潜艇修理厂，在这里德国和法国的工程师曾设计并建造了巨大的潜艇围栏，其混凝土屋顶的厚度足以承受盟军的轰炸袭击。

邓尼茨的"狼群"潜艇舰队现在可以自由地胡作非为。1940年下半年，德国潜艇舰队在大西洋击沉了500多艘商船，商船累计总吨数约为250万吨。难怪邓尼茨和他的潜艇船员把这一时期称为"快乐时光"。

此后的每个月，商船损失都大大增加。1941年4月沉没物资的重量将近70万吨，是两个月前损失总吨数的两倍多。在4月的一个夜晚，当时肯尼思·科恩和纳瓦尔在里斯本会面，一支潜艇舰队击沉了英国护航船队22艘船中的10艘。这一沉船事件的总数是毁灭性的，因此丘吉尔下令白厅停止发布

57

每周沉船事件。

由于食品进口短缺加剧，英国实行严格的定量配给制。一个英国人被限制每周获得一盎司奶酪和少量肉类，每月 8 盎司果酱和人造黄油，像西红柿、洋葱、鸡蛋和橙子这些食物几乎从商店的货架上完全消失了。

肯尼思·科恩向纳瓦尔明确指出，他的情报网的首要任务是渗透到法国海岸的潜艇基地，收集有关潜艇移动的一切消息，包括它们的航行时刻表和路线。作为回报，军情六处将为他的情报网提供全部资金和物资。为了纪念这一英法情报合作关系，肯尼思·科恩和纳瓦尔重新命名了情报机构，称为联盟。

纳瓦尔回到波城后，从军情六处带来了 500 万法郎和一台无线电发射机。肯尼思·科恩还向他保证，这只是第一批物资，后面还会有更多。根据肯尼思·科恩和纳瓦尔两人制订的计划，联盟的特工将把情报带到波城。情报将在这里被编码，然后通过无线电发射机发往位于伦敦的军情六处。

联盟的每个成员都有一个代号，纳瓦尔是 N1。纳瓦尔向焦虑不安的玛丽-玛德琳保证，他没有向肯尼思·科恩透露她的性别和姓名。未来她作为联盟的参谋长，英国将只知道她的代号 POZ 55。同样的，情报网的其他成员的代号也由 3 个字母和 2 个数字组成，比如莫里斯·库斯特诺布勒的代号是COU 25。

结束简要交谈之后，纳瓦尔递给玛丽-玛德琳一叠薄薄的纸，每一张纸上都有几十行间距为一倍的打字行。这些纸上列的是调查清单，是作为对军情六处慷慨解囊的交换条件。清单内容涵盖了很多方面，其中包括德国潜艇和船只的抵达和离开时间；敌军兵力和补给的调动；德军机场、防空系统、军火库和战争物资生产工厂的位置。尽管玛丽-玛德琳心中对军情六处想要的情报范围感到有些畏惧，但她也为能有这些具体细节感到高兴。最后，英国可算告知了联盟英国所需要的确切情报。

随着联盟与军情六处建立了正式联系，情报工作进入了高速发展阶段，也变得越发危险了。为了扩大情报网在巴黎和其他德国占领区城市的覆盖范围，玛丽-玛德琳在纳瓦尔的建议下准备动身前往巴黎，她还负责寻找特工，收集有关布列塔尼造船厂和潜艇基地的情报。

玛丽-玛德琳很清楚，作为间谍组织的领导者，她还是一个新手，需要持续学习如何组织这个情报机构，以及如何进行日常运作。在盖世太保横行的法国首都，在岗学习的危险性将超越她遇到的其他任何危险。

59

第六章　巴黎险象环生

法国西北部的奥尔泰兹镇（Orthez）天空湛蓝，暖风和煦。经历了寒冬的考验，花儿迎来了春日，终于绽放了。在这个小镇的火车站里，人们排着长长的队伍等着登上去巴黎的火车，都没有注意到这美好的天气。

1941 年 4 月下旬的这一天，人们的注意力都集中在队伍前面两名德国士兵的身上，他们正在检查每位乘客的身份证明。奥尔泰兹镇地处波城以北 30 英里，位于北部德国占领区和自由区的分界线上。为了越过这条分界线，法国公民需要一张德国签发的身份证明，它很难获得，持有者在每次过境时都要被仔细检查。

在奥尔泰兹车站内，亨利·舍雷尔和莫里斯·库斯特诺布勒看着玛丽-玛德琳走向检查站，她显然是被特别审查的对象。几分钟后，她突然被两名纳粹女助手带离了队列。这些纳粹助手因为身穿灰色制服而被称为"灰色老鼠"。

舍雷尔和库斯特诺布勒交换了一下眼神，十分焦虑，他们向车站自助餐区走去。15 分钟后，玛丽-玛德琳来找他们了。她气得浑身发抖，痛斥女助手彻底搜查了她的行李，还让她脱了衣服，她称这些人是"女巫婆"。她发火了，但继而又沉默下来，她知道副手们都在担心并想知道一个问题，她要带去巴黎的调查清单怎么样了？但她没有说。

　　直到他们上了火车，在一个空车厢里坐下来，玛丽-玛德琳才把手伸进她帽子的双层内衬里，拿出来几张纸。舍雷尔吓得发出了声音，库斯特诺布勒紧张到用手捂住了脸，他们被她的大胆吓到了。玛丽-玛德琳没有理会，她把其中的一份清单交给了舍雷尔。舍雷尔很快领会到他作为德国占领区情报工作负责人的新职责，但在这之前，他要去搜寻波尔多港附近潜艇基地的情报，包括潜艇是否已经如报道的那样装有新声呐设备。

　　当玛丽-玛德琳问舍雷尔打算怎样进行侦察时，他笑着答道，他要灌醉船上的一个船员，再穿上他的制服，然后上潜艇。玛丽-玛德琳被他大胆的想法吓了一跳，这时她似乎忘了自己也是爱冒险的。她希望他是在开玩笑。舍雷尔没有回应。几分钟后，他们到达了波尔多车站，舍雷尔消失在离开火车站的人群中。

　　和奥尔泰兹镇一样，巴黎也迎来了美丽的春天。春风和煦，栗树上长出了浅绿色的嫩叶，空气中弥漫着紫丁香的芬芳。但在这样美好的日子里，这座城市没有了往日的繁华和欢快。不绝于耳的汽车鸣笛声、林荫大道上漫步的巴黎人的笑声和交谈声，或者在路边的咖啡馆里喝着咖啡的巴黎人，这些都消失了，整个城市笼罩在诡异的寂静中。在香榭丽舍大街和其他主要街道上偶尔会经过几辆大型黑色雪铁龙或载着高级纳粹官员的奔驰轿车，车辆发出的刺耳的轰鸣声时不时打破这座城市的寂静。除了极少数车辆外，德国人禁止法国人使用车辆，

61

迫使他们只能依靠自行车、地铁或 Vélotaxis（一种用自行车拉货的货车）出行。

在巴黎，玛丽-玛德琳无论走到哪里都能看到被德国征服的耻辱记忆：巨大的黑色和红色的纳粹标志飘荡在埃菲尔铁塔、凯旋门、里兹酒店（the Ritz）、克里昂酒店（the Crillon）、法国参议院和众议院等公共建筑之上。德国国防军每天下午沿着香榭丽舍大街昂首巡逻，德国大炮威慑地指向胜利广场①延伸出的 4 条主要大道。那些曾经挂着"请说英语"标语的餐馆，现在清楚地标示着"请说德语"（Hier spricht man Deutsch）。

巴黎和法国其他被占领区均由德国军队统治，德军很快征用了首都最好的酒店作为其指挥总部。德国陆军接管了克莱伯大道上的马杰斯缇克酒店（the Majestic），德国空军占用了旺多姆广场上的里兹酒店，德国海军选择了协和广场上的德拉马尼酒店（the Hôtel de la Marine）。每个酒店外面都有持枪哨兵站岗，法国人无通行证禁止入内。酒店门口也都悬挂着横幅标语："德国全线获胜！"（Deutsch-Land Siege an Allen Fronten）。

德军情报和反间谍组织阿勃维尔（Abwehr）将总部设在左岸拉斯帕丽林荫大道上的露西娅酒店（the Hotel Lutetia）。阿勃维尔下设秘密德军警察机构（Geheime Feldpolizei），其主要职责是逮捕盟军特工和其他涉嫌反德的人。

---

① 该广场原名星形广场，始建于 1892 年，1899 年落成。为纪念一战胜利，1918 年它改名为胜利广场；1941 年，在德国统治下又改名为贝当广场；1944 年 9 月 1 日，巴黎解放之后，为纪念戴高乐为法国做出的巨大贡献改名为戴高乐广场。——译者注。

4 月底，玛丽-玛德琳到达巴黎，她已经知道德国人一直在追踪她。几周前，她就来过一趟巴黎，顺便去了先前在科蒂街的办公室，1940 年德国闪电战爆发之前，她和纳瓦尔就住在那里。大楼门卫看到她后脸色都变白了。她告诉玛丽-玛德琳，纳粹德国占领巴黎后，没过几天德国警方就搜查了他们的办公室，想知道她和纳瓦尔的行踪，还询问她是否认识一位"雅各布先生"。"雅各布先生"是指贝特霍尔德·雅各布（Berthold Jacob），他是一名德国记者，1938 年他向纳瓦尔和玛丽-玛德琳提供过德军发动战争的重要情报。

门卫问玛丽-玛德琳想要做什么。她拿了办公室的钥匙，答复说她会留在那儿。她请皮埃尔·戴内（Pierre Dayné）向警方报告，她并没有回到科蒂街。皮埃尔是巴黎警察局的一名警察，他们已经认识很多年了。皮埃尔后来还帮她把瓦诺街旧公寓里的家具和其他物品搬到这个办公室。玛丽-玛德琳打算把办公室用作临时住所以及与特工会面的场所。回到波城之前，她安排了女仆玛格丽特照看办公室。

玛丽-玛德琳第二次来巴黎时，她才意识到自己是多么天真，竟以为自己智取了敌人。女仆玛格丽特告诉她，前一天有两个德国人来过办公室。女仆告诉他们，自己也在等女主人玛丽-玛德琳回来。德国人命令女仆，等她一回来就要立刻通知他们。

玛丽-玛德琳想了一会儿，然后告诉女仆一个应对办法。如果德国人再来，就告诉他们，女主人回巴黎只是为了参加一位叔叔的葬礼，这位叔叔给她留了一部分遗产。玛格丽特答应后，玛丽-玛德琳仍在房间里来回踱步。这里存放着她最珍视的一些东西——钢琴、书籍、音乐碟片，还有她早年在远东留下的纪念品。尽管这些东西对她来说很重要，但她意识到自己必须放弃它们了。她不打算再回到这间办公室。

玛丽-玛德琳的一个朋友，一个亚美尼亚实业家，给了她一把别墅钥匙，她躲在 6 楼的女佣房间里。别墅在福煦大街上，这是玛丽-玛德琳非常熟悉的一条大街。因为在战前的几年里，玛丽-玛德琳经常受邀去大街两侧 19 世纪的宅邸参加宴会。

63

19 世纪 50 年代，工程师设计福煦大街时，道路修得特别宽。这样巴黎富人的四轮大马车可以非常便利地从大街的一头凯旋门一直行驶到尽头的布洛涅森林公园。布洛涅森林公园占地面积广，绿树成荫，曾是法国王室的狩猎场。福煦大街是巴黎最富有、最繁华的街道，两边有高耸的栗树、修剪整齐的草坪和花坛，房屋前有精致的铁栏杆，这里仿如一片宁静的绿洲。

但当下，这些表面现象往往具有欺骗性，因为现实是残酷的。在德国的统治下，福煦大街成了巴黎最危险的地方。街上大多数宅邸的主人，包括罗斯柴尔德（Rothschild）家族成员和其他富有的犹太人，要么逃离了巴黎，要么被令人惧怕的德国占领者赶了出来，这些占领者是海因里希·希姆莱党卫军分支的成员。

帝国保安部是纳粹党卫军的反间谍机关，将其总部设在福煦大街 84 号，并征用了这条街上的其他几栋大楼。帝国保安部是为了调查针对第三帝国①的侵权、破坏和叛国活动而成立

---

① 指希特勒统治下的德国。——译者注

的，主要负责审讯和监禁法国抵抗运动者。纳粹党卫军国家秘密警察组织，即盖世太保，是希姆莱控制下的另一个臭名昭著的组织。盖世太保的成员以其黑色皮革风衣和残忍手段而闻名，主要负责追踪和逮捕那些被认为是国家敌人的人。盖世太保总部位于索萨伊街，距香榭丽舍大街不远。

法国民众以及被纳粹迫害的个人，很少注意帝国保安部和盖世太保两者之间的微妙区别，也很难区分上述两个纳粹党卫军部门与阿勃维尔之间的差异。阿勃维尔也在追踪法国间谍和抵抗者，在1942年也成为纳粹党卫军的从属部门。法国人用盖世太保统称这些人，因为不管他们从属于哪一个组织，都在以恐怖、酷刑和谋杀的手段，残忍镇压任何胆敢反抗帝国的人。

64

玛丽-玛德琳在福煦大街的女佣房间安顿好后，联系了已经在城里开展情报工作的联盟特工，为他们安排了紧急藏身之处，并把"情报信箱"安排在像酒吧或公寓这样可以留下或取到情报的地方。她还扩大了情报网的规模，招募更多特工、无线电接线员和线人。

她最初物色到的人都令人印象深刻。其中一个是她儿时的朋友，他在石油行业工作，能提供城市附近石油临时存储位置，这些石油由德国军队大量使用。另外一个是她战前的朋友，能够提供德国战时军需订单的信息，比如飞机发动机和螺旋桨等。她还在巴黎的一家电影公司招募了一名经销商。为了给各地影院订购电影，该经销商需常年在法国北部四处奔走，这样便于收集有关德国机场、步兵基地、武器和武器仓库的情报信息。

但玛丽-玛德琳在这次招募侦察新力量的努力中最大的收获是招募到了一个可以在布列塔尼潜艇基地收集情报的中间人。中间人是一个叫安托万·于贡（Antoine Hugon）的汽车修理店老板。一战期间，他曾被德国政府授予"铁十字勋章"，因为他挽救了一名溺水的德国士兵。虽然内心极度反德，但是他从德国占领法国开始就一直把勋章挂在西服最显眼的位置。用一名观察者的话来说："它（铁十字勋章）成为联盟特工所能拥有的最有用的盾牌。"于贡被任命为布列塔尼情报工作的领导者，他又招募了亨利·穆朗。穆朗是圣纳泽尔造船厂的厂长，他答应提供有关德国潜艇和维修设施的信息。

随着新鲜力量的加入，加上舍雷尔和库斯特诺布勒这样的老将，玛丽-玛德琳培养了一种强烈的团队意识。但这种亲密感伴随而来的是恐惧感。当然她不是为自己的安危感到害怕，事实上在成立这个组织的 7 个月里，她经常感到焦虑，但从不害怕。到目前为止，联盟及其情报人员在未占领地区开展工作还没有出现过重大后果。维希政府虽然对反德活动越来越恼火，但仍未进行严厉反击。即使是在巴黎，面临德国的威胁，玛丽-玛德琳也从不过分担心自己的安全。

准确地说，她担心的是那些被她招募到这项事业中的男男女女，他们都是没有受过专门训练的情报人员。军情六处的肯尼思·科恩称他们是"热情的志愿者"，去对抗德国反间谍机构里熟练和危险的特工，他们并没有真正做好准备。德国反间谍机构在法国的唯一任务就是消灭他们和其他类似的人。

在某一短暂却致命的瞬间，玛丽-玛德琳感到深深的无助。她和她的特工们正在挑战世界上最强大的军事力量。他们能完成什么任务呢？她是否有权力让这些非专业人员参与可能致命的冒险行动呢？

与此同时，她又开始思考，她和他们还能有别的选择吗？要想拯救法国，他们必须继续战斗，不管有多么危险，不管希望有多么渺茫。

1940 年春天，玛丽-玛德琳在巴黎四处躲藏。在不到一年的时间里，她的世界已经发生了翻天覆地的变化，这让她非常震惊。战争爆发之前，她在巴黎享受着舒适的生活，在高级餐厅用餐，购买名牌服装，在夜总会跳舞。如今，这些已经彻底离她而去了。她和其他大多数同胞一样，生活过得相当拮据，勉强活着——定额配给、食物稀缺、衣服破旧，还穿着木底鞋。

然而对她以前社交圈里的一些巴黎人来说，除了来往对象变成了占领者这一点，优越生活几乎没有改变或改变很小。1940 年底，巴黎地铁系统主席在巴黎附近的城堡里举办了一年一度的化装舞会。一位当时参加舞会的人回忆道："自助餐很难吃，地面上到处流淌着香槟，德国军官们在尽情狂欢。这里聚集了巴黎文学、艺术、政治和戏剧方面的名流。"作为回礼，德国高官在他们征用的住宅和公寓里宴请了一些最富有、最知名的法国人，戴着白手套的仆人们端上了从黑市获取的牛排和法国最好的葡萄酒。

如果一个人足够有钱并且能受到德国人的青睐，他仍然可以得到黄油和咖啡，甚至还有像罐头肉酱和鱼子酱这样的奢侈品。当时卡地亚、梵克雅宝等品牌珠宝，巴黎世家、迪奥、莲娜丽姿、保罗·普里耶和雅克·法斯等品牌设计师的高级定制服装也还在出售。在被德国占领期间，法国大多数奢侈品品牌设计师仍继续举办时装秀，但观众需要特别通行证才能进入秀场。有一部分通行证给了德国官员的女眷，但大多数发给了法国妇女。

整个战争期间，德国占领者控制了巴黎所有文化和社会机构，包括歌剧院、美术馆、拍卖行、歌舞表演厅和音乐厅等。德国军官纷纷涌向这座城市最豪华的餐馆，比如马克西姆、银塔、拉泊瑞斯酒店、富格、大维富餐厅等。这些餐馆热情接待他们，欢迎程度不亚于接待战前的法国食客。

德国人无处不在，也总出现在玛丽-玛德琳曾常去的许多地方，这使她无比愤怒。她认为偶尔要忘却巴黎已经被德国占领了，这一点非常重要。她邀请最好的朋友奈莉·德·沃居埃加入她的情报网。奈莉仍生活在巴黎，她迫切希望自己能追随玛丽-玛德琳以及她生命中最重要的两个男人，一起反抗德国。奈莉的丈夫是一名海军军官，参加过 1940 年的敦刻尔克战役，停战后他留在法国并加入了巴黎的一个抵抗组织。她的情人安托万·德·圣-埃克苏佩里曾在法国空军执行侦察任务。法国停战后，他前往美国，试图说服美国政府参加二战。

　　玛丽-玛德琳按计划向奈莉借了一套定制的服装，剪了头发并做了造型。与其他女性同胞一样，她认为打扮时髦是蔑视德国的一种方式。正如历史学家安妮·塞巴（Anne Sebba）所说："对法国人来说，时尚……无比重要。为了保持骄傲，鼓舞人心，保持真我，许多法国女人在战争时期仍然尽可能保持时尚感，因为时尚诠释了她们的身份。"

67

　　随后，玛丽-玛德琳和奈莉去马克西姆餐厅吃午餐。这家餐厅已经被柏林著名的餐厅老板奥托·霍赫（Otto Horcher）接管了，这里被认为是德国人在巴黎最常光顾的餐厅。德国空军司令赫尔曼·戈林（Hermann Goering）也是这家餐厅的常客，他在完成法国首都的"艺术品洗劫"之旅后，总是在这里用餐。

　　在那之前，玛丽-玛德琳遇到过的德国人只是城市街道上的低等士兵。现在，当马克西姆餐厅的老领班阿尔伯特把两位女士领到餐桌旁时，她看到了身着军服的德国国防军和德国空军军官正在享用马克西姆餐厅提供的最好的食物和葡萄酒。当她从他们身边走过时，她想起了情报网里衣衫褴褛的线人，他们总是风餐露宿，冒着生命危险来摆脱雅间里的这些男人。

　　马克西姆餐厅里的顾客们都注意到这两位漂亮、穿着时尚的金发女郎，这并不奇怪。人们对玛丽-玛德琳和奈莉投来了赞赏的目光，玛丽-玛德琳窃喜。如果这些德国人知道她领导着一个破坏他们阴谋的情报网，他们会说什么呢？

68

第七章　挂　帅

　　玛丽-玛德琳在巴黎收到了来自纳瓦尔的紧急消息，要求她立即返回南方，纳瓦尔并没有解释原因。尽管当时玛丽-玛德琳还没有完成在首都的所有工作，但她还是很不情愿地按照他的要求做了。当她越过分界线进入自由区时，她又一次被"灰色老鼠"搜身。

　　在马赛的会面上，纳瓦尔宣布了一些令人震惊的消息：他将于第二天动身前往阿尔及利亚，目的是在驻扎北非的持不同政见的法国陆军和空军中，组织策划一场反对维希政府的政变。如果政变成功，他们和北非14万法国武装军事力量将加入英国一起对抗德国。当纳瓦尔不在的时候，玛丽-玛德琳需全权负责联盟事务。

　　玛丽-玛德琳认为发动政变的想法是极其荒诞的。但纳瓦尔支持这项计划，这并没有让她感到意外。就像他和她征募到的许多年轻退役军人一样，纳瓦尔也明确表示，他其实更愿意去与德国作战，而不愿意只做收集德国情报的工作。实际上，他在里斯本就曾告诉肯尼思·科恩，他最终的目标是在时机成熟时拿起武器对抗德国。

　　但玛丽-玛德琳认为，那个时机距离现在还很遥远。在占领区停留期间，她见识了德国的统治实力。德国在法国和其他地方都有足够的军队去镇压任何叛乱。她说，哪怕仅有抵抗的念头，都过于仓促。纳瓦尔反驳说，在战争中任何事情都是仓促的。

玛丽-玛德琳很清楚纳瓦尔热衷于密谋和政治阴谋，但她清楚他并不是这个大胆阴谋的主谋。政变的主谋是 41 岁的空军飞行员莱昂·费伊，他喜欢海盗式冒险，目前负责联盟在北非的行动。

1941 年 1 月，玛丽-玛德琳第一次见到费伊就立刻被打动了。她在回忆录中写道，他身穿深蓝色军装，站得笔直，高大瘦长，长着浓密的黑发，鹰钩鼻，还有一双锐利的灰绿色眼睛，看上去十分有魅力。他有着一种不容置疑的气场，还有一点无赖的痞气。但最打动她的是他反抗德国的热情、勇敢和坚定的决心。

费伊是法国军官队伍中的一个异类，他的家世背景要比大多数同伴平凡得多。他出生于多尔多涅的一个警察家庭，家里有 7 个孩子。17 岁时，他从高中辍学，参加了第一次世界大战。他在几场重大战役中屡屡立功，包括凡尔登战役。战后，20 岁的他被授予（法国军队）英勇十字勋章（the Croix de Guerre）。

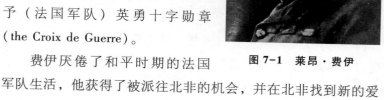

图 7-1 莱昂·费伊

费伊厌倦了和平时期的法国军队生活，他获得了被派往北非的机会，并在北非找到新的爱好——飞行。于是他转到空军，成为一名飞行员，最终领导了一支空军中队。鉴于他突出的领导才能，他被邀去申请巴黎高等军事学院的学习资格，这是一所精英军事学院，竞争十分激烈。费伊在资格方面其实处于明显劣势：他与其他大多数申请者不同，他没有上过圣西尔军校，更糟糕的是他高中就辍学了。尽管如此，他还是下定决心一定要成功，经过长达数月的紧张备考，他以优异的成绩通过了考试。

费伊毕业后不久，第二次世界大战爆发了。战争中，费伊担任法国空军侦察组指挥官，他因在执行任务时的勇敢表现多次受到表彰。停战协议让他很震惊，他后来争取到了派往北非的机会，成为北非空军副司令，并发起了一场运动，劝说飞行员同事继续加入战斗。当时，法国在北非的空军拥有 800 多架飞机，但严重缺乏燃料、飞机部件和地勤人员。

1941 年 1 月，费伊带着个人请求前往维希，希望贝当政府能够给他的中队提供更多资源，但他的请求被直接拒绝了。他向自己的前指挥官皮埃尔·巴斯顿将军（General Pierre Baston）发泄了愤怒和失望的情绪。这位巴斯顿将军恰巧是纳瓦尔和玛丽-玛德琳的情报网中的一员。巴斯顿将军阻止了费伊与贝当元帅见面，而是把他介绍给了纳瓦尔和玛丽-玛德琳。在会面中，费伊谈到了要策划一场可能的政变，用玛丽-玛德琳的原话来说，"（听了）让我目瞪口呆"。由于政府拒绝支持他的计划，恢复对德国开战，他将努力招募其他军官参加反对维希政府的政变，以防止德国继而占领北非。

令玛丽-玛德琳沮丧的是，纳瓦尔被费伊的想法吸引住了，并询问这个计划进展到了什么程度。费伊答复，他对获得突尼斯和阿尔及利亚空军的支持比较自信，现在还在做海军的工作，但陆军的工作就困难多了。

一同参加会面的玛丽-玛德琳和让·布特龙都没有表现出像纳瓦尔一样的热情。让·布特龙根据亲身经历了解到，在北非特别是发生米尔斯克比尔军港事件的阿尔及利亚地区，许多海军和陆军军官（如果不是绝大多数的话）大力支持维希政府，或是反对英国。他指出："阿尔及利亚人民因沉船事件受到重大冲击，成为彻底的恐英和反戴高乐主义者。"

一番热烈的讨论之后，费伊承认，在发动阴谋之前，还需要做更多的调查工作。他带着两项任务回到了北非：为联盟招募情报人员；继续为政变创造条件。

5个月后，玛丽-玛德琳当时还在巴黎，纳瓦尔收到了来自费伊的密信，称政变的时刻即将来临。费伊的同谋者是年轻的陆军上尉安德烈·博福尔（André Beaufre），他曾在阿尔及利亚军方的一位将军手下工作，并获得了志同道合的同伴的支持。费伊强烈要求纳瓦尔前往阿尔及利亚完成最后的政变准备工作。纳瓦尔知道玛丽-玛德琳肯定会反对，于是趁她不在的时候动身，并在她回来时作为既成事实通知了她。

他告诉玛丽-玛德琳，马赛军方情报官员也在秘密抵抗德国，他们为他提供了伪造的身份证件和其他旅行证件。他乔装成名叫兰姆丁的葡萄酒商人，正前往阿尔及尔洽谈购买最新年份的阿尔及利亚葡萄酒。信中他还提到，"下次我来信时，我就已经接管阿尔及尔了"。

不出所料，玛丽-玛德琳读完信后脸色铁青。他打乱了她在巴黎的工作计划，就为了这个？一个在她看来几乎不可能成功的草率计划？他们刚与军情六处达成协议，向英国提供重要情报，才不到两个月的时间，他就这样草率放弃了协议，就这样抛弃了玛丽-玛德琳以及其他数十名不惜冒着生命危险为联盟工作的人。实际上，他鲁莽的行为还可能使联盟的任务变得更加危险。与纳瓦尔认识并共事这么久，玛丽-玛德琳第一次感觉到好像有一堵看不见又不可逾越的墙将他们隔开了。

第二天，纳瓦尔乘船前往阿尔及尔。在抵达阿尔及尔后的第二天早上，他秘密会见了费伊、博福尔上尉和其他 3 名军官，共同商讨发动政变的计划。费伊要求联盟首领与他在摩洛哥的熟人取得联系，他们是法国驻当地的陆军军官。纳瓦尔答应了，他还提到了另一个人的名字，表示他也可能愿意加入。这个人是他在圣西尔军校时期的一位老朋友，现在是阿尔及尔第 19 陆军兵团副参谋长。纳瓦尔曾向他的朋友提到此次密谋计划，他的朋友表现出了极大的兴趣。

在纳瓦尔的提议下，其他人也同意邀请这位朋友来共进午餐。用餐时，他们进行了进一步讨论。用餐结束后，这位副参谋长与每个人握了手，并告诉纳瓦尔，他也会参加这场政变。

那天下午晚些时候，密谋政变的这群人又会面了。他们围坐在桌子旁，桌上摆满了地图和报告，列出了可能的攻击方式。突然，房间的门被撞开了，一群维希警察冲了进来，其中一名警察手中挥舞着搜查逮捕令。地图和报告全部被搜走了，纳瓦尔、费伊和其他人也都被塞进车里，带到了阿尔及尔警察局。

　　纳瓦尔前往阿尔及利亚后，玛丽-玛德琳继续留在马赛。她认为马赛比波城安全，因为当地大多数警察对城中涌现的抵抗活动视而不见。她还把电台接线员吕西安·瓦莱从波城叫来，一边继续工作，一边等待缺席的领导的来信。

　　几天后，联盟在马赛的负责人加布里埃尔·里维埃冲到她的办公室，大声宣告了纳瓦尔和同谋者在阿尔及尔被捕的消息，要求她立即离开。玛丽-玛德琳震惊了，一时间无法动弹也说不出话。缓过神之后，她命令里维埃立即通知当地特工纳瓦尔被逮捕的消息。然后她去了波城，把这个消息告诉了贝尼斯和其他人。

　　玛丽-玛德琳清楚，情报网中的所有人都在担心这个网络会不会因为其创立者被逮捕入狱而注定面临失败。很多人认为答案是肯定的，贝尼斯也是其中一员，认为情报网就此失败了。得知纳瓦尔被捕之后，他就开始整理情报地图，着手准备回蒙特卡洛。他明确表示，他之所以愿意与玛丽-玛德琳开展合作，只是因为纳瓦尔是联盟的总指挥。他表示，既然老朋友都被捕了，他的工作也就结束了。

　　玛丽-玛德琳深知自己不能失去贝尼斯的支持。她向贝尼斯保证，情报工作将继续。她还允诺将向英国报告，未来由贝尼斯前往摩纳哥接管整个地中海地区的情报工作。贝尼斯考虑了片刻，同意了。她知道，贝尼斯其实是在给她机会，让她证明她能够让联盟继续运行。

另一名重要官员巴斯顿将军也对联盟的未来表示怀疑，巴斯顿将军曾将费伊引荐给玛丽-玛德琳和纳瓦尔。当玛丽-玛德琳告诉他要继续联盟情报工作时，他皱了皱眉头问她是否想一个人主持大局。巴斯顿将军的面部表情和语气其实表露出了他并不相信玛丽-玛德琳能做到，但他还是同意了，虽然有点勉强，他还是决定继续联盟在维希的工作。

玛丽-玛德琳也担心自己能否被接纳为联盟的领导者。她还担心纳瓦尔被捕会对情报网的安全造成影响。很快这些担忧便烟消云散了。她坚信纳瓦尔永远不会向阿尔及尔的维希政府官员交代该组织的存在，而他们也没有其他途径能够知道。至于她领导情报网的能力，纳瓦尔向她和其他人多次强调，她是他指定的接班人。他告诉让·布特龙，"她是我们所有人中最宝贵的……她是让一切运转起来的轴心人物"。有一次，玛丽-玛德琳告诉纳瓦尔，一旦他被捕，一切都会结束。纳瓦尔并不这么认为，"不，有你在，联盟还可以继续运转"①。

尽管贝尼斯和巴斯顿将军可能仍对玛丽-玛德琳心存怀疑，但大多数年轻的特工没有。对他们来说，纳瓦尔只是一个遥远的人物，玛丽-玛德琳才是从进入情报网就直接领导他们的人。玛丽-玛德琳作为特工领导者，招募了很多年轻特工：为他们寻找藏身之处，教他们如何开展工作，包括编码和破译密码，获取情报，为特工提供资金和其他必要的供给，无论何

---

① 引自对佩内洛普·弗尔卡德-弗蕾西内的采访内容。

时，当有特工到达波城之后，都要负责他们的膳食。她的女儿佩内洛普·弗尔卡德-弗蕾西内回忆说："她有着一种与生俱来的权威。当她说话时，她清楚地表明，事情将会是这样的，必须遵从她的指示。"对联盟的特工们来说，她就是老大，是老板。

她的信心恢复了，至少在一定程度上恢复了。她决定把联盟总部搬到马赛，并打算坐火车回马赛开始转移工作。她还没想好如何以及何时向军情六处汇报纳瓦尔被捕的消息。她现在主要担心的是英国情报部门会对这一消息做出何种回应。

在火车上，她戴了一顶宽檐帽以免被人认出来。她一直埋头看书，看哲学家勒内·笛卡尔的经典论著《谈谈方法》（*Discourse on the Method*）。火车驶过几个车站之后，坐在她对面的一个男人开始用脚碰她的脚。碰了3次之后，她不耐烦地抬起头来。他身着一身她见过的最奇怪的服饰：格子裤、别有紫色玫瑰花的黑色夹克、宽领结、一顶类似于美国牛仔戴的斯特森毡帽。她瞥了一眼，这个人正是纳瓦尔。

纳瓦尔面无表情地注视着前方，玛丽-玛德琳对此有些反胃。她低下头，继续假装读笛卡尔的书。几分钟后，他起身到走廊抽烟，她跟了过去。他低声告诉她，他是在一名高级官员的帮助下才从监狱里逃出来的，这名高级官员在法国国土情报监测部门（Surveillance du Territoire）任职，负责反间谍事务。

到马赛之后，纳瓦尔把他在阿尔及尔被捕和逃离的经过和盘托出。他和同伴被圣西尔军校的朋友出卖了。他们一起吃了午餐后，这个朋友转头就向维希政府告密了。纳瓦尔、费伊和

75

其他几人被法国宪兵围捕，这些宪兵都是忠于维希政府的。然而就像在马赛一样，阿尔及尔的警察和法国国土情报监测部门里的很多人其实秘密支持英国，其中包括一位当地专员，他把纳瓦尔的假护照还给了他，放他走了。

玛丽-玛德琳提出她计划把联盟转移到马赛，纳瓦尔并不同意她的提议，他坚持还是回到波城。他认为维希政府不敢在波城逮捕他，因为他在当地有很多有权有势的朋友，玛丽-玛德琳却对此深表怀疑。达朗海军上将取代了赖伐尔成为维希政府领导人，当上将得知阿尔及尔的阴谋后表示非常愤怒，这是自停战协议以来武装部队第一次正面反对维希政府。

玛丽-玛德琳相信达朗上将肯定会想尽一切办法追捕纳瓦尔，以惩罚他和其他同谋者。因此她极力敦促纳瓦尔尽快逃往伦敦，但纳瓦尔坚持必须留在法国继续战斗。最后玛丽-玛德琳只好同意和纳瓦尔一起回到波城，前提是纳瓦尔必须避开公众视线。在玛丽-玛德琳的要求下，舍雷尔从波尔多出差回来，给纳瓦尔找了一间公寓，在这间公寓里纳瓦尔可以俯瞰波城主要的大道。他唯一常去的地方是联盟总部。他总是在黎明破晓时分离开公寓，骑自行车前往总部，直到黄昏日落或更晚才回公寓，所以周围几乎没有人注意到他。

两个月前，联盟总部将其大部分业务转移到了波城市郊的伊奇巴斯特城堡，这是一栋被围墙包围、自带小花园的高层住宅。相比养老欢迎营旧联盟总部，新总部更加独立、安全。纳瓦尔在阿尔及利亚死里逃生，促使玛丽-玛德琳进一步加强新总部的安防措施。她把城堡改造成了一座要塞，能为无线电台、密码本和解密报告提供藏身之处。她和其他工作人员都极少外出，她安排房东乔赛特（Josette）负责采购。

尽管纳瓦尔回来了，但仍然是玛丽-玛德琳在掌管联盟事务。联盟已经发展到拥有近 200 名特工，加上军情六处不断下达任务，铺天盖地的调查任务涌来，玛丽-玛德琳每天忙得几乎没有时间喘口气。为加快向伦敦发送情报，英国又增加了 3 台无线电台。第一台被运往马赛，第二台被运去支持贝尼斯上校在摩纳哥的军事行动，第三台被留作备用。

这 3 台装置都是由让·布特龙运送到法国的，他当时在马德里做卧底，担任维希政府的一名助理海军武官。尽管对联盟和英国来说，他的这份工作具有得天独厚的优势，但对布特龙本人来说，这个新职位却是一个可怕噩梦的开始。1941 年初，他在马赛为情报网工作，为了掩饰身份，他告诉当地法国海军军官，他正在准备一项关于重组法国商船的研究。他后来确实完成了这项研究，海军高级军官对此印象深刻，因此请他去马德里，为重组维希政府在西班牙的海军情报机构提供建议。

布特龙非常憎恨维希政府和贝当元帅，他被这一请求吓坏了。但纳瓦尔难以抑制住兴奋，他说："几个月来，我一直在思考如何与西班牙建立联系，以便将情报以及人员从西班牙送往伦敦。现在你得到了这样一份工作，你必须接受它。"布特龙极不情愿地接受了。

到达马德里之后，布特龙发现大使馆里的气氛比他想象的还要糟糕。1940 年贝当进入法国政府之前，他曾担任过驻马德里大使，使馆里的工作人员都把他当成神一般谈论。布特龙在他的日记中记录道，"这里的每个人都崇拜贝当，有些人甚至无法做到保持5分钟内不提到元帅说过或做过的一些伟大的事情"。他还补充道，新同事们"模仿戴高乐的口吻谈论英格兰，语气中满是轻蔑和不屑……在一个偶像崇拜的大环境中，我成了一个异类"。

在这个人人大力支持维希政府的环境中，布特龙感到很不自在。但纳瓦尔的判断是正确的，布特龙的身份能给联盟和军情六处带来极大的好处。布特龙与马德里的一名军情六处的特工取得联系后，他成功说服了维希大使馆官员给他安排另一项任务：在西班牙和法国之间运送密封的外交邮袋，这些邮袋是免除海关检查的。玛丽-玛德琳把她的雪铁龙借给他，供他在两国之间往返使用。

布特龙拥有了新的信使身份，他能够将调查结果和其他情报，连同无线电发射装备等，从英国情报部门带到联盟总部，他也能将情报带回马德里。玛丽-玛德琳和其他在波城的情报人员也因此有机会短暂地查看大使馆和维希政府之间的一些通信。

这个夏天联盟取得了诸多成功，但玛丽-玛德琳心中一直有一种挥之不去的不安感。她仍然十分担心亨利·舍雷尔。舍雷尔上报了波尔多附近德军潜艇基地的情报之后，即将成为联盟在占领区的行动负责人。就在他准备离开当地时，军情六处发出了一项紧急任务，要求提供有关波尔多基地某种U型潜艇航行的情报。玛丽-玛德琳其实不愿意再派舍雷尔去执行这项任务，但舍雷尔自己坚持要去，虽然这次他没有像往常那样兴高采烈。她考虑找另一个特工来做这项工作，但最后还是让舍雷尔去了。玛丽-玛德琳像往常一样叮嘱他一定要多加小心时，他喃喃地说，没有人是不可替代的。说完这些，她后来写道："勇敢的、不可替代的舍雷尔消失在夜色中。"

一周后，莫里斯·库斯特诺布勒从东南部执行任务回来，得知维希政府正在追捕纳瓦尔，他看上去异常焦虑和疲惫。因为参与了叛乱，他在阿尔及尔的同谋莱昂·费伊和安德烈·波福尔已被转移到克莱蒙特·费朗德监狱，等待审判。维希政府的官员还决心让纳瓦尔和他们一起上被告席。

库斯特诺布勒告诉玛丽-玛德琳，纳瓦尔必须立即离开波城。玛丽-玛德琳站了起来，两人一起去找他。她把库斯特诺布勒说的话告诉他，纳瓦尔回答说他知道自己必须离开，但要到第二天才能离开，因为他计划第二天在波城的大教堂和他的妻子及女儿告别。玛丽-玛德琳提醒他警方肯定在监视他家人，他耸了耸肩，在他一直工作的桌子前坐下，拿起了笔。玛丽-玛德琳知道说什么都不能改变他的主意。

第二天，她像往常一样忙碌：安排新的任务、编码情报信息让吕西安·瓦莱发往伦敦、破译军情六处传输来的信息，其中包括宣布联盟的首次跳伞行动将在两天内进行。

深夜，纳瓦尔起身准备离开。玛丽-玛德琳和库斯特诺布勒打算跟他一起走。3个人骑着自行车，沿着可以俯瞰山谷的林荫大道，静静地骑向沉睡中的小镇。他们溜进了纳瓦尔的公寓，库斯特诺布勒坚持要彻底搜查任何有牵连的物品。他在公

79   寓的每个角落都找到了成堆的文件和报告，把它们拿出来烧掉了。

天快亮时，纳瓦尔给他们每人倒了一杯阿马尼亚克酒①。玛丽-玛德琳一边喝，一边从敞开的窗户望出去，她望着30英里以外的比利牛斯山脉，它就像一座灯塔一样在晨光中发出光亮。纳瓦尔让他们俩回去睡几个小时。他表示自己在见过家人后，中午会和他们会合。

两人都没有按照他的建议去做。早上玛丽-玛德琳在波城逛到挺晚，而库斯特诺布勒一直在公寓外站岗。玛丽-玛德琳去买了点东西，后来在理发店待了几个小时。在波城，她和其他联盟同事一直是秘密行动的，镇上几乎没有人知道她是谁。但她并没有享受这几个小时的自在时光，反而因焦虑和缺觉而感到不适。上午晚些时候，她骑车回到总部伊奇巴斯特城堡。乔赛特打开花园的门时，玛丽-玛德琳从她痛苦的表情中看出，最糟糕的事情已经发生了。

在客厅里，她的特工们静静地站着，脸上都是震惊和绝望的表情。库斯特诺布勒架着她的胳膊，催她上楼去告诉她发生的事。纳瓦尔的家人离开奥罗伦-圣玛丽的家后，被十几名维希警察跟踪了，这些警察被告知他们的目标是一名德国间谍。他们早已经在大教堂后面站定了，当纳瓦尔进来时，他们冲向他。纳瓦尔试图逃跑，有人向他开枪，但没有击中他。他现在在波城监狱里，等着被转到克莱蒙特·费朗德监狱。

_____

①   一种法国白兰地酒。——译者注

　　玛丽-玛德琳被疲惫、愤怒和痛苦压倒，失声痛哭起来。库斯特诺布勒抱住她，喃喃地说："够了，小家伙，士兵是不哭的。"他说，她需要吃点东西，于是就劝她过来吃午饭。她摇了摇头。

　　他坚持让她一起。如果她不来，她的特工就会感到群龙无首。玛丽-玛德琳表示，她需要冷静一下，过一会儿再加入他们。几分钟后，她起身下楼来到了餐厅。她在无线电接线员吕西安·瓦莱旁边坐了下来，并悄悄把盘子里的食物夹到他的盘子里。接着，她询问下一次与伦敦的电台通信是什么时候。下午 3 点，吕西安·瓦莱回答说。

80

　　吕西安·瓦莱向伦敦发送电报的约 10 分钟前，她递给他一份加密信息，内容为："纳瓦尔今早被捕。停止电台联系！停止一切行动！最好推迟下一次满月的拉山德小型飞机的飞行计划！停止发送情报，停止联系！停止使用代号 POZ 55！"

　　几小时后，军情六处的回复充满遗憾与同情。它以一个简洁的问题结束："谁将接管？"

　　玛丽-玛德琳的回答简短有力："我将在得力副官的支持下按计划接管，停止使用代号 POZ 55。"

81

第八章　险境中的情报网

纳瓦尔被捕让玛丽-玛德琳身心俱疲，不过她发现英国并不知道代码 POZ 55 的特工其实是一个女人，这让她获得了些许安慰。纳瓦尔也从来没有告诉过英国方面他的副手的真实名字和性别。玛丽-玛德琳担心当英国人得知她是一名女性后会立即拒绝她，所以她并没有打算告之实情。

除此之外，她还有其他更紧迫的事情需要担心，包括如何有效提防维希警察将法网逼近她和其他联盟成员。此时，纳瓦尔在监狱里，布特龙在马德里，贝尼斯在蒙特卡洛，舍雷尔在波尔多，她身边几乎没有左膀右臂可以为她出谋划策来维持联盟运转。

眼下的孤立无助并没有使玛丽-玛德琳放弃。她立即切断了与养老欢迎营的所有联系，因为纳瓦尔经常去那里，是一个引人注目的来访者。她还把纳瓦尔被捕的事告诉了房主，并嘱咐，如果警察来这里找她，他们就说她去了蓝色海岸。

经过两天两夜不休不眠之后，玛丽-玛德琳终于瘫倒在伊奇巴斯特城堡的床上，一直到次日清晨新来的总部员工加瓦尔尼唤醒她。加瓦尔尼是一名高大的前空军军官，性子急，总是神情严肃。他告诉玛丽-玛德琳，维希警察刚搜查了养老欢迎营，她必须马上离开。他把她带到一个朋友家里住了几天，然后又把她安置在波城市中心的一家酒店里。这家酒店的老板是一个反维希政府者，他同意为玛丽-玛德琳提供饭菜，而且没有把她登记在客人入住登记表上，这个表格是维希警方要求入住者必须填写的。出于安全考虑，玛丽-玛德琳白天从不离开酒店，晚上也很少离开。

再三考虑之后，伊奇巴斯特城堡被认为是相对安全的地方，至少目前是这样的。联盟总部其他员工继续留在这里工作。情报网的运作处于非常紧张的状态，玛丽-玛德琳的无线电接线员吕西安·瓦莱把大量情报运到酒店，堆放在她房间的桌子上。她每天都在阅读这些情报，并将最紧急的信息编码，通过无线电传送给军情六处。其余的则通过让·布特龙在马德里用邮袋寄往伦敦。

玛丽-玛德琳与许多特工在酒店举行秘密会议，讨论军情六处要求他们追查的情报细节。毫无疑问，大多数问题都是关于往来于法国海岸的德国船只和U型潜艇的位置和行进方向。联盟在法国12个沿海港口都部署了特工，从诺曼底一直延伸到蓝色海岸。迄今为止，最好的情报来自布列塔尼海岸圣纳泽尔港的特工。作为欧洲最大的港口之一，圣纳泽尔港不仅停放了一支大型的U型潜艇舰队，而且还有德国海军最大的舰艇，比如俾斯麦号和提尔皮茨号战舰。

玛丽-玛德琳挑选的汽车修理店老板安托万·于贡是布列塔尼情报网的主要负责人，他是圣纳泽尔港情报的主要提供者，其中大部分情报来自于贡自己招募的两名间谍，其中一名是圣纳泽尔造船厂厂长亨利·穆朗，另一名是穆朗的副手朱尔·斯吉尔（Jules Sgier）。

1941 年夏末的一个早晨，于贡出人意料地来到了伊奇巴斯特城堡。令联盟总部工作人员惊讶的是，他开始脱衣服，先是他的夹克，夹克翻领上有铁十字架，然后是他的领带和衬衫。于贡厚实的身躯上裹着一大幅布地图，他把地图解开，递给旁边震惊的工作人员看。这幅地图描绘了圣纳泽尔潜艇基地和造船厂的布局，包括最近建造的 U 型潜艇基地。这幅地图是由亨利·穆朗按比例复制的，精确到英寸。

对于联盟来说，这幅地图加剧了军情六处对情报的需求。8 月初，军情六处通知玛丽-玛德琳，准备空降行动，给予联盟更多的支援力量，包括提供一种新型无线发射机和一名英国无线电接线员。该接线员将培训玛丽-玛德琳手下的特工学会使用新型无线发射机，并指导他们使用改进后的编码方法。这名接线员完成这些任务后，将前往诺曼底，并在那里创建一个新的联盟分部。他是被派来与联盟情报网共事的第一位英国人，此时玛丽-玛德琳和她的特工还只知道他的代号为布兰奇。

空降行动进展顺利，军情六处给予的支援让玛丽-玛德琳兴奋不已。相比大而笨重的旧无线电台，新的发射机更小，更容易操作。用来传递信息的新型纸张是一种如丝般柔滑的薄纸，这样更方便隐藏。还有"很多其他小工具更方便情报工作的开展"。唯一潜在的难题是新来的无线电接线员。

为了见他，玛丽-玛德琳离开了安全的酒店房间，她返回了伊奇巴斯特城堡。她走进客厅，驻足凝视。站在她面前的人像是一个浮夸模仿秀者，他看起来好像是一个刚从一部好莱坞低成本电影中走出来的人，这部电影还是由一个对法国一无所知的导演制作的。这个人留着山羊胡，穿着短上衣和马甲，条纹裤子，圆领口的硬衬衫，戴着领结。他头上戴着一顶圆顶硬礼帽。玛丽-玛德琳和其他特工忍不住大笑起来。

为了缓解当时的尴尬，玛丽-玛德琳用英语说了几句欢迎的话。结果被布兰奇用流利的法语打断了，虽然带着东伦敦的科克尼腔，但他在法国待的时间比在英国多。玛丽-玛德琳直到战后才了解到他的真实身份：阿瑟·布拉德利·戴维斯（Arthur Bradley Davies），一位39岁的农场主，在诺曼底生活了大约20年。德国入侵法国后，他逃到英国，之后被军情六处招募。

玛丽-玛德琳称呼布兰奇为布拉，她要求他把胡子刮掉，并把浮夸的外表打扮得低调一些。但布兰奇引人注意的并不只是他令人吃惊的着装。从一开始，他就表现得很奇怪，他在公共场合大声说出他的编码指令，问了太多有关情报网运转的问题，而且对每个来伊奇巴斯特城堡的人都表现出了极大的兴趣。于是吕西安·瓦莱劝玛丽-玛德琳要小心提防他。

但是她怎么能拒绝一个来自军情六处的特工呢？众所周知，军情六处是世界上最先进的情报机构。尽管她没有怀疑布兰奇，但她一直感到不安，直到布兰奇最终去了巴黎，最后前往诺曼底。在他之前，吕西安·瓦莱去了巴黎。他是一位热情、机智又年轻的前陆军军官，曾作为情报网的头号无线电接线员与她共事了将近一年，玛丽-玛德琳非常喜欢他。玛丽-玛德琳已经决定派他去负责首都地区不断扩大的无线电情报传输工作，但是他的离开对她来说是一个巨大的损失。

　　玛丽-玛德琳为吕西安·瓦莱的离去感到遗憾，接着她又受到了更沉重的打击。几个星期以来，她一直非常担心亨利·舍雷尔，他一个多月前就前往波尔多。从那以后，她再也没有得到过他的消息。在布兰奇和吕西安·瓦莱离开后不久，有消息传来：盖世太保逮捕了舍雷尔，并在他的口袋里发现了有关波尔多海军陆战队基地的文件。舍雷尔是第一个被德国逮捕的联盟特工，他被带到巴黎郊外的弗莱纳监狱，那里是德国关押英国特工和法国抵抗运动成员的监狱。

　　除了舍雷尔被捕的消息，还有更多的坏消息。在纳粹势力不断施压下，维希政府命令其安全部门和警察机构对自由区所有抵抗运动和情报网采取最严厉的打击行动。1941 年 6 月，德国突袭苏联后，镇压行动就开始了。作为对德国入侵的回击，莫斯科命令法国共产党发动一场武装斗争，反对在法国建立军工厂和驻扎德国军队，希望借此削弱德意志帝国对苏联的攻势。8 月 21 日，法国共产党发动了第一次袭击，一名年轻的德国海军学员在巴黎的一个地铁站被击毙。维希政府为了安抚纳粹当局，下令处决了 6 名与该袭击事件毫无关系的法国共产党。这次打击行动非但没能阻止共产党进行反击，反而引发了更多的暗杀行动。10 月 20 日，一名德国高级官员在南特被杀，另一名官员在波尔多被杀，另有 97 名法国人质被击毙。

　　法国人民因日益加剧的粮食和燃料短缺感到不安，又因同胞被肆意杀戮感到愤怒，他们反抗德国的意识明显增强，特别是自由区的法国人民。达朗上将急于与第三帝国和解，维希政府的镇压也日益加剧。达朗上将相信欧洲将成为德国化的欧洲，而法国的命运是沦为德国的附庸国，他尽其所能去使其成为现实，包括监管卖给德国1700多辆卡车和成千上万吨燃料，用来帮助德国对抗北非的英国势力。

为进一步扩大军事合作，这位上将还签署了一份临时协议，允许德国军队使用法国在叙利亚的机场、达喀尔的潜艇设施和突尼斯的港口，为德国军队提供补给。但是维希政府中也有一些官员认为政府至少应该保持表面上的独立。在他们看来，达朗上将的协议太过分了。达朗上将最终因压力取消了协议。

达朗上将还允许德国安全部队包括反间谍组织阿勃维尔、帝国保安部、盖世太保等在法国自由区渗透力量，尽管这一行为违反了停战协议的条款，但并没有受到阻挠。一位驻维希的美国外交官向华盛顿报告说，随处可见盖世太保特工，"在酒吧、餐馆和歌剧院里"。他说："他们似乎无处不在，你如果在床上发现他们，也并不奇怪。"

达朗发现法国军方的反间谍部门并不像他那样自由放任地对待自由区的德国间谍，他非常愤怒。在马赛，法国反间谍机构粉碎了阿勃维尔在地中海沿岸的间谍网，8个无线电台被缴获，26名特工被逮捕。到1941年底，共有300多名纳粹特工在法国自由区被捕，其中很多人是法国公民，他们最终被移交给法国军事法庭，其中有16人已被处决。

在1941年夏天的一次内阁会议上，达朗痛批了军队的反间谍活动，并要求停止这些活动。二局（the Deuxième

Bureau）的路易·里韦上校后来告诉一位同僚，"这是对我们的公开宣战，我们现在被视为政权的眼中钉"。

在达朗的指挥下，维希政府内政部控制了该国的城市警察部队，并成立了特别警察大队来追捕抵抗者。一名军方反间谍官员写道："在基层，警察在上级命令和深厚爱国情怀之间左右为难。许多警察其实是支持我们的，并准备团结一致继续打击内部敌人。但我们不得不承认，我们完全'短路'了。"

对玛丽-玛德琳来说，她一直对维希政府怀有戒心。达朗下令镇压只是进一步证实了她的想法：政府里没有人值得信任。那年夏末，她对布特龙说："维希政府是在赌德国会赢。政府中可能会有人愿意帮助我们，但是数量肯定不多，我们也很难发现他们。我们最好是把政府里的所有人都看作危险的或者有时当作冷酷无情的敌人……如果我们能遇到愿意帮我们的人，那就最好不过了。"

1941 年秋天，尽管镇压的报道接二连三，联盟仍继续将其势力扩展到全国各地。军情六处向波城、马赛、尼斯、里昂、诺曼底和巴黎 6 个城市都提供了无线电台，它们都在向伦敦发回情报。与此同时，情报网在巴黎和其他被占领区的业务正在迅速增长。军情六处告诉玛丽-玛德琳，它很快会再给她 6 台无线电台，并提供几百万法郎来支持情报网继续扩张。10 月中旬，玛丽-玛德琳派了加瓦尔尼、库斯特诺布勒和其他两名副手巡视各地的情报工作，敦促当地负责人加倍努力。

玛丽-玛德琳从各地收到的情报，特别是来自沿海地区的情报都很出色。但也有一些情报显然是由情报收集基本功不扎

实的特工发送的，这让她极度沮丧。比如她收到了关于"许
多德国人"在火车、飞机或船只上的报告，却没有确认这些
人的身份。她严厉驳回这些信息，要求准确了解敌方部队和运
输工具的细节。

　　不过，相比圣纳泽尔造船厂厂长亨利·穆朗在秋天告知的
那条消息，其他的沮丧都不算什么了。穆朗冲进她的酒店房
间，告诉她邮政检查人员在巴黎的一个邮箱里发现了情报文
件，投放文件的邮递员也是联盟情报人员。法国警方开始跟踪
他，他在之后的几天见了其他十几个联盟工作人员。这些人都
暴露并被逮捕了。

　　"他们是谁？"玛丽-玛德琳无力地问道，她听到答案后瘫
软了。给她带来圣纳泽尔港地图的安托万·于贡、吕西安·瓦
莱、朱尔·斯吉尔等都在其中。斯吉尔是穆朗在船厂的副手，
也是他最亲密的朋友。

　　玛丽-玛德琳一边处理这次意外事件，一边督促为军情六
处计划中的降落伞投放做相应准备。军情六处将提供最大的资
金支持和物资供应。装有 300 万法郎、6 台无线电台的集装箱
借助降落伞落到了多尔多涅的一块田地上。还有其他降落伞上
有新的编码和情报任务清单、一大堆给情报人员的新设备
（包括肥皂盒和装有假底的牙粉罐）、为联盟工作人员准备的
食物（包括咖啡、糖和茶）。另外的 300 万法郎由布特龙从马
德里运来，还有 400 万法郎将保存在巴塞罗那的一家银行里，
以备情报网之用。总共 1000 万法郎，不敢想象的数字，这无
疑证明了联盟对于军情六处和英国来说，在战争中的重要性。

88

对于空投下来的300万法郎，玛丽-玛德琳把其中100万法郎迅速分发派至全国各地的巡查队，以支付他们的费用，她把剩下的200万法郎托付给了刚被她任命为参谋长的加瓦尔尼。玛丽-玛德琳在负责分发军情六处救济品的同时，也在努力重组巴黎巡查队。4名新特工即将前往首都，玛丽-玛德琳的母亲玛蒂尔德·布里杜将一同前往。她母亲一方面想去探望巴黎的朋友，另一方面想推翻玛丽-玛德琳的判断：现在去巴黎太危险。

这一天，当大家动身准备离开时，玛丽-玛德琳开始深感不安，与纳瓦尔被捕之前的不安是一样的。库斯特诺布勒表示也深有体会，他们一起烧掉了堆在房间里的大量情报。出于安全考虑，他们还悄悄地把6台新无线电台转移到了库斯特诺布勒在图卢兹的家中。

那天晚上，玛丽-玛德琳坐在办公桌前给情报信息编码。突然，两名联盟特工冲进了她的房间，一名特工上气不接下气，大声告诉玛丽-玛德琳，维希警察突袭了伊奇巴斯特城堡，抓捕了那里的所有人。现在警察在搜捕玛丽-玛德琳，她必须马上离开。

除了这两名特工外，波城联盟总部的所有人都被抓捕了，包括库斯特诺布勒、加瓦尔尼、伊奇巴斯特城堡中的其他工作人员、即将被派往巴黎的特工以及来波城总部的其他几个特工。玛丽-玛德琳的母亲也被牵涉进来。联盟总部的无线电台在被警察没收之前就被摧毁了，但是警察在库斯特诺布勒的家里发现了来自伦敦的6台新无线电台。唯一的一个好消息是，剩下的 500 万法郎还没有被发现。

　　玛丽-玛德琳急忙收起她的报告，收拾了一个手提箱。酒店老板把她偷偷带出来，安排她上了一辆早已等在那里的汽车。回到酒店后，老板换上睡衣，搬进了玛丽-玛德琳刚搬出的房间，他准备向警方声称那个房间是他住的，而他们要找的女人根本就不在那里。载着玛丽-玛德琳的车驶离酒店时，它与一辆疾驰而来的警车擦肩而过。联盟特工把她带到塔贝斯镇一对已婚夫妇的家里，那里距离波城大约 30 英里。

　　一次又一次的突袭使得玛丽-玛德琳在很多方面都乱了方寸，她不知道自己还可以向谁寻求帮助。她失去了所有耳目，也没有无线电台与伦敦或其他地方取得联络，她也不能去马赛或联盟的其他地方，因为担心会牵连他们。她认为自己唯一的救命稻草就是几天前离开波城前往维希的布特龙。于是她把营救她的两名特工中的一人派去寻找他。幸运的是，布特龙准备返回马德里，但还没有离开，他一听说这件事，就立刻跑到塔贝斯镇，玛丽-玛德琳热烈地拥抱了他。

　　他们讨论了她可能的藏身之处，但都被布特龙否决了。他说，要使她免遭牢狱之灾，又使情报网免遭破坏，唯一可行的办法就是她偷渡到西班牙。不管喜欢与否，她必须和他一起去马德里，向英国人透露她的真实身份，并寻求他们的帮助。

90

第九章　邮　袋

玛丽-玛德琳没有正式的文件，不管是真的还是伪造的，她都没有。要把她从法国偷渡至西班牙，并非一件易事。她只能藏在布特龙汽车里的某个地方。布特龙认为，唯一可能的藏身之处就是他在法西两国间来回携带的维希政府的邮袋。

路途中的后勤保障也是一个难题。在一年中的大部分时间里，布特龙可以驾驶玛丽-玛德琳的旧雪铁龙汽车，翻过比利牛斯山中部的一个山谷往返法国和西班牙。几个世纪以来，这条路也是法国和西班牙之间最受游客欢迎的观光路线。但此时已是1941年12月初，山谷已被大雪覆盖。冬季穿越山脉的唯一方法是把汽车用火车的平板车厢托运，坐火车到西班牙边境。

玛丽-玛德琳并不是布特龙需要帮助的唯一偷渡者。他还会偷运一名年轻的法国人到马德里，年轻人为总部在西班牙的军情六处情报网工作。这个人会躲在汽车的后备厢里，而玛丽-玛德琳则躲在邮袋里。

布特龙想尽一切办法把身高5英尺6英寸的玛丽-玛德琳塞进一个2英尺乘4英尺的麻袋里，前后折腾了好几个小时。在尝试了各种不同的姿势之后，他们发现，如果玛丽-玛德琳脱下除了内衣以外的所有衣服，蹲下身子，把头和身体蜷曲在膝盖上，那个布袋口是可以合上的，哪怕只是勉强合上。

这个姿势非常不舒服，玛丽-玛德琳的下巴要深埋在胸前，仅仅在袋子里待了几分钟后，她那扭曲的臀部就开始隐隐作痛。

不过布特龙向她保证，她只需在车厢里待大约两个小时，刚好足够把汽车装上火车，然后火车将从法国的一个火车站驶过一条 5 英里长的隧道到达西班牙边境。布特龙在她的鼻子和嘴旁边的袋子上剪了几个小洞，让她可以呼吸，并给了她一把剪刀，以防万一出现紧急情况她需要快速离开。

在塔贝斯镇重逢后的第二天早上，玛丽-玛德琳、布特龙和另一名特工开车前往法国山区的乌尔多斯村庄，它是火车站的所在地。布特龙开得很慢，一方面是避免过早到达车站，另一方面避免引起警察的注意，因为警察很可能在跟踪玛丽-玛德琳。在村子外的树林里，那名特工爬进了后备厢，玛丽-玛德琳钻进了邮袋。布特龙把邮袋合上，贴上了维希政府的官方封条。他把袋子和另外两个邮袋一起放在汽车后座上。当他回到车上时，他问玛丽-玛德琳是否安好，"从口袋里传来一阵咕哝声，我断定那是一个肯定的回答"。

到了火车站，布特龙把车开上斜坡，停在侧线上，平板车厢在那里等着，不过站长带来了一个令人震惊的坏消息。布特龙预定的火车比预计的时间提前一个小时到达，要完成把雪铁龙吊到平板车上的复杂操作，时间已经不够了。他得再等 8 个小时坐下一趟去边境的火车。

布特龙着急坏了。他认为玛丽-玛德琳在袋子里待了那么久不可能还活着。他告诉火车站站长他已经改变主意打算试着开车过边境。站长当即认为他疯了。布特龙表示他已经习惯了在冰雪中开车，他愿意冒这个险。但他很快就被一名法国海关工作人员制止了，穿越这个山口不仅是被禁止的，而且是不可能的，山口上覆盖着几英尺厚的积雪。

布特龙回到了车站，他越发绝望。铁路工作人员开始给雪铁龙汽车系上绳索。两个多小时后，汽车被抬到平板车厢上。看着眼前的工作人员忙前忙后，布特龙试图表现得很平静，然而并没有多大作用。因为虽然天气很冷，他的脸和手却都在冒汗。到最后火车终于开动了，平板车厢也搭上了，而玛丽-玛德琳在邮袋里已经躺了将近 8 个小时。

布特龙本打算坐在雪铁龙里完成短暂的路途，但站长命令他下了平板车厢，进了一节车厢。当他提出异议时，被告知这样做太危险了。隧道里有急转弯，系住汽车的绳索可能会断裂，汽车会撞向隧道墙上。站长补充说，这种情况以前发生过不止一次。

他痛苦地意识到，站长说的每一句话都被玛丽-玛德琳听见了，他沉重地回到车厢，那是靠近列车前部的一节车厢。当火车终于进入隧道时，他又偷偷地循着原来的路线想回到平板车厢旁，火车飞速行驶在看似无穷无尽的弯道上时，他努力保持平衡。最后，他终于靠近了雪铁龙，他爬上了车，用自己从未有过的好心情宣布："我回来了。如果汽车掉下去，至少我们还能在一起。"玛丽-玛德琳低声回应了，这使布特龙松了一口气。他听不清她说了些什么，但至少证明她还活着。

似乎过了很长一段时间，火车终于从隧道里出来，朝着西班牙海关哨所明亮的灯光驶去。布特龙欢呼："我们马上就到了！只需再坚持几分钟。加油！"可是这时的玛丽-玛德琳早已没有足够的力气了。她在邮袋里蜷缩了 9 个多小时，几乎冻僵了，忍受着极度的疼痛。

玛丽-玛德琳听见布特龙和几个工人走向平板车厢，工人粗鲁地把雪铁龙车卸下来。从袋子里，她可以看到手电筒的光束扫过邮袋。布特龙试图加快这一进程，他对西班牙海关官员说，这些是装有绝密情报的外交文件包裹。"请快点……我必须尽快赶到马德里……重要外交任务……元帅……"

最后，布特龙的物品被清关了。在法语和西班牙语的"再见"声中，他把车开下斜坡，就这样驶入了中立国西班牙。行驶了几英里后，他把车开到了一条小溪边的树林里，把那名男特工从后备厢里放了出来。然后，两人从车里抬出装着玛丽-玛德琳的邮袋并打开。她仍然像胎儿一样蜷缩着，四肢没有知觉，一动也不能动。两人轻轻地把她从袋子里拉出来，她晕倒了。当她逐渐恢复知觉时，她看到了布特龙惊恐万分的脸。有那么一瞬间，布特龙以为她已经死了。

布特龙扶她坐起来，递给她一支烟。他还递给她一瓶拿破仑干邑白兰地，这是他从法国黑市买的，本打算作为礼物送给他在马德里军情六处的联络人。香烟和几口干邑白兰地使她恢复了一点精神，但她还是不能动弹。当她恢复到可以走动的时候，他把她抬上了车。第二天一早，他们到达马德里，来到他租住的地方，他扶她走上台阶。

布特龙告诉房东，玛丽-玛德琳是他的表妹，将在他这里住上几周。之后布特龙又联系了乔治·夏劳多（Georges Charaudeau），夏劳多是一名富有的法国商人，偶尔住在西班牙。那瓶干邑白兰地本来是要送给他的。夏劳多与军情六处合作，成立了一个小型反德情报组织，该组织在西班牙和法国都有活动。虽然他与联盟还没有建立正式联系，但他与布特龙在西班牙首都的合作已经很密切了。

布特龙请求夏劳多给军情六处的肯尼思·科恩发信息，通知他代号 POZ 55 和 ASO 45（布特龙的代号）已抵达马德里，波城情报网的大量人员已被逮捕。当天晚些时候，肯尼思·科恩做出了回应，指示 POZ 55 经由里斯本前往伦敦。玛丽-玛德琳坚决拒绝了，表示她必须最迟在新年之前回到法国。在发给肯尼思·科恩的第二条信息中，玛丽-玛德琳把自己的决定告诉了他，并补充了一条令人震惊的消息：代号 POZ 55 是一名女性。沉默了几个小时后，肯尼思·科恩再次回应。他将派他的副手去马德里，全权代表他行事。重要会议将在一周内举行。

在等待军情六处代表到来的时候，布特龙回到维希大使馆的卧底工作岗位。玛丽-玛德琳从磨难中逐渐恢复过来，但她仍十分担心波城被捕的特工，特别是担心她的母亲。几天后，她恢复了足够的体力，可以在马德里四处走走，不过外出反让她更加沮丧。

当她漫步穿过市中心时，她清晰地记得在 20 世纪 20 年代和 30 年代初，她和母亲经常去马德里，她们非常喜欢这个充满活力、熙熙攘攘的西班牙首都。可如今，母亲玛蒂尔德·布里杜被关在维希政府的监狱里。20 世纪 30 年代末西班牙内战中，马德里也遭受到严重破坏，如今不过是一个悲伤、破败的昔日缩影。这里的许多建筑物已经破旧不堪，弹孔斑驳，阳台上的铁栏杆也已经锈迹斑斑。战争期间，有几处建筑被德军飞机不断轰炸夷为平地，如今杂草在废墟中茂盛生长。

和马德里的其他广场一样，位于市中心的太阳门广场（Puerta del Sol）也基本上被废弃了，这里喷泉干涸，树木稀疏。战前，玛丽-玛德琳和母亲曾在这里度过许多快乐的时光，她们在咖啡馆和餐馆里与朋友们聚会。和巴黎一样，寂静也笼罩着这座城市。

和在巴黎一样，玛丽-玛德琳所到之处都飘扬着黑色和红色的德国纳粹旗帜。内战期间，纳粹德国曾帮助弗朗西斯科·佛朗哥（Francisco Franco）将军和他的法西斯军队。尽管西班牙现在中立，但佛朗哥政府仍然支持德意志帝国。

马德里和其他中立国家首都一样，也被来自世界各地的情报人员淹没，盖世太保和阿勃维尔间谍占据了主导地位。这两个机构的负责人海因里希·希姆莱和海军上将威廉·卡纳里斯（Wilhelm Canaris）偶尔到访西班牙首都。在马德里奢华的派对上，他们和下属受到这里上流社会成员的款待，这些人大多支持佛朗哥和轴心国。

玛丽-玛德琳在马德里停留期间，得到了乔治·夏劳多和他的妻子的照顾。夏劳多的妻子是一名服装设计师。他们的宅邸经常接待马德里的社会名流和佛朗哥政府官员的妻子，也成为夏劳多开展情报活动的掩护。夏劳多夫妇给她提供了大量在

95

法国买不到的衣服，比如黑色丝绸连衣裙、毛衣、裙子、内衣和软木鞋底的鞋子，以取代她难看的木制鞋底的法国鞋。她还收到了大量的英国香烟、威士忌、咖啡和茶。

玛丽-玛德琳陶醉于这种慷慨富足，但她又觉得不现实。她在这里过着奢侈的生活，却与她最爱的人和事都隔绝了。她非常担心她的母亲和监狱里的特工。她也无比担心她的两个孩子，现在没有母亲或外祖母可以照顾他们。后来她才发现，她家族的其他成员在照顾孩子们。

这位来自军情六处的男子个子高高的，一头金发，身穿英国军装，看上去很年轻，他自称理查兹少校。他的真名是埃迪·凯瑟（Eddie Keyser），这是玛丽-玛德琳在战争结束后才知道的。

凯瑟从伦敦出发之前就被告知联盟的领导者是一名女性，但当他真的见到玛丽-玛德琳时，他目瞪口呆的表情还是暴露了他的质疑：这位身着别致丝绸长裙的可爱金发女郎竟然是这个主要情报网的领导者。他盯着她看了几秒钟，又看了一眼站96 在她旁边的布特龙，好像在说："这肯定是个玩笑，是不是？你肯定才是真正的 POZ 55。"不过布特龙明确表示玛丽-玛德琳才是"老大"。

当肯尼思·科恩的副手问为什么她要说谎时，她生硬地解释说，隐瞒身份主要是担心军情六处如果知道联盟的领导者是女性，就会放弃她的情报网和特工。她觉得在让肯尼思·科恩和其他人知道她是谁之前，她必须先证明自己。

凯瑟挥了挥手，让她先把担忧放在一边，问她是否还想在他的情报机构里工作。听到他声音里的焦虑，玛丽-玛德琳恢复了信心。不管她是男是女，她和她的特工们的支持，都是被需要的。

在探讨未来之前，她向凯瑟详细地讲述了波城发生的事情——她的特工和母亲都被逮捕了，军情六处刚刚空降来的无线电台被查获了，但伦敦寄来的数百万法郎还没有被警方发现。当她说话的时候，他对她所描述的事情似乎毫不惊讶，这让她感到困惑。事实上，关于波城发生的事情，他似乎知道得比她多得多。他还补充了一些新的信息，情报网的处境似乎更加糟糕。

凯瑟说，她在波城的特工们被联盟在多尔多涅的巡查队长出卖了，他是几个月前被库斯特诺布勒招募的。这个巡查队长与当地一名警察的女儿有染，他在被这名年轻女子愤怒的父亲质询时，向警方交代了英国在附近的一块田地进行的降落伞空投活动，并告诉警方在哪里可以找到物资接受方的据点。他还提供了该情报网在波城的总部位置和工作人员名单。

玛丽-玛德琳惊讶得几乎说不出话。她问凯瑟是否还有什么她不知道的。凯瑟点了点头。"巴黎。"他告诉玛丽-玛德琳，波城突袭事件发生的前几天，在法国首都巴黎，一批联盟特工也被抓捕了，他们已被移交给德国人，现在被关押在弗雷斯监狱。

吕西安·瓦莱、安托万·于贡和巴黎其他特工，现在都落入了盖世太保的魔掌。玛丽-玛德琳的心狂跳起来！她哽咽着 **97**

问凯瑟是从哪里得到这个消息的。他说，是她的一个名叫加瓦尔尼的特工打听来的。她回答说那是不可能的，因为加瓦尔尼当时在波城的监狱里。

凯瑟告诉玛丽-玛德琳，事实上他从来没有坐过牢。军情六处最近收到了他的一封电报，解释了所发生的事情。根据他提供的信息，他在被捕后，会见了维希政府反间谍机构领土监视局①长官亨利·罗林（Henri Rollin）。玛丽-玛德琳的参谋长加瓦尔尼强调联盟情报网已经瓦解，不会再对维希政府构成威胁。加瓦尔尼告诉罗林，玛丽-玛德琳已经逃往英国，他还提出了一个交换条件：他愿意把玛丽-玛德琳交由他保管的200万法郎上缴，条件是释放他和其他联盟同僚。罗林同意了，并允许加瓦尔尼前往马赛，通过军情六处向玛丽-玛德琳发送消息，汇报情况并请求批准这项交易。根据凯瑟的说法，加瓦尔尼报告说，只要把钱给维希政府就能证明情报网确实已经瓦解。

玛丽-玛德琳难以理解英国人在这场灾祸中竟还可以保持如此冷静。不过最让她震惊的还是，加瓦尔尼要把这么一大笔钱交给维希政府。情报网是多么需要这笔钱啊。加瓦尔尼精力充沛、头脑敏捷、领导才能突出，这给玛丽-玛德琳留下了深刻印象。她提拔加瓦尔尼为参谋长。她特别欣赏他的果断干练，当维希政府突袭养老欢迎营时，加瓦尔尼把她带到了安全

---

① 领土监视局，全称为 Direction de la Surveillance du Territoire （DST），是法国情报部门，隶属于国家警察，国家警察本身则属于内政部管制。

的地方。此时她身处马德里，几乎无法相信凯瑟所说的加瓦尔尼做的那些事情。

布特龙更沮丧，称加瓦尔尼是"混蛋"、"臭鼬"和"叛徒"。玛丽-玛德琳告诉他一定要冷静，并指出如果加瓦尔尼真的是叛徒，她、布特龙和其他联盟特工早就被逮捕了。

布特龙仍持怀疑态度，他请求玛丽-玛德琳驳回加瓦尔尼的提议。但玛丽-玛德琳此时满脑子想的都是她的母亲和在波城监狱里的特工。在凯瑟的催促下，她不情愿地同意放弃 200 万法郎以换取所有人员的释放。她给加布里埃尔·里维埃写了一封信，表示批准。她把信交给凯瑟，凯瑟把信编码寄到伦敦，以便转交到马赛。

她会在回到法国后亲自与加瓦尔尼交涉。

当玛丽-玛德琳试图全盘接受最近的这些坏消息时，她内心其实还有一个疑问。她问凯瑟，军情六处为什么要派一个像无线电接线员布兰奇那样的特工给她？布兰奇古怪的外表和可疑的行为其实早就引起了大家的怀疑。这是一种测试吗？

凯瑟皱着眉头否认了，他责备玛丽-玛德琳竟然会产生这种猜疑。不过她仍坚持，她详细描述了布兰奇过分的好奇心和明显的粗心。她很想知道布兰奇是否以某种方式参与了巴黎特工逮捕行动。

凯瑟再次否认了玛丽-玛德琳的顾虑。他承认，布兰奇也许是有点太多嘴了，太激动了，但他也没什么好怕的。事实上，他被认为是军情六处最优秀的无线电接线员之一，他在诺

98

曼底的工作一直都很出色。

玛丽-玛德琳问凯瑟是否确定布兰奇是从诺曼底发送的消息。她接着指出，她从巴黎的一名联盟特工那里获得情报，布兰奇的无线电台出现了技术问题，他其实去了巴黎并使用那里的一台机器发送消息。事实上，根据她的特工所述，布兰奇已经在巴黎待了一段时间了。

听了玛丽-玛德琳所说的这些，凯瑟似乎吓了一跳。他表示会把她的担心报告给伦敦。军情六处在第二天做出回应，表示相信布兰奇。但为了减轻玛丽-玛德琳的担忧，会让布兰奇逐渐退出联盟的工作，转到另一个情报网工作。

玛丽-玛德琳很不满意军情六处模棱两可的回应，但她现在也无能为力。她赞同布特龙的看法，英国人对自己和自己的国家有很高的评价，他们几乎不可能相信同胞中有一个会是叛徒。事实上，当时的军情六处首领斯图尔特·孟席斯（Stewart Menzies）也曾说过这样一段话，"只有拥有外国名字的人才会犯叛国罪"。玛丽-玛德琳只能希望她的情报网可以在这种短视的态度中生存下来，能够免于遭受这样的态度可能带来的致命后果。

不管情报网近期接连遭受重创的原因是什么，该组织在建立后的 14 个月中取得过巨大成功，但眼下的处境让她备受打击。除了少数幸存者，联盟的第一波特工已经基本被消灭了。玛丽-玛德琳脑海中一一列举了那些幸存下来的部分：马赛、维希、布列塔尼、尼斯和格雷诺布尔。此外还有一些其他的资源分散在全国各地：一些在巴黎未被发现的特工，以及少量的信使和备用无线电接线员。总之，无论如何，这个情报网已经支离破碎了，需要从头开始重建。

让她感到欣慰的是，军情六处仍然大力支持联盟，而且不管怎么说也支持她还是联盟领导者，这种支持是非常值得注意的。与英国大多数政府部门一样，情报机构也只对男性开放，几乎无法容忍女性成为有职权的人。这样的刚毅是值得注意的。军情六处二把手克劳德·丹西（Claude Dansey）愤世嫉俗，性情乖戾，他是权力的幕后势力。丹西曾抱怨说："让女性掌权与他的原则相违背。"但无论他或者是他的同僚，都无法对玛丽-玛德琳领导下的联盟收集到的重要情报提出异议。凯瑟也反复强调，他的情报机构非常依赖玛丽-玛德琳的联盟源源不断地提供信息。他坚定地对玛丽-玛德琳说："你的情报网必须持续运转下去！"

之后的一个多星期里，凯瑟每天会见玛丽-玛德琳，详细介绍英国需要的有关德国在法国军事力量的具体情报。与往常一样，他们最迫切需要的是海事情报，重点是有关港口设施、船只和潜艇行进方向的信息。

他们的会面对双方都是有利的。玛丽-玛德琳口头描述了联盟剩余特工的基本情况，并指出眼下收集情报会面临的困难。接着，凯瑟简要介绍了军情六处和英国官员的计划。他详细描述了一个计划，即将进一步加深军情六处与联盟之间的交流与合作，包括在英法开展一种新的空中计划：使用小型飞机来营救联盟特工，运送邮件和其他重要物资。

布特龙凭借过人的胆量和见识，为改善情报信息交流工作做出了重要贡献。为了加速信息在军情六处、联盟总部和马德里据点之间的传送，他在维希大使馆的阁楼中安装了一台无线电台。他告诉大使馆的无线电工作人员，他已经获得贝当元帅的授权，要与伦敦建立无线电秘密联系。通过安装无线电传输装置，布特龙与马赛之间建立了安全的、直接的联系。玛丽-玛德琳也计划在马赛建立自己的据点，并与伦敦建立联系。

一起在马德里度过 10 天之后，凯瑟和玛丽-玛德琳出乎意料地建立了亲密的友好关系。他们最后一次见面时，两人热情地握手，并意识到他们已经产生了真正的友谊。玛丽-玛德琳把这种感受也写进了她的回忆录里。对他们来说，"联盟"这个词有了一种全新的、更具个人情感的含义。

1941 年 12 月下旬，玛丽-玛德琳和布特龙准备回法国，继续对德开展间谍活动。但此时此刻，她最担心的问题是：她的母亲和波城其他的特工是否已经被释放了呢？加瓦尔尼和维希当局之间的协议经她批准后是否得以执行了呢？

101　　尽管依旧困难重重，但她蜷缩在邮袋里的回程远没有先前来时那么痛苦。当她和布特龙到达西班牙海关时，火车和平板车厢已经在等她了，这意味着这次她只需要忍受 3 个小时的极度不适，而不是来时忍受的 9 个小时。回到法国后，她只花了几分钟就恢复了。

回马赛的路上，玛丽-玛德琳和布特龙遇到了一名联盟信使，从他口中得知，玛蒂尔德·布里杜早在几周前就已经从监狱释放了，玛丽-玛德琳的情绪也高涨起来。这多亏了乔治·皮科特（Georges Picot）的帮助，他是玛丽-玛德琳的姐夫，停战后他是一名法国陆军上校，在维希政府里暗中操作，使玛丽-玛德琳的母亲得以顺利释放。

在新年前夜的早晨，玛丽-玛德琳抵达马赛。在经历了一个月的混乱和痛苦之后，她感到了短暂的幸福与安宁。在马赛，一切都是如此熟悉和安全，包括她一年前为掩护联盟活动而买下的蔬菜水果仓库和商店。事实证明，这无疑是一个非常有利可图的商业投资。

她从马德里为特工们带回了大量的商品，包括香烟、咖啡、茶、巧克力和威士忌。她还拿出一些钱买吃的，如果有必要还会在黑市上买，目的是准备一顿难忘的年夜饭。至少在这个晚上，他们可以忘却无处不在的恐惧和危险，在彼此的陪伴下简单地享受快乐。

加布里埃尔·里维埃的公寓就在玛丽-玛德琳买下的蔬菜水果仓库和商店的楼上。新年前夜，她在公寓里环顾了一下餐桌。这里有里维埃，这位身材魁梧的马赛区域负责人，就是他提出的要做收购农产品的业务。坐在里维埃旁边的是他的妻子，她也是玛丽-玛德琳的好朋友。同席的还有粮食商人埃米尔·奥多利（Émile Audoly），他提供过有关地中海船只航行的重要情报。当然还有永远热情洋溢的布特龙，正如玛丽-玛德琳回忆的那样，他是"宴会之王"。

这些受人爱戴的同事代表了联盟的先锋队，他们从联盟成立之初就一直处于核心地位。当然席间也有其他新人，有几个

102

是最近才加入联盟的新特工。大家又吃又喝，互相敬酒，宴会中充满了欢声笑语。用玛丽-玛德琳回忆录中的原话来形容，"宴会充满欢乐"。

宴会结束后，大家总归需要面对现实。玛丽-玛德琳的母亲已经自由了，但波城其他被捕特工仍在监狱里。里维埃告诉她，加瓦尔尼想尽快见她，以便讨论他释放特工的计划。里维埃还说，加瓦尔尼认为情报网要完蛋了，应该切断与英国的联系。

庆祝活动结束了，新的一年开始了，是时候继续拯救联盟的艰巨任务了。

第十章 莱昂·费伊的回归

两天后，玛丽-玛德琳把加瓦尔尼叫到蔬菜水果仓库。在听完他对在维希的所作所为的解释之前，她决定先不对他做出任何评价。等待加瓦尔尼来仓库期间，她回想起了他担任参谋长的短暂经历，以及她对他的信任。不过她也想起了，在纳瓦尔被捕后不久，加瓦尔尼也曾怀疑她作为一名女性能否被真正接受为联盟领导者。加瓦尔尼表示自己会支持她，但其他人并不支持。玛丽-玛德琳曾非常担心他们是否会拒绝听从女人的命令。他回答说，他们不仅对她的性别，而且也对她的资历表示怀疑，因为她太年轻了。玛丽-玛德琳很想知道加瓦尔尼的行为是不是在表达他内心的质疑。

在里维埃年轻的副手阿尔弗雷德·雅索德（Alfred Jassaud）的陪同下，玛丽-玛德琳去了仓库，雅索德在仓库门外站岗。当加瓦尔尼出现时，雅索德让他进来。尽管玛丽-玛德琳内心的疑虑越来越大，但她始终没有忘记加瓦尔尼是如何救她，让她免于被捕的，她热情地拥抱了他。不过，她的热情明显没有得到相应的回应。加瓦尔尼并没有像以前那样对她表示尊敬和同情，他的声音明显变得尖锐起来。她感觉到他是来把权威强加给自己的。

加瓦尔尼坦率地承认，在与亨利·罗林会面时，他已经交出了200万法郎，并向这位维希政府官员承诺，被关押的特工会切断与英国的联系。当他们被释放后，他们将开始为维希政府工作。

玛丽-玛德琳一时语塞，后来终于开口了。她坚决反对背叛英国的想法。加瓦尔尼掏出一根香烟，放进嘴里，然后又扔掉了。他怒吼自己已经受够了英国人。他抓住玛丽-玛德琳的肩膀，告诉她如果他们联合起来为维希政府工作，他们可以通过获得军情六处的信任而得到巨额资金支持，这样他们就可以变得富有。

玛丽-玛德琳竭力忍住冷笑，她简直不敢相信。她推开加瓦尔尼，还故意撞翻了一张小桌子，以引起门外雅索德的注意。雅索德冲进去时，她告诉他，加瓦尔尼不能错过回维希的火车，需要立即把他送到车站。加瓦尔尼提出抗议，因为他还没有得到玛丽-玛德琳的答复。玛丽-玛德琳表示她还需要时间来考虑他提议背后的含义。她还说，他应该告诉罗林，她已经同意解散情报网，当维希政府释放了所有仍在监狱里的特工后，他们可以再安排一次会面。加瓦尔尼点了点头。

加瓦尔尼朝门口走去的时候，玛丽-玛德琳问他为什么要把200万法郎全部交给罗林，并指出他即使只交出其中的几千法郎同样可能得到想要的结果。加瓦尔尼并没有回答。雅索德护送他出了门，送他到了车站。

玛丽-玛德琳并无意遵守她对加瓦尔尼的承诺。表面上同意解散情报网，实际上是为了使她和情报网都能获得喘息的机会。但她清楚，这一喘息不会持续太久。在某个时候，她自己也可能会受到维希政府的威胁。当务之急是她需要重新找一个新的参谋长。

大约过了一个星期，一天早上，当她出现在蔬菜水果仓库时，莱昂·费伊正站在门口的台阶上。她上一次见到他还是在一年前，当时他刚被纳瓦尔招募，被派往北非领导当地情报网行动，开始实施他那注定失败的反维希政变计划。

1941 年 5 月，费伊、纳瓦尔和参与政变的其他主谋都被逮捕了，费伊在监狱里受尽折磨。直到 9 月，政变密谋者接受了审判，费伊被判有罪，被判处两个月监禁，并于 11 月底获释。而纳瓦尔因其逃狱行为受到了更严厉的惩罚，被判处两年监禁。

在波城围捕灾难发生之前，玛丽-玛德琳收到了费伊的来信，得知他已经获释了。他接着说，他参与这次失败的政变，激起了空军中许多反德国同僚的兴趣，他们渴望与他一起对抗侵略者。但他不确定如何将这种兴趣转化为实际行动。在波城围捕的混乱中，为了防止被维希政府官员发现，玛丽-玛德琳销毁了他的来信，也把这件事忘了。但一到马德里，玛丽-玛德琳就后悔当初这么做了。她事后意识到，费伊和他的朋友们可以为联盟提供急需的增援力量。

如今，费伊就像变魔术一样来到了这里。虽然他曾怂恿纳瓦尔参加政变，从而引发了危害联盟的一连串后续问题，但玛丽-玛德琳一看见他，心就怦怦直跳。除了他那一头不守规矩的黑发中夹杂了几缕白发，他在监狱里遭受的折磨似乎对他没有很大影响。他咧嘴一笑，拥抱了她。

105（页边）

　　她竭力掩饰自己的喜悦，说道："你终于来了！这已经是你能来到这里的最快速度了吗？"他以戏谑的语气回答说："我知道，我很坏。"他编造了一个离奇的故事，说自己刚从意大利、北非和法国城堡的一次大旅行中回来。接着他变得严肃起来，他告诉玛丽-玛德琳，他已经向纳瓦尔承诺，等监禁期满后他就会回来看她。他想把她带到阿尔及尔的安全地带，他的朋友们会把她藏在那里。

　　玛丽-玛德琳想知道，如果她接受邀请，联盟将会如何呢？费伊表示，他被告知联盟已经不存在了。作为回应，她邀请他和自己一起度过这一天。

　　那天早上，最先来拜访玛丽-玛德琳的是埃内斯特·西格里斯特和乔治·吉罗（Georges Guillot）。他们是两名巴黎警察，曾是另一个设在巴黎的反纳粹情报网的成员，目前该情报网也已被盖世太保捣毁。他们想要继续参与战斗，并已经与联盟取得联系，并希望军情六处考验他们。玛丽-玛德琳告诉他们，伦敦方面已经证实了他们的说法，她愿意安排他们到马赛去当保安。其中一个人负责伪造身份证件，另一个人负责保卫总部及特工的安全。

　　第二波来访者是丹尼斯·森托尔（Denise Centore），她是个矮矮胖胖的历史学家，玛丽-玛德琳刚雇她做助手。森托尔抱怨最新一批隐形墨水的问题，这些隐形墨水是军情六处提供的，通过布特龙的外交邮袋运来的。她给玛丽-玛德琳展示了一个特工最近发来的信息，一张浅棕色的包装纸，上面有深棕色的文字，描述了布洛涅的德国防空基地。森托尔说，炎热的天气使得文字显示出来了。玛丽－玛德琳向费伊解释了联盟是如何利用占领区看上去无害的邮袋，将用隐形墨水写的情报偷运进来的。之后，她才让森托尔告知伦敦隐形墨水存在的问题。

接着来了一个信使，送来了埃米尔·奥多利当天从马赛发往伦敦的无线电报复印件。其中一份报告说，在港口的一名联盟特工设法打开了标记为德国停战委员会物品的包装箱。里面放着步枪和其他为埃尔温·隆美尔（Erwin Rommel）将军的非洲军团准备的战争物资，该部队当时正在利比亚与英国作战。发往军情六处的情报中还包括运送补给的船只的开航日期。玛丽－玛德琳后来写道，多亏了这些情报，英国轰炸机拦截并摧毁了这支补给船队。

来访者一个接一个到来。最后，在下午早些时候，费伊要求暂时停止接待。玛丽－玛德琳实际上已经表明了自己的观点。他承认，这个情报网仍然很活跃，而且运转良好。接下来，他们需要找点东西吃，还有聊聊天。费伊建议去卡纳比埃街的一家黑市酒吧，但玛丽－玛德琳害怕被认出来，就拒绝了。最后他把她带回附近一家酒店他自己的房间里，在那里为她准备了一顿面包和鹅肝大餐。这是一位前空军同事赠送的礼物，他在 1940 年停战后开始在多尔多涅从事农业行业。他们一边享用鹅肝和来自费伊朋友的一种上等宴会酒——蒙巴齐亚克白葡萄酒，玛丽－玛德琳一边向费伊讲述了纳瓦尔被捕后情报网的活动。她讲述了波城突袭，马德里会见凯瑟，新计划制订，包括新飞机营救行动和迫切需要情报来帮助身陷大西洋战役的英国，并进一步封锁德国的地中海航线。

费伊问玛丽-玛德琳，眼下她最着急的是什么。玛丽-玛德琳回答说，她急需新人来重建现有的部门并创建新的部门。他沉默了一会儿，然后，正如她所希望的，他提到了自己和他的前空军同事们。最开始大约只有十几个人，但他向她保证，很快就会有更多人加入。

费伊重新加入情报网，还会有一群新成员加入，玛丽-玛德琳感到非常兴奋，但她必须非常小心地处理这个情况。她需要向这位自信且富有魅力的军官表达清楚，尽管她非常高兴他能再次加入情报网，但将继续领导联盟的还是她，而费伊将担任她的副手。言语之中，她更多强调的是他们承担的责任，而不是他的下属职位。她指出，一旦自己被捕，费伊将继续担任该情报网领导者，以确保它的生存。

接着，她委婉地提到了自己内心最大的担忧：他的这些朋
108　友中一些人是完全大男子主义的高级军官，会愿意听从一个女人的命令吗？费伊笑了笑，说："我准备好了。"

玛丽-玛德琳和费伊回到仓库时，天已经黑了，还下着雪，冷得刺骨。但玛丽-玛德琳内心被胜利感温暖着，所以在面对这种可怕的天气状况时她泰然自若。她的欣喜一直持续到看到表情沉痛的加布里埃尔·里维埃。里维埃站起来，拍了拍她的肩膀，告诉她要坚强点，接着告诉她亨利·舍雷尔已经被德国人处决了的消息。

根据里维埃的消息，舍雷尔于 1941 年 11 月 13 日被处决。4 个月前，舍雷尔在波尔多的潜艇基地附近被盖世太保逮捕。

里维埃是舍雷尔招募的联盟在马赛的负责人，他咬牙切齿地说要为舍雷尔报仇。玛丽-玛德琳从来没有见到过这样的里维埃。她摇了摇头，认为舍雷尔并不希望这样。她还说："我们必须继续走下去。"

然而，此时此刻她却什么也做不了。从得知舍雷尔被捕的那天起，她就料到了会是这个结局。但当真的需要面对现实时，她却还没有做好准备。不仅仅是因为舍雷尔是联盟失去的第一位特工，更是因为失去了这个人本身。这个精力充沛、充满乐趣、粗枝大叶的人，他从一开始就在这里，为给情报网注入活力做了那么多工作。她内心既悲痛又内疚，是自己把他置于险境之中的。

尽管玛丽-玛德琳想一个人待着，但里维埃坚持要她与联盟其他工作人员共进晚餐，并与他们泪流满面地缅怀去世的朋友。那天晚上晚些时候，她乘电车回到了马赛郊区的公寓。当她踏上通往公寓陡峭的石阶时，她向圣母玛利亚祈祷帮助面对舍雷尔的死亡。她喃喃地说："我不知道那会有多可怕。"她恳求赐予她继续走下去的力量。

在黑暗的公寓里，她打开百叶窗，凝视着窗外翻滚的大海。也许她应该像费伊一开始建议的那样，穿过运河前往阿尔及尔。也许她应该关闭这个情报网，把大家从舍雷尔的命运中拯救出来。那天晚上她一直在做噩梦。

第二天早晨，她被一阵敲门声吵醒了。当她打开门，发现太阳已经高挂在空中了。站在她面前的是特工马克·梅斯纳德（Marc Mesnard），他主要负责联盟财务和其他行政事务。梅斯

纳德表示，大家都很担心她，就派他过来找她。玛丽-玛德琳
问他是否听说过舍雷尔的事，他回答说，当然知道。这的确很
糟糕、让人难过，但她更需要关注这些还活着的人。梅斯纳德
劝她穿好衣服和他一起回总部去，她照做了。她有剩下一辈子
的时间去为舍雷尔祈祷和哀悼，但梅斯纳德是对的，她现在必
须为其他人着想，然后继续前行。

大约一个小时后，玛丽-玛德琳站在她的幕僚面前，宣布
她刚刚已任命莱昂·费伊为她的参谋长。她看着面前的特工，
竭力掩饰自己内心的紧张情绪。尽管这里的大多数人知道费伊
是谁，但他们都从未直接与他共事过。玛丽-玛德琳也清楚，
她的任命也结束了一些人的幻想，即纳瓦尔将会以某种方式回
到情报网。她对费伊的任命表明，她，且只有她，控制着联
盟。为了让他们放心，她补充说，是纳瓦尔请求费伊来帮助他
们的。

听完这些话，原本沉默的人群爆发出阵阵热烈的掌声，大
家围住费伊，向他表示祝贺。在向联盟的其他部门发出消息宣
布费伊的任命后，玛丽-玛德琳和费伊一起前往自由区，开始
将遭受重创后的联盟幸存者与新成员融合在一起。

他们的第一站是波城。玛丽-玛德琳向费伊介绍莫里斯·
库斯特诺布勒和情报网的其他成员，他们于 1941 年 11 月在波
城被捕，刚刚从维希监狱里被释放出来，附带条件是他们现在
要成为维希政府的情报人员。

她要求他们躲藏起来，并补充说，当他们从痛苦中恢复过

来之后，她会把他们分配到新的区域。她想让库斯特诺布勒跟她一起去马赛，继续做她的副官。但库斯特诺布勒似乎对这个提议很谨慎，也与她疏远了。当他表示希望玛丽-玛德琳仍掌权时，她意识到费伊和他的新职位让库斯特诺布勒感到不安，他担心费伊会接管联盟。她向库斯特诺布勒保证情况并非如此，并明确表示她需要他，希望他能回到自己身边。说到这里，库斯特诺布勒的冷酷消失了，他又开始称呼玛丽-玛德琳为"小宝贝"。

离开波城之后，玛丽-玛德琳和费伊的下一站是图卢兹。在这里，费伊把她介绍给了他招募的几个人，其中包括爱德华·考夫曼（Édouard Kauffmann）上校。上星期他们在马赛共同享用的鹅肝和蒙巴齐亚克白葡萄酒就是他提供的。作为一名圣西尔军校的毕业生，考夫曼在第一次世界大战的凡尔登战役中表现出色，战后他转投空军，曾在摩洛哥和印度服役。1940年法国战役中，他指挥的空军部队被分配到一个陆军摩托化师。停战后，他被遣散，回到他在多尔多涅种植洋蓟的乡间庄园，据费伊说，他"彻底厌倦了"。

玛丽-玛德琳和费伊提出让考夫曼重建联盟在多尔多涅地区的情报工作，该地区的情报工作在1941年11月的维希突袭中被摧毁了。考夫曼表示欣然接受，他保证，自己马上就能把事情办好。他还补充说，自己能接受情报网领导者是一名女性。

费伊招募的另一名飞行员是莫里斯·德·麦克马洪（Maurice de MacMahon），他是一位公爵，也是一个有趣的年轻飞行高手，他战前曾是特技飞行队成员，他的血统可以说是联盟特工中最显贵的。他的曾曾曾祖父约翰·麦克马洪（John MacMahon）是一名爱尔兰医生，移民到法国，娶了一名法国贵妇，并于 1750 年被路易十五授予爵位。约翰的儿子是美国独立战争中拉法耶特侯爵的助手，他的孙子帕特里斯·麦克马洪（Patrice MacMahon），也就是莫里斯的祖父，是克里米亚战争英雄，是法国军队的元帅，也是法兰西第三共和国的第一任总统。

20 世纪 20 年代末，玛丽–玛德琳和丈夫住在摩洛哥时，曾见过莫里斯·德·麦克马洪。她觉得他风度翩翩，敢作敢为。玛丽–玛德琳同样也被他的妻子玛格丽特迷住了，她这样形容玛格丽特，"她身材高挑、容光焕发，无论说什么做什么都像公主"。玛格丽特最后也加入了情报网。

停战后，麦克马洪成为法国红十字会的一名重要官员，并因此获得了居留证，即德国身份证。这使他可以随意进入自由区和占领区。1942 年夏天，玛丽–玛德琳任命麦克马洪负责情报网在占领区的工作。

随着考夫曼、麦克马洪和其他十几名空军士兵加入联盟，费伊开始寻找更多的人。从他成为玛丽–玛德琳副手的那天起，他就在不停地奔波。他奔波于法国各地，忙于招募和培训新的特工、开创新的据点，每天晚上只睡几个小时。因为他突出的领导才能，再加上他是失败政变的主要策划者的名气，他招募的许多年轻特工把他视为英雄。但他总是向大家明确表示，玛丽–玛德琳才是"老大"。在官方，玛丽–玛德琳才是真正的头儿，他只是副手。然而，在非正式的情况下，他们共同领导联盟，尽管当意见不一致时，最终都是费伊接受玛丽-玛德琳的建议。在战争年代，无论是在个人生活上还是在工作上，都没有人比他更亲近玛丽-玛德琳。

随着联盟重组和进一步发展，其情报工作遍及马赛各地。由加布里埃尔·里维埃领导的当地部门继续在蔬菜水果仓库和商店秘密开展工作。联盟总部位于该市滨海大道上的一套宽敞公寓里，这里临近一条风景如画的道路，可以俯瞰大海。公寓附近的一座别墅是用来接待来访特工的。玛丽-玛德琳还在圣查尔斯火车站附近买了一间酒吧，就像蔬菜水果仓库一样，是用来做掩护的。这间酒吧交由一个名为埃米尔·埃丹（Émile Hédin）的特工经营。酒吧不仅为大家提供酒水饮料，而且还是特工和信使留下信息或接受指令的地方。埃内斯特·西格里斯特和乔治·吉罗这两位从巴黎新雇的警察负责整个马赛地区的安保工作。马赛地区的信箱、无线电发射地点和藏身之处总数达 12 个。

在经历了长达 6 个月的混乱之后，情报网的运营工作不仅恢复了平稳，而且越发欣欣向荣。马赛—马德里—伦敦的无线电连接运行良好，而且每隔一周，布特龙都会通过邮袋带来其他重要物资。

然而，这种幸福感并没有持续多久。情报网再一次陷入危险之中，但这一次的问题不是由特工的疏忽或背叛造成的，问题出在玛丽-玛德琳身上。

112

113

第十一章 博 弈

联盟最近的这次危机可以追溯到 1941 年 11 月，当玛丽－玛德琳匆忙逃离维希前往马德里时，她把所有情报记录都留在了一对夫妇的家中，这对夫妇曾在塔比斯镇短暂庇护过她。

这些文件存放在这对夫妇地窖的煤箱下面，里面有关于联盟机构的情况、联盟运作的纪事表和往来伦敦的各种情报，都是用密码编写的。玛丽－玛德琳曾问过布特龙应该如何处理这些资料。布特龙认为保存这些资料会带来麻烦，但只要它们能安全隐藏起来，就值得冒险存放。他承认，把资料留在塔贝斯镇，交给他和玛丽－玛德琳都不熟悉的人，这并不稳妥。但他又补充说，如果把这些资料用汽车带去西班牙，那样反而会更危险。

玛丽－玛德琳从马德里返回后，派了一名特工去取回这些资料。这对夫妇却躲躲闪闪，告诉这名特工，他们已经把这些资料交给另一个朋友保管，会尽快归还。愤怒于加瓦尔尼的阴谋，再加上费伊的复出，玛丽－玛德琳并没有采取进一步行动努力将资料取回。

1942 年 3 月初，由于玛丽－玛德琳的姐夫乔治·皮科特上校突然来访，她意识到自己没有及时取回资料是多么愚蠢。乔治·皮科特是贝当元帅的忠实支持者，他没有跟随玛丽－玛德琳和其他家庭成员从事抵抗运动，但他始终与任性的小姨子保持着密切的联系。那是一个寒冷的 3 月的早晨，他见到玛丽-玛德琳时，几乎没有流露出任何感情。他厉声问："ASO 43 是谁？PLU 122 又是谁？"

玛丽-玛德琳惊呆了。他说的其实是让·布特龙和另一名特工——海军上将皮埃尔·巴乔（Pierre Barjot）的代号，巴乔是布特龙在马赛招募的一名潜艇指挥官。姐夫是从哪里得到这些消息的呢？刹那间，她找到了答案——从她留在塔比斯镇的文件中。她重建的濒临瓦解的情报网，现在由于她的疏忽大意再次面临崩溃的危险。

加瓦尔尼与维希领土监视局长官亨利·罗林会面后，罗林下令对联盟展开更广泛深入的调查，这使得那对夫妇交出了玛丽-玛德琳留下的资料。乔治·皮科特是罗林的老相识，罗林告诉他，玛丽-玛德琳在英国参与了可疑的活动，并建议他把玛丽-玛德琳带到维希进行解释。

"她已经疯了！"她的姐夫喊道。这一次玛丽-玛德琳打算听从姐夫的，当晚陪他坐火车去维希。然而她仍需要时间来思考这个爆炸性的消息，并提醒费伊、布特龙、巴乔和其他联盟高级特工，以及军情六处。玛丽-玛德琳请求乔治·皮科特给她两天时间，然后她会答应和他一起去维希。他勉强同意了，但还是警告她，如果她食言，就会被关进监狱，到时候他也无能为力。

玛丽-玛德琳立即召集费伊、加布里埃尔·里维埃、埃米尔·奥多利以及马赛的其他关键人员开了紧急会议。当时在阿尔及尔的布特龙和巴乔，还有军情六处的官员都劝她不要去，

115　但她别无选择。费伊会跟着她，准备好通知情报网的其他成员，万一她这次不能全身而退。

两天后，玛丽-玛德琳在姐夫的陪同下踏上了去维希的路。火车咣啷咣啷地向前驶去，她又为自己的疏忽感到痛苦。她清楚，如果这个情报网存活下去，她至少得更改其特工的代号。她闭上眼睛，思绪纷乱，在她打瞌睡的时候，做了一个梦，在梦里联盟成员成为被其他捕食者追捕的猎物。

她开始给特工们起动物的名字：莫里斯·库斯特诺布勒是老虎，加布里埃尔·里维埃是狼，埃米尔·奥多利是狐狸，让·布特龙是公牛，她自己是刺猬。当她在维希下车时，看见费伊从后面的一节车厢里走出来，跟在她和乔治·皮科特后面。她认为费伊是一只鹰，"一个目光敏锐、无所畏惧的高飞者"。

亨利·罗林，作为玛丽-玛德琳在维希的主要对手，是一个充满矛盾的人。战前，他是一名职业海军情报官员，与军情六处密切合作，从该机构建立起就与其首领斯图尔特·孟席斯保持联系。罗林也被认为是法国军队中坚定抗议反犹主义的人士。1939 年他还写了一本书，质疑臭名昭著的《犹太人贤士议定书》的真实性，这是一个虚假文件，据称是一个具有全球影响力的国际犹太会议的会议记录。德国占领法国之后，纳粹官员禁了罗林的书，剩余的所有手稿也都被没收并销毁。

与此同时，作为领土监视局的负责人，罗林领导维希政府镇压自由区的联盟和其他抵抗组织，还镇压法国军事情报部门里的反德势力。他实际上是一个两面派，他效忠贝当元帅和达朗。罗林和维希政府其他人都提议达朗采取更严厉的策略镇压持不同政见者。当维希政府残酷镇压法国共产主义者的暴力抵抗时，他们又认为维希政府应该设法收买温和的抵抗者，只要他们同意与政府合作，就承诺保护他们免受迫害和监禁，甚至可以允许联盟这样的组织向英国提供筛选后的情报，只要这些情报先交给维希政府。

116

达朗喜欢这个提议。1942 年春天，尽管纳粹在战争中仍占上风，但德国人的胜利已不再是定局，英国和苏联继续坚持抗战。1941 年 12 月，美国参战，迅速调动了其庞大的战争机器。作为一个投机主义者，达朗希望保留自己的选择权。如果德国输掉这场战争，他和维希政府与同盟国建立各种秘密联系可能会有好处。即使这个计划没能成功，罗林与抵抗运动领导人进行商议这个事实，在英国和同盟国成员眼中便是维希政府在向这些抵抗运动领导人妥协。加瓦尔尼是第一个落入陷阱的人。现在罗林想要在玛丽-玛德琳身上试试他的诱惑手段。

对玛丽-玛德琳来说，在她走进罗林的办公室时就下定决心要在这场猫捉老鼠的游戏中获胜。她在姐夫的陪同下坐下后，仔细端详着站在她面前的那个矮矮胖胖、头发花白的男人。罗林立即采取攻势，指着他桌子上堆放的文件开始控诉。玛丽-玛德琳发现，那些是她从塔比斯镇寄出的信。

罗林说："我们将在明天早上逮捕 AOS 43，他就是让·布特龙，对吗？"

玛丽-玛德琳承认自己认识布特龙。他和她父亲曾在同一家航运公司当过海员。但她极力否认布特龙曾为自己的情报网工作过。

罗林质问："那么谁才是 AOS 43？"玛丽-玛德琳回避了这个问题，表示并不打算告诉他任何特工的名字。她说自己来维希是为了看看是否能在这里找到"爱国者"。罗林反驳她，称他和维希政府的其他人比她要爱国得多，并补充道，他也想摆脱德国人，但他并不想与英国结盟。玛丽-玛德琳回应道，她非常清楚情报网已经崩溃瓦解了，她和英国也不再有任何联系。

又经过长达一个小时的询问，但毫无进展，罗林突然中断了谈话，要求玛丽-玛德琳第二天再来。当她起身准备离开时，罗林说："顺便提醒你一句，你那位卖菜的朋友明天早上就会有趣地醒过来。"玛丽-玛德琳急忙回到旅馆，提醒费伊，警察计划第二天逮捕加布里埃尔·里维埃。费伊冲到电话前，他告诉里维埃这次突袭的来龙去脉，并要求他从店里撤下无线电台和其他所有能证明他有罪的资料。

玛丽-玛德琳非常担心里维埃个人以及整个联盟的命运，她一夜未眠。第二天她又来到罗林的办公室。她发现前一天那个严厉的、咄咄逼人的男人今天竟然变成了一个慈父般的人，还邀请她到他的乡间别墅与他和他的妻子共进午餐。

玛丽-玛德琳回忆道，在那里罗林像是完全变了一个人。他的妻子是一名俄罗斯裔犹太人，她对玛丽-玛德琳的反德观点和行动表示赞同和理解，她还对她的丈夫说，希望他不要阻止和干涉玛丽-玛德琳。罗林似乎听从了妻子的话，他向玛丽-玛德琳解释，他的目的并不是要摧毁情报网，而是想确保它的运作符合国家的最大利益。玛丽-玛德琳心中非常清楚，所有这一切，包括乡间的午餐，以及罗林和他的妻子表现出的赞同和理解，都是为了让她卸下防备，使她能按照罗林的意愿做事。尽管如此，她还是忍不住欣赏罗林。

午餐结束后，罗林告诉她，她现在的任务就是回家照顾自己的孩子。只要她接受这一任务，他就会保护她，尽管这种保护可能不会持续太久。他说，达朗在维希政府中的地位并不像她想象得那样高，而得到柏林支持的皮埃尔·赖伐尔正在谋求重新掌权。如果赖伐尔成功了，玛丽-玛德琳和其他抵抗者就会失去得到保护的任何希望。

当晚，玛丽-玛德琳思虑再三后决定接受罗林的建议。她会去向他保证，她作为间谍首领的日子已经结束了，如果联盟得以重生，新的主人将是维希政府。当然这些都不是她内心的真实想法。因为她是一个女人，罗林低估了她，她决心将计就计利用这种误判。

同时，罗林还让加布里埃尔·里维埃和布特龙前往维希接受审讯。多亏了玛丽-玛德琳的提示，里维埃能有足够的时间为审讯做准备。里维埃告诉罗林，他认识玛丽-玛德琳。他们是老熟人，玛丽-玛德琳还借钱给他做蔬菜水果生意。当罗林询问里维埃关于玛丽-玛德琳参加抵抗运动的报道时，里维埃露出异样和惊讶的表情。他回答说，但愿这不是真的，他自己决不会跟那种事扯上关系！罗林接着询问，他是否知道使用无线电台的情况，里维埃再次表现出惊恐。他表示，当然不知

118

道，那简直就是自杀。当被问到他本人是否参与过任何抵抗活动时，里维埃回答说："天哪，不可能！我决不会干这种危险的事！"罗林的特工逮捕里维埃时，他们在他的蔬菜水果仓库和商店里没有发现任何能证明他有罪的东西。经过几个小时的审讯，里维埃最终被无罪释放。当天晚上，他回到了马赛。

不过，布特龙就没有那么幸运了。几周以来，他意识到自己在马德里和其他几个西班牙城市都被人跟踪过，他是以维希海军副官的身份前往这些城市的。虽然他并不确定跟踪他的人是法国人还是德国人，但他断定自己的身份已经暴露了。

当接到命令要去维希接受罗林询问时，布特龙决定放弃伪装。他否认自己是联盟成员，但承认了自己曾向伦敦发送关于德国在自由贸易区开展军事行动的情报。他表示，他这样做是自己的个人行为。在回应他向敌人移交国家机密的指控时，他认为这样的指控是荒谬的，他还表示向英国提供关于德国军队的报告丝毫没有损害法国的国家安全。总之，他坚持认为，英国并不是法国的敌人。

119　　在将近一个月的时间里，法国海军部就如何处置布特龙一事展开了辩论，急于隐瞒自己的队伍中有一名亲英国的特工。最后海军部接受了罗林的建议，实行相对宽松的处罚：将布特龙从海军中除名，除去军衔，不关进监狱而是将其无限期收容在阿尔卑斯山一个 16 世纪建造的要塞中。在那里，他的同伴将是共产主义者和黑市商人。

玛丽-玛德琳给布特龙发了一个信息，承诺格勒诺布尔的联盟特工会帮助他逃跑，不过这可能需要一些时间来安排。在同意了罗林开出的条件之后，玛丽-玛德琳可以自由地离开了。当她离开办公室时，她装作漫不经心地问罗林关于加瓦尔尼上交 200 万法郎的事。罗林冷冷地哼了一声："胡说。"加瓦尔尼实际上只给了他 8 万法郎。

在登上开往蓝色海岸的火车并与家人团聚之前，玛丽-玛德琳找到加瓦尔尼，把她与罗林见面的事告诉了他。她表示，既然自己已经和维希政府达成了协议，就不再需要他的帮助了。加瓦尔尼指责她忘恩负义。玛丽-玛德琳指出，考虑到他为自己攒下的那笔巨款，他没有任何理由抱怨。加瓦尔尼的脸瞬间就绿了。玛丽-玛德琳转身离开，她再也不用为他的背叛而担惊受怕了。

在一向警惕的姐夫的陪同下，玛丽-玛德琳回到了她母亲在穆然（Mougins）附近的房子里，这里可以俯瞰大海。她在这里安静的环境中度过了几个星期，做饭、打理花园、和孩子们玩耍、缝补衣服，还有从事其他维希政府认可的妇女活动。

但这并不意味着她放弃了联盟的领导权。只要确认罗林的特工没有跟踪她，她就秘密地与总部重新建立联系，并请莫里斯·库斯特诺布勒担任她在蓝色海岸和马赛之间的使者。库斯特诺布勒第一次去她母亲家时，玛丽-玛德琳告诉他，为了确保安全，避免 1941 年的灾难重演，联盟必须立即采取一些措施：分散情报网力量，加强各个部门的自主权，并为无线电发射、空运操作和发送电报建立独立的服务。她还要求马赛地区执行她的决定，即使用动物名称作为特工代号，并通过库斯特

120

诺布勒发出了她迄今为止已想好的动物代号名单。

　　联盟面临许多迫切需要解决的问题，玛丽－玛德琳非常想离开蓝色海岸去完成她的工作。但她也担心，如果她太早回到马赛，罗林会发现情报网其实并没有瓦解，甚至是在蓬勃发展。这时家里出现了一个紧急状况，这为她的难题提供了解决办法。玛丽－玛德琳和家人团聚的时候，一名医生告诉她，她9岁的女儿比阿特丽斯也像母亲一样患有髋关节移位，需要通过手术来矫正。医生补充说，手术后需要一段很长的恢复期。医生还告诉她，图卢兹有一位著名的外科医生，名叫查理。据说，查理是法国西南部唯一能做这种外科手术的医生。玛丽－玛德琳带着比阿特丽斯去见查理医生，他同意给她做手术。

　　手术很成功，在比阿特丽斯康复期间，玛丽－玛德琳被允许待在查理诊所的病房里。玛丽－玛德琳陪伴女儿时，在床边画了大量图表、地图和组织结构图，病房很大，有足够的家具可以藏下这些东西。

　　莱昂·费伊负责联盟在马赛的日常运转时，玛丽－玛德琳则在筹划联盟的未来。她致力于将费伊带来的新特工与这个网络的老员工融合在一起。她还制订计划，让那些已经完全被破坏的基地重新恢复生机，用新成员来填补人员空缺。她审视联盟各个部门及其负责人的优势和劣势，并想办法扬长避短。她处理了铺天盖地的后勤保障问题，比如授权把一台无线电发射机送到某个地方，或是把更多的钱补给到另一个地方，还有在波尔多、布雷斯特和斯特拉斯堡等地建立新基地。此外，她指示费伊安排她需要会见的特工来图卢兹。

比阿特丽斯和母亲在诊所度过的那几个星期里，查理医生和护士来查房前，玛丽-玛德琳每次都尽最大的努力把她处理的文件藏好。然而还是有几次，查理医生突然走进来，发现地板上堆满了文件。

查理问玛丽-玛德琳是不是在写书。玛丽-玛德琳回答说，她实际上是在为别人做一些调查研究。查理盯着她看了一会儿，她意识到他已经明白了她在做什么，不过查理什么也没说。第二天，他吩咐把一张大桌子搬到病房里来，这样玛丽-玛德琳就可以在桌子上铺开她的文件，他还询问是否需要其他帮助。玛丽-玛德琳回答说，在比阿特丽斯剩下的恢复期里，查理医生如果能够允许病房里有其他客人来访，她将非常感激。查理欣然同意了。

有一天，查理告诉玛丽-玛德琳，他希望自己能在她的反抗活动中扮演更积极、更重要的角色，玛丽-玛德琳委婉拒绝了。她认为查理已经为她提供了必要的庇护。她还强调，对法国和法国人民来说，查理作为一名优秀的外科医生的意义要比加入她的情报网重要得多。

在图卢兹期间，尽管玛丽-玛德琳没有招募查理医生，但她一直没有放弃为情报网招募更多新生力量。图卢兹是法国第四大城市，拥有欧洲最古老的大学之一，是联盟行动重要的新基地。她任命一对夫妇来领导这个新基地，他们是当地的波兰裔工程师穆周·达姆（Mouchou Damm）和妻子奈莉。这对夫妇让 10 多岁的儿子担任他们的副官。不久后，他们的家中很快会安装一台无线电发射机，军情六处会从英国派来一名无线电接线员。

联盟成立近 5 年来，达姆夫妇是为玛丽-玛德琳和联盟工作的几十对年轻夫妇中的一对。其他夫妇包括加布里埃尔·里维埃和他的妻子玛德琳、公爵和他的妻子马瑞特瑞（Marguerite）。有些人甚至让所有家庭成员都加入了联盟，比如莫里斯·吉列特（Maurice Gillet），他是情报网在布列塔尼海港布雷斯特的无所畏惧的领导者，他有 8 位亲人都加入了情报网。

122　　让·菲利普是在图卢兹新招募到的另一名重要力量。他是一名警长，在当地有许多情报人员，过去主要是向他提供有关犯罪活动的情报。现在他要求他们集中精力收集有关德国军事行动的情报。他利用职务之便阻止了一次对抵抗运动者的逮捕行动，他还向犹太人提供假证件。

到战争结束时，共有超过 130 名法国警察跟随菲利普成为联盟的一员。这证明了很多人其实非常厌法国警察部队。正如被看到的那样，他们的确是在为德国工作，但他们中有很多人其实强烈反对沦为纳粹合作者。

在医院住了两个月后，比阿特丽斯恢复良好，可以出院了。玛丽-玛德琳在比利牛斯山山麓租下了一间小木屋，让女儿在弟弟、外祖母和其他亲戚的陪伴下进一步康复。对这个小女孩来说，和母亲在一起生活了几个月之后，她难以接受又要与母亲长期分离。玛丽-玛德琳离开图卢兹的那天，母女俩泪流满面。那次分别的两年多以后，比阿特丽斯才再次见到自己的母亲。

又一次与孩子们分离让玛丽-玛德琳满怀歉疚。1942 年 6
月，她回到了马赛。一回来，她就感受到了情报网在重建和扩
展中所取得的进展。她的第一站是圣查尔斯酒吧，那里热闹极
了。在酒吧与费伊见面后，玛丽-玛德琳跟随他回到了联盟总
部。总部位于滨海大道最高点的房子里，从这里可以看到海的
全景。到达总部后，一个穿白色夹克的仆人出现在他们面前，
他手里端着咖啡和利口酒。费伊介绍说，这名男子名叫阿尔伯
特（Albert），是一名保安，兼做厨师和管家。玛丽-玛德琳喝
了咖啡，却没有喝酒。她尖锐地指出，有这些小资情调固然是
美好的，关键是情报收集工作进展如何呢？

123

费伊咧嘴笑了笑，他指向房间另一头的一张桌子，桌上整
整齐齐地堆着几摞文件。这些文件包括伦敦列出的需要收集的
情报清单以及联盟各部门提供的已经收集到的情报。通过梳理
这些文件，玛丽-玛德琳意识到，费伊领导下的情报网的日常
运转在很大程度上其实是可控的。事实上，1942 年夏天标志
着联盟战时活动达到巅峰。这在很大程度上要归功于费伊不辞
劳苦地开展招募工作，情报网已经拥有近 1000 名特工，而且
几乎在法国的每个地区都有分部。尽管巴黎地区的分部仍在重
建中，但在其他地方，比如诺曼底、布列塔尼、维希、多尔多
涅、里昂和罗讷河谷的其他地区，以及格勒诺布尔和阿尔卑
斯，联盟都开展了强有力的行动。

联盟特工在马赛、尼斯以及法国和意大利地中海沿岸的其
他地方收集的情报尤为重要。这些情报对英国至关重要，当时
英国军队正与埃尔温·隆美尔将军的非洲军团在利比亚进行殊

死搏斗。还有传闻说盟军即将在 1942 年秋天进攻北非，如果这是真的，就更需要尽可能多的关于德国、意大利和维希法国军队在该地区的军事实力的情报。

几乎每天，联盟总部都会被军情六处的询问淹没，需要提供德国、意大利的陆海空三军从地中海海岸基地向北非转移的情报。埃米尔·奥多利领导马赛地区的情报工作，他提供了很多情报。根据玛丽-玛德琳的描述，奥多利和他手下的特工不放过进出马赛的任何一艘船只，比如挂着中立旗帜的德国海盗船，或者挂着法国商船旗帜、实际是为非洲军团输送武器和物资的船只。多亏了奥多利的情报，英国皇家空军和海军能够成功拦截并摧毁联盟报告的大部分可疑船只。

由贝尼斯上校领导的尼斯情报基地也提供了有关地中海的宝贵情报。贝尼斯是联盟的第一任情报主管，他消除了对玛丽-玛德琳领导能力的怀疑，并负责情报网在蓝色海岸一带的工作已近一年。他通过与边境另一侧的意大利反法西斯情报网密切合作，加强了自身力量，该情报网向他提供了有关意大利陆军、海军和空军行动的情报。在玛丽-玛德琳回到马赛后不久，贝尼斯从他的意大利同僚那里得知，墨索里尼的几个空军中队将被派往利比亚增援非洲军团。大约一天后，军情六处向玛丽-玛德琳报告说，意大利飞机已经被拦截了。

尽管不像特工那么出名，但对联盟成功同样重要的是联盟的信使，他们在法国各地之间来回穿梭，在马赛和其他地区之间运送无线电台、图表、地图、照片和其他文件。他们往往是那些本职工作就需要经常旅行的人，比如卡车司机或者销售员，因此他们有资格获得通行身份证件。他们也面临着巨大的风险。与情报网中的特工不同，信使是在公开开展工作，他们会在火车和其他公共交通工具上携带违规情报和资料，这些地方都有德国和法国安全官员严密巡查。

1942 年春天，玛丽-玛德琳需要一名信使把几台无线电发射机送到占领区。一位名叫罗伯特·林恩（Robert Lynen）的少年主动接下了这个任务，他刚开始在马赛总部工作。碰巧的是，19 岁[①]的林恩是法国最容易辨认的面孔之一。他长着雀斑，红发，是 20 世纪 30 年代法国最受欢迎的电影童星。1932 年，12 岁的罗伯特·林恩出演了他的第一部电影《胡萝卜须》（*Poil de Carotte*），该影片在国际上大获成功，他的影迷遍布欧洲，甚至日本也有。

自从第一部电影大获成功后，林恩一共出演了 9 部电影。在德国占领法国后，他拒绝了一家德国电影公司的邀请，该公司本希望赞助他继续出演针对法国观众的电影。他反而加入马赛的抵抗活动，这引起玛丽-玛德琳和情报网的注意。

林恩同意参加一次在法国各地的巡回演出，他表示会把无线

125

图 11-1 罗伯特·林恩在电影《胡萝卜须》中的剧照

① 此处原文如此，罗伯特·林恩出生于 1920 年。——编者注

电台和秘密文件放在自己的演出服箱里从一个城市运送到另一个城市。他告诉玛丽-玛德琳，他的名气只会是优势，而不是劣势，因为没有人会相信著名的"胡萝卜须"是一个间谍。他笑着说，这将是他最好的角色。

第十二章　"没有争议的领导者"

联盟的复兴让玛丽-玛德琳感到振奋，但她几乎没有时间停下来品尝成功的滋味。1942 年夏天，法国纳粹官员们越来越愤怒于维希政府对抵抗者采取的犹豫不决的政策，于是开始猛烈反击。

7 月初，玛丽-玛德琳到访了情报网的几个部门之后就回到马赛。当她乘坐的火车驶进圣查尔斯车站时，她惊讶地看到莱昂·费伊和其他 3 名联盟特工已经站在站台边。玛丽-玛德琳走下火车，费伊第一个发现了她。他抓住她的胳膊，把她推向一辆汽车前，车子早已在车站台阶尽头等待着，引擎还在运转。当车子启动离开后，费伊喊道："他们又在追捕你！而这一次是德国士兵在追捕你！"

1942 年春末，德国官员向达朗上将施压，要求他辞去维希政府首脑的职务，并计划恢复傀儡皮埃尔·赖伐尔的职务。载着玛丽-玛德琳的汽车在马赛的道路上飞驰，她回想起亨利·罗林的警告：如果赖伐尔重新掌权，她和其他抵抗者将失去获得维希政府保护的任何希望。尽管达朗是一个卖国贼，但他偶尔也会表现出矛盾的情绪。但赖伐尔没有这样的犹豫不决，他是希特勒的人，并以此为傲。赖伐尔再次接管政府后，他采取的第一个行动将是撤销罗林领土监视局负责人的职位。

在同一时期，法国被占领区的纳粹党卫军从德国军队手中夺取了对治安保卫的完全控制权，在与阿勃维尔旷日持久的斗争中获得胜利。阿勃维尔是德国军队的情报和反间谍组织。纳粹党卫军当局认为阿勃维尔在处置法国抵抗运动时过于软弱和仁慈。现在纳粹党卫军明确掌权，开始在全国范围内镇压反德活动。

根据停战协议，德国安全人员和警察禁止进入自由区。但事实上，自法国投降以来，德国一直在自由区渗透力量。维希政府中的大多数官员对此睁一只眼闭一只眼，这种状况一直持续到 1942 年中期。不过，维希政府中也有一些反抗者，特别是陆军反情报官员，他们坚持追捕违反停战协议的德国人。随着赖伐尔重新掌权，维希政府开始积极协助德国安全部门追捕抵抗者。

长期以来，德国人一直痛斥维希政府治理的法国出现了越来越多的无线电台，抵抗者利用这些装置与同盟国建立联系。经赖伐尔批准，巴黎的德国官员从党卫军和阿勃维尔中选派了280 多名特工前往南部，并带去了装有测向系统的汽车和货车，用以追踪无线电台。维希政府官员为德国入侵者提供了法国身份证，还为他们的汽车提供了当地牌照。德国人还被允许利用维希警察总部向盖世太保在自由区的首席代表雨果·盖斯勒（Hugo Geissler）提交报告。

违反停战协议的另一个令人震惊的事件是，数十名领土监视局特工奉命陪同德国人，并在阿勃维尔和盖世太保的监督下，对抵抗运动者实施逮捕。当一名法国军队反情报官员向他的上级抱怨这项命令时，他被告知，如果维希政府不按照德国人的要求行事，希特勒已经明确表示，他将占领自由区。

德国拉网式搜查的重点是马赛、波城、里昂和维希的抵抗活动。联盟在这些地区都有无线电台。在马赛火车站迅速把玛丽-玛德琳带离之后，费伊告诉她，为了防止被德国测向系统发现，他已下令让这些地区的无线电接线员大大减少传送消息的次数，并在传送消息时不断变换电波频率。

费伊认为，让玛丽-玛德琳回到马赛的公寓里并不安全。玛丽-玛德琳并不同意，但他仍很坚决，表示已经给她重新找了一个地方住。汽车载着玛丽-玛德琳开到了勒拉旺杜（Le Lavandou）的一所房子里。勒拉旺杜是一个海滨小村庄，位于蓝色海岸一处多岩石、树木繁茂的海角，距离马赛以西约 60 英里。在这里，她住在一座小别墅里，周围种着松树，可以俯瞰大海。她乘坐的汽车车主是玛格丽特·布鲁耶，她是一名社会工作者，她的丈夫在北非的法国军队服役，偶尔也担任联盟的信使。

按玛丽-玛德琳的一贯做法，她走到哪里，哪里就会成为联盟的前哨站，勒拉旺杜也不例外。她成功地让布鲁耶两个十几岁的儿子和其他一些当地居民参与到情报网的事业中，其中包括一名医生、一名校长和一名酿酒师。每天都有信使带着信件和文件往返于联盟马赛总部和玛丽-玛德琳的新藏身处。

玛格丽特·布鲁耶是刚加入联盟的一名女性，联盟中有很多这样的女性，玛丽-玛德琳很欢迎她们，把她们当作朋友。在整个法国抵抗运动中，女性发挥了至关重要的作用。她们能在法国和整个被占领的欧洲发挥作用，很大程度上是因为纳粹对女性有刻板印象。德国人本身来自一个传统、保守的社会，他们认为女性只扮演传统家庭中妻子和母亲的角色，至少在战争初期，很少有人怀疑她们是间谍或破坏者。

129　　　作为法国唯一的女性抵抗运动领袖，玛丽-玛德琳和身边其他女强人付出了极大的努力。一开始，联盟几乎完全是一个男性组织。但经过 5 年的发展，女性约占联盟成员的20%。和男性一样，女性也来自社会的各个阶层，从女佣、洗衣工到巴黎的社会名流。

　　珍妮·鲁索是玛丽-玛德琳女性特工中的一员，她是一个顽皮、优雅的年轻巴黎女子，曾撰写关于德国恐怖武器 V-1 导弹和 V-2 火箭的调查报告，这是二战期间同盟国最伟大的情报成就之一。还有一位女特工叫作珍妮·贝托米耶（Jeanne Berthomier），她是法国公共建设工程部（Ministry of Public Works）的一名高级官员。贝托米耶同样提供了最高机密情报，即德国军队进入了占领区，这对同盟国及英国来说都是至关重要的。还有一位年轻的女裁缝，代号为虾，她在布列塔尼的圣纳泽尔港德军基地修补潜艇救生衣。在工作过程中，她掌握了哪些潜艇需要来维修、哪些要出海的情报。她把这些情报传递给联盟，而联盟又将情报传递给军情六处。

　　在联盟总部马赛也有很多女性。它的行政主管是前历史学家丹尼斯·森托尔，负责监督信使和特工的工作，以及邮件的收发。1942 年春天，玛丽-玛德琳带来了一名勇敢的 19 岁的金发女郎莫妮克·邦廷克（Monique Bontinck），代号为貂，作为她的私人信使和助手。

邦廷克来自法国北部的村庄杜伊，她是家里 7 个孩子中的老大。当她还是个孩子的时候，她的比利时祖父向她讲述了 1914～1918 年一战期间德国在比利时的暴行，从那时起她就强烈反德。1940 年德国占领法国后，她离开家来到巴黎，决心加入抵抗运动。她遇到了年轻的律师埃德蒙·普兰（Edmond Poulain），普兰当时

图 12-1 莫妮克·邦廷克

刚加入玛丽-玛德琳的情报网。两人相遇后很快就订婚了。

普兰是 1941 年秋天在巴黎被捕的联盟特工之一，他也被送往了弗雷斯监狱。在狱中他给玛丽-玛德琳写了一封加密信，信件被偷偷运送出来。信中他认为自己可能会被处决，但恳求她救下他的未婚妻。不过要让邦廷克不受伤害说起来容易做起来难。她端庄害羞的外表掩盖了她近乎鲁莽的无畏天性。玛丽-玛德琳在回忆录中写道，邦廷克在联盟工作的 3 年期间，她多次在玛丽-玛德琳并不知情的情况下擅自执行一些极其危险的任务。

费迪南德·罗德里格斯（Ferdinand Rodriguez）是在战争后期被派给联盟的英国无线电接线员。他这样评价邦廷克："她凭借过人的胆识，取得了令人难以置信的成绩。她有一张坦率的脸和孩子般的轮廓，她金色的头发披散在肩上，但她也

130

有一种随时准备做任何事情的特工精神。"

　　与法国其他抵抗组织一样，联盟发现女性在充当信使方面尤其成功。她们中许多人像邦廷克一样，年轻又有魅力。她们用自己的魅力和看起来很诚实的外表与德国和法国的警察以及安全官员交涉，得以脱险。邦廷克后来在一份关于她战时活动的非官方记录中写道："我在法国各地传递信息，有时也带着无线电台。你无法想象我为了躲避火车站的警察管制所经历的一切。"①

　　联盟女信使中，还有一位时髦、人脉广泛的巴黎主妇，名叫奥代特·法比尤斯（Odette Fabius），她的身世背景与玛丽-玛德琳非常相似。与玛丽-玛德琳一样，法比尤斯也是 32 岁。她是巴黎一位富有律师的女儿，从小接受一位英国女家庭教师的辅导，能说一口流利的英语。17 岁时，她嫁给了一个比她大很多的富有古董商，一年后生了一个女儿。

　　但法比尤斯想要的不仅仅是婚姻、母亲身份和巴黎上流社会地位。战争爆发前不久，她以志愿者身份在法国军队担任救护车司机。停战协议签署后，她又变得焦虑不安，于是想找点别的事做。一次偶然的相会，她的一位与联盟有关系的朋友问她是否愿意给马赛的莱昂·费伊送一封信。她不顾丈夫的反对，按照朋友的要求做了，于是被费伊招募为全职信使。法比尤斯满怀热情地开始了她的抵抗事业：运送信件和文件，护送人们越过占领区和自由区之间的分界线。她年幼的女儿偶尔来

----

①　引自莫妮克·邦廷克未出版的手稿。

陪她，法比尤斯不止一次在女儿的手提箱里藏了一些文件。

法比尤斯习惯了面对危险和冒险，她期待能在联盟中承担更重要的任务。玛丽-玛德琳教她如何对信息进行加密和解密，在马赛总部，她偶尔还会承担其他任务。但她从未被分配过更重要的任务，也没有参加过玛丽-玛德琳、费伊、莫里斯·德·麦克马洪和其他主要特工一起召开的漫长的、秘密的闭门会议。因为在玛丽-玛德琳看来，法比尤斯多少有点外行，她更关注这种严肃情报工作背后的刺激和戏剧色彩，而不考虑纪律和安全。

法比尤斯最终离开了联盟，加入了另一个情报组织，显然她对玛丽-玛德琳对待她的方式感到不满。战后，她是联盟中唯一一个负面评价玛丽-玛德琳的人。法比尤斯非常崇拜莱昂·费伊，认为领导联盟的应该是他，而不应该是玛丽-玛德琳，她还严厉抨击了费伊愿意服从一个女人做法。法比尤斯在她的战时日记中写道："费伊被玛丽-玛德琳的美貌和不可否认的魅力迷住了。玛丽-玛德琳对费伊，就像对所有人一样，产生了巨大的影响，让他心甘情愿接受'主厨'助手的角色。"

法比尤斯并不是唯一一个评论玛丽-玛德琳美貌的人，实际上还有许多人，这其中既有男人也有女人，他们同样对玛丽-玛德琳的美貌给予了高度评价。战后，军情六处的肯尼思·科恩指出，"《美丽间谍》的人物原型实际超出书中虚构，她就是玛丽-玛德琳"。在马德里，肯尼思·科恩的副手埃迪·凯瑟第一次见到玛丽-玛德琳时，也被她的美貌迷住

132

了。克里斯·马克尔（Chris Marker）是一位著名的法国摄影师和纪录片导演。他在战争初期加入了维希的抵抗运动。晚年，他告诉自己的传记作家，当时他这么做部分原因在于"与当时维希的许多年轻人一样，他疯狂地爱上了美丽的玛丽-玛德琳"。

　　毫无疑问，与其他人一样，费伊也被玛丽-玛德琳的美丽和魅力所折服。后来她也爱上了他，两人成了情人。嫉妒的法比尤斯认为玛丽-玛德琳的魅力是让费伊愿意服从她领导的主要原因，不过她错了。1942 年初，费伊与空军前同事爱德华·考夫曼上校第一次接洽，希望他加入联盟。考夫曼问他谁在领导这个情报网，费伊答道："是一个女人，但不是每个女人都能像她这样！她是一位没有争议的领导者，就连英国人也接受了她！"英国无线电接线员费迪南德·罗德里格斯赞同费伊的观点，罗德里格斯后来成为玛丽-玛德琳联盟中的核心力量。"她很年轻，很漂亮，她身上有一种明显的权威的光环。"罗德里格斯在战后接受采访时说，"她绝对是最优秀的老大。"

133

第十三章 坐在火药桶上

玛丽-玛德琳没有在玛格丽特·布鲁耶位于勒拉旺杜的家里待多久。她搬到那里后不久，加布里埃尔·里维埃就带来了一个坏消息。埃米尔·奥多利，联盟在马赛情报收集行动的总指挥，已经被维希警察逮捕了。他被一名前联盟无线电接线员出卖了，该接线员离开联盟去了另一个情报网工作，然后被法国安全官员抓获，他揭发奥多利是为了保全自己。奥多利是联盟第一批成员中仅存的为数不多的一个，也是一个珍贵的伙伴。玛丽-玛德琳没有时间惋惜奥多利的被捕，她的首要任务是必须拯救奥多利在马赛的部门。她问里维埃能否接替奥多利。里维埃表示他已经开始这么做了。

担心受到维希政府和德国安全部队再次袭击，玛丽-玛德琳又一次搬家，这次她搬到了一个宽敞的别墅里，名叫拉比纳德（La Pinède）。别墅坐落在马赛郊外的一座小山上，四周是郁郁葱葱的花园。这座别墅是以玛格丽特·布鲁耶的名义租来的，她和她的一个儿子先搬了进去。她告诉房东，她有几个从占领区逃出来的亲戚要到她家里来住。这些"难民"包括玛丽-玛德琳、她的弟弟雅克·布里杜、莱昂·费伊和莫妮克·邦廷克。

别墅的大客厅变成了办公室和无线电传输中心，接线员在这里收发伦敦和情报网其他部门之间的信息。在另一个房间里，前巴黎警察埃内斯特·西格里斯特拿出大量假身份证、定量配给簿和联盟特工所需要的其他文件，他现在是情报网中的文件伪造专家。

玛丽-玛德琳清楚地意识到情报网面临的威胁越来越多，她感觉自己就像坐在火药桶上。她最先需要解决的问题之一是，在乡间找到安全的地方，让逃亡的联盟特工可以躲藏起来，并被疏散到安全的地方。其中有一名特工是奥多利的无线电报接线员，他和奥多利一起被捕，在被送往监狱途中他设法逃走了。另一个是让·布特龙，之前他在法国阿尔卑斯山的一个要塞里已经被关押了 3 个月，现在还在等待玛丽-玛德琳来履行她对维希许下的承诺，并帮助他逃跑。

玛丽-玛德琳在马德里逗留期间，军情六处的埃迪·凯瑟少校曾与她讨论在英法之间建立新的空中计划，用一种叫拉山德（Lysanders）的小型飞机来接载特工、邮件和其他重要资料。在这之前，联盟和其他法国间谍网主要依靠无线电和非官方的通勤服务，比如让·布特龙的邮袋计划、降落伞空投、穿越比利牛斯山进入西班牙等，把它们作为与伦敦联系以及特工往来的主要途径。

以上途径都有很大的缺点。比如，穿越比利牛斯山进入西班牙，既费力又费时，途中被维希、德国或西班牙边境警察抓获的风险也很高。降落伞空投也有问题。为了进行空投，特工必须经过特殊训练。即使经过训练，在着陆时摔断腿或遭受其他伤害也并不罕见。而且降落伞空投只能是从英国空投到法国，要想用降落伞把特工偷运出法国是不可能的。

1942 年夏天，军情六处终于启动了新飞行计划。7 月，军情六处从伦敦派出了一名特工，他的真名是阿瑟·加歇（Arthur Gachet），但玛丽-玛德琳和她的特工只知道他的代号是阿瑟·克劳利（Arthur Crowley）。加歇的任务是教特工们进行复杂而危险的操作，比如如何操控"拉山德"小型飞机起飞和降落。

他的学员是联盟新成立分支的成员，这个分支名为阿维亚（Avia）。该分支成立的目的是做好降落伞空投行动的地面后勤保障工作，以及为英国新拉山德计划服务。分支由皮埃尔·达拉斯（Pierre Dallas）领导。达拉斯是一位 26 岁的前空军飞行员，他是费伊招募到的首批飞行员之一，是土生土长的里昂人，已经在里昂南部索恩河附近设立了一个降落伞空降区。他家位于索恩河岸，已经是阿维亚的总部。

在接下来的几个月里，里昂附近的基地被用作"拉山德"小型飞机的着陆点。玛丽-玛德琳还发现另一个地点更有利于新的空中行动。她从一名联盟特工那里得知了这个地点。战前，这名特工是科雷兹省的一名军火走私犯，这里是法国南部一个荒凉多岩石的地区。科雷兹省有中央高原，这是法国第三大山区，这里陡峭的山峰、深深的峡谷和平坦的高原是紧急藏身的绝佳地点。联盟的新着陆跑道设置在一个宽阔草地上的前陆军机场上，靠近孤立的小镇于塞勒。

这条狭长跑道在二战中为英国皇家空军最不为人所知却作用重要的行动提供了极大的便利。负责接送盟军和其他法国情报网特工往返本国的飞行员是英国皇家空军第 161 特种飞行中队的队员，这是一个精锐精英志愿者组织。队员驾驶的飞机是一种小型的双座舱单引擎飞机，常常被设计成一架侦察机。它具有在狭小区域内快速起降的能力，这使它成为一架非常适合乘载操作的飞机。但是这种被年轻的飞行员亲切地称为"利兹"（Lizzies）的拉山德小型飞机也有很多不足。它们行动缓慢，不能进行机枪扫射，这使它们容易受到德国战斗机和高射炮的攻击。

136　　　战前，笨拙的拉山德小型飞机主要用于沿海巡逻、牵引目标以及搜寻坠落在英吉利海峡的飞机。在大多数皇家空军飞行员眼里，这些功能并不重要。他们完全不知道这种小型飞机在战时的新功能，也看不起驾驶这种飞机的同事。事实上，拉山德飞行员的工作是绝密的，也非常危险，对战争来说意义重大。

　　该中队飞行往返时间长达 8 小时，而且只在夜间飞行。因为拉山德小型飞机没有导航设备，飞行员只能依靠月光来定位着陆点。从飞机上看，飞机场只有口袋中的手帕那么大，还要看清地形以安全着陆，而且整个飞行过程中需时刻提防敌人的飞机。飞机场本身也只能依靠情报网地面接待委员会人员操作的手电筒照明。

　　但第 161 特种飞行中队的队员们积极热情地应对他们面临的各种艰难挑战。他们中大都是反传统、爱冒险的人，极少人是英国皇家空军的正式军官，而且大多数人对军事规则和纪律不感兴趣。飞行中队中级别最高的飞行员之一彼得·沃恩·福勒（Peter Vaughan Fowler）在 19 岁时加入中队。他因爱好爵士乐，并在中队机场附近的一个村庄上空表演惊险的特技而出名。玛丽-玛德琳后来也认识了他。

休·维里提（Hugh Verity）是一位说法语的牛津大学毕业生。他 24 岁时被任命为第 161 特种飞行中队队长。他表示："我们都是不同的，最大的共同点是我们的个人主义。我非常高兴能够找到一份工作，即可以为战争做出实际贡献又不用杀人。乘载人也比携带炸弹更令人满意，尤其是乘载人还都是非常杰出的。"

图 13-1　站在飞机前的拉山德飞行员（注意机翼后的固定踏板，左二是特种飞行中队队长休·维里提，右二是 1943 年带玛丽-玛德琳飞去英国的彼得·沃恩·福勒）

战争中，拉山德飞行员与他们在法国和英国之间运送的许多法国人建立了紧密的联系。战争期间与法国并肩作战的所有英国人中，与法国人建立最紧密关系的是第 161 特种飞行中队

的飞行员。他们与法国人患难与共，为胜利欢呼，也会因法国
人频繁地被盖世太保抓获而难过。这两个群体之间的亲密关系
也归因于他们在性格上的巨大相似性。与拉山德飞行员一样，
抵抗者往往都是特立独行的人。

　　在战争期间和战后，双方都对彼此的勇气和奉献表示出极大
的敬意。谈到与他一起工作的法国人，维里提写道，他和其他飞
行员"每次遭受地面敌人的威胁一般只会持续几分钟，但他们会
连续数月甚至数年都处于危险之中"。正是他们以及他们宝贵的工
作证明了这种不同寻常的"空中出租车服务"是合理的。

　　阿瑟·加歇抵达法国后不久，开设了一个培训速成班，教
联盟飞行团队如何与拉山德小型飞机及其飞行员合作。在执行
任务的当晚，他都会告诉法国人，必须严格遵守例行程序，不
能有任何偏差。当飞机接近着陆点，团队中的 3 名成员用自己
的位置定位成一个倒置的大写的 L 形状。飞行员将在低空飞
行，通常低于 1500 英尺，以便了解周围的地面特点。当飞机
靠近时，飞行员会用他制作的信号灯发出前置莫尔斯电码信
号。如果地面接待委员会的负责人用手电筒发出他自己的前置
信号，飞行员就会准备降落。如果飞行员没有看到正确的信
号，就会奉命返回基地。如果一切顺利，地面接待委员会的其
他成员就会打开装在棍子上的手电筒，引导飞行员进入。

　　飞行员在第一指示灯亮后降低高度，在第二个指示灯亮后
转弯，接着在第三个指示灯亮后停止移动，通过指示灯定位飞
机和完成降落。这个时候，飞机上的全部行李会被扔下来，乘

客（最多3人）迅速顺着固定在拉山德小型飞机一边的梯子爬下去。需要往外运走的一袋袋文件、地图、德国人使用的新式武器、油类和气体样本，还有其他资料，都将与出境乘客的行李一起迅速装载到飞机上。然后出境乘客自己爬上梯子进入飞机。为了避免被敌人发现，速度至关重要，通常这一过程总共持续不到10分钟，从降落到起飞。

由于月光对拉山德小型飞机的航行至关重要，因此一个月中只有两周的时间适合飞行，即在满月前、满月时、满月后。联盟的第一次接人行动是在1942年8月初，地点是科雷兹的着陆点。被迅速带走的乘客之一是莱昂·费伊，他要前往伦敦与军情六处磋商。军情六处官员本来是想让玛丽-玛德琳来接洽，她拒绝了，选择让费伊代替她。费伊被接走后的第二天早上，英国广播公司播放了一条事先准备好的加密信息，费伊正在伦敦街头行走，这让玛丽-玛德琳松了一口气。费伊计划在下个月的满月期间返回。

在9月份的行动中，英国皇家空军决定使用联盟的另一个着陆点，即里昂附近的索恩河岸。这次行动中，让·布特龙是即将离开的乘客之一。夏初，玛丽-玛德琳终于成功地兑现了她的诺言，把他偷偷带出了要塞，布特龙从4月被捕后一直被收容在这里。一名兼职为联盟特工治病的医生给布特龙注射了一种会导致尿路不适的药物。这名医生对要塞官员说，布特龙必须去他位于格勒诺布尔的医院进行治疗。几周后，布特龙被格勒诺布尔地区的联盟特工偷偷带走，被带到距离里昂约18英里的梅齐厄镇的一个藏身之处。在那里，他收到了玛丽-玛德琳的

139

消息，告诉他乘下一班拉山德去伦敦。

将费伊带回法国的航班预定在 9 月 11 日起飞。即便身处最有利的环境中，玛丽-玛德琳仍会操心和发愁。从她得知费伊定下归期之后，就开始焦虑不安。她想到了所有不好的可能性：拉山德小型飞机被敌人的战斗机或防空火炮击落；恶劣天气造成飞机事故；地面机场接待人员和出境人员被逮捕。尽管她本人没有明确承认，但玛丽-玛德琳最担心莱昂·费伊的命运。

在整个战争期间及战争结束后，玛丽-玛德琳绝口不提自己的私生活。她从未讨论或写过她与费伊的感情。尽管她没有在公开场合提及他们之间的情人关系，但从她在回忆录中对费伊的评价可以看出，她毫无疑问是深爱着他的。

9 月 11 日晚上，玛丽-玛德琳后来写道，她在马赛郊外的别墅里。皮埃尔·达拉斯打电话告诉她，尽管英国的天气状况恶劣，但拉山德小型飞机载着费伊已经起飞了。飞机正飞往法国，途中乌云密布、大雨倾盆。正如她所知道的，在好天气里执行飞行任务本来就够难了，即使是最熟练的飞行员，在没有导航设备的情况下要在云雨和雾中飞行更是难上加难。当天晚上和第二天，她再也没有收到关于这次飞行的任何消息。

直到 9 月 13 日，达拉斯终于通知她，他的中队已经等了拉山德小型飞机几个小时了，但它一直没有出现。她的焦虑已经像天一样高了，甚至越来越严重，但最后终于得到了费伊安然无恙的消息。原来由于天气恶劣，他乘坐的飞机被迫返航，待天气好转后将再一次起飞。

　　在接下来的一个星期里，达拉斯和其他队员，还有布特龙，每天晚上都会去着陆点等待。但天气状况持续恶化，拉山德小型飞机也一直没有出现。在寒冷的雨中等待了几个晚上之后，布特龙病倒了，他得了严重的流感。9月20日，布特龙躺在着陆点附近一家旅馆的床上，饱受发烧畏寒的折磨。晚上达拉斯来看望他，他告诉布特龙，他的队员打算再去着陆点等待最后一次，但天气仍然很糟糕，他觉得飞机不会出现。他建议布特龙踏实卧床休息。

　　在达拉斯和其他人并不知情的情况下，英国的天气终于放晴了，拉山德小型飞机再一次起飞前往法国。飞机接近诺曼底海岸时，月亮从云层后面出来。飞机向东南方飞行时，遭到德国探照灯的照射，但飞行员约翰·布里杰（John Bridger）突然转向，俯冲而下，探照灯没有再找到飞机，便熄灭了。

　　当拉山德小型飞机飞过卢瓦尔河时，天空再次乌云密布，飞机和机上人员几乎完全陷入黑暗之中。他们越过了两座山脉，布里杰巧妙地避开山脊，尽管从飞机上看那些山脊只不过是厚云层笼罩下模糊的轮廓。当飞机靠近索恩河时，大雨滂沱。当布里杰接近地面时，为了辨认出着陆点的情况，他几乎是贴着地面飞行的。地面没有出现灯光信号，表明并没有接待人员，布里杰开始绕圈，寻找地面接待人员的踪迹。

　　突然，他和费伊看到了一束闪烁的光。飞机闪烁着预先安排好的莫尔斯电码信号，地面发出的光线显示出正确的回应。布里杰在黑暗中缓缓降落，终于发现了倒L形状的灯光，几秒钟后飞机降落在被雨水浸透的地面上。当拉山德小型飞机转弯准备起飞时，它的一个轮子陷进了泥里，飞机往右翼侧倒。

141　布里杰加速引擎，试图让拉山德小型飞机挣脱出来，但无济于事。费伊把行李和几袋邮件扔到地上后，他爬下了飞机。他和阿维亚区工作人员把一袋袋即将寄走的邮袋装上拉山德小型飞机，然后他们用双手充当临时的铲子，在陷进泥潭的飞机轮子前挖出一条深深的沟，但飞机仍然纹丝不动。在最后几乎绝望的努力中，4 名法国人努力抬起飞机的机身，而布里杰则全力加速起飞。拉山德小型飞机慢慢移动，挣脱泥泞，笨重地滑行起来。费伊和其他人放开手，布里杰把飞机升到了空中，再次回到了暴雨中。

已经来不及把布特龙从旅馆叫过来了。布里杰的飞机转速非常大，他和地面接待委员会担心噪声可能会引起附近农民不受欢迎的注意，甚至更糟糕的是引来维希政府的安全官员。可怜的布特龙不得不再等 6 个星期，才能有新的逃脱机会。

与此同时，在马赛的玛丽-玛德琳又度过了一个痛苦难熬的夜晚。第二天一大早，她听到了别墅前门的敲门声。她打开门，浑身是泥的费伊带着两个同样泥泞的箱子冲了进来。"好了，我已经找到你要的东西了。"他一边大声告诉玛丽-玛德琳，一边打开行李箱向她展示里面的东西——数不清的法郎和厚厚一摞重要文件。

玛丽-玛德琳压抑住自己的情绪，她一句话也没说。她意识到自己的沉默让费伊感到困惑，便从行李箱里拿起一张看起来像是相片底片的东西，仔细地看了看。费伊盯着她看了一会儿，然后大笑起来："我看你肯定又胡思乱想了，你什么时候才能停止毫无必要的担心呢？"

有太多的理由让玛丽-玛德琳担心了。尽管她认为费伊说的并不对，但她也跟着笑了。为了他，她会尽量把担忧放在一边。最重要的是他安全了，至少目前安全了。

142

第十四章 叛 徒

1942 年 10 月下旬一个寒冷的下午，阿瑟·加歇在监督拉山德小型飞机第一次前往联盟的任务后，他前往马赛与玛丽-玛德琳会面。当他离开圣查尔斯火车站时，发现了一张熟悉的面孔，他几年前在伦敦参加军情六处无线电接线员培训时见过这个人。这位前同事也认出了加歇，见到他似乎很高兴。

这个男人告诉加歇，他效力的抵抗组织已经被盖世太保摧毁了，他冒险逃脱了，正在四处寻找加入另一个组织。他提到，自己之前所在的已被摧毁的组织的首脑是一位女性。

加歇立刻意识到跟他说话的是谁。他就是阿瑟·布拉德利·戴维斯，又名布拉，联盟前无线电接线员，涉嫌在一年前向德国人出卖巴黎和诺曼底的十多名特工。军情六处在 1941 年底向玛丽-玛德琳保证布拉与特工被捕事件无关，但玛丽-玛德琳并不这么认为。玛丽-玛德琳在联盟特工的帮助下，证明了布拉确实有罪。

1942 年早春，玛丽-玛德琳当时的副官莫里斯·库斯特诺布勒发现了一个关键证据证实她的怀疑是对的。库斯特诺布勒去巴黎调查从弗雷斯监狱组织关押的特工实施越狱的可能性，在这一过程中发现了证据。弗雷斯监狱是法国首都附近一座巨大的灰色堡垒式建筑，这里关押了数百名抵抗者。经过数天的外部侦察后，库斯特诺布勒沮丧地得出结论：在维希，拘留所和监狱狱警经常可以被贿赂，或者他们本身就是反德的。但弗雷斯监狱与维希的监狱不同，弗雷斯监狱是如此牢不可破，要想从这里成功越狱是不可能的。

在侦察过程中，库斯特诺布勒还发现几个被关押的特工会偷偷地把信息藏在脏兮兮的衣服包裹里给家人，这些衣服被他们的家人洗干净后又会送回弗雷斯监狱。大部分信息是详细描述联盟特工在监狱里受到的极其严厉的待遇，包括遭受了几次酷刑。玛丽-玛德琳的前无线电接线员吕西安·瓦莱在信息中提供了布拉背叛的第一点具体证据。吕西安·瓦莱写道，在盖世太保的一次审讯中，他看到了被捕前他本人用过的那台无线电台。这台装置在被德国发现之前早被联盟的另一名特工偷偷带走了，并交给了布拉。

玛丽-玛德琳立即把吕西安·瓦莱的报告发给了军情六处总部。他们回复说布拉仍在从诺曼底发回重要情报，并重申她对布拉罪行的判断是错误的。不过这一次玛丽-玛德琳没有放弃，她又发送了另一条情报证明自己的判断。军情六处好几天没有给出回应。有一天早上，她桌子上出现了一条重要情报，并要求立即将其解码。军情六处官员在信中承认，布拉确实是为德国效力的叛徒。他们要求联盟处决他。

直到几个月后，玛丽-玛德琳才发现，多亏了她的施压，军情六处调查了布拉的过去。调查过程中，军情六处发现布拉曾是英国法西斯党（British Union of Fascists）的成员。该党派是由奥斯瓦尔德·莫斯利（Oswald Mosley）创建的，莫斯利曾是英国国会议员，1940 年他被英国政府逮捕并监禁。军情

144 六处官员意识到，布拉在法国期间实际一直在为德国效力。他们立即发了一份电报，命令布拉把无线电装置藏起来，并前往中立的西班牙或瑞士，然后在那里向英国当局报告。布拉没有再进行回应。就在那时，军情六处宣布，由于布拉私下认识联盟的主要成员，情报网当下面临的危险严重到足以让他被处决。

埃迪·凯瑟建议玛丽-玛德琳安排布拉和她的一位高级特工在里昂会面，借机杀掉布拉。玛丽-玛德琳同意了，她在诺曼底给布拉发了一条消息，让他在约定的某个日期出现。当联盟高级特工出现在指定地点时，布拉却不见踪影。反倒是德国宪兵在那里部署了大量警力。这名特工侥幸逃脱了。

在接下来的几个月里，布拉的线索逐渐消失。据传他在波城和图卢兹一带出现过，但令玛丽-玛德琳非常沮丧的是，并没有关于他下落的可靠线索，直到加歇这次与他在马赛相遇。

在短暂的交谈中，布拉问加歇是否可以帮他在另一个情报网找份工作。加歇答应他会帮忙看看他能做些什么，并安排第二天晚上在马赛的一家酒吧见面。第二天早上，莱昂·费伊冲进拉比纳德别墅，他告诉玛丽-玛德琳，加歇发现了布拉，他们约定了会面地点。费伊坚持让玛丽-玛德琳离开，她也同意让费伊负责逮捕和审讯布拉。

那天晚上，在酒吧里，加歇告诉布拉，他的情报网负责人急于见他，并希望加歇能带他去总部。他们离开酒吧后不久，两个身穿雨衣、帽檐拉低到眼下的男人在街上拦住了加歇和布拉。他们自称是维希警察，要求双方出示证件。加歇强烈抗

议，但布拉主动交出了一张身份证，上面有他的真实姓名、在
巴黎的住址和他的英国国籍。其中一名警察说，他们需要核实
布拉的身份，并命令布拉跟他们一起走。

加歇再次反抗，但布拉让他保持安静，然后他递给警察一
张纸，上面写着一个电话号码，他告诉警察只要打这个电话，
就会发现一切正常。后经证实，那是阿勃维尔在巴黎总部的
电话。

警察将加歇和布拉推进一辆等候的汽车，车驶过马赛狭窄
的街道，绕过港口，沿着滨海大道行驶了大约一英里，然后停
在了距离滨海大道几个街区的一座建筑前。一进去，警察的谦
恭态度消失了，他们把布拉推进一间灯火通明的房间，加布里
埃尔·里维埃站在那里，用枪指着这个英国人。坐在里维埃旁
边的莱昂·费伊一把抓住布拉的衣领，大声呵斥道："我们终
于抓住你了！"布拉惊恐地环顾了一下房间，两名自称警察的
人脱下了帽子和外套，表明自己也是联盟特工。布拉告诉费伊
他犯了一个错误，他并不是费伊想象的那种人。

在长达一个多小时的时间里，费伊不停地审问布拉，但他
一再坚称费伊和他的同事们都搞错了。1941 年春天，当布拉
乘降落伞抵达时，房间里在场的联盟特工没有一个人当时是在
波城。在马赛，玛丽-玛德琳是唯一能确定他身份的人。费伊
想让玛丽-玛德琳尽量远离布拉肮脏的勾当，但布拉称见不到
她就拒绝沟通。费伊很不情愿地请她到关押办公室。

玛丽-玛德琳走进空荡、烟雾弥漫、仅有一盏无罩灯照明
的房间时，布拉吓了一跳，往后缩了一下。早些时候，她告诉

费伊，虽然布拉在审讯时不应该受到虐待，但他从头到尾都应该被要求站着。玛丽-玛德琳审讯他时，他继续站着，只有一名特工在房间里拿着枪对着他。布拉向她承认，他的确是奥斯瓦尔德·莫斯利的法西斯党成员。他离开波城后不久，就为巴黎的阿勃维尔效力。按照阿勃维尔的命令，他要渗透到联盟的巴黎地区分部，慢慢取得联盟特工的信任，并设计抓捕他们的行动。

146

玛丽-玛德琳问他是否去过诺曼底，他回答说很少去。军情六处认为他在诺曼底操作无线电装置，实际上他是在阿勃维尔位于巴黎的办公室里操作的。他本人进行信息传送，因为每个无线电接线员都有自己独特的风格，他不想引起军情六处的任何怀疑。他说，他发送的很多情报是真实的，当然相对来说并不重要。德国人偶尔也会提供一些假情报，好让军情六处白费心机进行搜寻。他补充说，他是代表阿勃维尔来马赛寻找玛丽-玛德琳的下落的。

布拉对自己在巴黎的活动十分坦诚，但当玛丽-玛德琳询问他在伦敦的联络人时，布拉沉默了。当他第一次来波城时，他曾向她哥哥吹嘘，他在英国首都有秘密的高层关系。但当她提起这件事时，布拉拒绝再多说什么。玛丽-玛德琳精疲力竭，后来放弃继续追问。她在隔壁房间找到了费伊，说布拉已经供认了他们知道的一切，但几乎没有再透露别的信息。费伊让玛丽-玛德琳回拉比纳德别墅，并让她不要担心接下来的事情。

那天早些时候，军情六处已经下达了处决布拉的命令，玛丽-玛德琳问费伊打算怎么做。费伊从口袋里掏出一包白色药片，说是军情六处在伦敦给他的。她知道是什么，那是发给在占领区的军情六处和特别行动局特工的氰化物药片，在他们被逮捕或被盖世太保审讯时服用。费伊说，药效作用非常快。玛丽-玛德琳点点头，告诉费伊她不想让布拉知道接下来要发生的事。

当太阳从地中海的海平面升起时，玛丽-玛德琳离开了这座楼，她坐上电车回到了拉比纳德别墅。几个小时后，参与抓捕布拉的特工吕西安·普拉尔冲进别墅。他心慌意乱，玛丽-玛德琳花了好几分钟才使他平静下来。普拉尔告诉她，他们两次试图杀死布拉，但布拉仍然活着。普拉尔从头叙述了那可怕的场景，浑身战栗，"你无法想象那是什么样子"。

玛丽-玛德琳离开后，普拉尔在费伊的命令下，给了布拉一碗热汤，里面有溶解了的氰化物药片。在费伊的命令下，普拉尔和布拉一起坐在餐桌旁，他喝了自己桌前的一碗汤，这样布拉就不会怀疑他的汤被人动过手脚了。他们开始吃饭，但什么也没发生。最后，布拉抱怨肚子痛，要求躺下。普拉尔同意了。但3小时后，布拉仍然清醒。

费伊要求普拉尔再试一次，这次是把氰化物药片溶解在一杯热茶中。布拉抿了一口，做了个鬼脸，问："这是从伦敦来的命令吗？"喝完茶后，他把杯子递给普拉尔时感叹，"一个人被要求做这种事情的时候肯定很不开心吧"。又过了两个小时，布拉仍然很有活力。

玛丽-玛德琳听了这个故事后，她回到了滨海大道附近的

147

建筑里。她和费伊勉强同意了里维埃的提议，从马赛的黑社会招募几个熟悉的暴徒来帮助他们处理硬骨头布拉。根据里维埃的计划，他和联盟特工当天夜里押送布拉到城市旧港口附近一处隐蔽的小海滩，在那里，暴徒们将在一艘渔船上与他们会合。上船后，布拉会被带到几英里外，然后被扔进海里。

玛丽-玛德琳再次回到拉比纳德别墅，又度过了一个不眠之夜。第二天一早，她凝视窗外，看到费伊微微佝偻的高大身影向别墅门口走来。费伊没说话，他打开门，一屁股坐在一楼大厅的沙发上，他开始给她讲这一连串可怕戏剧的最新一章。暴徒并没有出现，布拉现在还活着。

费伊说，他们在海滩上等了好几个小时。随着时间的流逝，他开始动摇处决布拉的决心。里维埃告诉费伊，暴徒显然不会来了，费伊命令包括布拉在内的所有人都返回滨海大道。

玛丽-玛德琳意识到费伊正在经历良心的谴责，她懂他。和联盟中的许多人一样，费伊曾是一名职业军官，是一名坚强的一战老兵，一想到消灭敌人，他从不退缩，但面对一个前同僚，尽管布拉已经承认背叛了同伴，但真要去冷酷地处死他，依然让人难以接受。

她安慰他："你累坏了，你的人也累坏了。对他们来说，这个恶棍看起来像个好人。他们会同情他的，但实际上他还是一个敌人。"她表示，必须以间谍罪审判布拉："我们有权力这么做，这也是我们的责任。"

几个小时后，玛丽-玛德琳、费伊、里维埃、吕西安·普拉尔和另外两名特工围坐在关押布拉的房间里的一张大桌子旁。布拉坐在面对他们的一张椅子上。费伊主持了临时军事法庭，他站着宣读了一份冗长的判决。当被要求做出回应时，布拉说所有的指控都是真的，他的确是个德国间谍。费伊随后判处他死刑。这时玛丽-玛德琳离开了房间，回到拉比纳德别墅，她吃了一片安眠药，然后上床睡下了。

布拉的命运从未公开。有传言说，战争结束后，费伊没能完成处决，他允许布拉逃往北非，布拉与妻儿在那里定居下来。事实上，布拉的妻子再也没有见过他。1944 年底，布拉的妻子向英国当局询问他的下落，她被告知自己的丈夫被德国人策反了，当被发现时，他已经自杀了。

149

第十五章　将军的逃跑行动

1942 年，告别了 10 月进入 11 月，玛丽-玛德琳的神经绷得紧紧的。她尽最大的努力满足军情六处对情报的不断需求，同时还要应付布拉的逮捕和处决，以及德国对自由区的镇压。谣言四起，说德国军队即将占领整个法国。更让人紧张的是，军情六处把她和联盟推入了一个政治马蜂窝，她和联盟牵涉进盟军入侵北非的最高秘密计划。

玛丽-玛德琳并不清楚这将意味着什么，但在 6 个月前她其实就收到了关于这项计划的第一个暗示，当时她的女儿正在图卢兹的一家诊所进行术后康复。一天晚上，玛丽-玛德琳在比阿特丽斯房间里昏暗的灯光下破译由联盟总部的信使送来的军情六处的最新情报。她读到最后一条情报时困惑不已。这是由埃迪·凯瑟给她的，上面标注着"绝对机密"，记录了一名法国高级将领最近从德国监狱越狱了。凯瑟希望玛丽-玛德琳能够联系上这名将军，确认他是否愿意再次为法国效力，将军被认为还身处里昂。

150　埃迪·凯瑟想要调查的对象是亨利·吉罗将军（Henri Giraud），他是 1940 年法国战争中被德国俘虏的级别最高的法国军官。纳粹闪电战的第 3 周，吉罗的指挥部被占领，他被囚禁在德累斯顿附近易北河畔的科尼斯坦堡垒（Koenigstein fortress）。该堡垒是欧洲最大的山顶堡垒之一，被称为萨克森州的巴士底狱（Saxon Bastille）。

1942 年 4 月 17 日凌晨，63 岁的吉罗在维希反德军事情报人员的帮助下，顺着一根 60 英尺长的绳索往下逃离了堡垒，他以令人意想不到的方式越狱了。他们把吉罗带出德国，穿过瑞士，进入法国自由区。希特勒勃然大怒，要求法国交出吉罗。当时皮埃尔·赖伐尔刚刚再次担任维希政府首脑，他要求吉罗必须向德国人投降。吉罗曾向贝当元帅宣誓效忠，贝当元帅不同意交出他。赖伐尔不敢擅自逮捕吉罗，因为他清楚，如果他这样做了，法国武装部队就会起义。尽管吉罗和他的家人受到警方的监视，但他在里昂附近过着相对不受限制的生活，他明确反对德国的侵略，强调与德斗争的必要性。

从玛丽-玛德琳读到凯瑟关于吉罗神秘情报的那一刻起，她就开始怀疑这背后的动机。为什么她和联盟被要求参与其中呢？很明显，军情六处的官员无意让吉罗为他们收集情报。那么，英国政府想从这位将军那里得到什么呢？丘吉尔是否在考虑寻找一个对手来对抗戴高乐呢？

自 1940 年秋天以来，玛丽-玛德琳一直坚决避免介入法国政治，包括内政和外交。在她看来，联盟的唯一任务就是收集出现在法国的德国军事力量的相关情报。虽然她支持戴高乐和自由法国，但她主要效力的是军情六处。她不想卷入困扰法国其他抵抗组织的对抗和纷争，也不想卷入自由法国伦敦总部持续不断的暴力阴谋和权力斗争。

151

事实证明，玛丽-玛德琳对英国政府对吉罗感兴趣背后动机的怀疑是正确的。迫于罗斯福总统的压力，丘吉尔不情愿地寻找另一位法国将军与盟军合作，帮助他们在北非战胜维希政府的法国军队。

1942 年春天，美国参战仅 4 个月后，其军事首领就开始与英国同僚商讨为盟军对德首次联合进攻做准备。美国急切要求进攻欧洲大陆，但英国认为，英美军队还没有为如此高风险的战役做好准备。双方最终在英国提出的另一个方案上达成了一致，即在 11 月对北非进行海陆两栖进攻。

从一开始，罗斯福坚持认为戴高乐和自由法国不能参与策划或实施袭击。罗斯福总统对这位法国将军和他的自由法国充满了不屑，他对法国局势的复杂性了解不多，对法国公民也缺乏同情。他所知道或关心的只是法国向德国投降导致同盟军失败。至于戴高乐本人，罗斯福认为他无足轻重、荒唐可笑，不过是一个野心勃勃的英国傀儡。

到 1942 年底，自由法国已经招募了一支超过 10 万人的军队，拥有一支超过 1000 名飞行员和机组人员的空军，还有几十艘船，并得到了大多数法国抵抗运动领导者的支持。对此，罗斯福也并没有在意。罗斯福告诉丘吉尔，戴高乐将军和他的追随者"在解放和治理北非或法国的过程中不能发挥任何作用"，并坚持不让戴高乐知道即将发动的进攻。

罗斯福总统对贝当元帅和他的政府要亲切得多。与英国不同的是，法国向德国投降后，美国几乎立刻就正式承认了维希政府为法国的合法政府。罗斯福确信美国会受到维希政府的欢迎，他告诉丘吉尔，只要美国士兵带头，确保自由法国军队不出现，他就相信维希驻扎在北非的军队将很少甚至不抵抗他们登陆。

对丘吉尔来说，他面临着一个进退两难的困境。1940 年 6 月，他做出了支持戴高乐的庄严承诺，他不能食言。但他又迫切需要罗斯福和美国为英国提供必要的人力和物力，并与英国和苏联一道，最终赢得战争的胜利。丘吉尔认为自己是罗斯福的副官，并告诉他的幕僚"任何事情都不能妨碍他与总统的友谊，因为总统对英国来说太重要了"。英国最终把战争的主动权交给了美国。

为了在进攻发生后顺利接管在北非的维希政府军队，美国官员想要一名既反对戴高乐主义，又反对德国，且不受维希政府与德国勾结影响的法国将军。比戴高乐的军衔高出两颗星的吉罗将军似乎是完美人选。与维希政府的许多军人同僚不同，吉罗坚信德国将输掉这场战争，维希政府必须与美国结盟，重新加入战斗。凭借勇敢和正直，这位大胡子将军在两次世界大战中都十分出名。吉罗从科尼斯坦堡垒的惊人越狱事件被世界各地的报纸大肆报道，使本已大名鼎鼎的他更加光彩夺目。

美国打算任命吉罗为法国驻北非部队的指挥官后，指示英国试探他的意愿，然后再想办法把他偷运出法国。军情六处将这两项任务交给了联盟，由最有效的法国情报网来执行。为这一微妙而又有争议的任务选择联盟，显示了联盟对英国在战争中发挥的重要作用。但这也把玛丽-玛德琳和她的特工们推向了一个未知的领域，他们以前从未参与过这种行动。尽管玛丽-玛德琳内心仍然很怀疑，但她还是按照军情六处的要求做了。后来她写道，思考不是她的职责，她的工作是帮助吉罗回

153

到与德国人的战斗中。

她和费伊决定派高级特工莫里斯·德·麦克马洪公爵作为联盟全权代表会见吉罗，但两人在里昂的会晤并不顺利。将军告诉公爵，他愿意与美国人合作，但他是反英的，对去伦敦没有任何兴趣。但与此同时，他又准备接受英国的援助，以帮助实现他的首要目标，即成为被占领欧洲所有抵抗运动的领袖。吉罗说，只要进攻北非的行动配合在法国本土的进攻，他会考虑率领法国军队进入北非。他还补充，如果盟国向他提供足够的武器装备，他可以带领法国武装部队打败德国，并在其他被占领国家包括荷兰和挪威发动武装叛乱。

玛丽-玛德琳被吉罗的自以为是惊得目瞪口呆。他怎么能盲目相信自己能在法国境内指挥所有的欧洲抵抗运动呢？玛丽-玛德琳根据自身痛苦的经验得知，光是在自己的国家领导一个间谍网就已经够艰难的了。她非常清楚，法国的抵抗力量不会接受像吉罗这样的人的领导。因为吉罗在此之前从未和抵抗力量打过任何交道，而且他宣誓效忠于贝当元帅和维希政府。大部分抵抗力量其实已经表明了政治立场，他们支持戴高乐和自由法国。尽管吉罗很勇敢，但他无论在政治上还是其他方面都显然脱离了现实。一名抵抗组织领导者后来评价他"愚蠢地妄自尊大"。另一个领导者则给他贴上"妄想狂"的标签。

她知道英国官员会像她一样，对吉罗不切实际的想法感到不解，于是她向埃迪·凯瑟发送了一份简短的、淡化了吉罗要求的消息。她告诉凯瑟，吉罗目前想留在法国，在抵抗运动中发挥领导作用。

之后玛丽-玛德琳没有再听到关于吉罗的消息，直到 9 月底，莱昂·费伊乘坐拉山德小型飞机从伦敦回来，他这次在伦敦滞留了长达一个月的时间。在伦敦期间，他去阿尔及尔做了一次短暂旅行。从来自英国和法国的各种消息可知，盟军进攻北非迫在眉睫，并且也试图将吉罗劝离法国。美国官员会见了将军的一位代表，并向他承诺，他会在进攻行动中担任重要角色，只要他能说服驻北非的法国指挥官不反对盟军登陆。据费伊说，吉罗同意与美军合作，但也想让美军在北非登陆的同时，配合进攻法国地中海海岸。

显然，吉罗这样的要求是不可接受的，但美国人显然相信他们可以让吉罗妥协。他们要求英国继续安排把将军从法国南部接回并将他带到直布罗陀，那里是"火炬行动"（Operation Torch）的前方总指挥部。当然这次不是通过拉山德小型飞机帮助将军撤离，而是通过一艘潜艇。潜艇上的船员都是英国人，但不会让反英的吉罗知道实情。伦敦官员会告诉他，这艘潜艇是美国的。

联盟被要求负责在蓝色海岸找到一个安全的登船地点，并在维希政府和德国监视者的眼皮子底下把吉罗从里昂偷偷带离，然后送到一个安全的地方等待潜艇到来。玛丽-玛德琳决定让情报网尼斯地区负责人夏尔·贝尼斯上校和阿维亚负责人皮埃尔·达拉斯来保障此次逃跑行动。这次逃跑行动被英国人称为"密涅瓦行动"（Operation Minerva）。

在法国海岸搜寻了几个可能的登船地点后，贝尼斯推荐了勒拉旺杜，这是位于马赛以西 60 英里处的一个村庄，几个月前，玛丽-玛德琳曾在那里短暂避难。当地岩石嶙峋，树木繁茂，俯瞰着大海，是一个安静而隐蔽的地方，几乎没有德国或维希政府活动的迹象。一个支持联盟的当地渔民同意把吉罗和他的同伴从海岸带到海上去和潜艇会合。将军和他的随行人员在潜艇到来之前，都住在玛格丽特·布鲁耶的别墅里。玛丽-玛德琳之前曾住在这里。

11 月 1 日，玛丽-玛德琳接到通知，"密涅瓦行动"不得迟于 11 月 4 日。接下来的 3 天，大量加密信息在伦敦和联盟马赛总部之间来回传递。玛丽-玛德琳意识到，这些频繁、冗长的无线电传输可能对她的情报网带来危险，这使她非常不安。德国无线电探测火车和汽车徘徊在马赛及其周边，联盟有必要将无线电传输频率保持在较短和最低限度。但要完成一个复杂的任务时，比如吉罗出逃计划，降低使用无线电传输频率根本不太可能实现。

军情六处通知玛丽-玛德琳，吉罗将由皇家海军中尉威廉·朱厄尔（William Jewell）驾驶的"萨拉弗"号军舰接回。但吉罗会被告知，这艘潜艇是美国船，是由美国海军上校杰拉尔德·赖特（Jerauld Wright）指挥的"萨拉弗"号。赖特会在吉罗登船时向他致意。作为做戏的一部分，潜艇上的 40 名英国船员也会伪装成美国人。当潜艇驶出几英里后，吉罗就会被转移到一架水上飞机上，直接飞到直布罗陀，与进攻北非的指挥官、美国将军德怀特·戴维·艾森豪威尔（Dwight David Eisenhower）会面。

在"萨拉弗"号到达的前两天，费伊带来了一个令人不安的消息。吉罗刚刚告诉他，一艘潜艇是不够的。现在他又要求再派一艘，他要把维希军队中的一些将领带离法国，他迫切要求让他们陪他去北非。

玛丽-玛德琳简直不敢相信。这个逃跑行动已经使她的情报网运作处于危险之中了，而现在吉罗提出的荒唐要求会使情况变得更糟。她对费伊说，她负责的不是公共交通公司。她会想尽一切办法把吉罗偷偷带出去，但其他的将军只能自己顾自己。

156

平静下来后，玛丽-玛德琳不情愿地同意将吉罗的要求转达给英国。她清楚维希政府其他高级官员并不会选择背弃政府加入盟军。为了以防万一，她打算让几个本就需要撤离的联盟特工，包括让·布特龙和她的弟弟雅克，代替将军们登上潜艇。

英国同意派出第二艘潜艇，"密涅瓦行动"又回到原计划。11月3日，吉罗又投下一枚重磅炸弹。他告诉费伊，他已经改变主意了，最终决定不离开法国，他将在国内领导抵抗运动。费伊把最新变化告诉玛丽-玛德琳时，她勃然大怒。

玛丽-玛德琳清楚，联盟的处境越来越危险了。除了无线电探测车带来的威胁之外，法国和德国警方也得知了吉罗的逃跑行动，并在海岸搜寻这位将军和帮助他的人。费伊劝她冷静下来，并向她保证，吉罗会再次改变主意，决定离开法国。事实证明，费伊的预测是正确的。那天深夜，玛丽-玛德琳从吉罗的代表那里得到确认，"密涅瓦行动"又开始进行了。

第二天一早，玛丽-玛德琳带着莫妮克·邦廷克和其他几名总部员工离开了马赛。她决定不能让情报网因为这次冒险行动而受损。如果逃跑行动失败了，她要确保自己仍能自由监督联盟的后续行动。她和其他人在图卢兹指挥分部度过了接下来的两天。

费伊代替玛丽-玛德琳指挥勒拉旺杜的行动，为当晚的登船尝试做好了准备。费伊、贝尼斯、皮埃尔·达拉斯和联盟参与逃跑行动的其他成员都十分紧张，他们在布鲁耶的别墅里等着吉罗一行人的到来。布鲁耶为将军准备了一顿丰盛的晚餐，但到晚餐时，仍然没有见到他的踪影，食物也都凉了。最后，大约晚上 10 点钟的时候，两辆车开进了别墅，吉罗和他的儿子，还有几个副官下了车。

157

布鲁耶重新加热了晚餐，大家坐下来吃饭。这时从伦敦传来了一条新消息，费伊起身离开餐桌。消息显示，潜艇可能不能及时到达。如果没能成功，会在接下来的 11 月 5 日晚再进行尝试。

当吉罗和同伴被护送到房间后，63 岁的贝尼斯和 26 岁的达拉斯冲到海滩，用手电筒向海里的潜艇发出预先安排好的信号，这一动作持续了几个小时，但徒劳无功，他们并没有收到回应。第二天凌晨，他们放弃守望，回到别墅睡了两三个小时，然后在黎明时分又回到岸边。海面变得波涛汹涌，但他们乐观地认为条件仍然很好，夜间登船可以继续按计划进行。

几个小时过去了，别墅外开始刮起大风，联盟里参与逃跑行动的成员们越来越焦虑。渔夫到达时，大家的焦虑情绪达到了顶点，按计划他要把吉罗从海岸带到潜艇上。渔夫告诉大家，当前风太大了，他无法将船驶离港口，如果风持续刮下去，行动就不得不取消。

一场激烈的辩论开始了。费伊坚持认为，无论天气状况如何，都要尝试一下。但吉罗的第一副官认为，这要听渔夫的。将军本人表示他愿意冒任何必要的风险。贝尼斯既担心天气状况，也担心吉罗在勒拉旺杜会给联盟的安全带来威胁。他解决了这个问题，宣布如果这艘船能通过港口入口，行动就按计划进行。

接近午夜时，风开始减弱。吉罗的儿子、副官和渔夫一起离开，他们把行李搬到船上，然后上了船。与此同时，吉罗和联盟分队步行到一个可以俯瞰大海的岩石岬角。当他们到达海岬时，皮埃尔·达拉斯急忙跑到海岬的顶端，向漆黑海面上的潜艇发出了"等待"的信号。

158

吉罗和其他人沿着一条狭窄的小路向海滩走去。渔船很快驶近，把吉罗和达拉斯带上了船。达拉斯站在船头，向海上发出预先安排好的字母信号。有几秒钟的时间，达拉斯屏住了呼吸，一束带着正确答案字母的光闪了回来。船上和岸上都响起一阵低沉的欢呼声。他们只能勉强辨认出几百码外浮出水面的那团黑色的"萨拉弗"号。

当吉罗从渔船试图登上"萨拉弗"号的时候，唯一的一次意外发生了。渔船在汹涌的海浪中颠簸起伏，他不小心一头栽进了海里。他的儿子和副官立即把他救了上来，他爬上了潜艇，形象和穿着有些受损，但并无大碍。伪装成船长的美国海军军官把他带到船长的住处，他在那里睡着了，完全没有注意到船员们的英国口音。

那天上午晚些时候，一架英国皇家空军的水上飞机在地中海上与"萨拉弗"号会合，降落在距离潜艇约 30 码的地方。吉罗和他的随行人员从潜艇转移到橡皮艇，最后转到飞机上，前后花了一个多小时。最后，这架水上飞机在波涛汹涌的海面上颠簸着起飞，向西飞往直布罗陀，3 小时后着陆。着陆后，吉罗立即被带去会见艾森豪威尔将军。

把将军送上"萨拉弗"号后，渔民和皮埃尔·达拉斯回到岸上，费伊、贝尼斯和其他登船组人员欢呼着拥抱了他们。大家情绪十分复杂，一方面他们为成功完成一项极其困难的任务而欢呼雀跃，但另一方面他们心中也有着挥之不去的遗憾，那就是作为军人，他们无法跟随吉罗，重新投入与敌人的实际战斗中去。

但是他们没有时间去纠结这些事情，他们该回去工作了。再过不到 48 小时，另一艘潜艇将到达。

第十六章　被　捕

1942 年 11 月 6 日清晨，玛丽-玛德琳回到了马赛。她先去了圣查尔斯酒吧停留了一段时间，以确保继续前往勒拉旺杜是安全的。在前往别墅的途中，她注意到那些本应乘第二艘潜艇离开的维希将军一个也没有出现。

她到达别墅后，费伊详细描述了前一天晚上的行动。他强调，第二艘潜艇按计划会在 7 号晚上抵达，他还指出英国已经告知他，7 号晚上之后将不再有潜艇可用。伦敦没有告诉费伊原因，但他猜到是因为盟军计划 11 月 8 日进攻北非。

玛丽-玛德琳表示，将军们都还没到。但她没有提，她已经安排让·布特龙、雅克·布里杜和另外两个联盟特工第二天早上到酒吧，准备替代将军。

那天晚上很晚的时候，玛格丽特·布鲁耶打来电话，说她患了流感，不能接待第二天晚上参加宴会的客人了。她的信息是一个预先安排好的暗号，实际传达了一个非常不好的消息：勒拉旺杜不能用作第二艘潜艇的登船地点。玛丽-玛德琳猜想德国人是受到了前一晚不寻常的来来往往的消息的暗示，所以会在这一带巡视。潜艇必须转移到备用地点——滨海卡涅（Cros-de-Cagnes），这是蓝色海岸附近的另一个小渔村，位于戛纳和尼斯之间。玛丽-玛德琳对在勒拉旺杜值班的无线电接线员说，潜艇将在 24 小时内到达，应立即通知军情六处计划

160

有变。接线员保证，他将在当天晚上把警报发送到伦敦。但当她第二天早上回来的时候，发现接线员胡子拉碴，眼里布满血丝，仍然伏在他的发射装备上工作。接线员汇报说，他整晚都在试图联系伦敦，但没有得到回应。

他表示，他将改变频率再试一次。他从口袋里取出玛丽-玛德琳前一天晚上编码的那个消息，纸已经变得皱巴巴且污迹斑斑。接线员把写有消息的信放在身边的桌子上，打开了无线电台。就在这时，联盟的安全主管埃内斯特·西格里斯特给玛丽-玛德琳带来了一个更令人不安的消息：马赛警方的一个朋友警告他说，德国探测车差点在勒拉旺杜地区定位到一个无线电台。西格里斯特催促她立即关掉无线电台，然后就离开了，他试图搜寻更多的情报。几分钟后，莫妮克·邦廷克和另一个出去买食物的特工回到了别墅，报告说有几个奇怪的男人在大街上走来走去。

玛丽-玛德琳清楚她应该听从西格里斯特的建议，停止发送消息。但当两人交谈时，接线员终于与伦敦取得了联系，并开始敲出她的消息。由于那天晚上让潜艇远离勒拉旺杜是至关重要的，因此她准许接线员继续打字。她走进另一个房间，一边听着莫尔斯电码信号，一边低声恳求他快点工作。

最后，打字敲击声停止了，接线员收到了伦敦的答复。安静了一会儿，别墅前门被撞开，"警察！警察！"的喊声在房子里回荡。从窗口望去，玛丽-玛德琳看到几辆警车和探测车随意地停在街上，接着许多人涌进别墅。

玛丽-玛德琳冲进办公室，这时接线员拿着打火机试图烧掉编码信息和他的传输时间表，但此时一名男子举着枪正对着他，并大声叫他不许动。另一名穿着皮大衣、说德语的男子，正在接线员桌子的抽屉里翻来翻去。两年来，积攒的挫折、愤怒和担忧激起了玛丽-玛德琳心中的愤怒，她无法控制自己，大声疾呼："肮脏的德国人！"然后扑向那个高个子便衣警察，并用手挠他的脸。警察被她的狂怒吓了一跳，直往后退，他拿起一把椅子挡住玛丽-玛德琳，画面就像驯兽师面对一头怒吼的狮子。

突然，玛丽-玛德琳想起她钱包里有一沓能证明她有罪的便条，那些是她最近旅行时留下的。她急忙跑到另一个房间，把那些便条取出来，揉成团塞进了嘴里。这时，被她袭击的警察跟了进来，命令她立刻停下来。

另一名警察也冲了进来，扼住了她的喉咙。这个人是一个身材矮小、结实、黑发的男人。她一边使劲吞咽，一边大声咒骂他。当德国人回到办公室后，攻击她的人松开了手，在她耳边低声说他不是德国人。他让她继续大喊大叫，但尽可能快地把东西嚼碎。她按照他的指示做了，在咒骂和咀嚼间隙，她问了他的身份。

他答道："一个朋友，一个被维希政府强迫护送德国人突袭抵抗运动者的法国警察。"玛丽-玛德琳转过头来盯着他。她非常想信任他，但是两年做间谍的经历让她明白了怀疑的重要性。她表示并不相信他，这个男人叹了口气，说出了他的名字——让·博比尔（Jean Boubil）。

他没有撒谎，他正是法国领土监督局巡视员让·博比尔。 162

他被指派负责一个由 4 名法国警察组成的小分队，该小分队被派去协同德国特工突袭勒拉旺杜。他和他的法国警察同事将负责突袭中抓获的抵抗组织成员和资料，而不是做这件事。

玛丽-玛德琳认为除了相信他，自己别无选择。她告诉博比尔，她的床底下藏着一捆证明她有罪的文件，所以必须阻止原计划来访的人员。博比尔从床底下把包裹拿了出来，又藏在柜子顶上，包裹看不见了。然后他把一名年轻的法国警察叫到房间里，让他站在房间外面，不许任何人再进入房间。

博比尔推着玛丽-玛德琳走向办公室，在这过程中他低声告诉她，让她继续抵抗挣扎。玛丽-玛德琳看到身为阿勃维尔特工的德国人从接线员桌子上拿起了一摞文件，仔细检查，这让她十分惊慌。那是几个月前她弟弟做的图表，上面详细记录了联盟在法国所有无线电台的位置、波长、呼号、发信号时间等。德国人得意地向博比尔挥舞着图表，大声说："这就是他们无线电台的完整计划！"玛丽-玛德琳趁机从他手里夺走了文件，德国人冲向玛丽-玛德琳想要夺回，博比尔阻止了他。他从玛丽-玛德琳手中抢过文件，塞进了自己的口袋。他告诉德国人，一会儿会给他。

就在这时，接线员大喊："QS5，QS5！"德国人狠狠扇了他一巴掌并喊道："这人疯了！"但玛丽-玛德琳的脸上闪过一丝微笑，只有她清楚，接线员的确很激动，但他不是疯了。"QS5"是成功传输消息的暗号，接线员是在告诉她伦敦已经收到了警告，要求更改当天晚上的登船地点。

在过去的几分钟里，玛丽-玛德琳处于极度的紧张中，几乎要崩溃了。她认为不可能会有更糟糕的事发生了，然而糟糕的事却并没有结束。她抬头看到她的弟弟雅克从前门走进了别墅，雅克按计划要在当天晚上乘坐英国潜艇离开法国。他手里拿着一个旧的、泥泞的、发霉的手提箱。他是来向姐姐告别的，但这并不容易。有人站在门边对他大喊，里面有盖世太保。

玛丽-玛德琳心一沉，她低头看了一眼雅克手里的箱子，她知道箱子里放的是联盟早期的记录，包括 1940 年戴高乐写给纳瓦尔的信。两年前她和雅克把这些记录埋在了他们母亲位于蓝色海岸别墅的猪圈里。雅克表示，这些记录如果还继续留在猪圈里，就会毁了。他的声音变小了。通过观察姐弟之间的互动，博比尔明白发生了什么。他把雅克手中的箱子放在角落里，在上面盖上了一床羽绒被。

就在这时，一个名叫泽维尔·皮亚尼（Xavier Piani）的法国人出现在别墅里，他身材矮小、年轻、一头金发，在混乱中维持秩序。皮亚尼是领土监视局的一个负责人，他冷静而坚定地要求阿勃维尔特工离开。他提醒德国人，根据德国与维希政府达成的协议，他们必须离开，罪犯以及所有收集到的证据会由法国警方处理。德国人照办了，但他们明确表示，会向上级汇报刚刚被俘的抵抗组织成员的重要性。

阿勃维尔特工走后，皮亚尼正式逮捕了玛丽-玛德琳和其他联盟特工，并让他们连夜收拾，随后前往马赛警察总部。这次共有 7 人被捕入狱，其中包括玛丽-玛德琳、费伊、雅克·

163

布里杜、莫妮克·邦廷克和无线电接线员。当他们从别墅出来，被送到警车上时，玛丽-玛德琳注意到埃内斯特·西格里斯特在街对面观看。她的心欢腾起来，毫无疑问，西格里斯特已经发出了他们被捕的消息。

他们到达警察总部后，情况就清楚了，博比尔并不是唯一一个暗中支持玛丽-玛德琳与情报网的法国警察。玛丽-玛德琳和她的特工立即享用了一顿美餐，然后接受了几个小时相对温和的审讯。

当晚他们被押送到马赛郊区的主教辖区监狱（L'Évêché prison）。玛丽-玛德琳被带到一间牢房，里面有一张简易床，有厕所，天花板上挂着一个灯泡。她坐在简易床上，从大衣内衬中取出一支香烟。她点燃香烟，几只臭虫和老鼠从黑暗的角落里蹿出来。她用外套紧紧地裹住自己，蜷缩在床上，强迫自己专注于思考情报网救援行动。"我只希望吉罗已经安全抵达直布罗陀，第二艘潜艇已经设法离开了。只有这样才能证明目前我们陷入困境是值得的。"

吉罗确实已安全抵达直布罗陀。但他到达之后，一切并没有按原计划进行。水上飞机着陆后不久，这位法国将军就被护送到直布罗陀巨岩（the Rock of Gibraltar）深处的隧道里。这些隧道是在一个多世纪前由英国军队挖掘的，实际上是一个巨大的、潮湿的地下堡垒，里面有营房、办公室、机械库和枪支弹药仓库。艾森豪威尔将军接管了办公室作为他的"火炬行动"指挥部。他和副手马克·克拉克将军（General Mark

Clark）在这里接待了吉罗。

看到这位法国将军，美国人长舒一口气。美国原本希望在进攻北非时，吉罗能在那里被任命为维希政府军队的领导人。但现在距离发动进攻只有 8 小时了，而且在地面部队占领一个机场之前，吉罗也不能出发前往，显然那不可能实现。于是，美国计划以吉罗的名义向法国在北非的殖民地发表一份声明，敦促法国军队与盟军合作。吉罗成功到达之后，声明就会立刻发送出去。

由于时间紧迫，艾森豪威尔和克拉克早已经为吉罗写好了声明。声明宣布，美国为了阻止德国进攻北非，首先采取了行动。它同时号召法国军官和军队加入美国对德国占领者的战斗中去。这份声明表面上是吉罗写的，声明最后说："我要回到你们中间去战斗。"

在艾森豪威尔和克拉克向吉罗解释这份声明之前，吉罗让他们知道了他的期望，"据我所知，当我降落在北非时，我将担任盟军总指挥，成为在北非盟军的最高指挥官"。两个美国人听了之后简直不敢相信，艾森豪威尔谨慎地说："我认为，这其中还有一些误解。"

克拉克后来写道："艾克（指艾森豪威尔）从来没有如此震惊过，但他尽量没有表现出来。在我看来，毫无疑问，吉罗是在陈述他所认为的协议内容。更重要的是，他有这样一种想法，那就是盟军会立即攻入法国，以阻止德国占领维希的领土。至于他为什么会有这种认知，我一直无法解释清楚……当我们讨论这件事的时候，很明显我们陷入了大麻烦。"

3 位将军争论了好几个小时，艾森豪威尔和克拉克都无法改变吉罗的想法，即只能由他指挥盟军发动对法国领土的进攻。克拉克绞尽脑汁，最后告诉吉罗，虽然艾森豪威尔和他都很高兴让他指挥北非的所有法国军队，但他们不准备再给他任何东西。

吉罗回复："那我就回法国去。"

克拉克问道："你怎么回去？"

"我怎么来的就怎么回去。"

克拉克厉声说："不，那是不可能的。那是一艘单向潜艇，你不可能再乘坐潜艇回法国。"美国随后指责吉罗把个人野心置于法国国家利益之上。吉罗耸了耸肩回应对他的侮辱。

克拉克受够了。他转向担任翻译的美国上校，咆哮道："告诉他，你告诉他！将军，如果你还不赞同我们，你就等着被丢弃到外面的雪地里吧！"

将军们在直布罗陀争吵的同时，让·布特龙来到了马赛的圣查尔斯车站。自从两个月前他乘坐拉山德小型飞机出逃的计划失败后，就一直藏在里昂附近。几天前，玛丽-玛德琳派了一个信使来通知他，他将于 11 月 7 日乘英国潜艇离开。信使叫他当天早上到圣查尔斯酒吧去等候指示。

当他到达酒吧时，埃米尔·艾丁正站在吧台后面。这两个人从来没有见过面，他们用自己的动物代号自我介绍。布特龙说："牛。"艾丁答道："海狸。"他们笑着握了手。布特龙后来写道："很快，两只互不相识的动物成了朋友。"

按计划，布特龙和艾丁要在上午 11 点到达拉比纳德别墅。玛丽-玛德琳简要说明了布特龙和其他潜艇乘客计划在当天下午晚些时候前往滨海卡涅。正如她所预料的那样，将军们一个也没有出现。

正当他们准备离开时，电话铃响了。艾丁接起电话，一个男人急促地说："原本 11 点你要在滨海大道和一个人会合。不要去，不惜任何代价！你明白吗？不惜任何代价！"来电话的人突然挂了电话，震惊的艾丁把消息转述给了布特龙。布特龙回忆说，我们不知道发生了什么，"我们痛苦地看着对方"。但心里清楚"这无疑是一场灾难"。

不久后，埃内斯特·西格里斯特匆匆走进酒吧。正是他打来的电话。突袭发生时，西格里斯特就在拉比纳德别墅外。他向艾丁和布特龙描述了发生的事情，然后他出去打探联盟同事被捕的最新消息。

皮埃尔·达拉斯将和贝尼斯上校一起指挥第二次潜艇行动，他和其他乘客也来到了酒吧。得知玛丽-玛德琳、费伊和联盟总部其他人员被捕的令人震惊的消息后，达拉斯决定，联盟必须继续当晚的第二次潜艇行动。阿维亚负责人不知道那天早上别墅里发生了什么，对他来说，除了突袭逮捕行动，他还担心伦敦没能及时得到登船地点有变的消息。

下午晚些时候，达拉斯和 7 名乘客登上了开往滨海卡涅的火车。除了布特龙，随行人员还包括两名联盟特工、吉罗将军的两名助手，还有将军的一位朋友。他的这位朋友在最后一刻替代了玛丽-玛德琳弟弟的位置。抵达后，他们被护送到海边的一家小旅馆，这家旅馆是由情报网支持者经营的，贝尼斯上校正在这里等他们。

贝尼斯对马赛的消息感到震惊，同样也担心潜艇晚上可能不会出现在新的登船地点。但他和达拉斯都放下了心中的担忧，继续执行在拉比纳德别墅里制订的计划。虽然还是阴天，但天气比两天前要好得多：海面上没有风，很平静。

在午夜前几分钟，达拉斯和 7 名乘客登上一艘渔船，向海中驶去。达拉斯站在船头，发出预先安排好的信号。布特龙焦急地环顾着黑暗中的海面。这会不会像拉山德任务一样再次失败呢？他听到一个同伴发出一声低沉的喊声，并指向右边继续喊道："快看那里！"布特龙转过头，看到"一个低而细长的物体，随着船向前驶去，物体变得更加清晰了"。突然，他发现了船的指挥塔。他后来写道："我们收到了正确的回应。不是陷阱，潜艇就在那里。"他刚开始感觉到的是一种巨大的解脱感，随后极度兴奋。在经历了过去长达 7 个月的恐惧和失望之后，他终于即将踏上前往伦敦之路。

一个小问题出现了，这位英国潜艇船长本以为他是在营救一群杰出的维希将军，但实际上，正如一位观察者所说，他看到的是"一群穿着破旧衣服、冻得发抖的普通人"。布特龙告诉他，他和其中几个乘客都是与军情六处合作的法国情报网特工，并提到理查德少校（Major Richards）是他们在英国的主要联络人。

显然船长仍心存疑虑，但他还是让每个人都上了船。当潜

艇驶往大海深处时，布特龙注视着皮埃尔·达拉斯，他正返回 **168**
岸边。布特龙回忆说："我正在走向自由，而他却回到了敌人
那里，被束缚。"

到船上指定的铺位躺下休息之前，布特龙请求船长给军情
六处发个消息，报告玛丽-玛德琳和情报网其他同事被捕的消
息。军情六处的官员收到消息后，立即通过英国广播公司向联
盟的所有部门发送了一个加码警告。

除了向欧洲被占领区提供新闻和评论外，英国广播公司
还充当英国情报部门军情六处、特别行动局以及欧洲抵抗情
报机构的情报传播媒介。这些情报以简短、神秘的编码形式
发布，只有直接相关的情报网会知道其真正含义。军情六处
向联盟发出的信息很简洁，"注意，在法国南部，动物都得
了瘟疫"。

第二天黎明时分，一名警察冲进玛丽-玛德琳的牢房，她
从不踏实的睡梦中被惊醒。警察脸上带着灿烂的笑容，还带来
了"绝对不可思议"的好消息：盟军在北非登陆。听到这个
消息后，玛丽-玛德琳和警察一样咧嘴笑了，她拥抱了他。

晚些时候，玛丽-玛德琳和其他人被带回警察总部，接受
更多询问。他们竟受到了比前一天更热烈的欢迎。她回忆说，
每个人都在庆祝盟军的登陆。

让·莱昂纳多（Jean Léonard）是马赛警察局局长，负责
此次对逮捕特工的审讯。局长告诉费伊，盟军的登陆使维希政
府陷入了混乱，维希警察要求交出费伊。受马赛警察对盟军热

情反应的鼓舞，费伊告诉玛丽-玛德琳，他确信维希政府会接受武装对抗德国的想法，尤其是听到德国将占领自由区的传言后。

169

回想起费伊早些时候在北非发动法国军队叛变的灾难性后果，玛丽-玛德琳敦促他在前往维希的途中设法逃跑。西蒙·科托尼（Simon Cottoni）是被安排开车押送费伊到维希的警察，他支持玛丽-玛德琳的建议。科托尼本人其实就是一名联盟特工，是由玛丽-玛德琳的另一个副手招募的，这是他第一次见到玛丽-玛德琳和费伊。他告诉他们，他们被捕后德国人一直暴跳如雷，并决议要将他们拘禁。科托尼提出要开车送费伊去中立国瑞士，玛丽-玛德琳表示支持。

玛丽-玛德琳告诉费伊，他的维希计划行不通，因为在那里的每个人都"彻底腐烂了"。她还说，她自己也会尽一切努力逃离。费伊拒绝接受她的提议。他说，如果他不努力说服维希政府官员做正确的事情，他会觉得自己就像个逃兵。玛丽-玛德琳后来写道，费伊和科托尼离开后，她伤心欲绝。

第二天早上，她从让·莱昂纳多脸上痛苦的表情猜到，维希的情况并不好。费伊的朋友已经见过贝当元帅，为费伊辩护，并请求贝当元帅和维希政府在德国人进军自由区之前动身前往阿尔及尔。贝当拒绝了，费伊被关进了监狱。停战协议在阻止德国入侵方面没有起到作用。

与此同时，阿勃维尔和盖世太保命令马赛警察局长交出在联盟马赛总部缴获的所有文件，包括位置图表和无线电台。玛丽-玛德琳表示，如果莱昂纳多按照德国的命令去做，他将把情报网所有无线电台的情况记录都交给他们，这意味着联盟的毁灭。

莱昂纳多说自己别无选择。玛丽-玛德琳看出来他被这个命令吓坏了。她请求局长允许她和弟弟制作一份位置图表副本，看起来像原件，但信息是假的。经过一番激烈的讨论，莱昂纳多最后同意了，提出只要这两份文件看上去一样就行。

在两名警察的陪同下，玛丽-玛德琳回到拉比纳德别墅取雅克用来制作位置图表的物品，包括正方形的纸、笔和各种彩色墨水。回到警察总部，在 3 名巡查员的监视下，她和另一名联盟特工向雅克口述了一些伪造的细节，包括数百个错误的呼号和频率。这项工作非常耗时费力，他们从下午晚些时候，一直干到了深夜。复制完成后，莱昂纳多仔细对比了两份文件，发现他根本无法区分它们。为了确保没有混淆，他拿出了一个打火机在玛丽-玛德琳和她弟弟面前烧掉了原来的那份图表。

11 月 10 日上午，莱昂纳多允许玛丽-玛德琳仔细审查从拉比纳德别墅缴获的其他文件，并删除那些特大罪证和可能危及特工人员生命的文件。剩下的将移交给德国人，其余的则被烧掉。被摧毁的还有雅克从他母亲位于蓝色海岸的家中带回来的装满文件的手提箱。

下午晚些时候，玛丽-玛德琳原本如释重负的感觉又被另一种恐慌所取代。在拉比纳德别墅帮助过她的警察让·博比尔把她拉到一边，低声告诉她德国已经说服维希政府把她和其他特工送到卡斯特雷斯（Castres）的监狱。卡斯特雷斯在朗格多克，在马赛以西约 160 英里处。从那里他们将被立即引渡到

170

弗雷斯监狱，这是巴黎附近的盖世太保监狱。

几分钟后，让·莱昂纳多告诉玛丽-玛德琳，她不能在警察总部过夜，必须回到昂科洛监狱，并表示他会在第二天早上把她和其他特工再叫回警察总部。玛丽-玛德琳脸色发白，她告诉莱昂纳多，她收到的情报显示德国在第二天入侵自由区。这样一来，德国会在监狱里找到她和其他联盟特工，并把他们抓起来，所以莱昂纳多实际上已经把他们交给了德国人。

莱昂纳多再一次屈服了，安排了 3 个警卫监视玛丽-玛德琳和联盟中的其他人。玛丽-玛德琳说服警卫在夜间定期检查自由区的其他警察局，看看是否有德国军队入侵的迹象。大约在午夜时分，法国中部城市穆兰（Moulins）的警方报告称，德国军队正在行进，并在乡间呈扇形散开。穆兰位于法国占领区与自由区分界线以南。

一大早，莱昂纳多低着头走进办公室，一言不发地关上了办公室的门。一辆卡车停在外面，一队法国警察从车里走了出来。玛丽-玛德琳知道他们是来带她和联盟其他人去卡斯特雷斯的。

她闯进莱昂纳多的办公室。她表示："整个警察局的人都在这里，脸上写满了沮丧。我知道你们是在德国'长筒靴'下的悲惨角色……不过这段时间我和你们在一起，我知道谁也不愿意把我们交给敌人，你们已经尽力救我们了。"

莱昂纳多解释说，他接到维希政府的命令，要把联盟的人转移到卡斯特雷斯，他向玛丽-玛德琳保证，她和其他人在那里会比在马赛更安全。玛丽-玛德琳心想，难道他真的不知道卡斯特雷斯只是一个被引渡的跳板吗？玛丽-玛德琳绝望地看了一眼莱昂纳多的副手莱昂·泰于（Léon Théus），他正在烧毁有罪证的箱子和文件，她又看了一眼泽维尔·皮亚尼。两个人的眼睛都一动不动，回望着她。

几分钟后，玛丽-玛德琳看见泰于走到外面，并与等候的警察队长交谈。他们回到卡车上，卡车就开走了。回到大楼里，休斯把玛丽-玛德琳拉到一边，低声说，他已经安排加布里埃尔·里维埃和其他几名联盟特工袭击带走他们的警车。就在那时，皮亚尼加入了他们。他告诉玛丽-玛德琳，他和两名警察将在卡车里，确保救援行动能够成功。

玛丽-玛德琳回忆说，当时房间里所有的警察都在帮助她和她的同伴打包东西。他们出去时，捡起了房间里散落的左轮手枪和斯登冲锋枪，还有一个密封的信封，里面装着从别墅里缴获的 8 万法郎。就在这一切进行的同时，泰于烧掉了审讯她和其他特工的记录。她离开时和所有帮助过她的人握了手，并祝他们好运。两名警察低声说，他们会在当天晚上离开，到联盟的尼斯部门去。

一上车，玛丽-玛德琳就向皮亚尼保证，她会安排他和"看守"她的两名警察逃往伦敦。她知道，如果他们不离开法国，德国人就会追踪他们，十有八九会处决他们。

在泰于和里维埃约定的地点，一群联盟特工截住卡车，救了他们。里维埃喊道："速度快点！我们不能在这里逗留。"3名法国警察也和他们的"俘虏"一起登上了里维埃征用的大卡车。当卡车沿着通往阿维尼翁（Avignon）的道路加速行驶时，远处出现了一辆汽车，慢慢地朝他们驶来。玛丽-玛德琳脸上僵硬了。那是一辆敞篷的德国军车，它是紧随其后的大批德国军队的先行车。一名德国国防军军官坐在司机旁边，目不转睛地盯着摊在他膝盖上的一大张地图。玛丽-玛德琳想此时他们完全不受保护。

出于同样的想法，卡车里的几个特工拿起从警察总部捡来的左轮手枪和斯登冲锋枪。尽管杀死德国人的想法让人兴奋，但玛丽-玛德琳喊道："不！不要动！在我们拥有天赐的幸运之后，这将是一场愚蠢的冒险。"她写道："我们的责任在别的地方。"

玛丽-玛德琳转过身，看着那辆德国军车开过去，消失在路的尽头。

第十七章　"阿提拉行动"*

德国人称这次行动为"阿提拉行动"。

1942 年 11 月 11 日，20 多万配备坦克和大炮的德国国防军，越过法国占领区与自由区的分界线，涌入自由区。夜幕降临时，德国装甲部队已经到达地中海海岸，列队穿过马赛。与此同时，意大利军队进入尼斯和其他位于蓝色海岸东部的城市。

入侵引发了维希电台几次微弱的抗议，但这些广播，加上在土伦港基地凿沉法国舰队的残余力量，是贝当政府做出的唯一的抵抗行动。维希政府的军队被解散，武器被没收。

尽管德国保留了贝当和赖伐尔作为维希政府的领导人，但这两人幻想的权力和试图建立的权威都破灭了。在自由区被占领之后，他们沦为为德国服务的有名无实的首脑。维希警察则被视为纳粹德国的走狗，他们围捕驱逐犹太人，将犹太人连同被德意志帝国征召的其他法国公民一起送至德国充当奴隶劳工。

对玛丽-玛德琳和其他抵抗者来说，法国不再有更多的安全避难所，不再有任何形式的缓冲来保护他们免受纳粹的暴行，也不能再指望支持他们的维希警察和其他安全部门对他们

174

　＊　德国部队 1942 年 11 月 11 日踏入未沦陷法国，声称要拯救维希，使其免遭入侵。该行动最初被称为"阿提拉行动"（Operation Attila），之后又被称为"安东行动"。——译者注

的活动视而不见或施以援手。

许多反德警察和安全官员在自由区被占领后加入了抵抗情报网。那两个对玛丽-玛德琳说他们要加入联盟的警卫也做到了。其中一人最终成为西北城市雷恩的联盟部门负责人。莱昂·泰于在营救玛丽-玛德琳的行动中发挥了关键作用。他与人合伙建立了一个名为阿贾克斯（Ajax）的情报网，该组织的成员大多曾是警察。纳粹德国毫不留情地追捕这些新招募的成员，就像追捕联盟的资深特工一样。在战争期间，任何一个反抗者在法国都不会感到安全。

引发德国占领自由区的是盟军进攻北非。然而，进攻北非并没能按照美国政府所希望或预期的方式进行。罗斯福曾预测维希政府军队会欢迎美国军队进攻北非，但与此相反，美军在每一个登陆点都遭到了维希政府军队的强烈抵抗。虽然吉罗将军最终被空运到了阿尔及尔，但法国军队似乎并不愿意跟随他。实际上，另一位候选人已先于吉罗出现了，他正是维希政府军队指挥官、海军上将弗朗索瓦·达朗。当盟军进攻北非时，达朗正好在阿尔及尔探望他生病的儿子。

为了阻止维希政府军队的武装抵抗，美国向投机取巧的达朗提出了一个交易：如果他促成维希政府军队停火，作为交换条件，盟军将任命他为北非总督。达朗在这个交易上摇摆不定了一段时间，他先是接受了，然后又反悔了。最后，在盟军的施压下，他最终屈服了，下令停战。

对达朗的任命是罗斯福政府在战争期间做出的最具争议的

决定之一，并在全球范围内引发了强烈抗议。总统并没有在意 175
这些抗议，他告诉一位访问华盛顿的法国抵抗运动领导人：
"就我而言，我不像伍德罗·威尔逊（Woodrow Wilson）那样
是个理想主义者。我最看重的是效率。当我有问题要解决时，
那些帮助我解决问题的人都是受欢迎的。今天，达朗给了我阿
尔及尔，我就呼喊'达朗万岁！'如果吉斯林（Quisling）把
奥斯陆给了我，我也会高呼'吉斯林万岁！'万一赖伐尔明天
把巴黎给我，我照样会高呼'赖伐尔万岁！'"

在许多人看来，这种玩世不恭的实用主义破坏了盟军崇高
的地位。法国和其他欧洲抵抗运动的成员的生命一直处于危险
之中，部分原因是像达朗这样的合作者，他们直言不讳地表达
了沮丧和愤怒。对让·布特龙①来说，他是被那艘救他的潜艇
送到阿尔及尔的，达朗被任命的消息"像一颗炸弹一样击中
了我。我震惊了。我在法国逃脱了达朗的警察，换来的是对付
他在阿尔及利亚的警察吗？盟军能对此负责吗？这件事似乎太
荒唐了，我唯一能做的就是苦笑"。

在法国，人们向戴高乐靠近的步伐加快了。11 月 17 日，
法国最大的抵抗运动领导人发表了一份声明，呼吁任命戴高乐
为北非总督。戴高乐才是"他们没有争议的领袖"。他也得到
了许多英国民众、大多数国会议员和英国媒体的支持。甚至一
些英国政府高级官员，包括几名来自外交部的官员，也加入了

---

① 在阿尔及尔短暂停留后，布特龙去了伦敦。他在伦敦加入了戴高乐的队
伍。他后来加入了自由法国海军，并被任命为一艘护卫舰的舰长。

游行队伍。

和几乎所有人一样，温斯顿·丘吉尔并不情愿支持达朗的任命。他意识到这将是一个巨大的政治错误，必须采取一些补救措施。没过多久，补救措施就发生了。1942 年圣诞前夜，176 一名 20 岁的法国见习军官冲进了达朗在阿尔及尔的指挥部，当场将其击毙。有人怀疑，这是美国和英国秘密部门安排的暗杀行动，不过并没有得到证实。

为了取代达朗，美国军方任命了吉罗。但是吉罗接受任命之后，也极不受欢迎，除了在华盛顿之外，几乎没有盟军支持他。一个法国抵抗运动的领导人说："吉罗和戴高乐之间，根本不需要选择。吉罗在法国并没有什么名气。戴高乐不仅有名，更是一个传奇。"

玛丽-玛德琳惊骇于吉罗的惨败和她的情报网因此面临的危险。在马赛度过了一年多稳定的避难日子之后，如今她和联盟成员又成了逃亡者。11 月 11 日越狱后，他们被迅速转移到沙托雷纳尔（Châteaurenard），这是普罗旺斯的一个乡村小镇，位于马赛东北部大约 55 英里。他们像影子一样，只能在黑暗的街道上寻找各种藏身之所。他们将一直待在暗处，直到有人为他们准备好新的假身份证明。

这项任务由令人敬畏的埃内斯特·西格里斯特承担，他不仅是联盟的安全主管，还是一名熟练的伪造者。在对玛丽-玛德琳和其他人进行拍照之后，西格里斯特将他们的名字、简介和指纹置入假身份证，粘贴上他们的照片，最后盖上几乎完美的伪造印章。根据新身份证，玛丽-玛德琳现在是一个蔬菜水果商，她出生在北非，由于美国入侵北非，她与家乡的联系被迫中断了。西格里斯特还向玛丽-玛德琳和其他人提供了虚假的食物和衣服配给卡，还有驾驶证和其他与他们新身份相符的文件。

玛丽-玛德琳非常担心费伊和他在德占维希的命运，她立即动身前往联盟在图卢兹的部门。当她到达时，兼职担任情报网安全主管的警长让·菲利普告诉她，德国和维希警察正忙着搜捕她。但在图卢兹，至少目前看起来是安全的。玛丽-玛德琳决定在那里待一段时间，稍作喘息，并评估情报网现状。

她的情报网又添了一位新成员，一位 27 岁的英国无线电接线员，名叫爱德华·罗德尼（Edward Rodney）。1942 年 10 月 26 日，他被拉山德小型飞机带离伦敦，在于塞勒降落，再被带到图卢兹等待进一步的命令。这位新人与军情六处派出的第一位无线电接线员——阿瑟·布拉德利·戴维斯，也就是臭名昭著的布拉——有着天壤之别。罗德尼有着高大的身躯、金黄色的头发、淡蓝色的眼睛和很强的幽默感。莫妮克·邦廷克回忆道，罗德尼"一头金发，穿着巴宝莉风衣，看上去很英伦范儿"。①

直到战争结束，邦廷克和玛丽-玛德琳才发现爱德华·罗德尼其实是个假名。他的真实名字是费迪南德·爱德华·罗德里格斯（Ferdinand Edward Rodriguez），一个年轻的英国人，

---

① 引自莫妮克·邦廷克未出版的手稿。

他的血统就像他的名字一样有异域风情。在世纪之交，也就是布尔什维克革命的前几年，罗德里格斯的父亲当时在俄国首都圣彼得堡担任西班牙高级外交官的秘书。他父亲是西班牙人，他在圣彼得堡遇到了罗德里格斯的母亲，一名年轻的英国女子，她是英国驻俄大使夫人的女伴。两人坠入爱河并结为夫妻。

不久之后，他们搬到了巴黎，在巴黎生下了 4 个孩子，3 个女儿和罗德里格斯，他是家里最小的孩子。罗德里格斯的父亲在费迪（父亲这样称呼他）还是个孩子的时候去世了，他母亲和孩子们继续留在巴黎。高中毕业后，罗德里格斯考上了法国最著名的商学院——巴黎高等商业学校（the École Supérieure de Commerce de Paris），毕业后成了一名会计。

战争爆发后，罗德里格斯试图应征法国军队，但因为他的英国公民身份被拒绝了。于是他很快就去了伦敦，并成为英国皇家陆军通信兵。1941 年，他被派往驻扎在埃及的英国第八集团军，在侦察组担任信号官，侦察组的任务是在夜间潜入敌后收集关于德军阵地的情报。

1942 年，因为法语流利又没有口音，罗德里格斯被军情六处招募。当年 8 月，莱昂·费伊去伦敦时遇到了正处训练期的罗德里格斯。罗德里格斯回忆说："我正在寻找一个可以效力的情报网，费伊正在寻找一个对法国非常熟悉的特工。"在费伊的热情和魅力的推动下，他表达了加入联盟的兴趣。当被告知该情报网的领导者是一名女性时，他承认当时是有点怀疑。但他后来说，见到玛丽-玛德琳那一刻，他就被打动了。她也对他印象深刻，后来给军情六处的一则信息提到他"始终保持很好的幽默感以及永不磨灭的忠诚、智慧、勇气和冷静"。罗德里格斯得到了喜鹊的代号，简写为 Pie，他很快就成了玛丽–玛德琳情报网中最重要的成员之一。

图 17–1　费迪南德·罗德里格斯（左）和英国第八集团军在埃及

　　玛丽–玛德琳给罗德里格斯发了一条需要发往伦敦的信息，向军情六处确认她安全了。之后她便着手她的行动。几周之前，为了避免联盟的马赛总部可能被摧毁，玛丽–玛德琳安排了夏尔·贝尼斯上校为联盟在尼斯部门的负责人，接管南部地区的情报网活动。而莫里斯·德·麦克马洪将负责联盟在巴黎的部门，在北方做同样的事情。所有的准备工作都收到了良好的效果，除了马赛，联盟在其他地区的工作都进行得很顺利。

　　联盟在北方的所有部门迄今都逃过了德国的侦察，并以最高效率运转。到图卢兹向玛丽–玛德琳汇报的贝尼斯说，联盟在马赛的主要特工——加布里埃尔·里维埃和埃米尔·艾丁都已经成功逃脱，正在被分配到新的部门。格勒诺布尔、维希、尼斯和法国中部的其他地方的部门都运行良好。

接着，玛丽-玛德琳收到了最好的消息，莱昂·费伊从维希监狱里逃出来了。自从他劝说贝当与德国作战失败后，就一直被关在那里。费伊的逃脱与吉罗将军一样都是充满戏剧性的。他从身处四层的牢房里放下一根绳子，并顺着绳子爬下来，紧随其后的是加布里埃尔·科切特将军，将军曾是法国军队情报分支的领导者，1941 年他一再呼吁抵抗德国，之后一直被囚禁。这两人的越狱是由联盟维希部门和格勒诺布尔部门成员筹备的，他们立即将他俩带走了。

就在这一切发生的时候，玛丽-玛德琳向警长泽维尔·皮亚尼和另外两名协助她从马赛越狱的法国警察兑现了承诺。11 月 25 日晚，她从英国找来的一架拉山德小型飞机，降落在于塞勒的机场。当她要求军情六处官员派出飞机时，她没有告诉他们乘客是谁。军情六处越来越担心她的安全，特别是考虑到她最近被捕，更是一再要求她前往伦敦。他们确信玛丽-玛德琳会是拉山德小型飞机这次搭载的乘客之一，她将离开法国。

第二天清晨，负责联盟行动的肯尼思·科恩率领军情六处欢迎团在伦敦附近的英国皇家空军基地的停机坪上等候。当拉山德小型飞机在肯尼思·科恩和其他人面前停下后，他们惊奇地看到 3 个不知名的法国警察从驾驶舱里出来。当时，军情六处的高层没有被玛丽-玛德琳的小把戏吓到。在知道意外乘客到来的原因时，他们原谅了她。

这些成功的出逃让玛丽-玛德琳有一种安定的感觉，但联盟多尔多涅部门负责人爱德华·考夫曼上校的突然来访使得这种感觉很快消失了。考夫曼前往巴黎打探被布拉出卖的特工的命运。他带回了可怕的消息：他们在 11 月 30 日都已被处决。

玛丽-玛德琳闭上眼睛，脑海里浮现出了他们的身影：安托万·于贡，他是布列塔尼部门的负责人。1941 年夏天，他到达波城，身上裹着画有圣纳泽尔潜艇基地地图的布。吕西安·瓦莱，快乐的、迷人的波城无线电接线员，正是他第一个警告她要当心布拉。埃德蒙·普兰，他已经和莫妮克·邦廷克订婚了。总共有 9 名联盟特工被处决了。在悲伤和愤怒的折磨下，玛丽-玛德琳努力控制自己的情绪。她表示，唯一的办法就是继续努力根除杀害她朋友们的"怪兽"。

玛丽-玛德琳担心如果她还继续待在图卢兹，会给当地的特工带来危险。她和邦廷克、罗德里格斯转移到了科雷兹，这里位于法国中南部地区，荒无人烟，岩石嶙嶙，也是于塞勒着陆点的所在地。因为该地位置偏僻，玛丽-玛德琳觉得特别安全。12 月 17 日，她和费伊在这里愉快重聚。

他们两人，还有邦廷克和罗德里格斯将会在于塞勒附近度过一个长假。他们和其他特工一起，在让·温赞特的家里吃圣诞晚餐，温赞特是联盟在当地的负责人。玛丽-玛德琳指出，一年前，联盟自称有大约 100 个成员，现在差不多有 1000 人了。每个人都是她创建的这个特殊大家庭中的一员，包括那些已经死去的人，她和其他人继承了他们的精神与志向。

第十八章　沉没的 U 型潜艇

在 1942 年的圣诞假期里，玛丽-玛德琳和费伊仔细研究了一份需要送到伦敦的积压的报告，由于前 6 个星期的混乱，他们还没有机会仔细检查。报告指出，尽管联盟面临越来越多的威胁，但其特工仍收集了大量重要的情报。

这些情报和其他资料涉及广泛的主题，其中包括防空防御、法国机场的飞机类型、德军向苏联前线行进，以及合成燃料样品和新型防毒面具。自 1941 年以来，最重要的情报都集中在波尔多附近和法国大西洋海岸的德国潜艇基地。

部分得益于联盟和法国其他间谍网提供的情报，英国能更有效地对抗德国潜艇在大西洋上对其船只的掠夺。从美国运来的补给仍然不多，但越来越多的补给正在运抵。关于 U 型潜艇动向和位置的情报仍然至关重要，其中还有另一个重要原因。

1942 年底，盟军几乎要阻止德国不可阻挡的势头。在斯大林格勒①，苏联红军差一点打败德国国防军，这是一场持续 5 个月的大屠杀，造成了超过 100 万人伤亡。与此同时，美国和英国军队正艰难地穿越北非。尽管前方还有许多艰苦的战斗，但西方盟军将在 1943 年初春从德国手中夺回北非。

---

①　1961 年，斯大林格勒改名为伏尔加格勒。2013 年后，在每年的六个纪念日，伏尔加格勒称斯大林格勒。——编者注

1943 年 1 月，温斯顿·丘吉尔和富兰克林·罗斯福在卡萨布兰卡会面，谋划未来在欧洲战场对德作战问题。他们的关键决定之一是在英国大规模集结美军，为即将进攻西欧做准备。两国领导人都认识到：为了让美国的护航舰队和战争物资能安全抵达英国，必须清除大西洋上的德国潜艇。如果这些 U 型潜艇继续对盟军构成威胁，开辟第二战场将变得不可能。

到 1942 年底，数十名联盟特工或下级代理人已经潜入法国西部所有港口和 U 型潜艇基地，从西南海岸的波尔多和拉罗谢尔（La Rochelle）到西北海岸的洛里昂、圣纳泽尔和布雷斯特。联盟在这些地区的部门领导人大多 20 多岁，这是一支令人印象深刻的队伍。

其中一个是 24 岁的菲利普·柯尼希斯瓦特（Philippe Koenigswerther），这位身材瘦小、金发碧眼、略带孩子气的联盟负责人在位于吉伦德河畔（Gironde River）的拉罗谢尔潜艇基地和波尔多附近的内陆港工作。波尔多港之所以特别重要，是因为在这里停泊着数量众多、种类繁多的船只，包括潜艇、军舰、布雷艇、鱼雷运输船和封锁突破船。波尔多是德国运输战争物资的主要目的地。在成功突破盟军在大西洋的海上封锁后，运送战争物资的货船就会驶向这里。

柯尼希斯瓦特出生于巴黎一个显赫富裕的犹太家庭，在法国被占领后，他乘坐一艘帆船逃到了英国。他的父母也从法国逃了出来，在纽约度过了剩下的战争时期。在伦敦，柯尼希斯瓦特加入了自由法国，并被自由法国在伦敦的情报行动总局招募，专门训练如何收集德国海军的情报。1941 年，他跳伞回

183

到法国，在波尔多被德国俘虏。他逃往英国后，于 1942 年 9 月再次回到法国，但这次他跳伞降落在多尔多涅省错误的地点，无法与情报行动总局取得联系。在与一名联盟特工会面后，他向玛丽-玛德琳申请了一份特工工作。军情六处对他进行了调查，并要求玛丽-玛德琳接受他的申请。

图 18-1 菲利普·柯尼希斯瓦特

据玛丽-玛德琳说，柯尼希斯瓦特看上去更像方特勒罗伊小爵爷（Little Lord Fauntleroy），而不像一名情报人员。但事实证明，柯尼希斯瓦特是一位才华横溢的组织者，他招募到了一大批情报人员。他们来自社会的各个阶层，包括正规和预备役海军军官、工人、秘书、商店店主、牧师，甚至还有一名新教牧师。柯尼希斯瓦特招募的主要特工之一是拉罗谢尔市的前市长，1940 年法国投降后，他拒绝在市政厅降旗而被德国解职。另一个是弗兰克·加德斯（Franck Gardes），他是拉罗谢尔潜艇基地的一名吊车接线员，他利用自己在吊车驾驶室里高处的优势，监视着 U 型潜艇的动向。1943 年 8 月，在加德斯报告有 5 艘潜艇离开基地之后，英国皇家空军在比斯开湾（the Bay of Biscay）将它们全部击沉。

柯尼希斯瓦特最大的成功之一是提供了促成"弗兰克顿行动"的重要情报，这可以说是二战中英国最大胆的突袭行

184

动。1942 年秋末，他向军情六处提供了 6 艘货船停泊在吉伦特河（the Gironde）的位置情报。基于这一情报，12 月 11 日，一小队英国皇家海军突击队划艇逆流而上，他们在船体上安装了水下爆破弹，爆炸最后造成了严重的破坏。

另一名年轻特工是 24 岁的布列塔尼人吕西安·普拉尔，因自己和其招募特工的出色工作得到了英国人的称赞。普拉尔是莱昂·费伊于 1942 年初为联盟招募的空军飞行员之一，普拉尔作为费伊的副官工作了好几个月，其中包括他不情愿地参与了对布拉的处决行动。1942 年 11 月初，普拉尔被安排回到其家乡布列塔尼，组建子情报网，在圣纳泽尔和布雷斯特的潜艇基地进行间谍活动。

在布雷斯特，普拉尔负责监督莫里斯·吉列特（Maurice Gillet）的工作。吉列特是一名海运代理人，负责联盟在当地潜艇基地的情报收集工作，他家里有 8 个亲人都加入了联盟。基地有一个年轻的女裁缝，代号为虾，她负责为潜艇船员修补救生衣。当他们准备去巡逻时，通常会把救生衣拿给她。她通过仔细偷听他们的谈话，得知潜艇开航的时间和日期。多亏了布雷斯特特工提供的信息，停靠在那里的几艘潜艇在离开港口后不久就被英国皇家空军和海军击沉。普拉尔兴高采烈地向玛丽-玛德琳报告说："我们只要向伦敦说句话，U 型潜艇就会被击沉。"

在布列塔尼还有一个玛丽-玛德琳可以信任的杰出的子情报网。这个情报网相比其他情报网拥有更大的自主权，这是因为玛丽-玛德琳决心要在联盟各部门中实行分权。这个名为

185

"海星"（Sea Star）的子情报网是由 28 岁的前海军军官若埃尔·勒穆瓦涅（Joël Lemoigne）领导的。

玛丽-玛德琳从马赛逃走后不久，勒穆瓦涅去看过她。他带来了关于洛里昂潜艇基地的大量情报，在一摞纸上详细列出了停泊在基地的准确的 U 型潜艇数量、舰队数量和各自的呼号，以及他们的作战名单和遭受的损失。玛丽-玛德琳注意到，这几乎是整个潜艇基地的全貌。她问勒穆瓦涅这篇报告是谁写的，勒穆瓦涅表示不能告诉她。但他向玛丽-玛德琳提供了一些关于线人的细节，包括他是一名海军工程师。但他已经答应这个人他不会透露他的名字。

这些情报对玛丽-玛德琳来说还不够。她告诉勒穆瓦涅，她必须知道撰写这篇报告的人的真实身份，只有这样她才能向英国保证报告的真实性。两人又争执了几分钟，勒穆瓦涅在一张纸上草草写了几句话，就起身离开了。在他与玛丽-玛德琳告别握手时，把纸条塞给了她。勒穆瓦涅走后，玛丽-玛德琳低头看了一下，纸条上写着："工程师是雅克·施托斯科普夫（Jacques Stosskopf）。"

两年多来，卡尔·邓尼茨海军上将一直在一座富丽堂皇的海边城堡里"统治"着他的"潜艇王国"，在这里可以俯瞰洛里昂巨大的潜艇基地。这座有 20 个房间的城堡是由一位靠沙丁鱼生意发家的法国大亨在 19 世纪建造的，这里拥有巨大的混凝土结构的堡垒，附近有一览无余的海港，邓尼茨的潜艇就停靠在这里。

　　这位德国潜艇舰队总司令对他所有的潜艇基地都感到非常自豪，因为这些基地距离大西洋战场很近，这让他的船员很轻松。但他最满意的是洛里昂基地，这里曾是比斯开湾附近一个古老而宁静的渔村，邓尼茨把它改造成了当时世界上最大的潜艇基地。

　　邓尼茨把这里的庄园大沙龙变成了他的指挥所，他在这里监视着"灰狼"的行动。天气好的时候，他打开客厅的高窗，一边呼吸着海上的空气，一边用无线电向潜艇下达命令，用一位历史学家的话来说，"就像移动棋子一样移动它们"，同时监视潜艇的进攻行动。他和他的手下在一个沙龙的墙上挂上了一张巨大的大西洋地图，记录"狼群"的位置。

　　邓尼茨对船员们父爱般的关心是出了名的。船员们知道，如果他们在海上遇到麻烦，只要向他发出求救信号，其他潜艇会立即前来救援。晚上，这位海军上将和他的幕僚在别墅的豪华餐厅共进晚餐，他们会端起一杯波尔多葡萄酒，为 U 型潜艇的成功干杯。

　　潜艇上的船员们甚至认为自己是德国海军的皇族，当他们巡逻成功归来时，他们的庆祝会，尤其是在洛里昂的庆祝会，真是气派非凡。邓尼茨会在现场亲自迎接他们，还有铜管乐队和一群欢迎者，其中包括一些漂亮的年轻德国女人，她们会给胜利的潜艇指挥官献上鲜花和吻。庆祝会还有颁奖环节，有人发表演讲，演奏胜利的赞歌。

　　庆祝会的背景是巨大的潜艇围栏，总共 19 个，每个围栏都有自己的通道与主要港口相连。在洞穴般的拱顶结构之下，有着 15 英尺厚的混凝土墙和屋顶，俨然一个巨大的地下城市，里面有办公室、车间、警卫室、船员和主要工人的生活区、一家医院、电力和海水净化设施，以及用于储存燃料、爆炸物和备件的巨大储藏空间。尽管小镇周围有防御高射炮，但建于1940 年末和 1941 年初的 U 型潜艇围栏并不需要用到它们。在1942 年和 1943 年，英国皇家空军进行了频繁的轰炸行动，大量的炸弹像雨点一样倾泻而下，这些厚混凝土结构被证实是无法穿透的。事实上，空袭对洛里昂镇及其居民造成的损害远远大于基地。邓尼茨后来说："英军没有在这些潜艇围栏建设期间从空中对其进行攻击，这是一个巨大的错误。当时英军轰炸机司令更倾向于袭击德国的城镇。当 U 型潜艇进入它们的潜艇围栏后，已经晚了。"

虽然邓尼茨相信他的基地能经受住任何空中突击，但他并不确定地面基地的安全性。邓尼茨很清楚渗透到洛里昂和其他法国基地的盟军间谍可能造成的问题。但他仍相信，阿勃维尔和盖世太保能根除间谍，他心爱的潜艇会继续帮助德国赢得战争胜利。

为了防止被窃取秘密，洛里昂基地戒备森严。尽管如此，邓尼茨仍有一个无法解决的问题：他不得不依靠法国商人、技术人员、造船工人、建筑工人和其他人来承担基地内和基地周围的大部分劳动。美国海军少将丹尼尔·V. 加勒里（Daniel V. Gallery）指出："从作战的角度来看，邓尼茨把他的基地移到距离战场 600 英里的地方，收获颇多。但从安全的角度来看，他输了。"

即便基地本身坚不可摧，要保守它所有的秘密也是不可能的。当 U 型潜艇在围栏内为下一次巡逻做准备时，年轻船员为了尽快从上次任务的压力中恢复过来，沉溺在无休止的狂欢中。他们被允许前往洛里昂为他们提供服务的酒吧、妓院、咖啡馆和赌场。

这些场所的雇员，其中最著名的是妓女和调酒师，他们利用潜艇船员们的狂欢时刻，打探潜艇到达和离开的细节，以及其他重要的情报。一位观察员说："在喝了五六轮酒后，任何人只要留心听，都能听到许多官方机密情报。"

对德国来说，洛里昂、布雷斯特和圣纳泽尔港都位于法国北部的布列塔尼省，这一情况更加剧了这些问题。虽然德国安全官员把每一个法国公民都视为帝国的潜在敌人，但他们不安地意识到，布列塔尼人比法国其他地区的同胞更怀有敌意。

188

布列塔尼半岛是一个崎岖不平、极其美丽、受大西洋海风影响的半岛，它一直延伸到多风暴的北大西洋。在许多人看来，布列塔尼是一块与法国其他地区分离的地区。同样的，这里的人民也认为自己属于一个与这个国家其他地方居民完全不同的民族。

布列塔尼人以其独立、热情和反叛精神著称，他们是 6 世纪居住在这里的凯尔特人的后裔。布列塔尼人在很多方面更像是凯尔特人原居住地的公民，比如爱尔兰人和威尔士人，而不像其他法国人。事实上正如他们指出的那样，相比法语，他们的母语布列塔尼语与盖尔语和威尔士语要更相似。布列塔尼一直是一个独立王国，直到 1532 年被法国吞并，成为它的一个省。

小说家让-卢克·班纳莱克（Jean-Luc Bannalec）写道：

"在布列塔尼人眼中，如果你家几代人都没有在布列塔尼生活过，那么你就是这里的新居民。即使一个巴黎人娶了一个布列塔尼女人，生了布列塔尼孩子，在这里度过晚年，他也永远是一个'外来人'。过了两三代之后，他的曾孙一定还会听到被这里的人嘀咕是'巴黎人'的。"

布列塔尼人认为巴黎人都是外来人，那么不难猜测他们对德国人的看法。从表面上看，洛里昂和布列塔尼其他地方的大多数居民似乎很顺从，但在内心深处，他们的仇恨在不断酝酿。其中的许多人表现为在抵抗工作中发挥作用。

然而，德国在洛里昂最大的敌人并不是该镇的本地人。这个人是一个法国人，他得到了邓尼茨的信任，但被布列塔尼人鄙视，他就是海军工程师雅克·施托斯科普夫。

1942 年 10 月 24 日，一支在洛里昂的法国工人队伍被派往德国，在那里被迫充当劳工。他们穿过人群准备前往火车站时，人群中有几个人喊道："施托斯科普夫去死吧！"

用一位历史学家的话来说，这个诨名针对战争期间在布列塔尼最令人憎恨的法国人。43 岁的施托斯科普夫是洛里昂造船厂海军建设部副部长，他是法国阿尔萨斯地区本地人，该地区与德国接壤。他能说一口流利的德语，被他的法国同胞视为一个顽固的通敌者。

邓尼茨和他的手下都非常依赖施托斯科普夫，所以他被赋予了管理造船厂和基地的权力。他是一个冷酷、刻板的完美主义者，他一丝不苟地检查法国劳工的工作，以确保他们的工作符合他和德国苛刻的标准。他还能接触到最高机密信息——从行动命令、U 型潜艇的动向，到潜艇船员执行任务后的汇报内容。他的法国同事讨厌他，不仅因为他利用自己的专业技术为德国服务，还因为他与邓尼茨的手下来往，甚至邀请他们到家里做客。

事实上，"卖国贼施托斯科普夫"是二战中最聪明、最大胆的盟军间谍之一。从 1940 年秋天开始，他一直在提供有关洛里昂德国潜艇行动的大量情报，首先向维希反德高级海军军官提供，然后向玛丽-玛德琳的情报网提供。

施托斯科普夫参加过第一次世界大战，并获得了法国英勇十字勋章。一战后，他在巴黎附近著名的巴黎综合理工学院（Ecole Polytechnique）学习海事工程，这所学院培养了管理法国工业和政府的精英技术官员。1938 年，他被带到洛里昂帮助监督新船的建造工作。他很快被提升为总工程师。作为工作的一部分，他与巴黎的法国海军情报官员密切合作。

1940 年 6 月，德军进入法国后，施托斯科普夫热情欢迎他们的消息传开了。事实上，他憎恨入侵者，一开始就尽量避免与他们有任何接触。但是他在海军情报部门的朋友劝他，他懂德语，可以为他们提供关于敌人在潜艇基地活动的宝贵情报。施托斯科普夫最后同意了。他的这些朋友现在仍在维希，坚定地反对德国的侵略。

施托斯科普夫随后发起了一场赢得德国信任的行动。事实证明，这个行动非常成功。当这个潜艇基地开始运作时，他成了获准进入该基地的少数几个身居要职的法国人之一。他以监督法

190

国劳工为借口，能在基地自由进出，也不会引起别人的怀疑。

施托斯科普夫定期前往维希移交他收集到的情报：潜艇围栏的细节、停靠在基地的 U 型潜艇的数量和标识、船长的姓名，以及执行任务的日期。此外，他还提到了德国在潜艇战方面的技术革新。

他的报告中还提到了潜艇执行任务回来后的庆祝会，他总是受邀参加这些仪式。当一艘潜艇返回港口时，它会在船头悬挂代表胜利的三角旗，不同的三角旗代表的是被击沉的不同船只。白色三角旗是商船，红色三角旗是战舰，红白三角旗是巡洋舰。施托斯科普夫记下了三角旗的颜色和潜艇的标识。除了编号，每一艘潜艇都有一个独特的标志，比如公牛头、丘比特、鱼、铁十字、心形或 4 个 A。通过这种方式，他可以确定 U 型潜艇及其任务的成功或失败。

191

图 18-2　雅克·施托斯科普夫

他在海军情报部门的朋友把所有这些情报都传递给了英国。英国急于尽可能多地了解邓尼茨的行动。在德国占领自由区之前不久，施托斯科普夫开始为若埃尔·勒穆瓦涅和联盟的"海星"子情报网效力。随着战争的持续，他还通过一群年轻的法国工程师传递信息。这些工程师为他工作，并被他招募为特工助手。

对于玛丽-玛德琳和英国来说，施托斯科普夫简直就是上帝的礼物。他们一直担心的是，阿勃维尔和盖世太保抓获他之前，他还能过多久这种极其危险的双重生活。

192

1943～1944

1942 年 11 月德国军队占领维希法国之后，玛丽－玛德琳一直处在逃亡中，总是差一点就被盖世太保发现。接下来的 8 个月里，她把联盟总部转移到 8 个不同的地方，最开始在马赛，最后转移到巴黎。

第十九章　逃　亡

在玛丽-玛德琳接下来的时光里,她会把 1943 年称为"可怕的一年"。

盟军在北非和伏尔加格勒的胜利,使曾看似无所不能的德国正面临威胁,处于守势,这使得那些被德国控制的人,特别是那些正积极对抗它的人的生活充满危险。

1943 年,随着德国军事上的溃败,法国抵抗运动的数量急剧增加,主要原因是德国征召了几十万名法国公民在其军事工业中充当强迫劳工。最初赖伐尔号召法国人自愿充当德国劳工,但几乎没人响应。于是他下令,要求所有 18~50 岁的法国男子和 21~35 岁的法国未婚妇女为德国战争服役两年。兵役义务草案(The Service du Travail Obligatoire,STO)实际上是一项针对强迫劳工的全国性草案,是法国政府强加给法国公民的。

在这份草案出现之前,大多数法国人的生活还没有深受德国侵略的影响。然而,兵役义务草案用最直接的方式击中了要害:几乎每个家庭至少有一个亲人处于被征召的危险之中。对许多人来说,忍受侵略已不再是一种选择,是时候努力结束它了。于是抵抗运动最终成为法国社会一股真正的力量。秘密报纸呼吁所有法国公民拒绝服从,工人罢工和抗议活动成倍增加。更重要的是,几十万人离开家园,转入地下行动。人口稀少、树木繁茂的法国乡村，以及东部和南部的山区，成为人们最喜欢的藏身之处。在那些偏僻的地方，新成立的游击队靠山吃山靠水吃水，开始秘密策划破坏和颠覆活动。

从德国军方手中夺取了治安和安全的控制权后，纳粹党卫军就开始着手摧毁"日益猖狂"的情报网和抵抗运动。著名的抵抗运动领袖皮埃尔·德·沃梅库尔（Pierre de Vomécourt）回忆说："如果在1943年之前抵制纳粹恐怖，那么它现在已经被清除了。"

从1942年中期到1943年中期，德国安全部队和法国警察一起逮捕了大约1.6万名抵抗运动者，他们中许多人经历了严刑逼供，最后被处死了。参与这次行动的还有一支野蛮的法国准军事力量，名为"民兵"（Milice）。据沃梅库尔说，其成员"无一例外都是暴徒"。

对阿勃维尔和盖世太保来说，联盟是一个关键的目标。1942年底，一名法国间谍被盖世太保盯上，在阿尔萨斯大区首府斯特拉斯堡被捕。在严刑逼供下，他交代了自己被"一个重要的英国情报网"招募，在阿尔萨斯收集情报，并与代号为"鹰"和"刺猬"的两个头目见过面。斯特拉斯堡盖世太保向其巴黎总部报告，已对这个秘密组织展开了全面调查，该组织成员以动物的名字为代号。德国于是把这个组织称为"挪亚方舟"。

虽然玛丽-玛德琳热爱于塞勒的和平与安全，但她知道，她的存在会危及拉山德小型飞机在附近机场秘密降落。于是，在 1943 年新年的前两天，她和费伊、邦廷克以及罗德里格斯一起搬到了萨拉（Sarlat）郊外的一座废弃城堡里。萨拉是多尔多涅的一个中世纪小镇，位于多尔多涅西南方约 90 英里。

萨拉是中世纪多尔多涅的首府，用一位作家的话说，萨拉"就像从 16 世纪起就被封冻保存了一样，这里有华丽的中世纪建筑、狭窄的小巷、潮湿的隧道和文艺复兴时期宏伟的别墅"。但是玛丽-玛德琳没有心情去欣赏这个美丽的小镇，尽管这里有如蜂蜜般晶莹剔透的石头建筑、优雅的中心广场和宏伟的大教堂。玛丽-玛德琳郁郁寡欢、心神不宁，待在阴暗、尘土飞扬、无人照管的城堡里，对她的这种心情毫无帮助。这座城堡成为她的新总部。

新年那天，城堡的壁炉里发出噼里啪啦的燃烧声，十几位联盟特工和工作人员又重聚在一起享受节日盛宴，这让玛丽-玛德琳的情绪有了短暂的提高。参加宴会的有玛丽-玛德琳、费伊、邦廷克和罗德里格斯等人，还有莫里斯·库斯特诺布勒、菲利普·柯尼希斯瓦特、吕西安·普拉尔、埃内斯特·西格里斯特和爱德华·考夫曼上校，考夫曼上校是联盟在多尔多涅地区的部门负责人。考夫曼在萨拉附近拥有一个农场，他的慷慨相赠使得晚宴更加愉悦。他带来了丰富的食物，很多是在黑市上也买不到的，包括一只火腿和一些有名的多尔多涅松露，以及从他的大酒窖中挑选的葡萄酒。玛丽-玛德琳看到她的老特工和新来的人在一起庆祝，听着宴会中的欢声笑语、热烈交谈和碰杯声，她的眼睛里充满了泪水。

第二天当大家离开时，玛丽-玛德琳的悲伤情绪又回来

了。她现在的生活充满不安定性，危险丛生，但是她不得不处
197　理另一个复杂的问题：她怀上了费伊的孩子。她在这个时候怀
孕，特别不合时宜，但这并没有使她放弃对联盟的责任。费
伊、邦廷克和罗德里格斯都知道她怀孕了，但不清楚还有多少
人知道她的情况。玛丽-玛德琳身材极其苗条，她尽可能掩饰
自己怀孕的情况，在战争期间和战争结束后，她始终把它作为
一个严格保守的秘密。在回忆录中，她也没有提到这件事，就
像她从来没有讨论过她和费伊的关系一样。

　　1 月 13 日，费伊前往于塞勒，他将在那里第二次乘坐拉
山德小型飞机前往伦敦。这使得玛丽-玛德琳本来就脆弱的情
绪再次受到打击。玛丽-玛德琳清楚，为了联盟，费伊这次前
往伦敦十分重要，但费伊的离开还是让她承受了沉重的打击。
她无法摆脱迫在眉睫的危险，在费伊离开的那天晚上，她写信
给联盟在图卢兹的负责人穆周·达姆，要求他尽快为联盟寻找
一个新的、不那么偏僻的总部。那天晚上，她无法入睡，把自
己封锁在城堡里。

　　第二天黎明前，玛丽-玛德琳听到外面碎石路上轮胎的嘎
吱声。她迅速关了灯，手里拿着一把左轮手枪，躲藏在城堡巨
大的前门后面。车门打开后，下车的是费迪南德·罗德里格
斯，这让她松了一口气。正是他把费伊送到了于塞勒。罗德里
格斯提着一个手提箱走进了城堡，他让玛丽-玛德琳放心，一
切都是按计划进行的。

　　罗德里格斯从口袋里拿出了一盒英国香烟递给了玛丽-玛
德琳，他打开行李箱，里面是拉山德小型飞机从伦敦带来的物

资，他拿出一罐咖啡粉，还有许多小礼物，英国在给联盟派发调查清单时按惯例会有这些礼物，还有捆成像砖块一样成千上万的法郎，以及信件、报告和各种其他物品。在接下来的一个多小时里，玛丽-玛德琳一边抽着烟、喝着咖啡，一边阅读着她收到的一堆文件，其中大部分是急需处理的绝密文件。上午晚些时候，玛丽-玛德琳叫来了考夫曼上校，告诉他自己第二天一早要离开。达姆在萨拉以南约 30 英里处的另一个迷人的中世纪小镇卡奥尔（Cahors）给她找了一所房子。

天刚亮，考夫曼上校派来了两辆车，接玛丽-玛德琳、邦廷克、罗德里格斯和埃内斯特·西格里斯特前往卡奥尔，所有的文件和装备也都放在城堡前门外等候。玛丽-玛德琳又一宿没睡，她凭经验得出，她的失眠常常预示着危险即将来临。

在玛丽-玛德琳和其他人离开之前，罗德里格斯在最后时刻向伦敦发了几条信息，信息接收非常快，他还想再继续发几分钟。玛丽-玛德琳突然有一种不祥的预感，她要求罗德里格斯立即停止发送信息，并告诉西格里斯特关掉无线电台的电源。情报网安全主管照做了。罗德里格斯折起天线，把无线电台放进盒子里。他们匆匆出门时，罗德里格斯向玛丽-玛德琳投去了怀疑的目光，玛丽-玛德琳认为这是在质疑她的紧张。

第二天，西格里斯特回到城堡去取回罗德里格斯藏在花园后面小树林中的备用无线电台。他到达城堡之前，住在附近的两个农民拦下了他的车。他们告诉西格里斯特，就在他和其他人刚离开后，几个德国人拿着枪包围了城堡。德国人说他们在追捕一位"哈里森夫人"。当他们发现她消失时，非常愤怒。

当西格里斯特告诉玛丽-玛德琳此次围捕时，她笑了。德国人显然不知道她是谁。有人告诉他们她的别名是"刺猬"（hérisson），但他们以为是"哈里森"（Harrison）。他们还以为她是个英国女人。

但在内心深处，她知道这可不是能说笑的。追踪她的人正在向她逼近。

玛丽-玛德琳新的藏身之处是被称为中世纪明珠的卡奥尔，位于洛特河（Lot River）的一个拐弯处，四周几乎完全被水包围。卡奥尔不仅因其引人注目的位置和独特的历史建筑而闻名，还凭借自中世纪以来就盛产红葡萄酒而闻名。

不过以上这些对玛丽-玛德琳来说没有什么意义。她只关心她和她的特工的避难所的安全。房子坐落在一座小山上，有多个出口，在房子里可以俯瞰所有通往它的道路。

他们一搬进来，玛丽-玛德琳就实施了严格的安保措施。罗德里格斯的无线电台藏在餐厅墙后的一个秘密空间里。房子安排了24小时岗哨，每个人，包括玛丽-玛德琳，轮流值班。来访者在距离还比较远的时候，房子里的人就能看清楚他/她是谁。如果有一辆不熟悉的汽车出现，她和其他人就有时间从后门逃到乡下去。

在卡奥尔待了两周后，玛丽-玛德琳收到了一个匿名的警告，盖世太保正在图卢兹追踪她的特工。玛丽-玛德琳派罗德里格斯前往图卢兹，告诉穆周·达姆和他的家人立即离开他们的房子并躲藏起来。第二天早上，罗德里格斯回到卡奥尔时，他非常愤怒。他把玛丽－玛德琳的命令转达给了达姆和他儿子，但他们坚持要在家中再住一晚。

几小时后，一名特工带来消息：达姆夫妇已于黎明时分在家中被捕，在图卢兹的其他几名特工也被围捕。后来有消息说，秘密监督联盟在图卢兹情报行动的警长让·菲利普也被抓获。就在几天前，菲利普接到维希政府的命令，要求将当地的犹太人驱逐出境，随后他辞去了在图卢兹警察局的职务。他在辞职信中写道："我拒绝迫害犹太人，在我看来，

图 19-1　让·菲利普

犹太人和赖伐尔一样有权享受幸福的生活。我相信……任何一个法国人，只要参与了这种恶行，都是卖国贼。"①

下午晚些时候，不幸的消息接连不断：贝尼斯上校和他的几个手下在尼斯被意大利秘密警察逮捕。午夜前，玛丽－玛德琳通过电话得知，联盟在波城的一些特工已经被拘留。在不到一天的时间里，在图卢兹、尼斯和波城的 3 个主要的联盟部门被彻底摧毁了。

200

---

① 战争结束后，为了纪念在第二次世界大战大屠杀中死去的犹太人，修建了犹太大屠杀纪念馆（Yad Vashem），致敬菲利普为拯救法国犹太人所做的努力。

玛丽-玛德琳告诉罗德里格斯和邦廷克，他们必须立即离开这所房子。因为被捕的特工中有一些人来过这里，盖世太保会严刑拷打他们，直到他们开口说话。她向军情六处的官员发送了一份报告，详细说明了这次灾难，并请他们将消息传递给联盟的其他部门。她还敦促军情六处尽快让费伊回来。罗德里格斯发送完消息后，他、玛丽-玛德琳和邦廷克匆忙收拾了他们的东西和文件。正如玛丽-玛德琳后来回忆的那样："我们走进了寒冷的黑夜，敌军尾随而来赶黎明的火车。"

3 个逃亡者的下一站是蒂勒镇（Tulle），位于卡奥尔以北大约 60 英里处。联盟在那里的部门负责人是路易·勒迈尔（Louis Lemaire），他是让·温赞特在于塞勒的密友。他欣然同意了温赞特的请求，为玛丽-玛德琳他们寻找一个新的藏身之处。勒迈尔是一名 50 岁的水管工，也是 5 个孩子的父亲。勒迈尔安排他们 3 人当天晚上在一个旅店入住，并让旅店老板不要在入住簿上登记他们的名字。玛丽-玛德琳筋疲力尽，回到自己的房间，没脱衣服就倒在了床上。她后来说，当一只靴子踩在蚁穴上，我能体会蚂蚁是什么感觉。

盖世太保是怎么知道每个人都在哪里的？玛丽-玛德琳后来意识到，松懈的安全措施无疑是一个关键因素。和其他大多数法国抵抗组织一样，联盟没有非常重视安全问题。除了贝尼斯上校和其他几名高级特工，这个情报网中的年轻人大部分是业余间谍，包括玛丽-玛德琳本人。他们加入这个秘密组织之后，并不知道成功需要什么，甚至不知道基本的生存需要什么。他们没能仿效法国共产主义抵抗组织的策略，这些抵抗组织由秘密小组构成。每个秘密小组一般包括几个人，各小组之间的联系也非常少。小组成员必须遵守严格的规定，包括不得连续两三个晚上在同一个地方睡觉，不得在酒吧和餐馆等公共场所会面。

尽管玛丽-玛德琳试图与之斗争，但她清楚地意识到成员不谨慎的现象在联盟中很普遍，就像法国其他大多数抵抗组织成员一样。她发现也不可能阻止特工们聚集在一起，把各自的情报告诉对方。

法裔美籍历史学家泰德·摩根（Ted Morgan）认为，他的法国同胞并不擅长这种秘密工作。摩根写道，法国人"很难谨慎对待安全问题，因为这与他们的社交习惯和天生爱唠叨的习惯相悖"。

但玛丽-玛德琳知道联盟陷入困境还有另一个重要原因，即它的飞速发展。战后她告诉一位采访者："一个秘密情报网要想运作良好，必须明白，两个特工比一个弱，三个特工比两个弱，四个特工比三个弱。你每招募到一个新人就意味着需要承担一份额外的安全风险，他可能是一个背叛你们所有人的人。"她还说，尤其令人恼火的是，一名经过仔细审查和训练的特工后来自豪地宣布，他引进了几名在加入该情报网之前并没有经过适当审查的新特工。如此随意的招募也使得一些叛徒很容易进入联盟。

但是，正如玛丽-玛德琳后来指出的那样，还能有什么别的选择呢？毫无疑问她和她的特工缺乏安全意识，导致他们生活在一个极其危险和不可预测的现实世界中。他们每天都要冒着生命危险对抗德国，帮助盟军赢得战争的胜利。

在蒂勒的旅馆住了几天之后，玛丽-玛德琳、罗德里格斯和邦廷克转移到了城外的一个小城堡里，那里已经变成了法国难民的寄宿处。不过罗德里格斯担心他的无线电台发出的噪声会让城堡主人和其他居民发现他们几个新来者从事的真实活动，他断定不能安全地从那里向伦敦发送消息。路易·勒迈尔想出了一个巧妙的解决办法。

第二天，勒迈尔到神父查理斯·让·莱尔（Charles Jean Lair）那里去忏悔，他是蒂勒大教堂的牧师。这座宏伟的哥特式建筑建于 12~13 世纪，大教堂以其高耸的钟楼而闻名，拥有该地区最高的尖塔。在"忏悔"时，勒迈尔说服神父允许罗德里格斯在钟楼安装他的无线电台。

1 月 31 日傍晚，罗德里格斯将他的无线电台天线伸到钟楼外，他打开无线电台，立即与伦敦取得联系，而神父莱尔则在一旁看守。发送完信息后，他带着军情六处回复的可怕信息回到了城堡。联盟在马赛的无线电台，与在波城、图卢兹和尼斯的一样，都沉默了，没有人知道这些部门的特工身上发生了什么事情。费伊为了执行军情六处的一项任务从伦敦前往阿尔及尔，到 3 月才能返回法国。伦敦在发来的信息最后附上一条私人信息，军情六处主要联络人埃迪·凯瑟担心玛丽-玛德琳很快会被捕，命令她搭乘下一班拉山德小型飞机去伦敦。

玛丽-玛德琳无意逃往伦敦或其他任何地方，但是直觉告诉她必须尽快离开蒂勒。她后来说，联盟明显是盖世太保这次重大行动的目标。联盟在法国西南部的所有部门都被摧毁了，她决定往东迁移200多英里，搬到法国第三大城市里昂。虽然她还不知道联盟情报网在里昂的运作是否良好，但她觉得必须冒险一试。

在不到一个月的时间里，她和总部员工已经逃亡4次了。在他们动身乘夜班火车去里昂之前，一个从蒂勒来的信使到达城堡，告诉玛丽-玛德琳盖世太保刚刚突袭了路易·勒迈尔家，但没能抓到他。他躲到了附近镇上一个朋友家里。

直到几个星期后，玛丽-玛德琳才清楚之后发生了什么。一星期后，一切似乎又恢复了平静，勒迈尔回家了。2月19日，勒迈尔在蒂勒的店里工作，突然3名盖世太保冲进店里逮捕了他。勒迈尔出奇冷静地对他们说："你们忘记了我现在是在以前的自由区，没有地方长官的授权和法国警察的协助，你们不能逮捕我。"

就在勒迈尔和盖世太保争论的时候，在店后房间里工作的勒迈尔妻子从后门溜了出去，通知了神父莱尔和蒂勒的副市长。副市长急忙赶到商店，对身着便衣的盖世太保说勒迈尔是对的，没有法国当局的允许，他们无权逮捕和审问他。与此同时，神父在蒂勒居民中传播了这个消息，他们聚集在商店周围，纳粹的汽车被包围了。面对"充满敌意"的人群和"固执"的市政官员，德国人撤退了。第二天，当他们得到适当的授权回来时，勒迈尔早就不见了。玛丽-玛德琳希望他乘坐下一班拉山德小型飞机去伦敦，但是他拒绝抛弃他的妻子和5个孩子，即使他现在只能远远地看着他们。他加入了另一个专

204

门从事破坏活动的抵抗组织。

　　神父莱尔也被要求躲藏起来，但他拒绝这样做，表示自己永远不会抛弃教区居民。他被回来抓勒迈尔的盖世太保逮捕了，后来被关进德国的一个集中营，并于 1944 年 5 月 25 日被处决。

第二十章　暗藏危险的里昂

当玛丽-玛德琳到达里昂时，她发现这个城市非常矛盾。表面上看，这里是一个清醒、冷漠、保守的地方，到处都是成功而谨慎的居民，他们以自己的资产阶级价值观为荣，蔑视任何形式的过度。对一些人来说，尤其是来自巴黎或马赛的人，里昂看起来更像瑞士而不是法国。一位观察家将其描述为"从未炫耀过继承财富的城堡"。

但还有另一个里昂，一个以煽动和起义传统而自豪的里昂。例如1793年里昂人民集体抗议法国大革命后夺取政权的激进政府。起义被暴力镇压，但它在这座城市留下了反政府情绪残余，以及反抗和独立倾向。

里昂暴动的传统是吸引许多法国战时抵抗组织成员的原因之一。还有另一个更实际的解释：这是一个庞大的、不断扩张的城市，有大量的仓库、地窖和其他潜在的藏身之处。这里是几条主要铁路线和高速公路的枢纽，因此如果受到威胁，进出这里比较容易。

不管出于什么原因，里昂之所以成为法国地下组织的"首都"，是因为这里聚集了许多抵抗运动的领导者。一个抵抗运动领导者说："你每走10米就会遇见一位地下组织的同志，你不得不假装不认识他。"其中有前法国官员让·穆林，他后来成为法国战时抵抗运动中最伟大的人物。与其他人相比，穆林更有能力将一系列分散的力量整合在一起，并组成一个相对紧密的整体。

不足为奇的是，里昂也成为盖世太保和阿勃维尔活动的温床。德国纳粹镇压活动的主要领导人是当地盖世太保头目克劳斯·巴尔比（Klaus Barbie），他被称为"里昂屠夫"。巴尔比领导的长达4年的恐怖和死亡运动，甚至延伸到了里昂之外，造成超过2万人受害，其中大多数是抵抗组织成员和犹太人。他亲自拷问了许多被他下令逮捕的人，包括一名13岁的女孩，她被拘禁的父母既是犹太人，也是抵抗者。为了从女孩那里得到关于她父母的信息——这个女孩在战后作证——他"带着淡淡的微笑向我走来，就像一把刀片，然后他打了我的脸。他连续7天都这样做"。

玛丽-玛德琳并不认为在里昂很安全，但她已经无处可去了。随着肚子变大，她需要帮助和支持。她在里昂有几个亲密的女性朋友，她确信她们会在自己想尽办法拯救情报网时为她提供庇护。她找的第一个女性朋友是法国时尚杂志《嘉人》的记者安妮·德·梅雷伊（Anne de Mereuil）。两人相识于摩洛哥，梅雷伊热情欢迎她的到来。梅雷伊在里昂市中心的公寓很小，但她邀请玛丽-玛德琳、邦廷克和罗德里格斯与她合住。3个女人睡在卧室里，罗德里格斯则睡在小客厅地板的垫子上。

就在梅雷伊让玛丽-玛德琳入住公寓的第二天，里昂的盖世太保逮捕了两名联盟信使：玛德琳·克罗泽（Madeleine Crozet）和米歇尔·戈尔德施米特（Michèle Goldschmidt）。她俩几天前还向玛丽-玛德琳汇报过工作，遭逮捕后被带到了终点站酒店（Hotel Terminus），接受克劳斯·巴尔比的审问，这里是里昂盖世太保总部。

在接下来的一个多星期里，巴尔比为了让她们在审讯中开口，对她们施加了各种酷刑。她们被拳打脚踢、鞭打、电击。当她们继续否认对联盟及其领导者有任何了解时，她们被剥光了衣服，巴尔比用点燃的香烟烫伤她们的胸部，但仍然毫无效果。克罗泽和戈尔德施米特再次强调她们从未听说过"刺猬"、"老鹰"、"喜鹊"以及巴尔比所说的其他十几种动物的名称。她们表示自己并不认识这些人，更不知道他们在哪里。

在战争期间和战后，玛丽-玛德琳对她手下许多特工非凡的勇气都表达了敬意，特别提到了其中的女性。她表示："在我的情报网中，没有任何一个女人动摇过，即使是在最极端的折磨下。我的自由归功于许多人，她们被拷问直到失去知觉也从未透露过我的下落，即使她们知道我的位置。"

这两名年轻女子被捕的消息传出后，紧接着有报告证实，马赛地区的所有特工也在盖世太保手中，包括年轻的电影明星、兼职做信使的罗伯特·林恩。玛丽-玛德琳站在梅雷伊的客厅里得知了马赛的消息，她难以忍受联盟牺牲的特工数量在迅速增加。

罗德里格斯没有注意到她的绝望，把她唤回了现实。他问玛丽-玛德琳是否打算让军情六处知道她和联盟其他特工在里昂仍然自由。她看了他一眼，然后又看了看邦廷克、梅雷伊、考夫曼上校和其他站在周围的特工。她后来写道，重生后的联盟再一次遭到了很大的破坏，但她不能让其成员白白牺牲。她反复念叨着那句已成为她口头禅的话："我们必须坚持下去。"

当玛丽-玛德琳开始评估情报网的现状时，她意识到虽然情况很糟糕，但联盟还不至于完全被摧毁。联盟在法国西南部和尼斯的部门已被摧毁，但在维希、格勒诺布尔和法国中部部分地区的部门仍完好无损。包括巴黎在内的法国北部地区的情报活动仍运行良好，波尔多和大西洋沿岸的关键部门也是如此。尽管有相当数量的高级特工被逮捕，但其中许多人，包括玛丽-玛德琳的大部分高级副手，仍然是自由的。

罗德里格斯给伦敦发了电报，说玛丽-玛德琳安然无恙。她收到了来自埃迪·凯瑟的激动的回信。凯瑟表示，他和军情六处其他人都以为玛丽-玛德琳在盖世太保的突袭中被捕了。凯瑟再次要求玛丽-玛德琳前往伦敦，但她又一次拒绝了。玛丽-玛德琳表示，她必须先重建已被摧毁地区的情报网，然后才会考虑离开。她可能也不打算让军情六处知道她怀孕的事。

当务之急，玛丽-玛德琳要为她和联盟其他工作人员寻找一个更大的总部。她的另一位女性朋友再一次帮助了她。参与过抵抗运动的医生玛格丽特·伯恩-丘吉尔邀请玛丽-玛德琳住进自己的公寓里。伯恩-丘吉尔的十几岁的孩子们自愿成为联盟的信使。

伯恩-丘吉尔还把玛丽-玛德琳介绍给了一位法国工业家，他是法国西南地区一个抵抗组织分支的负责人，该组织最近被德国摧毁了。他让自己和手下都听从玛丽-玛德琳的指挥，其中4人成立了一个新的保护小组，该小组的任务是保护玛丽-

208

玛德琳和其他高级联盟特工的安全。

3 月初，由于前 6 个星期的混乱，自从 1 月费伊离开后，拉山德小型飞机一直没有再过来，但现在急需一趟拉山德航班。大量详细的情报，包括雅克·施托斯科普夫关于洛里特潜艇基地的情报，正等着被送往英国。而且玛丽-玛德琳也同样迫切地想让费伊回来。

英国皇家空军将这次飞行安排在 3 月 8 日，称更倾向于使用于塞勒附近的着陆点。让·文赞特向玛丽-玛德琳保证，尽管德军在 2 月初袭击了附近的蒂勒，但于塞勒着陆点仍然是安全的。玛丽-玛德琳第一次决定前往拉山德小型飞机着陆点，很可能是因为她急切地想让费伊回来。

罗德里格斯比玛丽-玛德琳先行一步去了于塞勒着陆点，他在文赞特家的阁楼上安装了无线电台。在拉山德小型飞机降落前，玛丽-玛德琳、罗德里格斯和计划乘坐飞机离开的特工们，都需要在阁楼里等待几个小时。计划乘坐飞机离开的乘客将于 8 日晚抵达于塞勒火车站。

玛丽-玛德琳当天早些时候到达了机场，她在着陆点附近的一个安全屋里见到了罗德里格斯。玛丽-玛德琳在那里得到消息，德国安全部队已经包围了文赞特家，在进出于塞勒的道路上设置了路障，并在着陆点打上了木桩，以防止被占用。最近接连发生的灾难让玛丽-玛德琳措手不及，她不知道如何才能让她和情报网都摆脱困境。她没有料到文赞特的老女仆玛丽的聪明才智。

　　盖世太保敲文赞特家前门时，玛丽正在为晚餐摘豆角。她兜着满是豆角的围裙开了门。文赞特为自己"头脑简单"的女仆向德国人道歉，并命令她离开房间。玛丽步履沉重地走上楼梯，仍然举着围裙，嘴里嘟囔着："德国佬！"

　　盖世太保官员告诉文赞特，他们被告知他在家里藏了一台无线电台。盖世太保不顾他的抗议，开始搜寻一楼，但一无所获。他们怒气冲冲地上楼，也空手而回。当他们准备顺着楼梯爬上阁楼时，文赞特跟在他们身后，他们从玛丽身边经过，玛丽下了楼，仍然把围裙举得高高的。令文赞特惊讶的是，他们在阁楼的搜寻竟然也一无所获。

　　盖世太保离开后，文赞特汗流浃背，瘫倒在椅子上。玛丽走进房间问："他们走了吗？"然后，她咧嘴一笑，掀起围裙："你的无线电台，它很沉，先生。"

210 　　玛丽告诉文赞特，她在前一天晚上听到了阁楼里有奇怪的敲击声。当盖世太保来的时候，她猜想这些声音的来源可能就是导致他们出现的原因。战争结束多年后，文赞特曾对一位采访者说："我一直以为她就是个纯朴的乡下女人。感谢上帝，她知道无线电台的事，明智地跑到阁楼上去取电台，还把我们弄得乱七八糟的东西清理干净。她救了我的命，就像我们中很多人的命经常是被法国各地勇敢的人民所救一样。"

　　尽管玛丽的机敏挽救了罗德里格斯的电台和文赞特，但情况仍然很糟糕。德国军队在于塞勒城外的每条道路上都设置了检查站，并对进出该镇的火车进行了全面搜查。不管怎么样，玛丽-玛德琳必须通知3名准备在晚上乘火车到达于塞勒的特工，他们原本要乘坐拉山德小型飞机飞往伦敦。其中一人是皮埃尔·达拉斯，是联盟的运输部门负责人，他原本要去英国接受一个月的高级培训。

玛丽-玛德琳给伦敦发了一个简短的消息，取消了当晚的拉山德航班。然后她向一个乡村医生寻求帮助，她告诉医生自己正面临的困境，这个医生是文赞特手下的特工。医生回答说，他有一个通行证可以允许他在任何时候用车转运病人。他打算告诉德国人，玛丽-玛德琳是他的一个病人，罗德里格斯是她的丈夫，他要立即带她去克莱蒙-费朗市动手术。等德国清除路障后，他会把他们送到离于塞勒最近的火车站，这样他们就可以赶上下一班火车，并在换乘的车站截住前往于塞勒的3名特工。

当医生的车在一个检查站被一名德国哨兵挥手示意停下时，玛丽-玛德琳毫无困难地表现出了病痛的样子。德国卫兵的手电筒照在她身上，她在车后座上因恐惧而颤抖，脸上满是汗水。医生说明了他出发的紧急原因，并出示了他的通行证和身份证。

他们痛苦难熬地等待了一会儿，警卫移开了路障，医生以最快的速度开车离开了。当他把车停到车站时，他们要乘坐的火车刚刚离开，医生再次踩下了油门，大喊着要在下一站赶上。紧张地度过了几分钟后，在火车于下一站开动前的几秒钟，玛丽-玛德琳和罗德里格斯赶到了。他们从车里跳下来，玛丽-玛德琳感谢医生救了他们的命。医生耸了耸肩，回答说："这就是医生的职责，夫人。"

211

　　一上车，她和罗德里格斯就焦虑地看了看手表，为是否能及时赶到换乘车站而烦恼。当火车终于到站时，他们下了车，匆匆走进餐厅，眯着眼睛在烟雾中寻找他们的同事。玛丽-玛德琳第一个发现了他们，他们局促不安地和一群休假的德国士兵坐在一张桌子旁。当3个人惊讶地抬起头时，玛丽-玛德琳假装不认识他们。从他们身边走过时，玛丽-玛德琳低声说："回里昂去。"

　　"嗯呀。"皮埃尔·达拉斯咕哝着回答。

　　回到里昂后，玛丽-玛德琳看上去病得很厉害，于是玛格丽特·伯恩-丘吉尔请了医生过来。当医生询问她感觉如何时，玛丽-玛德琳告诉医生，她长期失眠，即便睡了几个小时，也会被噩梦困扰。她吃得也很少，一吃饭就胃疼。她没有告诉医生，她还一天抽3包烟。

　　给她检查完之后，医生说她患有严重的神经紧张方面的疾病，玛丽-玛德琳在她的回忆录中没有提到任何关于她怀孕的信息。据玛丽-玛德琳说，医生给她开了充足的安眠药，并叮嘱她暂停正在做的任何事情。玛丽-玛德琳难以置信地盯着医生，竭力忍住笑，他完全是在胡扯！在顺从地同意会按照他说的去做之后，玛丽-玛德琳给伦敦发了一个消息，重新安排了拉山德小型飞机于3月11日晚在联盟的另一个着陆点降落，地点在里昂城外的索恩河畔。

212　　11日，玛丽-玛德琳整晚没睡，等待着拉山德小型飞机成功着陆和费伊安全返回的消息。但第二天早上，第一个拜访她

的人不是费伊，而是皮埃尔·达拉斯，他本应乘坐拉山德小型
飞机前往英国。尽管天气很好，达拉斯和其他人员等了整整一
夜，飞机并没有来。玛丽-玛德琳感到头晕目眩。难道飞机坠
毁了吗？难道在她最需要费伊的时候要失去他了吗？在这天剩
下的时间里，她试着集中精力工作，但收效甚微。

　　晚上很晚的时候，玛丽-玛德琳收到伦敦的消息，得知费
伊平安无事。拉山德小型飞机的飞行员在前一天晚上迷路了，
被迫返回了英国基地。飞机已经再次起飞，将在清晨到达索恩
河畔的着陆点。达拉斯和其他乘客接到了紧急通知，他们和地
面接待人员一起前往现场。

　　第二天，当费伊走进来时，玛丽-玛德琳崩溃了，几天来
她一直压抑着自己，她的身体在抽泣中颤抖着。费伊低头看着
她。"玛丽-玛德琳，这已经不像是你了。我都快认不出你来
了。"玛丽-玛德琳颤抖着笑了起来。费伊不仅指她更瘦了，
也指她头发的颜色变了，现在她头发是大红色。（作为不断改
变外表的一部分，她在战争期间一共染了5次头发。）

　　正当玛丽-玛德琳为费伊的归来感到高兴时，德国又发动
了进攻。在巴黎，盖世太保围捕了几名联盟的无线电接线员和
信使。麦克马洪公爵是法国北部联盟行动的负责人，也是盖世
太保突袭的主要目标，他成功逃脱了，返回了位于勃艮第的祖
宅苏利庄园。

　　盖世太保跟踪他到了那里，几天后，几个便衣德国人穿过
庄园城堡前的护城河，敲响了城堡的门，公爵的妻子玛格丽特
把他们领了进来。城堡里有几十个房间，公爵夫妇巧妙利用了

这些房间。公爵夫人正怀着她的第 4 个孩子，她允许德国人搜查房间，因为她知道她的丈夫"会从一个房间溜到另一个房间，使用只有他自己知道的秘密通道和奇怪的隐蔽处"。搜寻了几个小时之后，德国人最终放弃了，并说他们还会回来。在他们回来之前，联盟特工将公爵、公爵夫人和他们的 3 个小孩从法国带到了瑞士。

　　然而这一好消息很快被另一件事情蒙上了阴影，德国在维希逮捕了整个联盟情报网的 35 名特工。在这次新的突袭行动中，玛丽-玛德琳的家人也被逮捕了。她姐姐伊冯娜曾与联盟有牵连，她在尼斯被意大利秘密警察逮捕。伊冯娜的丈夫乔治·皮科特对抵抗运动并不感兴趣，但他也被警告了，作为玛丽-玛德琳的姐夫，他也在逮捕目标名单上。朋友们帮他逃到了西班牙。

　　让玛丽-玛德琳感到害怕的是，名单上还有她的两个孩子。她接到儿子寄宿学校校长的信息，说盖世太保命令他把克里斯蒂安交给他们做人质，以迫使她自首。他拒绝了。玛丽-玛德琳的母亲一直在位于蓝色海岸的别墅里照顾比阿特丽斯，她非常担心德国人会向她提出同样的要求。

　　玛丽-玛德琳安排两个孩子去里昂，将他们托付给救援组织阿米蒂·克雷蒂安①（Amitie Chretienne）。阿米蒂·克雷蒂安的总部在里昂，是两个天主教神父组织的，主要帮助拯救犹

①　阿米蒂·克雷蒂安，二战时期的援助组织，主要帮助犹太儿童找到安全的藏身之处。——译者注

太儿童和其他处在危险中的人，他们把人藏在私人住宅或天主教建立的机构和学校里。该组织承诺将克里斯蒂安和比阿特丽斯从法国偷运到瑞士，玛丽-玛德琳在那里拥有一间小木屋。

3个月前的1月份，玛丽-玛德琳在图卢兹秘密待了一段时间，她见到了克里斯蒂安。但是自从比阿特丽斯在图卢兹诊所住院以来，她已经将近一年没有和她在一起了。现在她迫切地想见到儿子和女儿，哪怕只有几分钟，也要向他们解释发生了什么，亲吻他们，然后说再见。但她还记得纳瓦尔1941年是如何被逮捕的，他在逃离法国之前安排了与家人见面。她决定，为了孩子们的安全和情报网的安全，她不能冒险与家人相聚。

他们到达里昂后，莫妮克·邦廷克就一直在照顾这两个孩子。离开前不久，玛丽-玛德琳请邦廷克带他们走过玛格丽特·伯恩-丘吉尔寓所的窗户。她低头看着儿子和女儿，他们显得茫然无助，不知道发生了什么事。玛丽-玛德琳回忆说："当我看着他们从我身边走过时，我有一种被活埋了的感觉。"

很久以后，玛丽-玛德琳才被告知，孩子们前往瑞士的逃亡路线被封锁了，法国和瑞士的边境上到处都是德国的巡逻兵。就在到达那里之前，受托的法国农民拒绝再往前走，他指了一下边界带刺铁丝网的方向，克里斯蒂安和比阿特丽斯被迫独自逃避巡逻，穿越边境。玛丽-玛德琳说："我儿子完美通过了考验，并救了他的妹妹。当时儿子12岁，女儿10岁。"

尽管玛丽-玛德琳非常担心孩子们，但她几乎没有时间去关注他们的离开和未来不确定的命运。当时她最关心的是里昂特工的安全。正如她所知道的，盖世太保的绳索正迅速勒向她和她的总部。为了加强安全防护，她将工作人员分开，把他们派到新的地点。她和罗德里格斯离开伯恩-丘吉尔的公寓，转移到了里昂市郊的一家私人诊所里。这家诊所的一名护士普吕东-盖纳尔夫人（Madame Prudon-Guenard）参与了抵抗运动，同意收留他们并照顾孕晚期的玛丽-玛德琳。

　　费伊和邦廷克搬到了里昂市中心的一套公寓里，一同搬进来的还有玛格丽特·布鲁耶，她是玛丽-玛德琳在勒拉旺杜的朋友。1942 年 11 月联盟营救吉罗将军时，她的房子就是当时的据点。一同搬来公寓的还有联盟安全主管埃内斯特·西格里斯特和皮埃尔·达拉斯的阿维亚小分队。

　　对安全日益增加的担忧直接影响了罗德里格斯。为了避开德国无线电探测车，他在里昂乡村四处转移，变换着从不同的地方传送信息。正如他在那年早春给军情六处的信中提到的那样，他四处转移大多依靠步行，这意味着他得带着笨重的电台装置从一个地方转移到另一个地方。他写道："上周日，我扛着电台和天线走了 9 英里。你可以想象一下那是一种怎样的运动。有时箱子的提手不够结实，我的箱子已经坏了两次。可以说，没有提手要拿起箱子可不容易。"

　　罗德里格斯提议军情六处为他提供更多的电台装置，这样就可以在不同的地方存有电台。他就不需要背着唯一的电台四处奔波，而且经常把自己置于危险之中。肯尼思·科恩回复了罗德里格斯的消息，表示情报网"在这两个月或多或少仍在

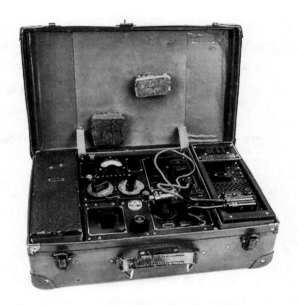

**图 20-1　类似罗德里格斯和其他联盟成员给伦敦
发信息时使用过的电台装置**

保持运转"，并表示会敦促立即给罗德里格斯安排更多的电台
装置。

　　但直到 1943 年 4 月初，罗德里格斯还没有收到新的电台
装置，他还是带着他的箱子四处转移。4 月 7 日上午晚些时
候，他在里昂附近的一个小镇梅齐埃（Meyzieux）发信息。有
一条信息，伦敦要求他重复发了好几次。他意识到电台发送时
间过长会很危险。他突然切断电台联系，取回天线，徒步走回
里昂。

　　当他走过小镇的中心广场时，他注意到一辆黑色的汽车停

216

在他身后，车后窗被黑色的百叶窗遮住了。两个男人下了车，匆匆向他走来。罗德里格斯立刻认出了他们是盖世太保特工。他走近广场上的一位神父，低声对他说："装作你认识我，像老朋友那样和我说话。"神父惊吓到了，但还是照他说的做了。两个人正在闲谈时，两个特工走到他们跟前，其中一个人手里拿着一把左轮手枪。持枪的人用德语喊道："警察！让我们看看你箱子里是什么！"

罗德里格斯用箱子砸中了其中一名特工的头部，然后冲过了广场。他被两人追赶，并开始向他射击。子弹打在附近商店的窗户上，顾客们吓得都躲了起来。

作为一名高中短跑冠军，罗德里格斯保持了领先优势，他在一条又一条街道上狂奔。当他到达市郊时，看到一扇敞开的门，正对着一个大菜园，他急冲进去。一个老农看到了他，他的秃头上用一顶大草帽遮挡太阳。罗德里格斯拼命地喘了口气，问这位迷茫的男子是否参加过 1914～1918 年的战争。老农回答说："当然。"罗德里格斯气喘吁吁地说："那请把我藏起来，我正被德国人追赶。"那个人毫不犹豫地把他带到菜园后面，然后把他藏在了一个柴堆后面。之后他去找女主人。

几分钟后，他带着一位中年妇女回来了，这位妇女自称克莱芒夫人（Madame Clément）。罗德里格斯用急促的声音解释了他是谁以及发生了什么事。他问夫人是否认识一个叫马修的人，他是联盟的一名特工，就住在这个地区，是他告诉罗德里格斯在这里发送消息的。罗德里格斯又一次非常幸运地躲过追捕，克莱芒夫人的丈夫也加入了抵抗运动，并且和马修一起工

作。克莱芒夫人回到家里，她手里拿着一杯红酒很快回来了。　217
她告诉罗德里格斯："喝了它，这对你有好处。"克莱芒夫人
联系了马修，他派人带走罗德里格斯。克莱芒夫人警告罗德里
格斯，德国人正在全镇搜捕他，但又补充说邮局局长的办公室
就在隔壁，他看见罗德里格斯进了菜园，但他把德国人引向了
小镇梅齐埃的另一头。

　　罗德里格斯的等待似乎漫长无尽头。最后马修的儿子，一
个十几岁的男孩带来了两辆自行车。克莱芒夫人检查了道路并
发出已安全的信号后，男孩骑着自行车，罗德里格斯跟在后
面，他们来到了村外的一所小房子前。男孩告诉住在那里的老
妇人，罗德里格斯是一名逃跑的法国战俘，并请她把他藏起来
几天，老妇人同意了。当罗德里格斯最终回到里昂后，纳粹已
经开始在全城搜捕他，玛丽-玛德琳知道她必须尽快把他救出
来。他很快被偷偷地带到了巴黎。

　　对玛丽-玛德琳来说，里昂成了一个火药桶。德国雇了几
十名法国线人，他们的工作是在咖啡馆和街角闲逛，偷听别人
谈话，并记下任何他们认为可疑的人。军情六处的电报强烈敦
促玛丽-玛德琳离开这座城市，这并没有缓解她的忧虑。

　　5 月 16 日早上，莫妮克·邦廷克未能如期出现在玛丽-玛
德琳藏身的诊所。下午三四点左右，诊所的电话铃响了，保护
玛丽-玛德琳的护士长普吕东-盖纳尔夫人把电话递给了她。
邦廷克声音颤抖地告诉她，她的脚受了重伤，那天不能来了，
其他人也不能来。她突然挂断了电话。

　　玛丽-玛德琳立刻明白了邦廷克的意思，她在里昂的手下

都被抓了。她现在可以向谁求助呢？她很想冲出去看看发生了什么事，可是普吕东-盖纳尔夫人温柔地告诉她，她还不能在街上露面。她说："你安静地坐着，告诉我该怎么办。"玛丽-玛德琳请她提醒她在里昂的前房东安妮·德·梅雷伊和玛格丽特·伯恩-丘吉尔，她们的处境非常危险，并请她们通知情报网的其他成员。

玛丽-玛德琳只能干等着进一步的消息，她甚至觉得连呼吸都困难。傍晚时分，诊所的门突然开了，费伊冲了进来。他挣扎着喘口气，说自己刚刚逃了出来。玛丽-玛德琳后来说，当她看到费伊时，"血又流到了我的心脏里"。玛丽-玛德琳给他端来一杯水，等他喝完水，费伊把事情的经过全告诉了她。

费伊、邦廷克、布鲁耶和其他3名男特工正在他们的公寓里吃午饭，这时4名法国警察闯了进来。费伊告诉警方，他和其他人都是维希政府特工，为贝当元帅工作。两名警察对他的说辞表示怀疑，他们把费伊和其他男特工带到中央警察局进行询问。剩下的另外两名警察则留在公寓里看守邦廷克和布鲁耶。当车到达中央警察局，所有人下车后，费伊和其他联盟特工挣脱了逮捕他们的人，他们冲过拥挤的街道，融入行人，很快就从警察的视线中消失了。

与此同时，邦廷克在公寓里设法避开了警察的注意，并警告了玛丽-玛德琳。当两个警察开始搜查客厅和卧室时，邦廷克溜进了厨房，把一堆加密情报卷在纸里，在煤气炉上点燃烧掉了。邦廷克后来回忆说："看守的警察冲进厨房，但这时已经太迟了。除了灰烬，什么也没有留下。"她在一篇措辞低调的大作中指出，他们"情绪非常糟糕"。①

邦廷克和布鲁耶被迫作为"诱饵"在公寓里待了几天，这是维希警察和盖世太保惯用的伎俩，他们守在被捕者的房子或者公寓里，看是否会有该情报网的其他成员出现。但是这次并没有其他联盟特工出现，布鲁耶被送进了监狱。而邦廷克则被告知她将在当天下午被移交给盖世太保。

邦廷克做出极其悲伤的表情，问抓她的人她是否可以先洗个澡，说这可能是她最后一次洗澡了。他们同意了，但叫她快点。她走进浴室，把浴缸的龙头开到最大，然后往回走。那是一个美丽的春日，看守的警卫到阳台上抽了支烟。她脱下鞋子，蹑手蹑脚地走过走廊，悄悄地打开前门，跑下 4 层楼梯。当她到达一楼时，她能听到楼梯里警察的喊叫声。

邦廷克知道公寓前面有警察监视，于是她跑进院子，踩上一个垃圾桶，接着爬上旁边的一堵墙翻墙而出。她猛地推开隔壁一栋建筑的后门，走到入口，镇静地穿上鞋子，走出去后是平行的街道。邦廷克坐上了一辆路过的有轨电车。几分钟后，她来到了一名里昂律师的办公室，这名律师是一名兼职联盟特工，他为邦廷克找了一个藏身之处。

法国警方向盖世太保通报了联盟特工多次逃跑的情况，盖世太保开始挨家挨户搜查。玛丽-玛德琳被普吕东-盖纳尔夫人从诊所带走，藏在一个妓女们常去的肮脏旅馆里。费伊和其他特工也找到了临时的藏身之处。费伊、邦廷克以及从监狱被

219

---

① 引自莫妮克·邦廷克未出版的手稿。

救出来的布鲁耶等逃亡者，都很快被红十字会的救护车从里昂偷运出来，这多亏了玛格丽特·伯恩-丘吉尔，因为她与法国红十字会有密切联系。

　　除了埃内斯特·西格里斯特，玛丽-玛德琳是留在里昂的联盟总部的最后一名成员。她在即将分娩时被她的女性朋友藏了起来，并由西格里斯特看守。玛丽-玛德琳新出生的孩子是一个男孩，是在 6 月出生的。

　　但是她很少有时间陪她刚出生的儿子。他被托付给莫妮克·邦廷克照管，邦廷克将他带到了联盟在法国南部的一个藏身之处。与此同时，玛丽-玛德琳带着由西格里斯特伪造的新身份证件，前往盖世太保最猖獗的巴黎，与费伊和罗德里格斯会合。

第二十一章　高度焦虑

分娩加上近 6 个月的混乱耗尽了玛丽-玛德琳的精力。她在普吕东-盖纳尔夫人的陪同下，乘坐夜班火车从里昂前往巴黎。当德国警察进入女性车厢检查她们的证件时，玛丽-玛德琳假装睡着了。普吕东-盖纳尔夫人自称是玛丽-玛德琳的护工，她低声对警察说，玛丽-玛德琳得了一种很严重的病，可能会传染。她递给他们一叠由埃内斯特·西格里斯特伪造的身份证件。德国人匆匆看了一眼证件，然后迅速离开了车厢。

第二天一大早，火车驶过了巴黎单调灰暗的郊区。"街垒"是玛丽-玛德琳给巴黎取的代号，当她到达里昂火车站时，这个洞穴似的车站看起来"像令人望而生畏的坚固城垛"。她清楚这座城市里的大批人，包括德国人和法国人，正在密谋破坏她的情报网和其他类似的组织。1943 年，盖世太保和纳粹党卫军反间谍机构帝国保安部在巴黎迅速扩张势力。这两个机构都在巴黎建立了多个分部，并配备武装警卫，数以千计的法国告密者分布在社会各个角落，还有黑色车队，随时准备逮捕他们的猎物。

玛丽-玛德琳内心仍然十分焦虑和沮丧，但当她看到在车站等她的带着微笑的费迪南德·罗德里格斯时，她感觉好多了。自 1943 年 5 月中旬逃到巴黎以来，罗德里格斯成为联盟在全国的无线电台负责人。在肯尼思·科恩的推动下，军情六处终于按照罗德里格斯的要求，给联盟又配备了十几台新的无线电台设备。当时至少有 30 台设备分散在全国各地，其中一些在波尔多的重要地区以及大西洋沿岸的洛里昂、圣纳泽尔和布雷斯特等城镇，在巴黎就有 6 台。罗德里格斯称这些电台设备是他的"管弦乐队"，并给每一台都取了一个乐器的名字。

经历过一次死里逃生，罗德里格斯对消息传输格外小心。他还向在巴黎的两名助手和情报网其他无线电接线员强调安全的重要性。巴黎的 6 台电台设备被分散放置在不同的地方，而且尽可能互相远离。当他和助手需要与伦敦建立联系时，他们尽可能压缩计划和内容。他们还频繁改变每天的传输时间和频率。

正如玛丽-玛德琳经常提到的，无线电接线员是情报网中最危险的，因为他们非常容易被发现。"他们在前线，甚至可以说在火线上，就好像是他们在操纵大炮。"[1] 随着德国的探测技术越来越先进，加强防护就变得至关重要。在巴黎的一个秘密总部，数十名德国人夜以继日地工作，探测该地区的无线电频率。当他们发现可疑信号时，通常会切断被认为在使用无线电台的社区的电力供应。如果信号在电流切断时停止，而在电流恢复后又重新启动，总部就会向正在附近巡逻的德国人发出警报，这些德国人开着没有标记的面包车，里面装着精密的方向识别装置。联盟特工非常清楚，传输持续的时间越长，就越容易被找到确切的位置。一旦一辆面包车到达电台信息

222

---

[1] 引自 1989 年 7 月 19 日，电台《法国文化》对玛丽-玛德琳的采访内容。

传输地点附近，携带便携式探测器的德国人就会出来，一般情况下，他们可以很容易地查明电台设备正在哪个公寓里工作。

在里昂火车站接到玛丽-玛德琳后，罗德里格斯带着她一起进行消息传送，向她展示新系统是如何工作的。他们骑自行车从一个公寓到另一个公寓。当玛丽-玛德琳在公寓的阳台监视街道上任何可疑的货车或汽车时，罗德里格斯则将当天的情报传送到伦敦。其中有一次，玛丽-玛德琳听到他在低声咒骂。他花了10分钟才与伦敦接线员建立联系，现在他的电台传送时间已经20分钟了。20分钟是他给自己和其他接线员规定的最长时间。他突然切断了传输，然后和玛丽-玛德琳前往下一个公寓。

与费伊重逢后，玛丽-玛德琳、费伊还有罗德里格斯一起在巴黎一家黑市餐馆享受了一顿浪漫的庆祝晚餐，这个餐厅里的其他主顾大多是穿制服的德国军官。尽管他们3个人都在被通缉，但他们并不在意潜在的危险。事实上他们似乎还陶醉于此。"谁会想到我们3个人正被盖世太保追杀？"费伊喃喃地说。他微笑着向德国人举起了一杯博若莱酒："为你们的健康干杯，先生们！"

但对玛丽-玛德琳来说，她越来越少地像费伊这样大胆表现了。她敏锐地意识到周围的危险，她在私人保镖——警察朋友皮埃尔·戴内（Pierre Dayne）的陪同下，在巴黎出行。1941年初，玛丽-玛德琳第一次前往被占领的巴黎时，正是这个朋友帮助她躲藏起来的。戴内是法国刑警队的一员，他被准许携带枪支。当他们一起外出时，他和玛丽-玛德琳约定，一旦出现危险，她就假装成他的俘虏。作为这个计划的一部分，多亏了埃内斯特·西格里斯特，使她拥有了一整套假证件。她用的是一个听起来很有异国味道的名字帕梅拉·特洛坦（Pamela Trotaing）。

　　然而，至少就目前而言，巴黎和其他地方的局势似乎已经223 平静下来。在于塞勒灾难后，联盟找到了一个新的拉山德小型飞机的着陆点，就在楠特伊勒欧杜安（Nantheuil－le－Haudouin）附近的大片玉米地中，距离巴黎不到 30 英里。英国皇家空军对这个新着陆点非常满意，因为它比于塞勒和索恩河都更接近英国。6 月初，这块新土地上的第一次着陆试验进展得非常顺利。

　　联盟新总部似乎也运作良好，它位于巴黎第 16 区雷努阿尔街（Raynouard）的一套豪华公寓内。这套公寓铺有厚厚的地毯，摆放着昂贵的家具和艺术品。它是联盟新财务主管租给联盟的，这位新主管是一位富有的巴黎商人。

　　玛丽-玛德琳第一次来新总部的时候，这里热闹非凡。来自联盟 14 个区的工作人员和特工不断来来去去。在情报中心，工作人员收集、整理、分类和分析收到的信息、报告和其他文件。每一份文件都会留有一份副本，副本会在联盟保存直到收到拉山德小型飞机带来文件已到达伦敦的消息，这时副本就会被烧毁。

　　尽管雷努阿尔街总部的工作非常专业，但这让玛丽-玛德琳感到陌生和疏远。对她来说，总部及其工作人员已经变得过于官僚主义，缺乏人情味，过于集中。她所珍视的联盟早年里的温暖和友爱，她和特工们一起吃饭时的欢笑和交谈，以及把他们紧紧联系在一起的情谊，都已荡然无存。

她到达巴黎后不久，注意到同盟中的关系明显出现了分化。特工们开始互相争论政治问题，包括战时应该支持哪位将军，戴高乐还是吉罗。当玛丽-玛德琳说她对联盟中正在出现的争论表示担忧时，费伊表示他们是在思考未来。她心想：未来？他们中谁能真正看到未来呢？那些已经被德军抓获的联盟特工当然不会为未来而争论。那些仍然自由的特工的首要任务必须是集中精力从事情报工作，避免被抓获。当她对费伊这么说时，费伊回答说，她变得过于忧郁，迫切需要休息。

事实证明，她只是在面对现实。1943 年 6 月下旬，盖世太保又逮捕了许多人。被捕者中有埃内斯特·西格里斯特，他是联盟不可或缺的安全主管。就在他准备来巴黎的前几天，西格里斯特和助手在里昂被捕了。这个消息是让-菲利普·斯尼尔斯（Jean-Philippe Sneyers）带到联盟总部的，他是联盟在里昂的新安保队的 4 名年轻特工之一。

西格里斯特被捕后，身为队长的斯尼尔斯极度不安。他向玛丽-玛德琳承认，他派了一名新队员来保护西格里斯特而不是自己上阵。新队员以前是阿尔萨斯的一名铁路工人，名叫让-保罗·连恩（Jean-Paul Lien）。连恩把这个任务搞砸了。

玛丽-玛德琳为自己的过失而自责。她总结说，斯尼尔斯太年轻，没有经验，不能负责这种危险、精细的工作。这也牵扯到连恩的失败，他是斯尼尔斯招募的，玛丽-玛德琳还没有见过这个人。他是谁？他为什么要加入联盟？当斯尼尔斯告诉她，连恩想见她为所发生的事道歉时，她厉声斥责，连恩不是傻瓜就是叛徒，必须让他远离联盟总部。

在西格里斯特被捕的第二天，抵抗运动中最重要、最有权威的人物让·穆林也被盖世太保逮捕了。当时穆林正在里昂郊区的一处安全住所与6名主要的抵抗运动领导者会面，他们也被捕了。不到两周，英国律师弗朗西斯·萨提尔（Francis Suttill）在巴黎被捕，他是特别行动局在法国最大情报网的负责人，同时被捕的还有他的信使和无线电接线员。这个月堪比法国抵抗运动最糟糕的一个月。短短几天之内，盖世太保就摧毁了萨提尔的情报网，逮捕了数百名特工，并在法国中部和北部缴获了数十个武器储藏点。

联盟中有一些人侥幸逃脱。年轻的吕西安·普拉尔是布列塔尼区的负责人，他从布雷斯特回到父母居住的勒东（Redon），身上带着当地港口船只和潜艇的详细报告和海岸防御计划。第二天一大早，他听到一辆车停在他父母家门外，就拿起文件从后窗爬了出去。这时，盖世太保特工开始敲门。街对面的邻居收留了他。

玛丽-玛德琳怀疑普拉尔被人出卖了。但这个人是谁呢？最近一轮的逮捕事件使她更加确信，联盟已经发展得太庞大了，特工们在一起相处的时间太长了，其中一些人甚至还没有经过仔细审查。她非常担心自己编织的这张错综复杂的"蜘蛛网"会在一瞬间被毁掉。

在过去的两年半时间里，玛丽-玛德琳一直生活在高度焦虑的状态中，持续的紧张和恐惧，再加上因怀孕和分娩带来的压力，给她的身体和精神都带来了巨大的冲击。她长期被噩梦困扰，开始做一个新的、反复出现的梦。在这个梦境中，一架拉山德小型飞机降落在一片被粉红色欧石楠花环绕的田野上。费伊和罗德里格斯走下飞机，受到一群特工同伴的迎接。当拉山德小型飞机离开后，一群拿着枪的盖世太保突然出现，抓住了她的两个大尉。其中有一个人大声欢呼："我们抓到了费伊！简直太开心了！"

当第一次做这个梦时，她打电话给刚从伦敦回来的皮埃尔·达拉斯，问他拉山德小型飞机的着陆点中有没有是盛开着欧石楠花的地方。经过片刻的思考，达拉斯回答说没有。玛丽-玛德琳再次询问是否确定。达拉斯再次回答说是的。然后玛丽-玛德琳让达拉斯做出承诺，永远不会安排拉山德小型飞机在任何有欧石楠花的地方降落。玛丽-玛德琳知道达拉斯可能在想她已经疯了。她其实也想知道达拉斯是不是对的。

一年多来，军情六处一直敦促玛丽-玛德琳去伦敦休息。费伊也催促她这样做。之前，她总是拒绝，争辩说她不能离开她的特工。但是她也想知道自己是否应该听从军情六处和费伊的建议。当然这并不是因为她像他们担心的那样，认为她的运气用尽了，会被抓住。她更多的是意识到，为了自己的身体，她需要从无休止的紧张中缓解一下。她还意识到与军情六处官员面对面会谈的重要性，以讨论联盟的未来状况和活动。尽管仍有些不情愿，她还是决定搭乘下一趟拉山德航班，在 7 月中旬的满月期间离开。

226

在离开前，玛丽-玛德琳任命了一名临时领导者，负责在她离开期间管理联盟。当然，费伊是一个合乎逻辑的选择，但他几乎完全专注于业务活动，并不急于承担最高职位。玛丽-玛德琳最后选择了时年 50 岁的保罗·伯纳德，他是玛丽-玛德琳的老朋友，也是法国和殖民地金融协会（French and Colonial Financial Society）的董事长。这家领先的投资银行于法国在亚洲的业务中持有大量股份。

自 1940 年联盟成立的第一天起，伯纳德就表达了自己有兴趣加入，但是玛丽-玛德琳告诉他，他所担任的重要职位将使他在以后的日子里对联盟更有用。1943 年初，伯纳德接管了联盟在巴黎的情报中心，当玛丽-玛德琳请求伯纳德暂时接替她担任联盟负责人时，他欣然同意了。

在动身去伦敦的前两天，玛丽-玛德琳在一次高级特工会议上发现，联盟中一些人对伯纳德的任命并不像她那般热情。武装哨兵在外面的街道上站岗，十多位联盟重要人物聚在巴黎总部的一张大桌子旁出席会议。他们包括以加布里埃尔·里维埃和费伊为代表的第一批特工，以爱德华·考夫曼、吕西安·普拉尔、埃米尔·艾丁和费迪南德·罗德里格斯为代表的第二批特工，还有伯纳德和一些第三批新招募的人员。

玛丽-玛德琳说明了她希望在伦敦完成的任务：提高军情六处和联盟之间的无线电通信安全性，获得更多的财政援助和设备支持，并讨论情报网结构调整以保障成员的安全。她重申227 自己"与英国人完全团结在一起"，这一声明让在场的一些人皱起了眉头。

　　在她的要求下，费伊提出了一项动议，呼吁联盟保持团结，继续开展情报活动，为盟军效力，直到战争结束。一些人认为情报网应该站在吉罗或戴高乐一边，反对该动议。但玛丽-玛德琳坚持投票必须一致，最终该动议获得通过。

　　接着玛丽-玛德琳宣布，在她离开的这段时间，保罗·伯纳德将接替她作为联盟领导者。几名经验丰富的特工听到这个消息皱起了眉头，但谁也没吭声，于是第二个动议通过了，同意提拔伯纳德。

　　会议结束后，考夫曼上校责备她选择了一个新人而不是老手来领导情报网。这个老上校把联盟多尔多涅区领导得非常好，玛丽-玛德琳伤心地看着他大步离开。内部争斗和竞争会不会反倒促成盖世太保还没有完成的事情，即在盟军取得最后胜利之前，把这群人分裂了？

　　在准备去伦敦的忙乱中，她还没有时间细想这个问题。玛丽-玛德琳在动身离开的前一天，她向同样从里昂逃到巴黎的玛格丽特·伯恩-丘吉尔下达了指示，要求她为被捕特工家属提供帮助。伯恩-丘吉尔和妹妹住在巴黎，承担了看管联盟在法国首都的安全藏身处的责任，同时负责监管存放电台设备的公寓，该公寓也被用作特工信箱，存放着需要特工收集的情报任务。

　　玛丽-玛德琳离开之前，保罗·伯纳德的妻子坚持说她需要带一些时髦的新衣服去伦敦，她也是联盟的信使。在过去的3年里，玛丽-玛德琳对时尚并没什么想法，但她还是带着罪恶的喜悦接受了伯纳德妻子的礼物，其中包括一套由知名时装设计师玛吉·鲁夫（Maggie Rouff）设计的套装，剪裁相当考究。

228　　　她离开的前一天晚上，包括费伊和罗德里格斯在内的一小群联盟特工在巴黎一家时尚的酒吧为她举行了告别派对，那里是德国军官最爱去的地方。酒吧老板是伯纳德·德·比利（Bernard de Billy），他偶尔会向情报网提供一些从他德国朋友那里获得的情报。

　　　派对结束后，在这个美丽而晴朗的夏日，玛丽-玛德琳和费伊在金色黄昏中沿着香榭丽舍大街漫步。她很久没有喝酒了，感到很舒服。她和费伊在凯旋门前停下来欣赏风景，她爱巴黎，她笑了笑。但当她看到迎风飘扬的纳粹党旗时，她的喜悦感黯淡了下来。

　　　第二天早上，费伊过来告诉玛丽-玛德琳，她当晚会按计划乘坐拉山德小型飞机飞往英国，玛丽-玛德琳心中的喜悦完全消失了。费伊觉察到了她情绪的变化，"要勇敢，你很清楚你必须去"。玛丽-玛德琳心里的确清楚这一点，但同时她"无法忍受割断我和联盟之间的脐带"。她没有说自己也为要与费伊再一次分离而感到悲伤。

　　　距离晚上 7 点还有几分钟，玛丽-玛德琳戴上帽子，穿上风衣，拎起旅行箱，她沿着街道去找皮埃尔·戴恩。戴恩将乘一辆由自行车拖拉的载客车陪她去火车站。在路上，玛丽-玛德琳看到费伊站在街角目送她离开。

　　　在车站，她看到了皮埃尔·达拉斯，他拿着要通过拉山德小型飞机带往英国的情报。与达拉斯一起的还有两名特工，其中一个是吕西安·普拉尔，普拉尔在法国布列塔尼差点被捕，玛丽-玛德琳认为他也必须离开一段时间。大家都假装不认识。玛丽-玛德琳和戴恩在头等车厢坐下，其他人分散在邻近的几个车厢。他们在离巴黎大约 30 英里的阿拉木图站下车，离开这个小站之后，他们跟着达拉斯分散着步行走了大约一英里，直到走到路边的一条大沟渠旁。他们将在那里等到天黑。

229

夜幕降临后，他们再次出发。来接他们的是马塞尔·吉尔伯特（Marcel Gilbert）医生。这位上了年纪的乡村医生是联盟的一名兼职特工。车开了几英里后，吉尔伯特拐进了一条狭窄的岔路，然后颠簸着来到一块刚收割完的玉米地，他把车停在一大堆玉米秆后面。吉尔伯特告诉他们，这没有停在马路上那么显眼。

玉米秆旁边是着陆跑道。玛丽-玛德琳蹲在吉尔伯特医生旁边的草垛下面，她看着达拉斯和其他地面组成员正在为即将到达的飞机做出点位标记。抬头望着明亮的满月，吉尔伯特喃喃地说，这是一个多么美妙宁静的夜晚。玛丽-玛德琳看了他一眼。他戴着眼镜，长着浓密的灰白头发、浓浓的眉毛和胡须，外表和举止都显得很有学问，但是他的衣服很破旧。达拉斯早些时候告诉她，吉尔伯特一生都在帮助穷人。

玛丽-玛德琳问吉尔伯特，当她到达英国后是否有什么需要她帮忙的。吉尔伯特想了一会儿，回答说他想要一些英国香皂，这样他可以在治疗病人之前洗干净双手。玛丽-玛德琳保证她会通过下一班拉山德小型飞机把香皂运回来。

午夜过后不久，达拉斯和另外两名地面人员就位，3 人面向迎风的方向站成一个大 L 形。他们打开了手电筒。几分钟后，玛丽－玛德琳听到了轰鸣声，就好像是摩托车发出的声音。轰鸣声越来越响，3 人把手电筒对准了声音发出的方向，达拉斯开始用莫尔斯密码发出字母 M 的信号。过了一会儿，玛丽－玛德琳看见天空中有一个东西从东北方向飞了过来。拉山德小型飞机用灯光闪烁回应了字母 R 的信号。这个信号令大家十分满意，这架小型飞机俯冲下来，向达拉斯所在的位置飞去并停下。达拉斯转过身，为拉山德小型飞机再次起飞做准备。

230　当他这么做的时候，飞机后座舱打开了，3 名联盟特工跳下飞机，迅速把他们的行李拖了出来。接着他们拿起准备离开的人的包和箱子，放在他们刚刚放行李的小空间里。玛丽－玛德琳匆忙地拥抱每个到达的特工，然后她被托着爬上飞机，随行的是普拉尔和另一名要离境的特工。而皮埃尔·达拉斯与 20 岁的拉山德飞行员——飞行中尉彼得·沃恩·福勒（Peter Vaughan Fowler）互相问候，并互赠了小礼物。两个月前达拉斯在伦敦逗留期间，与彼得·沃恩·福勒成了朋友。过了一会儿，飞机起飞了，从着陆到起飞，总共不到 7 分钟。

玛丽－玛德琳和另外两名乘客在狭小的后座舱面朝后坐着，他们和福勒的驾驶舱之间隔着一个巨大的燃料箱。福勒只能看到正前方，后座舱里有一个用法语写的标牌：如果看到敌机，请按下面的按钮通知飞行员。另一个牌子上写着：脚右边的保温瓶里有热咖啡，左边是一瓶威士忌。在喝了几杯掺有威士忌的咖啡后，剩下的飞行途中玛丽－玛德琳和同事们一直焦急地在夜空中寻找德国空军使用的梅塞施米特式战斗机。当拉山德小型飞机飞过法国没有灯光的城市和乡镇时，她偶尔会低头看看。下面的黑暗与她自己的阴郁情绪正相匹配。

　　飞机起飞后不到两个小时，玛丽-玛德琳听到了来自前驾驶舱的一阵声音。福勒已经和基地联系上了。飞机缓慢下降，她看到了多佛白崖，然后是接连不断的田野、公路和村庄。突然她看到了英国皇家空军机场，那里各种"信号灯"闪烁，欢迎她来到英国。

231

第二十二章 "你终于来了！"

玛丽-玛德琳刚从拉山德小型飞机上爬下来，就被一群穿着英国陆军和空军制服的男人包围了。她在人群后面发现了一张熟悉的面孔——埃迪·凯瑟。自从两年多前他们在马德里会面以来，凯瑟是玛丽-玛德琳与军情六处的主要联络人。凯瑟紧握着她的手说："你终于来了！我们都非常担心你。你为什么不早点来呢？"

匆忙介绍之后，凯瑟和其他军官带着玛丽-玛德琳和她的两名特工，在彼得·沃恩·福勒的陪同下，来到坦米尔皇家空军大门对面一座 17 世纪的小别墅里。这里是拉山德最高秘密行动的总部，只允许飞行员、机组人员、军情六处的工作人员和法国情报人员进入。

凌晨两点，军官们的食堂仍挤满了人。当新来者走进来时，里面欢快的嗡嗡声没有停顿。事实上，正如玛丽-玛德琳困惑地注意到的那样，甚至没有人抬起头来。很明显，外国人在半夜抵达这里并不是一件奇怪的事。

232　　玛丽-玛德琳有很多不同种类的香烟和酒精饮料可以选择。她坐在一张桌子旁，微笑地看着前战斗机飞行员吕西安·普拉尔躺在一张舒适的椅子上，他一边津津有味地吃着火腿三明治，一边睁大眼睛钦佩地看着沃恩·福勒和他的皇家空军战友们。

大约一个小时后，玛丽-玛德琳、凯瑟和她的法国同事们被车带到他们的住处过夜。玛丽-玛德琳原以为会住在基地的兵营，但她和其他人被送到了一个小石头庄园，周围是一个花园。用玛丽-玛德琳的话说，这里看起来好像在她童年的童谣里出现过。

这个庄园是托尼·伯特伦（Anthony Bertram）少校租下的。他是军情六处和联盟及法国其他情报网往返巴黎的特工之间的联络官，他会说法语。伯特伦毕业于牛津大学，战前曾出版过几部小说，他和妻子芭芭拉、两个幼小的儿子，还有各种各样的动物一起生活在这里。动物包括狗达夫、猫彼得、山羊卡洛琳，还有很多没有名字的兔子和鸡。

伯特伦夫妇家离大路很远，在家里可以俯瞰苏塞克斯的壮丽景色——一大片白垩丘陵。他们家就像坦米尔附近的小屋一样，笼罩在神秘的气氛中。对外界来说，这里被认为是为自由法国军官提供的住处，而很少有人知道它存在的真正目的，它是法国间谍的中转站。间谍刚抵达英国，以及在返回法国之前，都住在这里。为了确保房子的安全性，芭芭拉·伯特伦自己做饭和打扫卫生，这所房子里不准使用佣人。

二战期间，有200多名法国人住过伯特伦家，他们认为这里充满了欢乐、关怀和温暖，这在很大程度上要归功于芭芭拉·伯特伦非常热情好客。伯特伦的一位法国客人回忆说："她是一位能令人愉快的女主人……为了照顾好客人和家人，她总是最早一个起来，最晚一个睡下……但她还总能抽出时间来玩桥牌、散步或者玩英国人最喜欢的飞镖游戏。"他还补充

233 说，对即将返回法国的特工们来说，伯特伦的安抚和帮助分散注意力也尤其重要。"他们很紧张，脾气暴躁，没有耐心，对现实极度恐惧……但幸运的是有伯特伦与他们在一起，我常常听他们说，'在英国最美好的回忆就是在伯特伦太太家度过的那段时光'。她赢得了所有中转此地的法国人的心和感激之情。许多人离开这里时，得以重获勇气。"

芭芭拉·伯特伦被客人喜欢的原因有很多，其中之一就是她有收集干泥的习惯，这些干泥是特工刚到时从他们鞋子或靴子上刮下来的。和玛丽-玛德琳一样，许多人也曾穿过泥泞的法国小路，才到达拉山德小型飞机的着陆点。他们会在她家前门外把鞋子上的泥土清理掉，伯特伦就会用这些泥土在自家花园里种芥菜和西洋菜，这样她就可以把用法国土壤种的菜制作的沙拉送给下一批来的法国人。

伯特伦夫人对她的客人也有着同样强烈的感情。战争结束后，她表示，她的客人和家人之间逐渐形成了"亲密、友爱"的关系。她回忆说："他们来的时候，我总会去前门迎接他们。欢迎以前来过的老朋友，真是太棒了。我为自己总还记得他们而感到自豪，他们会称呼我为芭芭拉夫人，也会问候我的孩子们。"

伯特伦夫人特别喜欢"美丽的玛丽-玛德琳"，她指的是联盟领导者。伯特伦夫人说："她来过好几次，不过每次来看起来都不一样，有时红头发，有时黑头发，但总是优雅可爱。"玛丽-玛德琳也很喜欢芭芭拉·伯特伦。

但是当玛丽-玛德琳第一次来伯特伦家的时候，她唯一关心的事情就是睡觉。早餐时，她吃过鸡蛋和熏肉，眼睛几乎都睁不开了。当她最终被带到一个房间时，她倒在了床上，衣服也没脱。早晨晚些时候，她被响亮的敲门声吵醒。她心想："盖世太保来了!"她迅速跳下床，心怦怦直跳。几秒钟后，她才想起自己在哪里。于是她打开了门，原来是凯瑟告诉她该去伦敦了。

图 22-1 芭芭拉·伯特伦和托尼·伯特伦

234

汽车加速驶往伦敦，玛丽-玛德琳眼睛盯向窗外的英国乡村。她终于来到了这里，在过去的 3 年里，这个国家一直是她关注和工作的中心，但她心中想的只有留在法国的那些人。

令凯瑟惊讶的是，她突然哭了起来。凯瑟表示，他原本以为玛丽-玛德琳来到这里会很高兴。玛丽-玛德琳回答说，她希望她在法国的朋友们能和自己在一起。她自责，不应该抛下他们，她有一种可怕的感觉，她再也见不到他们了。尽管她想竭力忍住，但说着说着，眼泪又流了出来。

让惊讶的凯瑟松了一口气的是，他们很快就来到了白金汉宫附近的豪华旅馆，玛丽-玛德琳会住在这里。年轻的少校说他要去请医生。大约一个小时后，他带来了一位医生，医生给玛丽-玛德琳开了维生素、镇静剂和安眠药。凯瑟坚持让他去取药，当他拿着药回来时，玛丽-玛德琳礼貌地向他道谢，等他走后，她把药放到了浴室架子后面。

235　　　凯瑟晚上离开之前告诉玛丽-玛德琳，"大赞助人"——军情六处的副局长克劳德·丹西（Claude Dansey），将在第二天上午 11 点拜访她。

　　次日上午 11 点整，一位 60 来岁、秃顶、戴眼镜的男子手持一束鲜花，按响了公寓的门铃。玛丽-玛德琳打开门后，男子把花放在桌子上，然后握住了她的双手，像长辈一样看着她。克劳德·丹西说："这就是那个把我们都吓坏了的可怕的女人！我经常在想你会是一个什么样的人。你能安全地来到这里真好。"

　　玛丽-玛德琳告诉他，她不能在伦敦待太久。丹西回答说，为了她自己的安全，她需要留在伦敦。丹西还指出，她担任联盟领导者已经有两年半的时间了，法国其他抵抗组织的大多数领导者在上任 6 个月内就被盖世太保抓获了。

　　"你是说你不打算让我回去了吗?"玛丽-玛德琳问道，声音里透着焦虑。

　　丹西回答说，暂时不会。然后他迅速转移了话题，表示联盟的情报对英国军事计划和行动都非常重要。然后丹西问是否可以为她做点什么作为回报。受他鼓励，玛丽-玛德琳请求他帮助自己与在瑞士的孩子们取得联系。丹西答应了。

　　与丹西第一次会面后，玛丽-玛德琳把他形容为"一位迷人的老绅士"。对于那些很了解丹西的人来说，"迷人"和"绅士"不会是他们用来形容他的词。

尽管斯图尔特·孟席斯是军情六处的官方领导者，但在他的大多数同事看来，丹西才是真正掌管军情六处的人。他神秘莫测、捉摸不定，是一个精于秘密行动和谎言的人物。用作家本·麦金太尔（Ben Macintyre）的话来说，他是"一个最令人讨厌的人，却也是一个最有经验的间谍"。

丹西是军情六处高层中的一个异类。据麦金太尔说，他有着"像活跃的雪貂一样"敏锐的眼睛，他没有上过伊顿公学，也没有在军队兵团服过役。他早期职业生涯的大部分时间是作为一名军事情报官员在非洲度过的，他在那里管理间谍网，收集情报并帮助镇压当地的反叛组织。第一次世界大战期间，他在伦敦为英国情报机构工作，其主要职责包括抓捕可疑的外国人，在英国和西欧从事反间谍活动等。

马尔科姆·马格里奇（Malcolm Muggeridge）是一名记者兼作家，二战期间他为军情六处工作。马格里奇评价说："每个人都害怕他，他是唯一真正的专业间谍。其他高层在他面前不过是二流的人，拥有二流的思想。"著名的历史学家休·特雷弗-罗珀（Hugh Trevor-Roper）当时也在军情六处工作，他对丹西的看法偏见更深，称他"简直就是一坨屎，腐败无能，却带着卑鄙的狡诈"。年轻的外交官帕特里克·赖利（Patrick Reilly）是斯图尔特·孟席斯的临时助手，他印象中孟席斯的副手"对一切人和事都充满了仇恨"。

显然，玛丽-玛德琳并不知道这些故事。丹西最反感的事情之一是女性在公共生活中扮演领导者角色。作为一个非常厌恶女性的人，丹西从未向玛丽-玛德琳透露过，当他第一次得知军情六处最成功的法国情报网的领导者竟然是一位年轻貌美而且已有两个孩子的母亲时，他是多么震惊。

玛丽-玛德琳也不知道，是丹西向联盟派出了叛徒阿瑟·布拉德利·戴维斯（又名布拉）。安东尼·里德（Anthony Read）和戴维·费希尔（David Fisher）曾写过一本大体上支持丹西的人物传记，他们称戴维斯/布拉事件是"丹西最严重的错误之一"，这个错误"给联盟情报网带来了几乎毁灭性的灾难"。里德和费希尔补充道："很难解释或理解，丹西怎么会同意派他去。但他确实同意了。"

在接下来的几天或几周中，玛丽-玛德琳逐渐意识到，关于如何管理联盟情报网，她的观点经常与丹西和军情六处的观点发生尖锐冲突。她遇到的第一个挫败是，联盟长期以来在军情六处的联络员、曾被她视为朋友的凯瑟少校突然被调任。凯瑟的继任者是一位名叫汤姆的军官，从一开始就被玛丽-玛德琳视为眼中钉。他无视她的问题和建议，并向她隐瞒了联盟发给军情六处的大部分情报资料。

还有一件事情让玛丽-玛德琳很愤怒。她参观了军情六处的无线电传输中心，中心位于巴别塔，这里有数百名接线员，接收来自联盟以及法国和欧洲其他地方的情报网的编码信息。她来这里是为了转达费迪南德·罗德里格斯的请求，即军情六处应停止要求情报网无线电接线员与伦敦连线的做法，他认为军情六处应该先进行电台连线。罗德里格斯告诉玛丽-玛德琳，联盟和其他情报网接线员被捕的主要原因之一是，他们不得不长时间进行连线，等待伦敦的回应。

玛丽-玛德琳同意转达罗德里格斯的请求。她写道："我们的接线员蹲在前线，冒着不必要的风险，在我看来，这是非常残忍的。我常常听到他们发出绝望的呼唤，说'这些笨蛋，他们没有回应！'"她还记得，前一天晚上她的接线员为了联系上伦敦熬到了半夜，而第二天警方就突袭了联盟在马赛的总部，但军情六处无线电台中心的负责人对她的建议充满敌意，坚决拒绝按她的要求行事。

玛丽-玛德琳极力避免触碰英国官僚政治，但她还是被卷入了有关戴高乐的争吵和竞争之中。几天后，她第一次意识到情况不妙。她叫了一辆出租车，并把目的地告诉了司机。司机转过身来问她是不是法国人。玛丽-玛德琳点了点头，司机竟然问她支持谁，戴高乐还是吉罗。

1943 年夏天，尽管美国和英国政府持续反对，但是戴高乐在与同僚吉罗将军的领导权斗争中明显占据了优势。成千上万名维希法国士兵在北非倒戈，加入了自由法国队伍，使戴高乐领导的运动成为一股更强大的军事力量。

最后罗斯福总统对大多数人认为不可避免的事情做出了一点让步，他承认戴高乐不可能完全被排除在北非政府之外，并授权他与吉罗联合起来。1943 年 6 月，法国民族解放委员会（the French Committee of National Liberation）在阿尔及尔成立，吉罗和戴高乐共同担任主席。然而在短短几周内，委员会内部就发生了权力斗争，明显戴高乐将赢得这场斗争。

双方在伦敦的斗争和在阿尔及尔的斗争一样尖锐。在阿尔及尔，吉罗的支持者指责自由法国的情报机构命令其特工在当地监视吉罗和他的部下。与此同时，吉罗的追随者被怀疑要密谋绑架戴高乐，并将他扣为人质。

在阿尔及尔，支持吉罗的许多人都是反德军官，他们曾在维希政府服役，在德国侵占自由区后逃到了北非。他们迫切希望再次拿起武器对抗德国，但他们拒绝与戴高乐产生任何瓜葛。反过来，自由法国领导者拒绝与为贝当元帅工作过的任何人合作。

玛丽-玛德琳和她的情报网被卷进了这场激烈的权力之争。由于联盟帮助吉罗逃离法国，双方中许多人认为联盟是吉罗阵营的。联盟中的一些人，包括莱昂·费伊也支持加入吉罗将军在北非的军事指挥部。

恼火的玛丽-玛德琳决心一如既往地远离政治纷争，她不想与该计划有任何关系。在法国，两位将军的支持者都积极参与抵抗运动，冒着被捕、受刑和处决的危险，努力将侵略者赶出法国。在伦敦和阿尔及尔，他们却互相敌视对方。

239　　玛丽-玛德琳宣布她打算与双方都合作，她同意听从以吉罗为首的法国军事司令部的指挥，同时坚持情报网的情报要与戴高乐和自由法国分享。与此同时，她明确表示，联盟首先效忠于军情六处和英国。

尽管有这些使人分心的事情，但是玛丽-玛德琳从未忘记她关心的人——她在法国的特工们。刚到伦敦，她就在大百货商店里转来转去，为他们买礼物：给吉尔伯特医生的几公斤香皂；给玛格丽特·伯恩-丘吉尔的锡兰茶；为其他女特工准备的毛衣、长袜、衬衫和内衣。她把这些礼物，连同给男特工们的"各种各样的惊喜"，装在一个大箱子里，让吕西安·普拉尔在下一次满月飞回法国时带着。

在伦敦的第一个月，玛丽-玛德琳经常见到普拉尔，他喜欢在伦敦的一切。他带着孩子般的热情告诉她，在英国海军部和陆军部的密集询问会上，他花了几个小时详细说明了布列塔尼的沿海地形和敌军防御阵地。他还向英国介绍了他的特工及他们行动的方法。

普拉尔访问快结束时，玛丽-玛德琳表示想在他回法国之前给他买几件新衣服。当她问他想要什么时，他立刻回答："一件睡衣。"玛丽-玛德琳笑着说他不能在开展情报工作时穿睡衣，他说他不在乎。玛丽-玛德琳让步了，带他去了伦敦最时髦的一家商店，在女售货员"惊讶而谨慎的注视下"，他试穿了一件又一件睡衣。据玛丽-玛德琳说，他最后选择的是所有这些睡衣中最长的，也是最像英国人平时穿的。

普拉尔计划于 8 月 15 日返回法国。在他离开的前一天晚上，他和玛丽-玛德琳详细讨论了军情六处给他的布列塔尼子情报网的新任务。她给了他一捆给情报网总部工作人员的报告，还有一个大箱子，里面装满了她买的礼物。

这趟拉山德航班应玛丽-玛德琳的特别要求，需要把普拉尔带回法国，还有两名旅客将被带来伦敦。费迪南德·罗德里

240

图 22-2 吕西安·普拉尔

格斯是前来伦敦的两名乘客之一，玛丽-玛德琳想请他来与军情六处官员商讨他的提议，即终止要求无线电接线员主动与伦敦联系的规定。另一位乘客是莱昂·费伊。

从费伊发来的消息中，玛丽-玛德琳得知吉比特（Gibbet，联盟给盖世太保和阿勃维尔的代号）在巴黎和其他地方又逮捕了几名特工。其中有皮埃尔·戴恩，他是一个令人敬畏的巴黎警察，曾是玛丽-玛德琳的贴身保镖。在报告中，费伊将最近的逮捕行动与里昂被逮捕的埃内斯特·西格里斯特联系起来。据费伊说，盖世太保在西格里斯特口袋里发现了一个笔记本，上面有一些特工的代号，包括最近被逮捕的特工。玛丽-玛德琳让费伊来伦敦，这样他们俩就能想出一个全面的计划来加强情报网的安全性，以防止类似的失误再次发生。但她也是想和费伊重聚，哪怕只有一个月。

8 月 15 日下午晚些时候，玛丽-玛德琳陪同普拉尔到托尼·伯特伦和芭芭拉·伯特伦夫妇的别墅为他送行，并欢迎费伊和罗德里格斯的到来。玛丽-玛德琳回忆说："芭芭拉愉快地和我聊天，尽力让我高兴起来。"由于一直担心会因这趟拉山德航班而失去费伊，她没能做出回应。直到托尼·伯特伦

241

从坦米尔打电话给他的妻子，叫她"把水壶放上去喝茶"。这是一个暗号，意思是拉山德小型飞机来到了，直到这时玛丽-玛德琳才恢复了活力。她跳起来，拥抱了芭芭拉，帮她摆好桌子，为旅客们准备便餐。

费伊和罗德里格斯的到来是热闹非凡的。他们俩以前都在伯特伦家住过，他们热烈地拥抱、亲吻芭芭拉，并赠送了礼物。在芭芭拉的战时回忆录中，她描述了费伊几次来访时给她的礼物，其中有来自阿尔及尔的橙子和一大瓶夏帕瑞丽香水。刚来到别墅里，罗德里格斯即兴演奏了一首《家，甜蜜的家》为大家助兴。

上午晚些时候，玛丽-玛德琳、费伊和罗德里格斯去了伦敦。玛丽-玛德琳和费伊在伦敦仔细检查了他带来的大量情报。其中有一份报告立刻引起了玛丽-玛德琳的注意，她迅速浏览了报告内容，然后惊讶地望着费伊。费伊说："看来，它对你的影响和对我的影响一样大。"

费伊从乔治·拉马克那里收到了这份报告。乔治·拉马克 242 是一个 28 岁的巴黎人，加入情报网 11 个月就已成为高级特工。他在二战前是一名才华横溢、前途无量的数学家，博士学位论文研究计算概率，并计划在巴黎建立一个研究公众舆论的机构。

当德国入侵法国时，乔治·拉马克参加了萨玛尔战役，这是法国军队在卢瓦尔河畔的最后防线。他在战斗中负伤，被授予英勇十字勋章。他拒绝向德国投降，并加入了一个羽翼未丰的抵抗组织，不过这个组织很快就被摧毁了。不久之后，他加

图 22-3　乔治·拉马克

入了法国童子军，这是由维希政府赞助的针对十几岁男孩的组织。该组织共有 3 万名成员，他们在农场工作，或被分配到建设项目中，比如重建在战争中被毁掉的道路和桥梁。他们还参加文化和社会活动。

　　尽管维希政府对这个青年组织拥有公认的控制权，但该组织的负责人实际是一名已经加入抵抗运动的反德自由主义者，他认为可以依托童子军开展反德活动。他任命乔治·拉马克为监察长，其具体工作是周游全国，并密切关注该组织的年轻成员，以及德国军队在各地的活动。

　　1942 年 8 月，乔治·拉马克加入联盟。他最初的任务是向法国各地区分发新的无线电台，同时招募和培训接线员。4 个月后，他带着一个令人吃惊的提议来见玛丽-玛德琳：他要求负责情报网中的一个自治组织，该组织将从法国童子军中招募特工。

　　玛丽-玛德琳起初认为这是对联盟及其运作的一种委婉的批判，拉马克坚持认为事实并非如此。他认为，授予新的子情报网自主权将为它和联盟两者都创造一道保护墙。她承诺会考虑这个计划。在接下来的几个月里，当她越来越确信情报网需

243

要分权时，她决定支持拉马克的计划。

联盟提供了财政和其他支持，拉马克（代号海燕）独自负责招募特工和管理新组织。他称这个新组织为德鲁伊教，意为不列颠群岛上的前基督教时代的凯尔特神职人员。1943年的头几个月，盖世太保的大规模逮捕行动，使得联盟在法国南部的许多地区遭到了重创。这个新的子情报网立即证明了它的价值。在玛丽-玛德琳的催促下，拉马克从德鲁伊教中招募了新的区域领导者，他们被派去重建被摧毁的地区。于是里昂、尼斯、维希、图卢兹和其他城市"被变魔术般地复活了"。

玛丽-玛德琳对拉马克的组织能力印象深刻。1943年6月拉马克被派往伦敦接受军情六处的高级培训。7月，他回到了法国，乘坐的正是将她送往坦米尔的同一架拉山德小型飞机。不到一个月后，多亏了拉马克，玛丽-玛德琳面前有了一份报告，这份报告是她两年多来读过的最好的报告。在这份报告的前言中，拉马克写道："这些资料看起来很荒谬，但我完全相信我的消息来源。"

玛丽-玛德琳问费伊消息来源是谁。费伊回答说，是一个代号为"Amniarix"的年轻女子。拉马克拒绝透露她的真实姓名。他只是说，她是一位天才语言学家，所有消息都是她一手掌握的。

不到一个星期，这份长篇报告就会摆在温斯顿·丘吉尔的办公桌上。在不久之后，这份报告和它的作者将有助于决定战争的进程。

第二十三章　那个时代最非同凡响的女孩

第二次世界大战爆发后，20 岁的珍妮·鲁素刚以全班第一的成绩毕业于巴黎自由政治学堂（the École Libre des Sciences Politiques），这所精英学府为法国培养了许多杰出的知识分子、政府领导人、研究人员和科学家。珍妮·鲁素善于将她的才华隐藏在朴实的外表下。她巧妙利用了这样一个现象，即大多数男人会被她的魅力和美貌所迷惑，而不会严肃对待她。正是基于这种优势，1940 年 6 月，她去往布列塔尼西北角的海滨小镇迪纳尔（Dinard）为德国工作。

珍妮·鲁素的父亲曾是巴黎的一名高级官员。德国入侵法国后，她和家人从巴黎搬到了这个海滨小镇，因为她父亲认为，这样一个偏远的地方不会受到侵略者的威胁。令他懊恼的是，被希特勒安排要指挥入侵英国的陆军元帅瓦尔特·冯·赖歇瑙（Walther von Reichenau）把指挥部设在了迪纳尔，数百名德国国防军蜂拥而至。

住在珍妮·鲁素家隔壁的镇长告诉她的父亲，他需要一个
人为德国最高指挥部做翻译。珍妮·鲁素的父亲推荐了他的女儿，她精通 5 种语言，其中就有德语。珍妮·鲁素顺利得到了这份工作，也很快成为冯·赖歇瑙和其他职员最喜欢的人。珍妮·鲁素后来回忆说："当时德国人也希望被人喜欢。他们很乐意和会德语的人交流。"她的新雇主在她面前公开谈论军事

战术和战略，《华盛顿邮报》的记者戴维·伊格内修斯（David Ignatius）多年后在一篇关于珍妮·鲁索的文章中写道，"年长的男人轻率地和一个德语说得非常好的漂亮小女孩谈论所有事情"。

图 23-1　珍妮·鲁索

　　德国人来了几个月后，附近城镇的一个人听说了珍妮·鲁索的新工作，于是到她家中拜访。来访者问她是否愿意分享她从德国人那里得到的有趣信息，然后他会将信息传送给英国。珍妮·鲁索立即同意了。

　　不久后，德国柏林方面开始注意到，英国似乎对迪纳尔地区的军事行动非常了解。官员们怀疑有间谍在迪纳尔工作。
1941 年 1 月，珍妮·鲁索被盖世太保逮捕，后被送进雷恩市
的监狱，但与她一起工作的官员纷纷表示抗议，坚持认为他们
可爱的翻译不会从事间谍活动。在没有确凿证据的情况下，这
名年轻的自由间谍被释放，并被勒令离开沿海地区。珍妮·鲁
索去了巴黎，希望寻找另一份能让她接触到重要情报的工作，
一份"能入虎穴的工作，那是我想要的"。

246

　　珍妮·鲁索被捕的消息显然没有传到巴黎盖世太保那里，
她到达后不久，就找到了她一直想要的工作。她被一个法国工
业实体辛迪加雇为翻译，这些工业实体中的人员经常与驻巴黎
的德国军事司令部人员会面，讨论一些商业问题，例如德国向
法国公司下订单。后来珍妮·鲁索成为辛迪加的首席翻译，几
乎每天都与德国军官在指挥部的大酒店会面。她回忆说："我
知道德国所有工厂和商品的细节。我们不断了解他们拥有什
么，他们做了什么，我们还可以密切关注他们正在做什么。这
里的'我们'就是我。"

　　碰巧，珍妮·鲁索在大酒店遇到的一些军官正是她在迪纳
尔指挥部的老朋友，只是现在他们的办公室和她之前经常去的
不一样了而已。军官们很高兴能见到她，他们晚上带她出去喝
酒，在喝酒的过程中，他们暗示，他们的工作涉及一个绝密武
器项目。

　　珍妮·鲁索已经获得了关于德国工业的大量情报，更不用
说还有一个关于新武器项目的情报了，但是她无法将如此重要
的情报传递给英国，于是越来越感到沮丧。然后，乔治·拉马

克出现了。

1943 年初的一个晚上，作为工作的一部分，珍妮·鲁索坐火车从巴黎前往维希。上车后不久，她看到了一张熟悉的脸。这个人就是拉马克，是她在巴黎上大学时的一个老朋友。他们已经多年没见了，因为在火车上找不到空位，他们就站在过道里谈论着彼此的生活。

珍妮·鲁索向他讲述了她在辛迪加的工作，以及她与德国官员的频繁接触。她还提到了大酒店里的其他办公室正在进行的秘密工作。拉马克也讲述了他的工作，他创建了一个"小组织"，为英国收集情报。这个组织被称为德鲁伊教。拉马克问鲁索是否愿意为他工作，鲁索热情地答应了。他给了她代号"Amniarix"。

从迪纳尔来的德国朋友开始邀请鲁索参加他们晚上的社交聚会，地点在凯旋门附近霍希大道上的一所房子里。他们在这里吃喝玩乐，畅谈工作，还经常提到在德国波罗的海海岸正在研制的秘密武器。鲁索后来说，她从未利用性来获取情报，即她所谓的"玛塔·哈里①游戏"，她所做的只是倾听。她回忆说："我成了设备的一部分，一件家具。和他们坐在一起，我是如此年幼，我只能听他们在说些什么。如果他们有没说的，我会提示。"

他们谈到惊人的新型武器，飞得很远，比任何飞机都快，鲁索瞪大眼睛看着他们，她取笑他们，嘲弄他们，坚持认为他

247

---

① 玛塔·哈里，荷兰舞女，是历史上最富传奇色彩的女间谍之一。

们一定是疯了。她一遍又一遍惊讶地说："你告诉我的不可能是真的！"有一个军官最后终于受够了她那闹着玩的质疑。他从公文包里拿出一张绘有一个巨大火箭的图纸，这是一张标记有一个实验测试站的地图，测试站叫作佩讷明德（Peenemünde），位于波罗的海沿岸的一个岛上。他还向她展示了详细的文件，包括如何进入测试地点、需要的通行证，甚至每张通行证的颜色。

鲁索有过目不忘的能力，她每天晚上和军官一起聚会后，都会去巴黎左岸一个德鲁伊教安全屋，把自己听到的话一字一句地写下来。她说："我不需要解释或理解，我会像海绵一样吸收它。"实际上，大部分内容她都不懂。当德国人谈到导弹（raketten）时，她根本不知道是什么意思。她只知道，这个信息"非常重要"。她怀疑这可能是战争的最高机密之一。

8个月前，也就是1942年10月3日，一枚闪亮的黑白火箭，有近5层楼高，停放在发射台上，发射台位于一块被茂密松树包围的空地上。德国科学家和工程师在佩讷明德组装大楼里紧张地注视着发射台，他们可以看到导弹喷出的蒸汽云。一阵尖锐的汽笛声响起，接着是10秒倒计时。

倒计时结束后，火焰从火箭底部喷射出来，伴随着雷鸣般的轰鸣声，它慢慢地从发射台上升起，开始加速。在几秒钟内，它冲入了平流层，突破了音障。然后火箭完全按计划飞向东方，在坠落到波罗的海之前飞行了120英里。

佩讷明德测试中心主任、德国空军上将沃尔特·多恩伯格

（Walter Dornberg）听到这个消息后，欣喜地向他的幕僚们欢呼道："今天下午，宇宙飞船诞生了！"但是，正如多恩伯格所知道的，世界上第一枚远程弹道导弹 V-2 火箭的首次成功试飞有着更为直接的意义。他对 V-2 项目的年轻主管沃纳·冯·布劳恩（Wernher von Braun）说："为了元首和战争胜利，新的超级武器必须尽快投入生产。"

1936 年，德国军队接管波罗的海的乌瑟多姆岛（Usedom），这里曾是柏林上流社会的避暑胜地。军队拆毁了岛上名为佩讷明德的小村庄，建成了世界上最大的导弹测试中心和发射场。冯·布劳恩以及其他德国顶尖科学家和工程师在这里致力于新型航空武器的研发，尤其是被称为 V-2 的远程火箭，以及被称为 V-1 的装有炸弹的无人驾驶喷气式飞机（V-1 导弹）。

对希特勒和德国将军来说，V-2 火箭成功试飞是一个特别事件。他们很快就会面临两大军事灾难——伏尔加格勒战役和北非战役的失败。希特勒希望 V-2 火箭和 V-1 导弹能帮助德国重获战争主动权，于是 1943 年初他把 V-2 火箭和 V-1 导弹的大规模生产作为首要任务。他投入了大量资金，并安排数千名劳工完成这项工作。1943 年底，希特勒告诉他的高级军事官员，这些导弹是"将改变战争面貌的新型武器"，伦敦将被炸为平地，英国将被迫投降，任何入侵欧洲大陆的计划都将变得不可能。他宣布，袭击将于 1943 年 10 月 20 日开始，V-2 火箭将被第一个发射。

尽管佩讷明德的安全措施非常严格，但来自不同国家的抵抗组织成员向英国透露了一小部分关于测试地点的信息，他们

249

曾作为劳工在这里工作。英国官员了解到德国正在进行导弹试验，并在法国大西洋沿岸建造了发射场。但他们没有掌握导弹和试验的具体情况。

令人意外的是，鲁索的报告出现在了伦敦。她用大量细节描述了她所谓的"平流层炸弹"，包括它的大小、发射速度、射程、燃料供应、缺陷、位置和发射地点，甚至包括发射过程中发出的声音——"像飞行堡垒一样震耳欲聋"。根据她的消息，"50~100枚这样的炸弹足以摧毁伦敦"，而且将在冬季针对"英国的大部分大城市"进行轰炸。

在报告寄出后，鲁索非常想知道英国官员是否已收到这份报告，以及报告是否可以派上用场。多年后，她描述了自己和其他情报人员当时所感受到的孤独，"令人心寒的恐惧、无休止的等待，以及不知道这些冒险获取的情报是否会被送到或者是否能及时被送到"。其实，她不需要担心这种情况。

玛丽-玛德琳立即把这份报告发给了军情六处，军情六处又把它转交给了雷金纳德·V. 琼斯（Reginald V. Jones）博士。琼斯博士是来自牛津的一位年轻的物理学家，在空军部担任科学情报助理主任，也是温斯顿·丘吉尔在科学战方面的正式的首席参谋。琼斯博士立即领会了他所谓的"这份非同寻常的报告"的含义，并询问消息来源是谁。玛丽-玛德琳只透露消息来源是他们那一代人中最杰出的女孩。第二天，鲁索提供的报告传到了丘吉尔那里。

多年后，一位历史学家将鲁索的这份报告描述为"情报收集史上的杰作"。这份报告连同英国得到的有关德国新型恐怖武器的其他资料，让丘吉尔和他的军队确信，必须尽快对佩讷明德发动大规模袭击。

1943 年 8 月 17 日晚上 11 点刚过，冯·布劳恩和一些科学家同事在佩讷明德军官俱乐部参加完一个聚会，他正要上床睡觉。那是一个晴朗美丽的夜晚，其他一些参加聚会的人还在外面享受着宜人的空气和繁星点点的天空。

当冯·布劳恩开始慢慢入睡时，空袭警报突然响起。他迅速穿好衣服，赶到了测试站的通讯中心，拿到了战况报告。他被告知，从英国飞往德国的几波轰炸机，目前正在丹麦上空，被认为要飞往柏林。

当冯·布劳恩回到他的住处时，他注意到大楼里的一个人工雾系统被激活了，浓雾笼罩了附近的建筑物。他抬头一看，看到了英国皇家空军先遣轰炸机投下的带有红色和绿色标记的照明弹，他和同事们称之为"圣诞树"。雷鸣般的咆哮声响彻天空，高射炮轰鸣。当冯·布劳恩和数十名佩讷明德工作人员冲向主要的空袭掩体时，第一批炸弹已经落下。

英国皇家空军轰炸司令部（RAF Bomber Command）派出了几乎所有前线部队，近 600 架英国飞机扫荡了小岛，投掷了一种由烈性炸药和燃烧弹组成的致命混合物。轰炸机从英国起飞之前，机组人员就已被告知，这次突袭"将影响整个战争进程"。为了摧毁新型武器背后的"大脑"，第一波轰炸机把目标对准了科学家和工程师的生活区，后续轰炸机主要针对实验室、生产工厂和测试设备。

当突袭最终结束时，眩晕的冯·布劳恩离开了掩体，他凝视着外面可怕的景象：断裂的树木和燃烧的房屋。他的一位同事回忆说："简直像地狱。"佩讷明德的另一名工作人员形容现场是"名副其实的火海"。

在秘书的陪同下，冯·布劳恩冲进了他办公室所在的大楼，试图抢救关键文件，大楼正在燃烧中。在火焰和高温迫使他们撤离之前，他们已经找到了几摞纸。总的来说，这次突袭让他们付出了沉重的代价。V-2 火箭的大部分蓝图和模型设备被毁，许多关键设施也遭到了严重破坏，大约有 180 名科学家和工程师遇难。

讽刺的是，早前向英国报告佩讷明德 V-1 导弹和 V-2 火箭信息的几名情报人员也在爆炸中丧生。雷金纳德·V. 琼斯回忆说："我们的大部分炸弹落到了佩讷明德南面，尤其是那些安置外国劳工的营地，居住着包括那些冒着巨大风险把情报传递给我们的人。"

温斯顿·丘吉尔后来指出这次突袭"对战争产生了深远的影响"。工作人员从佩讷明德撤离，那里的研究也停止了。这两种武器的生产和测试都被推迟了几个月，这段时间足以防止德国阻碍 1944 年 6 月盟军对法国的进攻，这原本一直是德国的主要目标。

最初 V-2 火箭几乎要与 V-1 导弹同时使用，这可能会给英国带来灾难性的后果。但由于英国对佩讷明德的突袭，以及 V-2 火箭在生产和测试上遇到的困难，德国不得不一再推迟它的使用。相反，丘吉尔及其军官在阅读了鲁索的报告后发现，德国将首先部署使用 V-1 导弹。1944 年 6 月 13 日，V-1 导弹首次向英国开火，这比希特勒计划的发射日期晚了 8 个月，也比盟军在诺曼底登陆晚了一周。

登陆部队最高指挥官德怀特·戴维·艾森豪威尔将军后来写道："如果德国人能早 6 个月就完善了这些新型武器，我们进攻欧洲可能会遇到巨大的困难，甚至在某些情况下，根本就不可能。我敢肯定，经过 6 个月这样的行动，对欧洲的进攻会是一场惨败。"

在近 3 个月的时间里，数千枚这样的导弹（因其发出的噪声而被称为"嗡嗡炸弹"）如雨点般降落在伦敦及其郊区，导致 6000 多名居民死亡，约 1.6 万人受伤，约 2.3 万间房屋被毁。尽管损失惨重，空袭带来的恐惧和担忧令人痛苦不堪，但此时 V-1 导弹造成的损害远远小于它可能造成的损害。英国无法阻止这种武器的发射，但在知道这种武器存在的 15 个月里，他们已经找到应对办法，比如改进对空防御措施，以大大降低 V-1 导弹的影响。

在向伦敦发射的 8500 多枚 V-1 导弹中，只有不到 30% 达到了目标。到 8 月份，只有不到 1/7（约 15%）落到了伦敦大都市区域。1944 年 9 月初，在法国作战的盟军占领了"嗡嗡炸弹"发射点所在地区，V-1 导弹战役突然结束。

但伦敦人只享受了短短几天的放松时刻。9 月 8 日，德国在仍被占领的荷兰发射了 V-2 火箭。直到战争结束的前几个月，这种火箭还一直折磨着英国首都。对于大多数人来说，V-2 火箭的速度比声音快，而且可以在完全寂静的情况下接近目标，比 V-1 导弹更可怕。其中超过 500 枚火箭在伦敦市内或周围爆炸，像地震一样撼动了整个城市，造成近 3000 人死亡。

不过如果德国没受阻，轰炸造成的死亡人数和破坏规模都远远高于实际。如果没有佩讷明德袭击造成的延误，V-2 火箭就会提前数月发射，射程也会更短。丘吉尔说："尽管 V-2 火箭发射后，我们对它几乎无能为力，但我们成功致使其推迟了发射时间，并大大减轻了其攻击的猛烈程度。"

战争期间，鲁索并不知道她的报告所产生的惊人影响。当 V-1 导弹和 V-2 火箭发射时，她正在德国某一个集中营里，挣扎着求生。

第二十四章　粉红色的欧石楠

对玛丽-玛德琳来说，与莱昂·费伊、费迪南德·罗德里格斯在伦敦一起度过的一个月是困难时期里珍贵的小插曲。多亏了珍妮·鲁索关于德国新型恐怖武器的惊人情报，联盟在英国的地位达到了前所未有的高度。有保罗·伯纳德在巴黎进行指挥，关键情报继续从法国各地的特工处源源不断地涌入。

罗德里格斯访问军情六处通讯中心时，他用中心的一台发射机呼叫了几位联盟联络人，证明了从伦敦开始拨号的重要性。他们在几小时内回复了 50 多条信息。丹西要求伦敦预先安排时间拨打情报网最高优先级部门的电话，包括那些覆盖卡昂、布雷斯特、圣纳泽尔、波尔多港口和潜艇基地的电话。与此同时，玛丽-玛德琳和费伊制订了一项计划，通过进一步分散人员来提高情报网的安全性。

晚上，玛丽-玛德琳在英国的朋友偶尔带她、费伊和罗德里格斯去伦敦一些最受欢迎的酒吧。玛丽-玛德琳喜欢跳舞，当乐队演奏着当时充满渴望的热门歌曲，她花了很多时间在俱乐部的小舞池里跳舞。演奏的曲目如《夜风在伯克利广场歌唱》（*A Night-ingale Sang in Berkeley Square*）、《从骨子里爱上你》（*I've Got You Under My Skin*）和《我将见到你》（*I'll Be Seeing You*）。尽管她很享受在晚上出去放松，但仍无法摆脱挥之不去的忧郁感。当香烟的烟气袅袅上升到天花板时，她看着其他舞者——身着英国皇家空军蓝色制服的轰炸机和战斗机飞行员，他们可能很快就会在战斗中丧生，还有来自欧洲其他国家的特工，他们将回到盖世太保出没的欧洲大陆，面对高度不确定的未来。她显然是在担心费伊和罗德里格斯。

等到 1943 年 9 月满月时，玛丽-玛德琳的两个同事准备返回法国，她的心情更加沮丧了。在他们计划离开的一周前，丹西请玛丽-玛德琳和费伊在布朗酒店共进午餐，这是伦敦最豪华的酒店之一。玛丽-玛德琳回忆说，酒店的饭菜很丰盛，还有琳琅满目的法国上等葡萄酒。

席间丹西的一番话，使玛丽-玛德琳无心享受盛宴。丹西非常满意地告诉她，她很快就要从住的旅馆搬出去，搬到伦敦西部一所属于她自己的房子里。玛丽-玛德琳顿时惊呆了，表示她不想要房子，她只想回法国。

丹西无动于衷，回应说，军情六处把她留在伦敦比留在巴黎更重要。联盟是为军情六处效力的最大、最重要的法国间谍组织，她留在英国至关重要，这样她就可以纵览联盟遍及各地的行动。玛丽-玛德琳表示并不接受丹西的劝说，丹西直截了当地说盖世太保正在加大对法国抵抗运动的打击力度，只有留在伦敦她才能活下去。

几天后的一个晚上，玛丽-玛德琳思绪纷乱，她又梦见了被粉红色欧石楠环绕的着陆场。在她的噩梦中，她看到拉山德小型飞机降落，费伊和罗德里格斯下了飞机，当飞机再次起飞时，盖世太保包围了他们，一个德国人宣告："我们抓到费伊了！我们很激动！"

第二天早上，丹西拜访了她。这一次丹西坚持说她和费伊
都应该留在伦敦。丹西表示，没有他们，情报网也会运行得很
好。为什么不让保罗·伯纳德多负责一段时间呢？他补充说，
把法国和英国对联盟的领导分离开是有好处的。传言同盟国军
队很快会对西欧发动进攻，法国则是热门的登陆点。丹西认
为，让联盟的两名高级领导者留在伦敦，帮助策划联盟在此次
袭击中的重要角色，要好得多。

玛丽-玛德琳并没有否认丹西所说的是有道理的。但她仍
坚持，如果要延长在伦敦的停留时间，她必须先回一趟法国，
亲自向联盟总部员工和特工解释原因。丹西直截了当地答复
说，她的工作是下达命令，而不是解释问题。玛丽-玛德琳反
驳说，在军事上这可能是对的，但在抵抗运动中行不通。她的
特工只是志愿者，而不是需要遵守军队纪律的士兵。

玛丽-玛德琳转移了话题，又问丹西为什么也不希望费伊
离开。丹西表示，如果费伊回到法国，他肯定会被捕。他现在
已经是在借日子活命了。玛丽-玛德琳担心费伊肯定不会同意
留下来，丹西回答说："如果你不许他回去，我们就不会给他
安排一架拉山德小型飞机。我把他的命运交在你手里了。"

玛丽-玛德琳的噩梦，加上丹西的警告，使她焦虑不已。
一天，玛丽-玛德琳与费伊共进午餐，她一字不漏地重复了她
与丹西的对话。玛丽-玛德琳告诉费伊，她同意军情六处的建
议。费伊一跃而起，眼里冒着怒火："该死的平均律！"他喊
道："告诉他们，我承担过 50 次轰炸任务，我 17 岁就志愿参
加了战争。按照他们的推算，我早就死了！"他不能让自己为

联盟招募的特工被捕，尤其是他的前空军战友们。

　　玛丽-玛德琳意识到任何争论都不会削弱费伊强烈的荣誉感，她让步了。她不会强迫费伊留在伦敦，但她要费伊答应等拉山德小型飞机一到法国，他一定要格外小心谨慎。这将是第一次不由她或他直接监督的降落行动，她担心经验不足的伯纳德做不到尽可能严格要求执行安全措施。只有当费伊答应一到法国就尽快前往巴黎，玛丽-玛德琳才会同意让他回去。在了解清楚联盟发生了什么事之后，费伊将在 10 月搭乘拉山德小型飞机返回英国，而玛丽-玛德琳将在 11 月飞回法国。通过这种方式，他们将交替领导联盟，直到登陆开始。

　　费伊答应照她说的去做，于是玛丽-玛德琳打电话给丹西，告知费伊强烈反对留下。她补充说，自己已经同意费伊回法国，但是附带两个前提条件：一是费伊必须在一个月后再回到伦敦；二是当费伊在法国时，一定要特别小心谨慎。丹西叹了口气答道："由你决定，亲爱的。你做了一个非常重大的决定。"

　　距离 9 月 13 日拉山德航班起飞的最后几天里，在与英国军方官员的磋商会议中，他们概述了最迫切需要的具体情报。玛丽-玛德琳发现，很多需求都集中在德国在诺曼底科唐坦半岛（Cotentin Peninsula）的防御措施。她向费伊推测，这个半岛很可能是等待已久的盟军的登陆地点。

　　不开会的时候，玛丽-玛德琳、费伊和罗德里格斯就会收拾打包行李箱，箱子里塞满了大量的补给：无线电台用的晶体、无线电接线员的操作密码、许多调查清单、数百万法郎、特工新暗号，还有各种设备；伪造证件所需的材料，包括橡皮图章、红十字证和臂章、身份证和配给证。费伊和罗德里格斯将随身携带几个箱子上飞机，其他箱子将通过降落伞空投到联盟在诺曼底的新着陆点。

这一段时间里，玛丽-玛德琳的脑子里不断回想着丹西的话，"由你决定"。曾一次又一次把她从灾难中拯救出来的直觉，现在超负荷发挥了作用。她为什么如此不愿服从呢？她没有阻止她的两个亲密伙伴回去，是不是一个懦夫？

9月13日黎明，天气晴朗凉爽，非常适合当晚拉山德小型飞机的飞行。日落之前，玛丽-玛德琳、费伊和罗德里格斯在军情六处联络官的陪同下，出发前往托尼和芭芭拉·伯特伦夫妇的小屋。每个人都沉浸在自己的思绪中，这是一次沉默、忧伤的旅行。

绵延起伏、树木繁茂的乡村在车外一闪而过，突然玛丽-玛德琳发现了一片长满欧石楠的田野。粉红色的夕阳挥洒在欧石楠淡紫色的灌木上，一望无际。她的噩梦变成了现实，她惊呆了。她应该命令司机立刻掉头吗？她应该向费伊和罗德里格斯解释这个噩梦，告诉他们因为这个噩梦，他们不能回法国吗？如果他们都要死了，她怎么能不阻止他们呢？

最后，她什么也没说。芭芭拉·伯特伦准备了一顿简单的晚餐，但他们都没怎么吃。10点钟，费伊、罗格里格斯与托尼·伯特伦一起前往机场。当天晚上随拉山德小型飞机抵达伦敦的是联盟的两位主要特工：一个是莫里斯·德·麦克马洪，他躲过了盖世太保的追捕，在春天逃到了瑞士；另一个是菲利

258

普·柯尼希斯瓦特，他是联盟在波尔多区的负责人。麦克马洪厌倦了瑞士的和平与安宁，他把妻子和孩子留在了瑞士，偷偷溜回了法国。联盟已经为他安排好了飞机，让他尽快飞往伦敦。至于柯尼希斯瓦特，英国海军部急于向他询问关于德国在大西洋沿岸潜艇基地的现状。

　　玛丽-玛德琳和芭芭拉·贝特伦留在了小屋，接下来的几个小时对她来说似乎是永恒的。大约在凌晨两点，电话终于响了。托尼·伯特伦对妻子说："这些客人还要喝茶。"这意味着航班已被取消，费伊和罗德里格斯要返回坦米尔。

259　　费伊为此大发雷霆，玛丽-玛德琳内心却欣喜不已。费伊咆哮道，月亮是圆的，但着陆点的地面接待小组并没有发出信号。托尼·伯特伦推测当天月亮的亮度妨碍了飞行员和乘客看到下面的手电筒信号。这一猜测在当天晚些时候得到了证实。皮埃尔·达拉斯发往伦敦的消息称，地面接待小组确实到达了指定地点，而且看到了飞机，但没有得到回应。

　　玛丽-玛德琳并不在乎是什么原因导致拉山德小型飞机返航，最重要的是费伊回来了。在前7个月里，费伊曾3次乘拉山德小型飞机从伦敦飞往法国，每一次飞机都不得不返航。对玛丽-玛德琳来说，第3次返航证实了她不祥的预感是正确的。于是她恳求费伊留下，争辩说飞机拒绝带他回去，他应该听从飞机的警告。

　　他不会再考虑继续留下了。两天后，载着费伊和罗德里格斯的拉山德小型飞机再次起飞。玛丽-玛德琳看着费伊走的时候，她"确信"自己再也见不到他了。在痛苦告别之后，她帮助芭芭拉·伯特伦换掉了腾出的床上的床单。芭芭拉·伯特伦记得，后来她们坐着谈了好几个小时，玛丽-玛德琳从未像这样对她敞开心扉。玛丽-玛德琳还透露费伊是她的未婚夫。

接近凌晨 3 点，电话又响了。伯特伦对他的妻子说："要给我们的新客人喝茶。"费伊和罗德里格斯在法国降落了，麦克马洪和柯尼希斯瓦特在返程航班上。几分钟后，当他们走进来，玛丽-玛德琳拥抱了麦克马洪，然后问他着陆点情况如何。他回答说，非常不好。他和柯尼希斯瓦特到达着陆点之前，他就对这片区域抱有担忧。他父亲在第一次世界大战期间曾在那里打过一场血战，后来他对儿子说，那里是"受诅咒的地方"。麦克马洪补充道，着陆点混乱无序，使情况变得更糟。除了皮埃尔·达拉斯以外，地面接待小组的成员都是新来的。他认为在拉山德小型飞机到来之前，着陆点有太多的人转来转去。

费伊跳出飞机后，麦克马洪只来得及匆忙拥抱了他，并在他耳边低语，让他尽快离开。柯尼希斯瓦特附和着麦克马洪的说法，告诉玛丽-玛德琳，现场一片混乱，他甚至觉得有人在监视他们。

玛丽-玛德琳竭力控制自己的情绪。她能想到的只有罗德里格斯下一次从巴黎传输消息，时间定在当天下午 1 点。传输消息的目的是让玛丽-玛德琳确认他和费伊的安全。

前一天深夜，当罗德里格斯从拉山德小型飞机上取下行李箱时，他无意中听到了麦克马洪对费伊说的悄悄话。罗德里格斯原本就对这次返回法国感到不安，现在他变得更加焦虑了，不仅因为麦克马洪的警告，还因为他在着陆点的人群中看到了陌生的面孔。

费伊也很苦恼。大家挤进吉尔伯特医生的车前往农场，农场是接待中心。路途中，费伊质问皮埃尔·达拉斯，为什么会有这么多人到场。阿维亚队长表示，他带来了新的增援，是因为盖世太保的威胁越来越大。达拉斯补充说，他们不按往常的流程立即出发去巴黎，而是要在农场过夜，再乘第二天早班火车去巴黎。达拉斯向费伊保证，这样绝对安全。

当大家到达农场后，他们发现达拉斯的"增援"包括联盟安保队的两名成员，一个是负责人让·菲利普·斯纳尔斯，另一个是斯纳尔斯的助手兼朋友让·保罗·利恩。安保队以前从来没有参与过拉山德降落行动，也没有理由让两名队员加入。费伊特别注意到了利恩的出现，他的粗心大意是埃内斯特·西格里斯特在里昂被捕的原因。

农场主人为特工准备了丰盛的烤鸡和葡萄酒作为早餐，十多个特工围在厨房桌子边。费伊似乎是在场唯一一个不享受这顿大餐的人。他唐突地问了很多问题，主要是他不在期间发生了什么。当利恩吹嘘自己的行动时，费伊表现出了特别的愤怒。费伊再次指责达拉斯让着陆点出现混乱拥挤的人群，并驳回了他关于需要增援的观点。

尽管费伊明显感觉到了危险，但他并没有兑现对玛丽-玛德琳的承诺，立即前往巴黎。罗德里格斯后来推测其中的原因，作为联盟的领导者之一，费伊可能觉得如果他只救了自己，实际等于抛弃了他的同伴。不管出于什么原因，他在农场过夜了，与罗德里格斯共用一间卧室，尽管两人都无法入睡。

第二天早上 5 点 15 分，费伊、罗德里格斯、斯纳尔斯、利恩和其他 3 名联盟特工步行前往南特伊勒豪都因火车站。他们三两成群，每个小队伍之间相隔几百英尺，有一辆没开灯的车一度尾随跟在他们后面。达拉斯派利恩去调查车主的身份，他和其他人则躲在一条水沟里。利恩回来汇报说，司机告诉他自己迷路了，并问路去巴黎，随后疾驰而去。

到了车站，大家都买了车票，在站台上等候，每个人之间间隔了几英尺。罗德里格斯点燃了他当天的第一根烟，这时一个穿着风衣、戴着软呢帽，高大又壮实的男子走近他，向他借了火。火车进站后，在利恩的带领下，联盟成员都登上了头等车厢，分散在车厢四处找了座位。大家同在一个车厢，同样违背了联盟的安全原则。但利恩坚持认为这样可以让他和斯纳尔斯在出现危险时更好地保护其他人。

罗德里格斯双手插在雨衣口袋里，他慵懒地坐在座位上，不自觉地被火车的节奏催眠了。几分钟后，火车猛地停了下来。紧急停车太突然了，他差点从座位上摔下来。车厢门"哗"一声打开了，一群身穿风衣、手持机关枪的男人冲了进来。其中一个就是向罗德里格斯借火点烟的那个人。

他们大喊"法国警察"，并命令车上的人举起手来。和其他所有人一样，联盟安保人员——携带武器的斯纳尔斯和利恩也服从了命令。两名男子径直走向费伊，把他从座位上拉出来，拖出了车厢。其他联盟特工被戴上手铐，也被推搡着下了

262

车。当罗德里格斯下车的时候，一支枪指着他的后背，他确信攻击他们的人就是盖世太保。

欧奈苏布瓦（Aulnay-sous-Bois）是抵达巴黎前的最后一站。罗德里格斯和同事们被羁押簇拥在这一站的站台上，数十名在站台上焦急等待火车的旅客在一旁观看。4辆启动了的黑色汽车在车站前等着。一个德国人走近罗德里格斯，用流利的英语说："干得好，你不觉得吗？"罗德里格斯耸耸肩，他立刻明白了这名男子背后的意思，他们已经知道他是英国人。

费伊坐上了第一辆车，罗德里格斯坐上了第三辆车。第三辆车前排副驾驶座上的盖世太保拍了拍司机后背，用流利的法语对他说："我们今晚喝香槟庆祝吧。"

不到半小时，汽车停在了索赛街 11 号前面。那是一座巨大的灰色建筑，曾是盖世太保在巴黎的总部。战前，这里曾是法国秘密警察机构——国家安全局（the Sûreté Nationale）的驻地。罗德里格斯和其他联盟成员被从车里拽了出来，带到了四楼的一个空房间里。在两名持枪德国士兵的看守下，他们在房间里站了几个小时。

莱昂·费伊不在其中。第一辆车开向了福煦大街 84 号，这是纳粹党卫军的反间谍机关帝国保安部总部，也是德意志帝国最高级别法国囚犯的监狱。武装警卫拉开了装饰华丽的大铁门，汽车消失在黑暗的地下隧道中。

第二十五章　灾难来临

　　玛丽-玛德琳等了两天。1943 年 9 月 16 日，费迪南德·罗德里格斯没有发来任何消息，第二天也没有消息。更令她担心的是，在那段时间里，巴黎的 7 台无线电台都没有传输消息。

　　玛丽-玛德琳努力说服自己，情况可能并没有她想象的那么糟糕。无线电接线员在建立联系时遇到问题是很常见的。但是谁可以解释首都巴黎所有无线电台发射装置都停止运转了呢？

　　9 月 18 日晚上，她收到了军情六处送来的黑色皮革公文包，里面装有来自法国的最新消息。大多数消息来自保罗·伯纳德，但她惊讶地发现消息是从法国西北部城市勒芒（Le Mans）的一台无线电台发来的。她读了伯纳德的报告后，明白了其中的原因。

　　联盟临时负责人告诉她，费伊和罗德里格斯在前往巴黎的火车上被捕，一同被捕的还有让·菲利普·斯纳尔斯、皮埃尔·达拉斯、让·保罗·利恩和另外两名特工。这一天，还有 4 名联盟无线电接线员在巴黎被捕，他们所有的无线电台都被没收了。

　　伯纳德和总部其他工作人员侥幸逃脱了。9 月 18 日上午，他们一直在办公室等待费伊、罗德里格斯和其他参与拉山德行动的人。上午 10 点左右，玛格丽特·伯恩-丘吉尔看见十几个盖世太保密探涌进办公大楼，她立刻拉响了警报。总部的每个人在德国人到达他们所在楼层之前设法逃跑了，包括伯纳德、伯恩－丘吉尔、若埃尔·勒穆瓦涅（"海星"子情报网负责人）、吕西安·普拉尔（当时是伯纳德的高级副官）。前维希警察局局长让·雷森（Jean Raison）取代被俘的埃内斯特·西格里斯特，成为联盟伪造文件的专家。在盖世太保突袭时，他无意中走进了总部，但被门房救了。门房抱住了他，并称呼他为她的侄子，表示见到他非常高兴。雷森顿时意识到发生了什么，也逃脱了。

玛丽－玛德琳竭力去接受这个灾难性的消息，但她还是几乎崩溃了。她已经一个星期没怎么睡觉了，浴室镜子里那张消瘦憔悴的脸使她感到害怕。她大声喊道："我要疯了！我不能疯!"她看到了军情六处医生两个月前开的液体镇静剂，她打开瓶子，一饮而尽。

她了解到接下来的事情，已经是第二天早上了。她躺在行军床上，电话响了。她费力地"用石头一般重的手"拿起话筒，她听到电话另一端传来了克劳德·丹西的声音，说他差点派人来砸她的门。几分钟后，丹西到了。他见到玛丽－玛德琳后，原本想让气氛放松一下，但并没有成功。丹西说伦敦的空气似乎不适合她。玛丽－玛德琳大声回应道，她需要的是法国的空气，她必须回法国。

265　　　丹西摇了摇头，说他不能授权她回去。联盟并不是目前遭到德国疯狂打击的唯一一个法国抵抗组织。1943年秋天，盖世太保就像一把大镰刀，横扫了几十个抵抗组织，其中一些由军情六处支持，一些由戴高乐的情报和破坏机构法国中央情报局支持，还有一些由特别行动局支持。许多情报网被彻底摧毁，其中包括圣母兄弟会，它是仅次于联盟的法国最大、最重要的间谍组织。

盟军对欧洲的进攻迫在眉睫，对于英国人来说，联盟以及玛丽-玛德琳的生存至关重要。丹西劝说道，如果现在回去，她立即会被逮捕，她辛辛苦苦建立起来的情报网也会随之被摧毁。但如果留在伦敦，她可以帮助情报网度过今后几个月里极其艰难的日子。

每次遇到危机，玛丽-玛德琳总能重新振作起来，继续顽强地工作。她向联盟所有地区发出紧急通知，禁止各地通过无线电联系，并命令大西洋沿岸关键地区的无线电接线员严格减少向伦敦传输信息的频率。她通过勒芒的无线电台告诉保罗·伯纳德，他和巴黎其他人必须立即躲起来，直到他们得到进一步的指示。

9月19日，又有消息传来，巴黎发生了另一起重要袭击，她最信任的两名老兵——加布里埃尔·里维埃和阿尔弗雷德·雅索德被捕。1940年，亨利·舍雷尔在马赛招募了高大魁梧、欢快友善的里维埃，失去他尤其令人痛心。里维埃第一次见到玛丽-玛德琳时，他喊道："天哪！竟然是一个女人！"但随着时间的推移，他不仅成了玛丽-玛德琳最忠实的助手之一，而且成了她的极亲密的朋友和顾问。

就在同一天，盖世太保在法国中部发动突袭，逮捕了莱昂·费伊的前空军同事爱德华·考夫曼上校，以及他的十多名特工。在法国东部的欧坦镇（Autun），16 名联盟特工也被抓获。该区域的二把手是一名银行家，他被铐走时，脖子上挂着在他的银行里发现的两挺机关枪。

没出一个星期，孩子般热情的吕西安·普拉尔在香榭丽舍大街上被盖世太保抓走了。他是玛丽-玛德琳最喜欢的年轻特工之一。他带着玛丽-玛德琳在伦敦给他买的睡衣返回法国才刚刚 6 周。24 岁的吕西安·普拉尔被捕后，紧接着联盟在布雷斯特的部门崩溃了，这里的大部分特工也被逮捕了，包括布雷斯特区负责人莫里斯·吉列特和他的 7 名家庭成员。同样在布雷斯特被捕的还有若埃尔·勒穆瓦涅，他 10 天前逃过巴黎总部大规模逮捕后躲藏在这里。布列塔尼东部雷恩镇的情报部门也遭到重创。这里被捕的人中有它的首领皮埃尔·勒图里耶（Pierre Le Tullier）。1942 年 11 月，玛丽-玛德琳在拉比纳德被捕后，他是帮助她逃跑的维希警察之一。

短短一周多的时间里，联盟在巴黎、法国中部和布列塔尼东部的部门已被摧毁，数十名特工落入盖世太保手里。玛丽-玛德琳写道："9 月 16 日以来，鹰（费伊的代号），我伟大的鹰坠落了。情报网中我深爱的 150 多名特工也被捕了。"现在她有多少名特工已落入盖世太保的魔爪呢？300 人，或者是400 人？

整个法国，只有 6 台联盟电台没有关闭，仅剩下几个主要的接线员。除了保罗·伯纳德，还包括德鲁伊教领导者乔治·拉马克、接替若埃尔·勒穆瓦涅担任"海星"子情报网负责人的让-克劳德·托雷尔（Jean-Claude Thorel）、来自法国西南部里昂的商人亨利·巴图（Henri Battu）、负责情报网东南部行动的埃朗·德伊斯纳尔伯爵。现年 28 岁的德伊斯纳尔曾是一名空军飞行员，他是普罗旺斯一个古老贵族家族的后裔。他所在的地区被认为是所有地区中最安全的，他从普罗旺斯艾克斯市发出的无线电信号非常规律且频繁，军情六处给当地电台活动起了"邮局"的绰号。

布列塔尼遭到了重创，但关键特工仍在这里继续工作。雅克·施托斯科普夫是联盟在洛里昂的重要间谍。安德烈·宽多（代号野牛）是南特的一名工程师，负责圣纳泽尔港的情报收集工作。宽多也被称为尼禄（Nero），他不顾布列塔尼其他地区遭受的重创，仍然坚持工作。

保罗·伯纳德通过普罗旺斯艾克斯市的电台给玛丽–玛德琳发了一条消息，请求玛丽–玛德琳向法国东部凡尔登附近的一处新着陆点输送新的电台、资金和其他急需的物资。玛丽–玛德琳和他一样迫切地想要重建英国与联盟之间的无线电联系。她保证很快就会有支援。

伯纳德和地面接待委员会在新着陆点等了几个晚上，但 10 月一整个月都过去了，仍没有英国皇家空军在凡尔登进行任何行动，他们感到愤怒和失望。伯纳德把愤怒指向玛丽–玛德琳和军情六处，他大肆宣扬他所谓的"冷漠……伦敦出乎意料、令人失望的态度"①。玛丽–玛德琳回忆说，伯纳德以为她抛弃了他，但她又不能告诉他真相——英国皇家空军已经削减了在法

---

① 引自保罗·伯纳德未出版的手稿。

268

图 25-1　保罗·伯纳德

国和英国之间运送法国特工和补给的次数。玛丽-玛德琳知道拉山德行动最近也遭受了一些损失，但她同样担心英国皇家空军官员认为联盟已经处于毁灭的边缘。

拉山德行动眼下已经暂停了，玛丽-玛德琳与伯纳德重新建立联系的唯一可能是派一名特工通过海路前往布列塔尼海岸。那里禁止所有小型船只进入，而且有德国巡逻队严加守卫。南特区的安德烈·宽多受命为这项极其困难的任务寻找地点并重组地面接待委员会。

宽多在布列塔尼北部佛莱尔角悬崖附近选了一个小海湾作为海上登陆点。英国海军部同意为这次行动提供一艘鱼雷艇，玛丽-玛德琳让菲利普·柯尼希斯瓦特执行这次任务。他是波尔多地区年轻的负责人，过去的两个月在伦敦度过。

由于天气恶劣，11 月初的首次尝试失败了。玛丽-玛德琳被告知，另一次尝试在几周内也无法进行。于是，玛丽-玛德琳呼吁英国皇家空军考虑其他可能的行动，包括在 3 个地区进行降落伞空投：普罗旺斯艾克斯市、布列塔尼和凡尔登附近。她还提出了另一个海上行动的想法，这次是在地中海沿岸，目的是拿到大量积压的情报和其他重要邮件。

与此同时，玛丽-玛德琳一直在努力抵挡一种越来越强烈的绝望。她得知更多的特工被捕了，在情报网图表上划掉被捕特工的名字时，她说："我有一种挥舞着刽子手斧头的感觉……我悲痛不已。"

9月底，玛丽-玛德琳搬进了军情六处为她安排的在伦敦切尔西区卡莱尔广场（Carlyle Square）附近的华丽的四层联排别墅。房子的内部漆成了浅绿色，十几个房间里都摆满了印花棉布家具。不过玛丽-玛德琳几乎所有的时间都待在她的底层办公室里，睡在办公桌旁边的一张行军床上，这样她就可以守着电话，电话可以直接与军情六处联系。

在这里，她努力维持情报网的生存。尽管联盟遭到了大规模的打击，幸存的特工仍把情报源源不断地送来。她一边读着这些情报，一边时常想起贝尼斯上校曾经对她说过的话，每一点信息，在纸上虽然看起来枯燥无味，但"代表着一大堆不容易"。

令她感到不安的是，她在伦敦遇到的一些法国和英国官员，似乎并不关心情报背后的人间悲剧——这些情报都是特工们想尽办法从法国获取的。11月下旬的一个晚上，自由法国在伦敦的情报行动总局的一名特工偷偷来到卡莱尔广场拜访玛丽-玛德琳，这让她想起了伦敦官员与联盟在法国国内特工之间的分歧。1943年春天，玛丽-玛德琳与这名特工曾在里昂见过面。他在情报行动总局档案里找到了一封无线电报，并把它交给了玛丽-玛德琳。

这封从巴黎发出的电报告知情报行动总局，莱昂·费伊、

269

皮埃尔·达拉斯和一名英国无线电接线员在火车上被捕，一同被捕的还有让·菲利普·斯纳尔斯和他的助手让-克劳德（Jean-Claude）。让-克劳德实际上是一个德国通敌者，其他人被监禁后，盖世太保释放了他。情报行动总局在 10 月中旬收到这一消息。

玛丽-玛德琳感到一阵寒意。联盟的安保队伍里没有名叫让-克劳德的成员。但有一个让·保罗·利恩，他是斯纳尔斯的副手。自由法国收到这份报告已经有一个多月了，但他们认为不应该向玛丽-玛德琳传达。在此期间，利恩还能自由地继续背叛他的同事。

她怀疑这种疏忽是情报行动总局部分官员的蓄意行为，特别是该机构冷漠的年轻负责人安德烈·德瓦弗兰。长期以来，自由法国官员对联盟与军情六处的密切合作关系感到愤怒，他们批判联盟和玛丽-玛德琳宁愿把情报给英国，也不给戴高乐的情报部门。玛丽-玛德琳抵达伦敦以后，这些批判与攻击，尤其是来自情报行动总局的批判与攻击，明显更猛烈了。

为了向盟军证明自己，自由法国需要尽可能多地提供有关德国在法国军事活动的信息，并确立自己在战场上的重要地位。情报行动总局对情报的执着追求，也是为了让戴高乐在与劲敌亨利·吉罗将军残酷的自相残杀中，在情报方面取胜。

1943 年 11 月，戴高乐已经牢牢控制了法国民族解放委员会，这是当年早些时候在北非成立的政治团体。尽管吉罗已不再是委员会的联合主席，但他仍保留着作为法国驻北非军事统帅的一些权威。在阿尔及尔和伦敦，吉罗的追随者（其中许多是前维希政府官员和军官）与戴高乐支持者之间残酷的权力斗争仍在继续。

长期以来，玛丽-玛德琳一直拒绝参与这场政治冲突，但她发现自己与联盟已经被夹在了中间。在得知情报行动总局刻意隐瞒关于让·保罗·利恩的信息后不久，她发现军情六处在她不知情的情况下，向吉罗的特工上交了情报网得到的所有情报。玛丽-玛德琳当面把这个事实摆在丹西面前，丹西温和地回应她，英国与法国军方达成了情报共享协议。既然吉罗仍是驻北非军队统帅，他就有权获得军情六处所有的情报，不管这些情报的来源是哪里。

当吉罗和戴高乐的支持者为权力和影响力而斗争时，伦敦和阿尔及尔的戴高乐主义者与法国主要抵抗运动领导者之间也爆发了类似的斗争。战争早期，戴高乐在争取盟军认可其自由法国领袖身份的过程中，多亏了让·穆兰这些领导者，他们在中间发挥了极大的作用。1942 年春天，穆兰成功地从抵抗军首领那里获得了支持，后来他向丘吉尔和罗斯福递交了一份抵抗运动的声明，呼吁任命戴高乐（他们称之为"无可争议的领袖"）为北非总督。

然而，随着战争的继续，这些团结宣言被证明只是一种虚饰，几乎掩盖不了抵抗运动领袖们对戴高乐及其战后野心日益加深的怀疑。戴高乐的影响力越大，他们就越疑心。

从一开始，戴高乐主义者和抵抗运动领导者之间就存在难

271　以逾越的鸿沟。抵抗运动领导者每天冒着生命危险，他们极为看不惯在伦敦过着舒适和安全生活的戴高乐主义者。在他们看来，戴高乐主义者根本无须体会每日的紧张、恐惧和艰辛的工作。

　　随着战争的进行，一些抵抗运动领导者也越来越觉得，戴高乐对抵抗运动感兴趣，只因为在乎他们能为他和他的军队做些什么。战争抵抗组织领导者亨利·弗里内在战后写道："抵抗运动对他来说只不过是一枚棋子。这些组织成员的忠诚、勇气、危险、被捕甚至处决对他来说只是战争中不可避免的一小部分而已。"

　　弗里内补充道，随着战争的推进，最初受到自由法国鼓励的抵抗组织的势力迅速发展壮大，开始使戴高乐主义者感到惊慌。弗里内说："尽管我们已经证明了自己的忠诚，但他们还是担心法国正兴起一股新的势力，这股势力有自己的意志，有能力公然挑战戴高乐。按照这种观点，我们不再是朋友，而是竞争对手——尽管只是被认为的竞争对手，但仍然是竞争对手。我们将受到严密监视和严格控制。"

　　玛丽-玛德琳非常清楚，在伦敦和其他地方发生的残酷争斗和内讧中，法国并不是唯一被卷入其中的。用一位历史学家的话来说，英国情报机构也爆发了"白厅①罕见的全面而危险的争吵"。军情六处和特别行动局是两个主要的对手。历史学

---

①　白厅（White Hall）是英国伦敦市内的一条街，连接议会大厦和唐宁街。在这条街及其附近有国防部、外交部、内政部、海军部等一些英国政府机关。因此人们用白厅作为英国行政部门的代称。——译者注

家兼记者的汤姆·基恩（Tom Keene）评论说，丹西可以说是这场"极其琐碎、幼稚、浪费时间"的争斗的主要煽动者。

丹西和他的上级斯图尔特·孟席斯都是经验丰富的官僚内部斗争者。在过去 5 年里，他们千方百计地试图将特别行动局置于自己的控制之下，如果做不到，就干脆将其扼杀。记者马尔科姆·马格里奇（Malcolm Muggeridge）是这场官僚斗争的见证者，他表示困惑不已，"在战争中，军情六处和特别行动局名义上站在同一阵线上，但实际上他们对彼此的憎恶程度，比（德国）对他们中任何一方的憎恶都要高"。

雷金纳德·V. 琼斯博士是丘吉尔的科学战争首席顾问，他在回忆录中写道，他被召到丹西的办公室，发现军情六处的副主管"对英国特别行动局那些家伙的愤怒几乎是毫无道理的"。年轻外交官帕特里克·赖利，曾担任孟席斯的助手，他也有一段清晰的记忆。他写道，1943 年 6 月的一天，满面春风的丹西走进他的办公室喊道："好消息！好消息！"赖利希望听到的是关于"某个了不起的情报政变"的报道。然而让丹西感到高兴的是，特别行动局在法国的"繁荣"情报网（Prosper）被彻底摧毁了。赖利表示："当时许多勇敢的英国人和法国人正遭受痛苦、折磨和面临死亡，丹西却在幸灾乐祸，我记得当时我感到身体不适。"

赖利在战后担任英国驻法国和苏联的外交大使，他认为丹西是"一个邪恶的人，他残忍、无情、恶毒……我常常问自己，这个恶人……怎么可以在整个战争期间担任军情六处的一个关键职位"。

　　于是问题就出现了：为什么赖利和其他人对丹西的描述是恶毒，而玛丽-玛德琳对丹西的记忆却是他对她和联盟都十分体贴、友善、充满理解呢？玛丽-玛德琳常常为丹西拒绝让她回法国而气恼，但无论过去还是现在，毫无疑问，丹西这样做是为了救她的命。

　　赖利在未出版的回忆录中承认丹西"偶尔会有善意行为"。他还发现，这位军情六处的上级以有魅力著称，尤其是在玛丽-玛德琳这样有魅力的女人面前。但在丹西看来，他更看重的是她和联盟在整个战争过程中为军情六处提供的至关重要的情报，不仅有助于战争，还帮助军情六处在白厅争取到有影响力的地位。

　　然而丹西的怜悯心是有限的。据赖利回忆，当玛丽-玛德琳在场时，丹西表现出关心和挂念她。但他经常在玛丽-玛德琳背后称她为"科恩的婊子"，丹西指的是军情六处在法国情报部门的负责人肯尼思·科恩。玛丽-玛德琳在伦敦停留的最后几个月里，肯尼思·科恩及其妻子与玛丽-玛德琳关系密切。

　　无法证实玛丽-玛德琳是否知道丹西对她的欺骗。但她一再明确表示，她非常讨厌被卷入正在周围蔓延的官僚内讧和争斗之中——"这些秘密机构中难处理的派系关系和犯罪般幼稚的对抗！"

第二十六章　俘　虏

　　玛丽-玛德琳得知让·保罗·利恩背叛的同一天，也是费迪南德·罗德里格斯在纳粹监狱噩梦般生活的第 71 天。就像玛丽-玛德琳一样，他挣扎着不屈服于绝望。

　　在被关押的头两个星期里，罗德里格斯每天都被戴上手铐从巴黎附近的弗雷斯监狱转移到索萨伊街的盖世太保总部接受审讯。从一开始，审讯者对联盟的了解程度让他感到十分震惊。

　　当被问及自己的名字时，罗德里格斯初步了解了他们对联盟情况的掌握程度。"皮埃尔·托马斯（Pierre Thomas）。"他用自己在情报网的假名回答道。然而一名审讯者称他为爱德华·罗德尼。罗德里格斯后来说："这简直比蛇沿着我的脊椎骨爬动还要让我震惊。"1942 年 2 月，军情六处给了他爱德华·罗德尼的笔名，他确信除了玛丽-玛德琳和莱昂·费伊，法国没有人知道这个名字。利恩肯定没有听说过这个名字，费伊也绝不会向盖世太保透露。

　　最后，他承认爱德华·罗德尼确实是他的名字，德国人显然还没听说过费迪南德·罗德里格斯这个名字，他回避了大多数其他问题。当被要求说出联盟其他人的名字时，他表示自己只知道他们的动物代号。他坚称自己只是一个普通的无线电接线员，而不是审讯者所说的无线电负责人。当他们让他交出他

275

的密码时，他回答说他没有密码，并补充说他发送的信息已经被编码了。一个审讯者质疑："我不相信你是一个没有密码的伦敦特使。"罗德里格斯回答说："一个无线电接线员没有必要拥有密码。我有一个密码操作员来做这些工作。"

晚上他被送回弗雷斯监狱时，他担心自己持续的沉默将很快导致他遭受即将到来的折磨。

1942 年 11 月，纳粹党卫军开始大规模逮捕联盟特工。罗德里格斯和费伊的被捕是这场复杂又无情高效的反情报行动的最新进展。就在这时，一名在斯特拉斯堡被盖世太保逮捕的法国间谍透露，他是被"一个重要的英国情报网"招募来收集情报的，这个情报网的两个头目分别叫艾格尔（鹰）和哈里森（刺猬）。斯特拉斯堡的盖世太保向巴黎和柏林报告，他们已经对这个秘密组织展开了广泛的调查，该组织成员用动物的名字为代号。

1943 年 1 月，德国发现该组织实际上是一个庞大的军事情报网，它与英国密切合作，主要在法国自由区活动，特别是在马赛、多尔多涅和科雷兹地区的势力尤其强大。斯特拉斯堡盖世太保、党卫军反间谍部门巴黎帝国保安部都被要求对该组织进行调查。

1 月底，第一波逮捕行动开始。当时接替加布里埃尔·里维埃在马赛担任联盟区域领导者的莫里斯·格拉宾（Maurice Grapin）和他的妻子被捕。在承诺释放他的妻子以换取他的合作后，格拉宾向审讯者提供了他们想要的信息，包括他所在地区其他特工的身份。他提供给德国大量情报，德国人自己也找到了一些特工报告，这导致了 1943 年冬末春初，联盟在马赛、图卢兹、蒂勒、尼斯和里昂等地的部门被彻底摧毁。由于斯特拉斯堡盖世太保早前参与了调查，这一年上半年被捕的大部分特工在巴黎接受了最初的审讯后，于春天晚些时候又被押往法国东北部斯特拉斯堡附近的监狱。

让德国失望的是，联盟的头目——"鹰"和"刺猬"——并没有在第一波逮捕行动中被抓获。但多亏了卧底特工让·保罗·利恩，德国情报部门很快能启动一项新的行动，他们称之为"联盟 II"。利恩曾是阿尔萨斯（Alsace）的一名铁路工人，曾在法国最大的抵抗组织之一"战斗"中工作过。亨利·弗里内是前维希军事情报官员，他建立了"战斗"抵抗组织。弗里内后来写道，他从一开始就对利恩抱有怀疑。这个阿尔萨斯人被分配到图卢兹领导当地的抵抗组织，据弗里内说，他"什么也没做。他甚至都不为自己的懒惰找借口……我面对的是一个无能、肤浅、没有个性、毫无信念的人。"弗里内最终替换了利恩，但他从未向其他抵抗组织表达过自己的怀疑。

利恩随后定居里昂，在那里他结识了让·菲利普·斯纳尔斯。斯纳尔斯的小型抵抗组织加入了联盟。斯纳尔斯成为联盟的安保队队长后，尽管他对利恩的背景几乎一无所知，但是没有进行外部调查，就任命利恩做他的副手。

其实那时，利恩已经被牢牢地掌握在德军手中。在盖世太保的帮助下，1943 年 6 月 11 日，盖世太保在里昂逮捕了联盟安全长官埃内斯特·西格里斯特和他的副手。在搜查这些人及其住所的过程中，盖世太保查获了大量报告和其他文件，其中包括数箱信件和近 100 名联盟特工的地址。根据盖世太保和帝国保安部一份联合报告，这些收获让调查人员"对该组织有了更全面的了解"。

1943 年夏天，利恩搬到了巴黎，在那里他巴结皮埃尔·达拉斯。利恩说服达拉斯将他和斯纳尔斯纳入拉山德行动，他认为必须加强防范，因为盖世太保的威胁正在转移。他就是这样知道了费伊和罗德里格斯从伦敦回来的日期，并立即把这个信息传达给盖世太保。利恩提供给德国的其他信息，加上盖世太保从西格里斯特住处找到的文件，导致在费伊和罗德里格斯被捕后的几个月里，盖世太保又逮捕了 150 多名联盟特工。由于利恩对德国的贡献，他获得了 200 万法郎的奖励。

罗德里格斯被单独监禁在弗雷斯监狱，他对外面发生的事情一无所知。对他的审讯在 9 月底结束了，他原本担心的酷刑折磨并没有发生。从那以后，他唯一接触到的人是送食物的德国卫兵，他们给他送来一种发黑的温热液体，应该是咖啡，还有一片长长的面包和两碗清水似的汤。

他感到自己渐渐消失在虚无之中，他拼命挣扎着要摆脱这种倦怠。他写道："我经常在牢房里走动，认真思考一些事情。在牢房里踱步 5 米折回，又 5 米，来来回回。我必须保持清醒和警惕。"每天早晨，他都要锻炼 20 分钟。

为了提高思想，罗德里格斯反复阅读两本祈祷书，一本是英文的，另一本是法文的，这两本书是监狱里的随军牧师给他的。

他熟记文本，一边在牢房里踱来踱去，一边一遍又一遍地背诵。

每隔几天，监狱里无灵魂的寂静就会被牢房的开门声和反抗者的喊叫声打破。当他们被带走时，有几个人高喊"法兰西万岁"，有些人被驱逐到德国，有些人被立即处决。罗德里格斯写道："这些分离并没有摧毁我，反倒鼓励我不要畏缩。"

他补充说："我数着脚步，数着白天黑夜。我祈祷，我思考，我计数。"

1943 年 11 月 24 日，莱昂·费伊也在纳粹的囚禁中度过。他被监禁的地方是巴黎帝国保安部总部福煦大街 84 号的一个小阁楼里。自被捕以来，他一直被关押在这里。但与罗德里格斯不同的是，费伊并没有把这一天看作无穷无尽链条中的一环。那天晚上晚些时候，他打算逃出福煦大街，再过几天就去伦敦。

房子的顶楼被预留给帝国保安部的重要囚犯，他们大多是来自特别行动局的英国特工。费伊是顶楼唯一一个为军情六处工作的特工。他和其他囚犯被关在约瑟夫·基弗（Josef Kieffer）局长办公室正上方的 12 个房间里，基弗是纳粹党卫军反间谍机构在巴黎的负责人。

图 26-1　福煦大街 84 号

在漫长的审讯过程中，费伊和罗德里格斯一样，德国对联
279　盟工作的了解程度也惊吓到了他。审讯者向他炫耀，他们逮捕
了 300 多名联盟特工，获得了大量文件，还有线人和在酷刑逼
供下崩溃的特工提供的重要信息。

就像对福煦大街其他俘虏所做的一样，帝国保安部的审讯
者一再坚持对费伊说，他们已经了解他的情报网及其特工的一
切，他不合作是没有用的。他们没有向费伊和其他俘虏透露的
是，他们还有另一个重要的信息来源：位于大楼四楼正在进行
一个非常成功的无线电重放行动。

帝国保安部从被俘的无线电接线员那里提取了代码和其他
传输的相关信息，"重新播放"接线员的无线电设备，这意味
着它可以假装接线员仍是自由的，向伦敦继续发送信息。这种
所谓的"电台游戏"主要针对特别行动局。尽管内部有人提
出了质疑，但特别行动局仍乐此不疲地相信这些虚假信息是有
效情报。通过这种联系，德国获得了大量有关特别行动局运作
的有价值的情报，包括新的特工和装备。

审讯费伊的人试图说服他，是伦敦的一名叛徒泄露消息导
致他被捕。但费伊告诉他们，他已经知道那个叛徒就是他们的
线人让·保罗·利恩。审讯者的下一步策略是同意费伊提出的
一个要求，即承认联盟是法国军队的一部分，并将联盟成员视
为战俘而不是敌方间谍，这意味着他们的生命可以保全。这种
表面上的让步，能在盟军其他特工身上奏效，却没有对费伊产
生任何影响，他仍然拒绝交流。

巴黎帝国保安部对在押囚犯技巧娴熟的心理战是受老谋深

算的负责人约瑟夫·基弗的鼓励。基弗相信善待俘房会比威胁 280
或折磨他们产生更好的效果。虽然有些囚犯在福煦大街会受到
拷打，但基弗能决定谁能免于皮肉之苦。他有时会把欣赏的俘
房（通常是英国人）带到他的办公室，里面摆放着路易十五
时期的家具，他们一起吃饭、喝酒或聊天。他们的谈话通常是
关于英国的公立学校和军官阶层，基弗表示这两者他都非常喜
欢。他向特工们建议，英国和德国的军官不应该互相争斗，而
应该一起合作，进攻他们真正的敌人——共产主义。

　　得到安全感后，一些人开始信任并与逮捕他们的人合作。
但费伊并没有，因此他从未得到过优待。囚禁在大楼里的头几
天，费伊想过自杀。因为拒绝说出任何可能导致他的同伴被捕
的信息，他担心自己很快会被酷刑折磨。

　　但他没有被施以酷刑，于是他放弃了自杀的念头，开始考
虑如何逃跑。囚禁他的房间很小，原来是用作女佣的房间，里
面只有一张床和一把椅子。房顶上有一个 6 英尺高的通风井，
看起来像一个方形烟囱，顶部有一个巨大的天窗，通向屋顶，
而底部被闩住了。

　　费伊是一名有经验的逃跑大师。他曾两次成功越狱，其中
一次是在 1942 年底，他从维希监狱戏剧般地越狱，当时他顺
着一条 60 英尺长的绳子从牢房爬到了地面。这一次他仔细检
查了在福煦大街的牢房，他发现用一把螺丝刀或其他简单的工
具或许可以松开并拆除闩住通风井的栅栏。完成这些之后，再
把椅子放在天窗下，踩上椅子，他认为自己能有足够的体力够
到屋顶上。

　　然而即使他走到了这一步，还有其他的障碍在等着他。由
于他拒绝和帝国保安部合作，除了审讯室，他从来没有被允许
进入大楼的其他地方，所以他无从知道大楼的布局。他也不知
281　道大楼附近的房屋和街道，以及守卫有多森严。

　　费伊认为需要有合作伙伴来帮助他完成逃跑计划，于是他
找到了两名对此有兴趣的特别行动局特工。其中一个是在他隔
壁房间里的年轻女人，他们在相隔的墙上用莫尔斯电码交流。
这个女人名叫努尔·伊纳亚特·汗（Noor Inayat Khan），她今
年26岁，曾是空军妇女辅助队（WAAF）的官员。战后，她
成为特别行动局最有名的特工之一。

　　努尔身材娇小，声音柔和而高亢。她母亲是美国人，父亲
是印度穆斯林贵族。她在巴黎长大，曾在巴黎音乐学院（the
Paris Conservatory）师从著名作曲家兼教师娜迪亚·布朗热
（Nadia Boulanger）学习钢
琴。但她最热爱的是写作，
在战争爆发后，她开始创作
和广播儿童故事，并因此小
有名气。1940年，她和她
的兄弟离开巴黎前往英国参
加战争。

　　从各方面来说，文静、
温和的努尔不太可能是一
名特工。特别行动局里一
位和她一起培训过的同事

图26-2　努尔·伊纳亚特·汗

将她描述为"一个出色的、含糊的、爱幻想的人。她太引人注目了，看过一眼后就永远不会忘记"，她"没有安全性"，根本就不应该被派往法国。在一份匹配度报告中，她的一位教练写道，她"倾向于提供太多信息。她来到这里，却对自己被训练的目的一无所知"。负责指导生存策略的官员写道，她"从性格上不适合"当特工，会成为一大安全隐患。他的判断部分基于布里斯托尔一名警察局局长对努尔的模拟审讯，他的警察局与特别行动局合作。审讯结束后，局长反馈说："如果这个女孩是特工，我就是温斯顿·丘吉尔。"

尽管有这些警告，努尔的培训时间还是被缩短了。1943年6月16日，她被派往法国，成为一名无线电接线员，这是特工从事的最危险的工作。她的上级承认，她在很多方面都达不到要求，但"由于专家短缺，尤其是无线电接线员缺乏，有必要降低一些要求"。

就在盖世太保围捕"繁荣"情报网数百名抵抗成员的前几天，努尔抵达了巴黎。她躲过了德国的搜查，是少数几个脱险的特别行动局特工之一，她几乎在一夜之间成为首要特工之一，也是盖世太保在巴黎的头号通缉犯。尽管还没有明显提高安全感，但她在整个夏天和初秋里得以成功地保住了自由身份，而且经常给伦敦发送消息。10月初，特别行动局指示她与一个实际上由德国人运行的电路建立连接。她这样做了之后，盖世太保立即逮捕了她，他们不仅拿走了她的电台，还拿走了她床头柜上的笔记本，里面记录了她到法国以来收到和发送的所有信息。

努尔被拘留后，她表现出的勇气和毅力远远超过了她的大多数男性同行。她到达福煦大街后的几个小时内，试图从浴室的窗户爬出去，但发现自己被困在了一个狭窄的窗台上，无处可去。警卫在几分钟内找到了她，并把她拖了进去。在审讯过程中，她拒绝合作，拒绝基弗所有的花言巧语，顽固地保持沉默。基弗在战后告诉盟军官员："她没有告诉我们任何有价值的东西。我们无法依靠她提供的任何信息。"

费伊不知道努尔的背景，不过努尔与他交流时所表现出的无畏，让他印象深刻。当他告诉她自己的逃跑计划时，她回答说她已经尝试过了，迫不及待想再试一次。她建议他们再找另一名囚犯合作。他是特别行动局的一名特工，名叫约翰·斯塔尔（John Starr），他的房间就在她的对面，他们也在联系着。斯塔尔在她到达后不久就听到了她的哭声，并在她的门下塞了一张纸条，说如果她想与他取得联系，她可以通过隐藏在公共厕所的某些地方的留言来实现。

努尔说，斯塔尔在战前是一名平面设计师。他会很有帮助，因为他正在为基弗做一些绘图工作，这让他可以自由走动。因此，他熟悉大楼的布局，也许还了解周围建筑的情况。

事实上，斯塔尔与德国的合作远远不止是绘图工作，只是努尔并不知情。在围捕"繁荣"情报网的行动中，他在第戎被捕，先是在那里蹲了几个星期的监狱，然后又在弗雷斯监狱待了几个星期，最后被送到福煦大街。他在前两个地方经历了残酷的对待和近乎饿死的食物配给量，他很高兴能在巴黎获得宽容。

283

在第一次接受基弗审问时，斯塔尔就表现出了合作的意愿。基弗给斯塔尔看了一张大地图，上面标示了特别行动局在法国所有的据点，并请他在地图上标出他在第戎所在部门覆盖的区域。他这样做的时候，基弗认为他标注得非常精确和有技巧，于是让他重画整个地图，斯塔尔欣然同意了。完成之后，基弗又给他安排了更多的绘图工作。历史学家莎拉·赫尔姆斯（Sarah Helms）说，实际上，他成了"基弗的御用艺术家"，甚至为包括基弗本人在内的帝国保安部高级官员画肖像画。

斯塔尔同意编辑虚假信息的英文文本，这些信息将被发送给特别行动局，这时斯塔尔与德国的合作变成了彻底的通敌，他编辑的文本也成了福煦大街"电台游戏"的一部分。福煦大街电台重放部门的负责人约瑟夫·戈茨（Josef Goetz）说："他帮我纠正了许多拼写和编辑错误，并教我用正确的（英文）方法写技术报告。"斯塔尔还为德国翻译 BBC 的法语新闻报道。

在斯塔尔之后被关押进福煦大街的特工们，非常震惊斯塔尔和逮捕者竟然有着明显友善的关系。斯塔尔告诉在里昂被捕的特工布莱恩·斯通豪斯（Brian Stonehouse）："当你进一步了解盖世太保兄弟，你会发现他们其实相当好。"另一位特工哈利·佩利夫（Harry Peuleve）后来谈到斯塔尔时表示："斯塔尔的出现其实是不幸的，因为这可能会让新被捕的特工相信他们也会受到善待。"事实上，斯塔尔的确被德国用作他们会信守承诺的活例子，他与德国的亲密关系也促使新来者与德国合作。在其他特工面前，斯塔尔为自己与德国合作辩解，他是在计划某个时机逃跑，并正在收集帝国保安部活动的情报，包括"电台游戏"，以便在获释后传达给伦敦。

莱昂·费伊对斯塔尔的通敌行为一无所知。他关心的是这位特工非常熟悉大楼的平面图，而且他有可能拿到越狱所需的螺丝刀和其他物品。在费伊的建议下，努尔试探了他的意见。一开始斯塔尔拒绝了逃跑的提议，表示看不到成功的希望。努尔告诉斯塔尔，费伊已经答应安排拉山德小型飞机接他们去英国。斯塔尔这时改变了主意。在费伊的请求下，努尔问斯塔尔，他对附近建筑和街道了解多少。斯塔尔回复说，可以通过附近的房屋到达最近的佩戈列斯街（rue Pergolese）。

有了斯塔尔的加入，费伊继续开展越狱计划。他是一个经验丰富、意志坚强的抵抗者，3年来一直与维希警察和盖世太保斗智斗勇，他清楚这个计划极其危险。另外，他的伙伴是一名儿童书作家和一名平面艺术家，他们只在法国待了几个月，他们接受的地下工作培训也很少。所以说无论是身体上还是精神上，他们都没有准备好迎接即将到来的挑战。不过费伊觉得他现在别无选择，只能带上他们一起行动。

他通过莫尔斯电码和藏在厕所里的纸条，向其他人说明如何松开通风竖井上的闩。斯塔尔在一个维修室里找到了一把螺丝刀，3人偷偷把它传了过去。他们把床单撕成条状系在一起，可以用作从大楼屋顶逃脱时的绳子。斯塔尔还答应带上手电筒和其他工具，如果可能的话，再带上一根绳子。

准备工作花了3个星期。11月24日上午，斯塔尔给费伊留了一张便条，说他已经卸下了门闩，可以爬上屋顶了。从便条的语气中，费伊发现斯塔尔对这次越狱的怀疑越来越多。费伊觉得，要想成功逃走，必须有斯塔尔的加入。费伊和努尔非常需要他提供这个地区的情况，以及他带来的物资。因为担心如果再等下去，斯塔尔就会放弃，于是费伊决定当天晚上开始行动。

费伊告诉大家，他和努尔将在晚上 9 点 30 分从屋顶爬出来等斯塔尔，因为斯塔尔的房间在警卫室旁边，所以他要到凌晨 1 点 30 分当班的警卫下班时才能离开。9 点 30 分，费伊带着用床单做成的绳子，从通风井爬上屋顶。一到外面，他"喜出望外"①，抬头看着夜空和星星，这是他两个多月以来第一次看到它们。他深深呼吸着寒冷、新鲜的空气。很快，他意识到附近的屋顶和建筑的情况与斯塔尔对它们的描述并不符合，他的喜悦感迅速消退。

费伊走近努尔房间上方的天窗，当他听到下面有很大的刮擦声时，他的担忧加剧了。他意识到她还没有完全松开她房间里竖井上的闩，所以正在拼命地工作。他心想："这个姑娘疯了。"天亮前她能否松开闩都值得怀疑。他打开天窗，劝她停下来，并把所有东西放回原处，然后上床睡觉。他还说，斯塔尔提供的周围环境的信息似乎毫无价值，他要亲自去看看。他保证会回来告诉她是要自己逃跑还是要等斯塔尔。

费伊走到远离福煕大街的屋顶一侧，大楼这一侧又窄又

286

---

① 引自莱昂·费伊未出版的日记，法国国家档案馆。

陡，没有窗台。费了很大功夫，他来到一处稍微宽一点的地方，从那里可以俯瞰隔壁房子的阳台。根据斯塔尔提供的信息，按说从那里可以看到一条街道，但没有任何迹象。

接下来的几分钟，费伊屏住呼吸，思考下面要做什么。虽然他看不见街道，但他确信下面的房子一定是通向街道的。一旦他逃出去，就可以借住在附近朋友的公寓里。他们会帮助他与联盟取得联系，如果运气好的话，他可以被偷运出法国，并在一周内回到英国。

他是现在就走呢，还是等斯塔尔呢？到目前为止，尽管斯塔尔提供的都是错误信息，但他可能知道谁住在隔壁的房子里。权衡利弊之后，费伊决定谨慎行事，等待时机。

费伊往回走的时候，又听到努尔在拼命地松门闩。费伊提醒她安静些，她没有回应，反而加倍用力了，显然她决心要在斯塔尔准备离开时完成。费伊钦佩她"非凡的勇气"，但也担心她有勇无谋。两个多小时过去了，街上车辆的嘈杂声渐渐消失了，唯一的声音是努尔用工具用力发出的刮擦声。

凌晨 1 点 30 分，费伊打开了斯塔尔房间的天窗，帮着把他拖上了屋顶。费伊很想马上离开，但认为他们不能抛下努尔。如果她一开始就听从他的建议，停止松门闩，她也许能掩盖自己所做的事情，但现在已经不可能了。警卫早上晚些时候进入她的房间后，很快就会发现她的所作所为。

从他们在屋顶的短暂谈话中，费伊意识到斯塔尔已然失去了勇气，他对任何事情都不再乐观。费伊带他到屋顶的另一边查看隔壁的房子。斯塔尔告诉费伊，他不知道谁住在这所房子里，事实上，他也不知道房子里是否有人住。

凌晨 3 点 30 分，努尔终于松开了门闩。费伊把她从通风竖井里拽出来，3 个逃犯排成一列，爬过屋顶，来到可以俯瞰隔壁房子的地方。费伊把绳子绑在一根杆子上，把它从屋顶上扔了下来，他顺着绳子爬到了阳台上，另外两个人跟在他后面。当费伊在下面接住努尔时，他惊恐地发现她的手表上有一个闪闪发光的表盘，就像手电筒一样。但即便如此，他还是无法抑制心中的喜悦。他们从福熙大街逃了出来，如果幸运的话，他们很快就会回到巴黎街头，走上自由之路。

费伊转动阳台门的把手，发现门是锁着的。接着他注意到下一层还有一个小阳台，小阳台上是镶玻璃的法式双开门，很容易被砸坏。他考虑他们是利用斯塔尔的绳子爬下三层楼到地面，还是跳到阳台上，然后穿过房子，走下楼梯到街上。结果，他别无选择，因为斯塔尔没带绳子，也没带他答应过的任何其他东西。

正当费伊考虑最新难题时，他听到了飞机引擎的轰鸣声，抬头看到了一支庞大的美国空中堡垒（American Flying Fortresses）①正从头顶飞过，飞机在德国完成突袭后正飞回英国。突然，一个响亮的声音用德语抱怨："有灯！"接着一束手电筒的光从福熙大街 84 号的一个窗户射出来，对准 3 人蹲伏的阳台。费伊认为，他们看不见的挑战者很可能只是一名纳粹党卫军守

---

① 空中堡垒是美国在第二次世界大战中使用的著名轰炸机 B-17 的别名，这款飞机具备强而有力的动力，航程远且防御能力强，是二战中投弹最多的飞机。

卫，他发现了努尔发光的手表表盘，他不觉得是德国人看到了
躲藏在阳台角落里的他们。他低声对其他人说，如果保持绝对
静止，让事情安定下来，他们也许仍是安全的。

　　15分钟过去了。斯塔尔变得越来越焦虑不安，他突然跳
了起来，说他必须马上离开。在费伊阻止他之前，他冲到了阳
台的中间，费伊和努尔在后面追他。就在这时，从福煦大街
84号窗口射出的另一道手电筒的光照在他们身上。

　　费伊迅速冲到阳台的边缘，跳到了下面的小阳台上，斯塔
尔和努尔紧随其后。他打碎了法式落地门上的一块玻璃，手伸
进去打开了门。然后他在黑暗中摸索着穿过房子，找到了楼
梯，另外两个人跟在后面，他们冲下三层楼梯，来到一楼的大
厅。费伊小心翼翼地打开临街的门，往外看。就在几英尺外，
一个纳粹党卫军哨兵正在巡逻。

　　费伊静静地关上门等待着，斯塔尔和努尔蹲在他身后。几
分钟后，费伊再次打开门，没有看到哨兵的踪影。他冲了出
去，沿着党卫军哨兵相反的方向跑去，却发现路的尽头是一条
死胡同。他原路返回，发现哨兵正等着他。第二名警卫出现
了，后面跟着身穿便服的盖世太保特工，每人手里都拿着左轮
手枪。他们把费伊顶在墙上，并用枪托不断抽打他。费伊倒在
地上，不省人事。

　　约瑟夫·基弗得知斯塔尔企图逃跑后，怒不可遏。他认为
斯塔尔这么做不仅是对他忘恩负义，而且一旦他设法逃脱并告
知伦敦发生了什么，帝国保安部的"电台游戏"也会随之结束。

他命令 3 个人在福煦大街四楼靠在一堵墙上站成一排,大喊要当场枪毙他们。几分钟后,他冷静下来了。他告诉他们,如果他们以人格发誓不再试图逃跑,他就允许他们返回牢房。斯塔尔立即按要求做了。但费伊和努尔拒绝了。同一天,两人被驱逐到德国的监狱。

289

努尔被列为"非常危险的囚犯",在接下来的 10 个月里,她被单独监禁,口粮少得只能挨饿,还有频繁的酷刑折磨。在她生命的最后 4 个月里,手腕和脚上都被戴上了铁锁链。1944 年 9 月,她被送到达豪集中营(Dachau Concentration Camp),并在那里被处决,享年 30 岁。

而费伊则被押送到德国西部布鲁赫萨尔(Bruchsal)郊外的一所严酷的监狱堡垒里。他被用德语打上了"重要的恐怖分子,逃跑专家"的标签,他被戴上手铐拖出汽车,扔进了一个地下牢房。在那里,他的脚被铐在一张铁床的床脚上。牢房里空荡荡的,没有灯光和炉火,堡垒里渗透进来的潮湿更加剧了这里极端的寒冷。费伊在一份秘密日记中写道:"水永久地留在地面上没有蒸发,这里所有的东西都被浸透了,我的手和脚一直都是冻僵的。"

堡垒地下室的其余部分被一家工厂占据,工厂的机器日夜轰鸣,给费伊增添了一种身在但丁地狱(Dante's Inferno)的感觉。因为工厂机器可怕的噪声,他几乎无法入睡。刚到布鲁赫萨尔的几天里,他一直在脑海里回放那次失败的逃跑经历。

他清楚,这一惨败带有苦涩的讽刺意味。多年来,玛丽-

玛德琳一直责怪他的轻率。让她懊恼的是，他从来没有过多地考虑过自己的安危，甚至在 11 月 24 日晚上也是如此。如果那天晚上他没有在屋顶上等斯塔尔，如果他一离开房间就自己逃走的话，他现在可能已经回到伦敦了。

当基弗问斯塔尔为什么试图逃跑时，这位特别行动局特工回答说，他别无选择。他告诉基弗，如果努尔一个女人都逃了出来，"而他作为一个男人，没有表现出同样的勇气，那他以后就无法在英国立足了"。

有好几个星期，基弗拒绝与斯塔尔有任何来往。然而斯塔尔最终不仅宣布放弃任何逃跑计划，而且保证永远不会以任何方式对抗德国，基弗原谅了斯塔尔。

尽管如此，他在福煦大街的舒服生活很快就结束了。尽管基弗仍承诺他的 VIP 囚犯将被当作战俘对待，1944 年 7 月，也就是诺曼底登陆日（D-Day）的一个月后，斯塔尔和其他人还是被送到了德国最残酷的两个集中营——萨克森豪森集中营（Sachsenhausen）和毛特豪森集中营（Mauthausen）。斯塔尔是战争中幸存下来的少数人之一。

虽然他从未被告发与盖世太保勾结，但他被视为叛徒，几乎所有的前同事都在他的余生中回避他。

第二十七章　地　图

　　1943 年底的几天里，玛丽-玛德琳抱有一丝希望，联盟可以像凤凰涅槃一般浴火重生。11 月 25 日，菲利普·柯尼希斯瓦特终于回到法国，他是两个多月以来第一个回到法国的联盟特工。

　　将柯尼希斯瓦特运往布列塔尼海岸的深夜海上行动是一次惊险的行动。皇家海军鱼雷艇接近指定会合地点时，船长没有发现接待委员会预先安排的信号。他正确推断出，船抵达的是错误的地点。但柯尼希斯瓦特仍然对这个月早些时候失败的海上尝试耿耿于怀，他决定不顾后果登陆。船长命令他返回，但柯尼希斯瓦特掏出了手枪指向英国船员们，嘴里大喊着他已经受够了，要上岸了。陪同的军情六处联络员也劝他再等一等，但他还是跳下了船，并在浅水里站稳了脚，然后渐渐消失在了黑暗中。

　　柯尼希斯瓦特随身携带着 200 万法郎和一袋邮件。为了躲避德国巡逻队，他一直逗留在岩石海滩上，直到天亮才来到附近村庄的一家小旅馆。偶然间，他在那里发现了联盟接待委员会的成员，他们在前晚徒劳地等待他未果后，已经回旅馆睡觉了。两天后，焦急的玛丽-玛德琳终于收到了柯尼希斯瓦特的来信。他已安全返回波尔多，很快发送了一连串有关港口潜艇和船舶的信息。在圣纳泽尔，安德烈·宽多（代号野牛）也同样多产，他帮助安排柯尼希斯瓦特返回法国，另外他不仅报告了当地潜艇基地的行动，而且还提供了附近新建造的V-1火箭发射地点的位置和相关描述。

在法国北部靠近比利时边界的里尔，亨利·弗伦蒙蒂（Henri Fremendity，代号鱼鹰）也提供了大量有关里尔火箭发射地的情报。11月26日，弗伦蒙蒂在他最新消息的结尾处写道："还有更多信息……"但接下来的几天，他没有再发送任何消息。然后柯尼希斯瓦特的电台也安静了下来，他在12月5日发出的最后一个消息，要求紧急空投3个发射电台和各种武器，包括斯登冲锋枪、左轮手枪和刀。在他发送的消息中，他提到德国已经开始在该地区进行密集的无线电探测活动。

由于两名特工都继续保持沉默，玛丽-玛德琳不得不断定盖世太保已经在北方发动了又一轮的逮捕行动。她向仍在该地区活动的特工发出紧急指令，要求他们停止一切通信，躲藏起来。安德烈·宽多的接线员回复说，宽多会服从她的命令，但前提是先完成英国皇家空军的空投任务。当空投发生时，负责运送物资的飞行员向军情六处报告说，他在着陆点看到了"很多活动"。宽多被逮捕了，联盟在12月的唯一一次行动以英国送出的所有设备落入敌方手中而告终。这一次，人称"尼禄"的男子没能逃脱。

英国军方特别需要获得法国北部沿海防御和火箭发射地的情报，因为盟军在那里再一次遭受了严重损失。玛丽-玛德琳想知道英国人是否决定结束对联盟的支持，尽管她有信心如果得到帮助，联盟将会恢复。尽管保罗·伯纳德和其他联盟特工一再要求紧急援助，但至少当时，英国皇家空军和军情六处似乎都不愿继续提供援助。伯纳德在一封邮件中说："我们有一种感觉，伦敦对我们失去了兴趣。我们现在正面临新的危险，为了继续维持下去，我们必须立即获得更多援助。"①

玛丽-玛德琳问自己，她是否有权使情报网继续运行，自己似乎不能为她的特工做任何事情。她下定决心，如果联盟的情况没有很快得到改善，她将考虑结束它。

1943 年平安夜，她在卡莱尔广场房子地下室里参加了午夜弥撒。这是她一生中最悲伤的一个圣诞节。在这个神圣的日子里，她又一次和她的孩子们分离了，包括她还在襁褓中的小儿子，莫妮克·邦廷克带着他躲在法国南部。当玛丽-玛德琳听牧师读祷告文时，她回想起一年前，她和费伊以及其他亲密伙伴一起庆祝节日，其中有加布里埃尔·里维埃、费迪南德·罗德里格斯和吕西安·普拉尔。而此时他们全都离开了。

在那个悲伤的夜晚，从巴黎来的最亲密的朋友奈莉·德·沃居埃陪在她身边，这使她得到了一些安慰。几个星期前，曾和安托万·德·圣-埃克苏佩里一起在阿尔及尔的奈莉来到伦敦。为了让玛丽-玛德琳重新振作起来，奈莉坚持两人一起去参加一个平安夜晚会。奈莉被邀请到威廉·沃尔多夫·阿斯特尔二世 （William Waldorf Astor II） 家中，他是

---

① 引自保罗·伯纳德未出版的手稿。

阿斯特尔子爵（Viscount Astor）和其艳丽的妻子南希
（Nancy）的儿子。

　　玛丽-玛德琳不情愿地答应了，但从她走进阿斯特尔家的
那一刻起，她就后悔了。她回忆说，那就像战前的一个晚上。
长桌上摆放着最精美的银器和水晶制品，在烛光下闪闪发光。
同样熠熠生辉的还有许多女宾客的钻石项链和头饰，她们边喝
香槟边与穿着同样讲究的男宾客谈笑风生。玛丽-玛德琳的忧
郁非但没有减轻，反而加剧了。

　　午夜前，她踱步走到一扇窗户前，凝视着笼罩在阿斯特尔
家花园里的浓雾。她不知道 1944 年会是什么样子？法国会解
放？还是继续延续"糟糕的" 1943 年的悲伤和苦难？她凝视
着窗外的浓雾，一阵痛苦席卷了她的全身。

　　几个星期后，肯尼思·科恩进入了她的生活，玛丽-玛德
琳的痛苦开始减轻了一些。肯尼思·科恩是一名英国官员，现
在是军情六处在法国所有行动的负责人。1941 年，他在里斯
本与纳瓦尔会面，并授权军情六处与联盟合作。从 1941 年 11
月起，他就非常清楚玛丽-玛德琳以及她对联盟的重要性。他
委派埃迪·凯瑟到马德里会见玛丽-玛德琳，并监督军情六处
和联盟之间的合作，一直持续到 1943 年中期。

　　就在玛丽-玛德琳抵达伦敦前不久，肯尼思·科恩奉命组
织"苏塞克斯行动"（Operation Sussex），即执行盟国在西欧
登陆日之前将几十个法国情报两人小组空降到法国的任务。在
盟军登陆期间和之后，他们要向盟军提供关于德国军队的行

动、通信和供给，特别是其装甲师的情报。1944 年 1 月，这些队伍被派往法国后，他回到了军情六处的总部。

肯尼思·科恩以热情和敏锐著称，他非常关心与他有联系的法国特工，这在军情六处官僚森严的环境中非常罕见。帕特里克·赖利在回忆录中指出，肯尼思·科恩"在与他共事的抵抗运动领导者中，赢得了持久的尊重和爱戴"。①

肯尼思·科恩和玛丽-玛德琳的关系特别密切。事实上，在许多方面，他们可以说是志同道合。他们都来自重视文化和艺术的家庭。肯尼思·科恩的外祖父迈耶·萨拉曼（Meyer Salaman）是一位富有的商人，他在 19 世纪晚期靠从南非进口鸵鸟羽毛发了财。这些羽毛被用于装饰在帽子上和女人的头发上，它被英国和欧洲其他地区的时尚精英视为至宝，以至于在世纪之交时，每磅鸵鸟羽毛的价格几乎等同于相同重量的钻石。

萨拉曼还是一位如饥似渴的读者，他最喜欢的作家是莎士比亚和狄更斯。他把自己的乡村别墅向年轻的作家、演员和画家开放，其中包括奥古斯都·约翰（Augustus John）和威廉·奥本（William Orpen）。他的 14 个孩子中有 7 个也开始画画，包括肯尼思·科恩的舅舅迈克尔·萨拉曼（Michael Salaman），他是奥古斯都·约翰的好朋友兼助手。科恩的大表姐梅鲁拉·萨拉曼（Merula Salaman）是一位画家兼演员，她是演员亚历克·吉尼斯（Alec Guinness）的妻子。

---

① 引自帕特里克·赖利未出版的回忆录，牛津大学图书馆藏。

　　科恩家族里还有另一位著名的艺术家，他的妻子玛丽·科恩。玛丽·科恩是伦敦著名建筑师的女儿，她曾就读于英国最负盛名的艺术学院——斯莱德艺术学院（the Slade School）。她的作品主要是风景画、肖像画和静物画，曾在许多私人和公开画展中展出。

　　肯尼思·科恩和玛丽-玛德琳第一次见面后不久，他和玛丽就接纳了她。科恩夫妇有一个年幼的女儿，他们经常邀请玛丽-玛德琳到家里来，实际上把她当成了他们家事实上的一员。

　　肯尼思·科恩对玛丽-玛德琳个人来说同样重要。他对联盟的命运有着更重要的影响。联盟遭受巨大损失时，他打破了阻止联盟获得所需帮助的官僚主义僵局，坚持把恢复伦敦与联盟之间断裂的联系作为首要任务。玛丽-玛德琳告诉他，由于拉山德航班暂停了，从1943年8月起，她没有收到任何情报或邮件。肯尼思·科恩立即请求皇家海军授权一个海上行动来接收这些情报或邮件。

　　1944年1月27日，一艘海军鱼雷艇被派往靠近圣拉斐尔蓝色海岸的一个集合地点，去取回东南部负责人埃朗·德伊斯纳尔从其他地区收集到的90多磅邮件。这一行动被称为"大力水手行动"（Operation Popeye），这并不是一个容易的任务。冰雨飘泼而下，一名联盟特工抱着两个巨大的邮袋，摇摇欲坠地站在岩石嶙峋的码头上等待了3个小时。这个特工是26岁的埃利·德·丹皮埃尔（Élie de Dampierre）伯爵，他是法国最古老、最显赫的贵族后裔，据说是德伊斯纳尔最好的朋友和小舅子。一年前，丹皮埃尔告诉父亲他决定加入联盟，他的父亲盖伊·德·丹皮埃尔（Guy de Dampierre）生硬地回答："我们丹皮埃尔家族不是间谍。"① 埃利很快就无视这一说法。就在一支德国巡逻队听到鱼雷艇的马达声后赶到现场的几分钟前，他和邮件被前来的英军从岩石上拉了下来。

在伦敦，玛丽-玛德琳如饥似渴地阅读大量积压的信件和报告，其中大部分包含了 1943 年秋天突袭联盟的那场灾难中令人心碎的细节，以及大家为生存而做出的绝望努力。其中，最让人痛苦的是莫里斯·库斯特诺布勒去世的消息。库斯特诺布勒是一名年轻的飞行员，他是玛丽-玛德琳在维希招募到的第一批成员之一。联盟建立初期，他和亨利·舍雷尔是玛丽-玛德琳最忠实、最信任的副手。库斯特诺布勒自 1943 年夏天以来一直驻扎在法国北部，他长期患有肺结核，健康状况越来越差。1943 年 10 月，盖世太保追踪到他，但他在被捕之前就病死了，履行了他对玛丽-玛德琳的誓言，"德国人永远不可能活捉到我"。他的去世令玛丽-玛德琳心如刀绞，她想起了库斯特诺布勒反复告诉她的话，"小家伙，战士是不会哭的"。然而，这一次，她却忍不住流下了眼泪。

多亏了肯尼思·科恩对皇家空军的有力督促，出于联盟的需要，"拉山德行动"终于被敲定安排在 3 月。埃利·德·丹皮埃尔和另一名情报网特工将带着大量的物资返回法国西南

---

① 引自丹皮埃尔家族史。

部，包括邮件、问卷、钱、设备和其他物资。

3月3日晚上，一架拉山德小型飞机再次起飞了，但再也没回来。玛丽-玛德琳的情绪又一次在希望和绝望之间来回摇摆。几天后，军情六处和英国皇家空军放弃了这架飞机和机上人员。这一次飞行任务表面上看是一个灾难，实际上结局还不错。有消息说，拉山德小型飞机确实坠毁了，但机上乘客和飞行员都还活着，不过飞行员受了伤。于是一次新的"拉山德行动"立即被安排上了。

3月16日，另一架飞机被派往卢瓦尔河谷的一个新着陆点。它带着飞行员返回了，这是6个月来拉山德对联盟的首次成功行动。法国和英国之间的空中联系终于恢复了。

飞机上还有一名临时加入的乘客，他是在最后一刻才加入的。他就是让·圣特尼（Jean Sainteny），他是联盟在诺曼底的负责人。圣特尼下飞机时，手里紧紧提着一个鼓鼓囊囊的大袋子，里面无疑包含情报网在战争中获取的最重要的文件。

36岁的圣特尼是联盟最优秀、最勇敢的特工之一，他是诺曼底本地人，战前在巴黎经营着一家景气的银行和一家保险公司。他在诺曼底海岸附近拥有一个农场，俯瞰着后来被称为奥马哈海滩①（Omaha Beach）的地方。

据说，圣特尼是一个天生的间谍。参加完1940年法国战

---

① 奥马哈海滩是诺曼底五大海滩之一，是美军登陆的海滩，也是战火最激烈的地方。

役后，他在家乡西北部建立了一个私人情报网，主要招聘一些童年时期的朋友，其中有几个水手，他们收集迅速发展起来的德国造船厂、潜艇基地和防御阵地的情报。

1940 年底，圣特尼与联盟第一次接触。几个月后，他将自己的组织合并进了联盟。二战期间，他曾 4 次被德国抓获。第一次被捕是在 1941 年 9 月，他在卡昂的监狱里待了几个星期，最后因缺少证据被释放。第二次被捕是在 1943 年 9 月，当时盖世太保正在对联盟特工进行大规模围捕，但与大多数同事不同的是，满头黑发、神气十足的圣特尼设法逃脱了。

1943 年秋天，圣特尼的线人因提供了建造火箭发射场的详细情报而崭露头角。这一年晚些时候，军情六处要求他们将注意力转移到为英美军事首领收集情报上面，他们计划即将进攻西欧。

这个行动被称为"霸王行动"（Operation Overlord），是历史上非常复杂、致命和大规模的军事行动。在不到 24 小时里，数十万军队和装备，包括大约 5 万辆车，必须渡过英吉利海峡，在一个严密防守的海岸登陆，并确保桥头堡的安全。

许多参与诺曼底登陆的人，包括指挥官德怀特·戴维·艾森豪威尔将军，都非常担心盟军还没有为这次行动做好准备，害怕这次行动会以彻底失败而告终。用一位英国将军的话来说，这将是一场"最具毁灭性的灾难"。艾森豪威尔清楚，"霸王行动"不会再有第二次机会了，他写道："在这次特别的冒险中，我们不仅冒着战术失败的风险，而且把全部力量都放在了这个行动上。"

　　从登陆艇数量不足，到英吉利海峡上出了名的反复无常的天气，再到补给短缺，这次行动的各方面几乎都不稳妥。但是最让规划者担心的是在对岸等待他们的可怕的防御工事。

　　从挪威到西班牙，在被占领的欧洲，有一连串令人生畏的固定防御工事守卫着 2800 英里长的海岸线，包括混凝土炮台、掩体、海滩障碍物、带刺铁丝网、观察哨和地雷区，被称为大西洋长城（Atlantic Wall）。毫无疑问，防御最严密的是法国和低地国家①的海岸，德国认为那里最有可能成为盟军进攻的目标。仅在诺曼底，几乎有 8000 名德国国防军士兵守在防御工事上。

　　在西欧登陆的规划者最初考虑了 6 个可能的登陆点，包括荷兰和比利时的北海海滩，以及布列塔尼的海滩，这几个都被否决了，因为它们超出了盟军战斗机的打击范围。剩下的登陆点包括多佛悬崖对面的加莱海峡（Pas de Calais）海岸、卡昂到瑟堡的诺曼底海岸。

　　盟军最终决定在诺曼底登陆，那里的海滩更适合必要的装卸作业。那里也有充足的通往内陆的道路，这将允许大规模军队迅速撤离。美国第 4 步兵师将在犹他海滩登陆，而美国第 29 步兵师和第 1 步兵师在奥马哈海滩登陆，这里距离让·圣特尼的农场不到 1 英里。与此同时英国和加拿大军队将分别登陆其他海滩，包括宝剑海滩、朱诺海滩和黄金海滩。

---

　　① 　低地国家是对欧洲西北沿海地区的荷兰、比利时和卢森堡 3 国的统称。

做出决定后，规划者必须尽可能了解有关该地区的一切信息，不仅要了解该地区的海防设施，还要了解军队的部署情况，以及德国的通信和交通状况。在 1943 年底和 1944 年初，高空侦察机飞过诺曼底海滩进行拍摄。但是规划者需要的是德国防御工事的更多细节，而不是航空照片上明显可以得到的信息。

几个月来，数十个情报网的特工一直在收集此类信息，其中最大的是联盟、圣母兄弟会和简·阿米克组织（Jade Amicol）。1943 年秋天，盖世太保的野蛮镇压给这些情报网造成了巨大的损失，圣母兄弟会在 1943 年 11 月就被彻底摧毁了。这些损失威胁到了盟军在西欧成功登陆所依赖的重要情报。

令人意外的是，尽管联盟也遭受了极其严重的打击，但负责盟军登陆情报收集的部门相对未受影响。该部门的领导人是一位名叫罗伯特·杜安（Robert Douin）的雕塑家兼艺术家，他获得的重要情报被塞进了让·圣特尼从诺曼底拖来的笨重袋子里。

300

从表面上看，罗伯特·杜安似乎不太可能成为间谍，尤其是人们认为间谍本不应该引人注意。相反，杜安就像一块磁铁一样吸引了人们的注意，这在很大程度上是因为他的外表。他身材高大，头发乌黑，留着浓密的小胡子和山羊胡，他经常穿着丝绒西装，打着领带，戴着宽边大毡帽。杜安的个性和他的长相一样与众不同，这让人想起了剧作家埃德蒙·罗斯坦德（Edmond Rostand）作品中的大鼻子情圣（Cyrano de Bergerac）。他合群、机智、有主见，有一大群朋友。

图 27-1 罗伯特·杜安

1930 年，杜安接替同为艺术家的父亲，担任卡昂高等美术学院（École des Beaux Arts in Caen）的校长。这所学校位于卡昂（Caen），卡昂是一座繁华的城市，距离英吉利海峡的海岸有 8 英里远。法国沦陷后，杜安的主要目标就是摆脱德国的统治。贝当投降后，杜安怒不可遏，并将元帅视为叛徒，他毫不畏惧地表达了自己的意见。

301 　　1940 年 11 月，杜安加入了卡昂最早的抵抗组织之一。1941 年底，圣特尼联系了他，1942 年 2 月，他加入了联盟，并很快成为卡昂地区的负责人。卡昂大约有 40 名成员，其中包括渔民、教师、商店老板和铁匠。

　　1943 年 8 月，军情六处要求圣特尼提供一份尽可能详细的德军在诺曼底海岸的防御工事地图。圣特尼把这个要求转达给了杜安。在动员了其他特工之后，这位美术学院院长开始着手他认为的一生中最重要的工作。

　　在 14 岁儿子雷米（Rémy）的帮助下，杜安在海岸沿线步行或骑自行车，从卡昂东边的迪沃河（Dives River）入海口到科唐坦半岛，他详细描绘出所看到的防御工事并做了大量的笔记，同时小心提防德国哨兵。他过去曾修复过当地的一些教堂，这让他能够爬上教堂的钟楼，得以在钟楼上看到一览无余的乡村和海岸景色，这些景色对他的绘图工作很有帮助。

在不上学的日子里，雷米假扮成父亲的徒弟，和他一起工作。这个男孩为杜安的工作做出了重大贡献，他发现了反坦克战壕，以及后来供盟军使用的海滩通道。另一个做出重要贡献的人是杜安手下的一个渔民。他注意到，每当国防军官员安装一个新的海岸炮台时，他们就会安排一次对海峡的实际轰炸。在轰炸之前，他们张贴告示警告渔民和船长远离演习区域。这个渔民偷走了告示，上面标有炮台的位置，并把告示交给了杜安。

杜安一边工作，一边清楚地意识到盖世太保的"触须"正在逼近他和他的队伍。1943 年底，德国警方搜查了他的一名重要副手的房子，另外两名成员在被警告即将被捕后躲了起来。1944 年初，盖世太保在诺曼底加强了镇压力度。圣特尼提出让杜安和他的家人通过拉山德小型飞机转移到伦敦，但杜安知道他正在绘制的地图的重要性，所以他拒绝在完成之前离开。

6 个月后，地图终于完成了。1944 年 3 月初，杜安把一幅长长的、卷起来的画布通过信使交给圣特尼。圣特尼打开画布后，他认为必须尽快把它送到伦敦。3 月 16 日拉山德小型飞机营救受伤飞行员时，他和画布都在飞机上。

在坦米尔落地后，圣特尼立即把他的宝贝带到玛丽-玛德琳那里。他从包里把画布拿出来后展开，玛丽-玛德琳和圣特尼都非常震惊。她面前的地板上放着一张 55 英尺长的地图，

302

上面画着盟军 6 月 6 日将登陆的海滩和道路。地图上展示了德国沿着海岸部署的每一个火炮、防御工事和海滩障碍，记录了德国军队及其行动的细节。正如一位军事历史学家所写的那样，杜安的这幅地图是盟军司令部在战争过程中得到的"最完整、最详细的有关登陆地点的军事地图"。

第二十八章　回　家

玛丽-玛德琳被杜安的地图牢牢吸引了。虽然盟军在西欧登陆的地点一直是被严格保守的军事机密，但她早就怀疑会是诺曼底。如果真是如此，她在那里的联盟特工似乎已经向盟军首领提供了他们可能需要的每一个细节。

玛丽-玛德琳的一名联络员、年轻的军情六处军官想立刻把地图送到陆军部，但她让他再等几分钟，她好再仔细看看。她后来向圣特尼要了一份参与绘制地图的人员名单。

她后来得知，地图刚好被及时送到了伦敦。1944 年 3 月 17 日，正当她大加赞赏地图的时候，它的绘制者在卡昂被盖世太保逮捕了，同时被逮捕的还有那一地区的 15 名联盟成员。

与罗伯特·杜安一样被捕的还有另外两名联盟特工，他们是雅克·施托斯科普夫和珍妮·鲁索。他们为盟军提供了重要情报，1944 年初，在盖世太保在法国北部发起的最新一波突袭中，他们被捕了。从 1940 年秋天开始，施托斯科普夫就在报告德国潜艇在洛里昂的行动，他的好运也用尽了。洛里昂一名秘密反纳粹的德国军官警告施托斯科普夫的一名部下，施托斯科普夫有被捕的危险。当部下把消息转告他时，施托斯科普夫答道："我现在不能停下来，我的部门没有我将无法继续，我的离开会给特工们带来严重后果。"1944 年 2 月初，盖世太保在一名被俘的联盟特工口袋里发现了名单，上面有施托斯科普夫的名字，他很快就被抓获了。施托斯科普夫从洛里昂潜艇基地消失后，有传言说他已经在别的地方被提升到了更好的职位了。事实上，他已经被驱逐到德国了。

4月，珍妮·鲁索被捕。她对盟军的科技情报工作非常重要，以至于英国官员决定把她带到伦敦进行更大范围的汇报工作。皇家海军一艘船只原本要在布列塔尼海岸接上她，但行动失败了。她被盖世太保抓走，并被送往一个德国集中营。

对玛丽-玛德琳来说，同样令人震惊的消息是，在杜安和其成员被捕的同一天，接替她担任联盟负责人的保罗·伯纳德也在巴黎被捕了。在巴黎还有另外9名特工也被抓获，其中包括她的密友玛格丽特·布鲁耶。直到战争快结束时，玛丽-玛德琳才知道伯纳德遭受了包括水刑在内的严刑拷打，以逼迫他说出其他特工的下落，但他始终保持沉默。

接连发生的灾难使玛丽-玛德琳头脑发昏，她强迫自己再一次集中精力挽救她的情报网。她计划派让·圣特尼到巴黎去代替伯纳德，恢复联盟在法国北部的活动。她还将集合联盟3位地方领导者的资源，这3位领导者的情报网活动依然运转良好，她认为这3位领导者是她最后的希望：东南的埃朗·德伊斯纳尔、西南的亨利·巴图和乔治·拉马克。拉马克的德鲁伊教遍布全国各地。他们每个人都将获得资金和自己地区的自治权。她希望尽快与他们在法国见面。

玛丽-玛德琳决心避开克劳德·丹西，因为他坚决拒绝把她送回法国。她找的是她回国行动中最不太可能的盟友，正是自由法国的情报机构情报行动总局。1944年，戴高乐已经赢得与亨利·吉罗的政治斗争，并被广泛认为是自由法国唯一的领导人。他和他的副官们急于把法国所有的情报网都纳入戴高乐阵营，以便在英国政府和美国政府面前形成统一战线。

尽管玛丽-玛德琳与情报行动总局负责人安德烈·德瓦弗兰长期以来一直关系紧张，但他们双方都意识到联合起来的重要性。作为加入自由法国的交换条件，玛丽-玛德琳被许诺继续保持其情报网的自治权及其空中和无线电联系的独立性。情报行动总局还同意，只要战争持续，联盟仍可以向军情六处发送其收集的情报。

现在她不再受丹西的支配，开始为回法国做准备。军情六处向她提供了一个新的假身份——热尔梅娜·珀泽，她是联盟特工、前空军飞行员雷蒙德·珀泽（Raymond Pezet）的妻子。她也改变了自己的外貌，染了黑色的头发，戴了一副圆眼镜，还戴了一副军情六处牙医制作的"假牙"——一种黄色的塑料假体，可以戴在她自己的牙齿上。

4月11日，让·圣特尼乘拉山德小型飞机飞回法国。他没有辜负玛丽-玛德琳的期望，他一回去就恢复了巴黎和伦敦之间的无线电通信。他还招募了一批新特工，包括几名无线电接线员。短短几周之内，法国北部就有9台电台投入了使用。

玛丽-玛德琳为回国加入圣特尼做准备时，她不禁注意到，随着期待已久的盟军登陆，伦敦的狂欢气氛日益浓厚。对于1944年春天生活在英国南部和东部的人来说，登陆毫无疑问是即将发生的事。卡车车队、坦克和高速行驶的吉普车堵塞了南部的道路，而伪装的大炮和武器，连同数百万箱补给品，高高地堆放在树林、田野、操场、村庄的绿地和路边。英国南部港口的码头挤满了各种各样的海船：有英国和美国的战舰、登陆艇和来自世界各地的商船。用玛丽-玛德琳的话来形容，伦敦就像"一只沸腾的水壶"。这里交通拥堵，餐馆挤满了人。关于登陆日期和地点的谣言就像病毒一样席卷了整个城市。

306

玛丽-玛德琳计划在 6 月满月时——6 月 9 日或 10 日——返回法国。6 月 5 日深夜，她正在完成一些最后的文件，她听到外面嗡嗡的声音越来越大。当她打开卡莱尔广场住宅的一扇窗户时，那嗡嗡声变成了雷鸣般的轰鸣声。正如一位观察者所说，轰鸣声听起来"就像天空中有一个巨大工厂"。她抬头一看，只见盟军轰炸机排成一列列纵队，朝东向法国飞去。期待已久的登陆开始了。

第二天晚上，科恩夫妇邀请玛丽-玛德琳去他们家庆祝后来被称为 20 世纪最伟大的事件。肯尼思·科恩打开一瓶一直珍藏的波尔多佳酿，3 人举杯庆祝诺曼底登陆成功。当天，大约有 15 万盟军连同他们的车辆、装备和弹药抵达法国领土，并向内陆进发。玛丽-玛德琳质疑现在庆祝是不是太早了一点，肯尼思·科恩摇了摇头。他表示，最困难的时期已经过去了，接下来一切都会很顺利。

不过事实证明，肯尼思·科恩对未来过于乐观了。离开滩头阵地后，盟军发现自己陷入了一场棘手的战斗，对手仍然是致命的敌人。盟军又花了两个月的时间，缓慢而血腥地穿过诺曼底，最终进入这个国家的心脏地带。

与此同时，这次登陆加剧了盖世太保对法国抵抗运动的复仇行动的凶猛程度。6月6日清晨，盟军手中拿着德国防御工事详细地图，当他们逼近诺曼底海滩时，罗伯特·杜安和其他提供情报的人从卡昂的监狱里被拉了出来。他们和其他大约60名抵抗组织成员一起被带到监狱的院子里，并被执行了枪决。他们的尸体，总共有80具都被装上了卡车，带到了一个不知名的地点，尸骸至今一直没有被找到。

307

6天后，玛丽-玛德琳从埃朗·德伊斯纳尔那里得到消息：诺曼底登陆的第二天，圣特尼和他在巴黎的大部分特工被逮捕了。圣特尼被捕后不久，克劳德·丹西出现在了玛丽-玛德琳的办公室里。丹西再次强调，如果她坚持要回去，撑不过几天就会被捕。玛丽-玛德琳没有把丹西的警告放在心上。事实上，自从肯尼思·科恩回来，她就很少和丹西打交道了。丹西称她为"科恩的婊子"，很可能是出于对她与肯尼思·科恩关系密切的愤怒。

法国终于解放了，玛丽-玛德琳激动不已。但令她大为沮丧的是，原计划6月的拉山德出逃行动，其可能性已被登陆扼杀了。她能被允许飞行的最早时间要到下一个满月期间，也就是7月初。她一边等待，一边为自己应降落在法国何处而绞尽脑汁，法国现在已变成了火药桶。她最终决定降落在东南部，这一地区在埃朗·德伊斯纳尔的指挥下，有目前法国最稳定、最安全的联盟部门。联盟其他部门的负责人将大部分无线电信息和邮件发送给德伊斯纳尔，希望他和其惊人多产的无线电接线员能将这些信息转送到伦敦。德伊斯纳尔的指挥部位于普罗旺斯艾克斯市外，为了增援该地区，玛丽－玛德琳说服军情六处在附近进行大规模的空投行动，空投的物资包括电台、武器、资金和其他物资。

7月5日，情报行动总局告知玛丽－玛德琳，她的返程航班马上就要到了。这时距离玛丽－玛德琳离开法国将近一年了，她只有两个小时的准备时间。她把衣服装进了一个轻纤维手提箱，然后把电台晶体、密码、钱和她的牙齿假体放在一个小旅行包底部的隐蔽夹层里。她的钱包里有她的证件，包括她名为热尔梅娜·珀泽的假身份证，还有一袋看起来像大剂量的阿司匹林药片，实际上是氰化物药片。

几天前，她去教堂忏悔了。她告诉牧师自己随身携带了毒药，她担心如果她用毒药自杀会被诅咒。她希望自己有勇气抵制酷刑，但她担心自己可能无法做到这一点，最终可能会告发她的同事。牧师减轻了她的恐惧，说她的死不是自杀，而是抵抗敌人的一种必要手段。他事先赦免了她。

准备离开的那天晚上的早些时候，玛丽－玛德琳和军情六处的联络员以及雷蒙德·珀泽一起前往机场，他假扮她的丈夫陪她回法国。令她吃惊的是，他们不是去坦米尔的皇家空军基地，但是拉山德行动确实是在那里。她和雷蒙德·珀泽将从位置更靠北一点的坦普斯福德（Tempsford）基地起飞。把他们带回法国的飞机是一架更大的飞机，名为哈德逊的轻型轰炸机，它还将转运几名情报行动总局特工回国。当汽车快速行驶在英国乡村的道路上时，玛丽－玛德琳对这个她急于离开的国家感到一种深深的眷恋。在最需要的时候，英国为她和被占领

308

欧洲的成千上万的人提供了避难所和帮助。

她没有住在托尼和芭芭拉·伯特伦夫妇舒适的庄园里，而是被带到坦普斯福德附近皇家空军征用的农场里。她和其他人被带进一间改造得乱糟糟的豪华餐厅，身着白色夹克的侍者为她提供酒水和晚餐后，她被护送到卧室，在那里度过了起飞前的一晚。

第二天下午，肯尼思·科恩穿着海军制服，护送玛丽-玛德琳到机场。临出发前，他从口袋里掏出一枚镶嵌心形宝石的精美戒指递给她。肯尼思·科恩说，这是一件传家宝，他和妻子想留给她作为纪念。玛丽-玛德琳激动得声音哽咽，推辞说这东西太贵重了，她不能收。但肯尼思·科恩坚持让她接受，说这会给她带来好运。

当他们接近坦普斯福德基地时，玛丽-玛德琳目睹了一个不寻常的景象：在一望无际的跑道上，停放着一排排轰炸机。肯尼思·科恩告诉她，他们当晚要去德国进行突袭，她乘坐的飞机会在他们之后立即起飞，这样敌人的雷达就会认为那是一架突袭轰炸机。

当太阳落山时，第一波轰炸机开始向东飞行。玛丽-玛德琳和雷蒙德·珀泽被车载到飞机跑道上，停在哈德逊轰炸机边上。她亲吻并拥抱了肯尼思·科恩，然后登上了飞机的梯子，雷蒙德·珀泽和其他 6 个她不认识的特工跟在后面。飞机上并不是很舒适，玛丽-玛德琳和其他人不得不坐在行李上或地板上，背靠着机身的两侧。

当一大堆行李被装上飞机后，机舱门关上了。玛丽-玛德琳站了起来，她望着窗外，想再看肯尼思·科恩一眼。肯尼思·科恩看着玛丽-玛德琳，他直挺挺地立正站着，潇洒地行了个礼。玛丽-玛德琳热泪盈眶，哈德逊轰炸机沿着跑道加速前进，发出轰隆隆的声音，然后起飞，目的地法国。

310

1944 ~ 1945

　　法国东部与德国西部有许多监狱与集中营，这是联盟特工被关押和被处决的地方。

第二十九章　落　网

　　当哈德逊轰炸机飞越法国北部时，玛丽-玛德琳想起了一年前她乘拉山德小型飞机飞往伦敦的景象，当时从空中俯瞰这个国家，它是多么黑暗和死气沉沉。现在她可以看到下面的光点了，她意识到那是手电筒，闪烁着用莫尔斯电码打出的信号。她猜想是抵抗组织的成员们在等待英国皇家空军空投武器和其他补给。

　　哈德逊轰炸机完美地降落在法国中北部一片灯火通明的田野上，这里位于巴黎东南约 45 英里。情报行动总局负责这次飞行的所有安排，包括组织接待委员会。当轰炸机的门被打开后，玛丽-玛德琳吃惊地听到有人在地面大喊："女士在哪儿？"当接待委员会负责人把她扶下飞机后，玛丽-玛德琳听到这个负责人漫不经心地问候："你好，玛丽-玛德琳。"这使她更加震惊了。

　　情报行动总局和军情六处都坚称，为了她的安全考虑，除了埃朗·德伊斯纳尔之外，法国没有任何人知道她会回国。玛丽-玛德琳问这位年轻的接待委员会负责人是如何知道她是谁的。他回答说，伦敦情报行动总局给他发了一封神秘但透露了信息的电报，电报通知他下个满月时会有一位情报网负责人回来接管联盟，于是他猜到了会是她。当他看到她从飞机上下来时，他的这一猜想得到了证实。这位负责人还解释说，几个月前他在伦敦，有人向他指认了她。玛丽-玛德琳十分气愤，情报行动总局的安全防护也不过如此。玛丽-玛德琳要求他不要告诉任何人，并强调说，决不能让任何人知道她在法国。

玛丽-玛德琳和雷蒙德·珀泽被带到附近的一个农舍，她的不安感加剧了。在那里，20多名抵抗运动成员也来了，他们一起吃晚餐。晚餐仍在继续，但玛丽-玛德琳仍困扰于莱昂·费伊和费迪南德·罗德里格斯先前被捕的遭遇。她把雷蒙德·珀泽拉到一边，表示他们必须马上离开。雷蒙德·珀泽试图说服她留下休息几个小时，但她谨慎地提醒他，费伊被捕的原因就是没能尽快离开着陆点。他们现在就应该上路。

不出所料，雷蒙德·珀泽难以置信地看着玛丽-玛德琳。他们的目的地是400多英里以外的普罗旺斯的艾克斯市。雷蒙德·珀泽问道："你的意思是我们要走着去吗？"玛丽-玛德琳点了点头，至少暂时是这样的，直到他们离开农舍和着陆点。

和地面接待委员会的成员道别后，两人提着箱子，沿着南行的道路出发了。他们经过农舍、田野、农场和道路，这一切全都笼罩在黑暗之中。有一次，玛丽-玛德琳弯下了腰，她抓起一把土，在手里搓着。这个动作让她意识到，她终于回到法国了。

大约走了3英里后，他们花了一笔钱，上了一个农民的车，便车把他们带到了下一个城镇。这是他们长达3天累得要命的旅途中的第一段搭乘便车的路程。接下来他们搭乘了更多的便车，通常是卡车和货车，或者乘坐缓慢而拥挤的火车，但列车时刻表经常因特工蓄意破坏或盟军轰炸而被打乱。他们住在挤满德国士兵的酒店里，德国巡逻队对他们的证件进行了好几次检查。虽然其他人经常在火车站的随机检查中被带走，但玛丽-玛德琳和雷蒙德·珀泽毫发无损地逃脱了。

1944 年 7 月 10 日，他们到达了普罗旺斯的艾克斯市。玛丽-玛德琳一想到要和埃朗·德伊斯纳尔见面，就感到有点紧张。作为抵抗运动领袖，德伊斯纳尔的本领给她和军情六处领导者都留下了深刻的印象。与他通了 15 个月的信之后，她想知道自己将会如何与他相处。

德伊斯纳尔身材高挑，一头金发，穿着牛仔服饰，给人留下了深刻的第一印象。吻了玛丽-玛德琳的手后，他用机关枪似的语速飞速说了一些话：为什么她花了这么长时间才到达；他有 60 磅的信件和报告等着她看；圣特尼在巴黎逃跑了……

玛丽-玛德琳打断了他，询问有关圣特尼逃跑的更多细节。德伊斯纳尔回复说，圣特尼曾被盖世太保严刑拷打，然后被送进医院住了几天。回到盖世太保总部后不久，他锯断了牢房里的一根铁棍，得以逃脱。

德伊斯纳尔暂时把圣特尼的逃跑放在一边，他护送玛丽-玛德琳来到他安排的藏身之处——艾克斯市中心的一套小公寓。德伊斯纳尔带她四处参观后，从一个橱柜里拿出了几大摞文件和报告，这些资料是来自法国各地残存的联盟部门的情报。

她一边整理这些文件和报告，一边听德伊斯纳尔说着关于情报网的其他消息，很快她就把德伊斯纳尔当成了朋友。玛丽-玛德琳很高兴，她看到了情报的高质量和多样性，以及大批特工从盖世太保布下的天罗地网中幸存下来的信息。

接下来的 6 天，玛丽-玛德琳几乎不间断地处理大量文件，她把最重要的情报进行编码，包括关于德国秘密恐怖武器的信息和德国国防军在诺曼底前线的行动，以便传送到伦敦。

几乎每天，德伊斯纳尔都会去公寓接她，然后把她带到他的总部，总部位于艾克斯市郊外他和家人居住的农舍里。在那里，她把情报交给无线电接线员，并留下来与德伊斯纳尔、他怀有身孕的 23 岁的妻子玛丽-索朗吉（Marie-Solange）以及他们两岁的女儿凯瑟琳共进午餐。

德伊斯纳尔毕业于圣西尔军校，他在德国入侵自由区后不久就加入了联盟。从空军退役之后，他被一家地方电力公司聘为工程师，这家公司给他配备了一辆汽车，还有令人垂涎的汽油配给，以及一张公务通行证。这些对一个间谍来说，都是无价的工具。

玛丽-玛德琳对德伊斯纳尔的勇敢、坚强和钢铁般的意志印象深刻，他那娇小、苗条的年轻妻子也有同样的品质，她是埃利·德·丹皮埃尔的姐姐。玛丽-索朗吉和埃利的父亲是法国赛马圈里的知名人物，姐弟俩在巴黎和多维尔（Deauville）长大，多维尔是诺曼底海岸专为法国富人服务的度假胜地。

尽管玛丽-索朗吉的成长环境优越，但她和丈夫一样冷静、谦逊，并致力于丈夫的抵抗运动。他们的儿子夏尔-埃朗·德伊斯纳尔（Charles-Helen des Isnards）回忆说："我父亲在通过德国检查站时，母亲会默默陪着他，他的车里常常藏着能证明他犯罪的文件和其他资料。母亲后来告诉我们，对她来说，她所做的就是'表现得自然'。"①

玛丽-玛德琳坐在外面的骄阳下，一边和主人聊天，一边看凯瑟琳玩耍，她发现自己多年来第一次放松下来。她断定，如果世界上真有天堂的话，那一定是普罗旺斯的这座农舍，这里到处都开着天竺葵。尽管在玛丽-玛德琳看来，这里有一点像天堂，但它并不是真正宁静的绿洲，因为来自全国各地的联盟特工不断进进出出，打破了这里的安宁。德伊斯纳尔行动的安全性和可靠性，使这里成为非正式的联盟中心，从马赛到波城，从布列塔尼到巴黎，从里昂到凡尔登，一群群特工从早到晚向他报告。

玛丽-玛德琳又恢复了对联盟的信心。

316

显然，德伊斯纳尔在南方已经把联盟运转得很好了。玛丽-玛德琳在艾克斯市待了一星期后，决定前往巴黎帮助圣特尼和在北方受到围困的其他特工。乔治·拉马克当时在马赛，他计划 7 月 17 日前往艾克斯市接她，并护送她去首都巴黎。

在准备离开的那个下午，玛丽-玛德琳站在公寓一扇开着的窗户前，凝视着下面狭窄的街道，家庭主妇们刚采购完食品回来。那天又热又湿，城里到处盛开着玫瑰花，花香特别浓郁。她在宁静的景色和炎热的天气中打着盹，突然被一阵敲门声吓了一跳。

玛丽-玛德琳打开门，看到了表情冷酷的德伊斯纳尔，她

---

① 引自对夏尔-埃朗·德伊斯纳尔的采访内容。

317

图 29-1　埃朗·德伊斯纳尔与玛丽-索朗吉·德伊斯纳尔

立刻睡意全无。他表示，刚刚接到消息，德军计划在第二天早晨袭击艾克斯市。德军显然是想追踪一群在附近扎营的游击队员。德伊斯纳尔催促玛丽-玛德琳打包情报报告，他将把报告和她一起带回他的农舍。玛丽-玛德琳拒绝离开，并指出突袭要到第二天才会进行，他可以一大早来接她。玛丽-玛德琳明确表示进一步的劝说也不会改变她的主意，德伊斯纳尔勉强答应了。

　　玛丽-玛德琳关上门后，走到厨房吃东西。用餐之后，她回到客厅收拾，为离开做准备。就在这时，她听到楼梯间里传来大声说德语的声音。玛丽-玛德琳突然意识到，在德伊斯纳尔离开后，她并没有锁上门闩。她赶紧冲过去把门闩推到位，以便有时间从后门逃出去，进入院子。尽管她很努力，还是无法抗拒那些男人从门的另一边挤进来。

　　房门被撞开了，十几个举着手枪的德国人冲了进来，除了4个人，其余的都穿着灰绿色军装。他们向玛丽-玛德琳喊道：

"那个男人在哪里?"其中两个人用左轮手枪把她推到墙边。玛丽-玛德琳的心怦怦直跳,她回答说没有其他人,只有她自己。然后她迅速采取攻势,就像两年前德国人搜查她马赛总部时所做的那样:为什么他们认为那个男人在她的公寓里?大楼里还有许多其他的公寓。

她的表演显然足够令人信服。突袭行动的领导者——虽然穿着便服,但显然是盖世太保——命令除了一名士兵以外的所有人搜查整栋建筑。仅有的一名士兵用机关枪指着玛丽-玛德琳,她在起居室里转来转去,等待时机把一堆情报从桌上挪开。那人刚一转头,她迅速把情报抱起来,推到了长沙发椅下面。

情报报告已经不在德国人的视线范围内了,她让警卫描述一下他们要找的人。警卫说,他身材高大、皮肤白皙,盖世太保管他叫"大公爵"。玛丽-玛德琳的心怦地跳了一下,德军的目标根本不是游击队,而是德伊斯纳尔。

几分钟后,突袭队的其余人回来了,没能找到要追捕的那个人,他们感到十分不满。他们开始在公寓里四处搜寻,把卧室里的床垫翻过来,把壁橱里的东西都翻了出来,把橱柜、衣柜和她的手提箱都翻了个遍。玛丽-玛德琳把大部分情报资料揉成一团,藏在客厅里的两只脚凳里,德国人并没有发现。他们也没有表现出兴趣,至少到目前为止,他们没有在长沙发椅底下寻找。

在盖世太保搜集"罪证"的过程中,玛丽-玛德琳极力坚持说自己是无辜的。她叫热尔梅娜·珀泽,马赛人,来到艾克斯市是为了躲避盟军对她家乡的轰炸。她表示，他们快把她逼疯了。她讨厌战争，她所需要的只是一点和平和安宁。

盖世太保的小头目告诉她，他们正在寻找的人是一个名为联盟的恐怖抵抗组织的重要成员。他们显然没有意识到该组织的负责人就站在他们面前。

玛丽-玛德琳回应，没有一个符合描述的人来过她家。事实上，自从她来到艾克斯市，就没有人来看过她。她滔滔不绝，没完没了地抱怨轰炸和战争，试图让自己听起来尽可能愚蠢。

经过一段似乎是永恒的时间之后，这个盖世太保小头目终于相信了她说的是实话。他要求玛丽-玛德琳如果遇到了他们要找的人就通知他。玛丽-玛德琳同意后，他示意突袭队的其他成员走向门口。当他们拿起枪走出去时，其中一个人不经意地朝长沙发椅底下瞥了一眼。他又看了看，然后大叫一声，跪在地上，从长沙发椅底下取出了一大摞写满密码信息的格子纸，然后得意扬扬地举在手里。

看到这一幕，其他人勃然大怒。他们撕开客厅里的软垫家具，发现文件就藏在脚凳里。有几个人拿着左轮手枪和机关枪威胁着向玛丽-玛德琳逼近，以至于玛丽-玛德琳担心他们要当场向她开枪。那一刻，玛丽-玛德琳脑海里唯一的想法是，终于轮到她了。就像纳瓦尔、费伊、舍雷尔和其他几百个在她之前被捕的人一样。

319　　盖世太保的小头目怒不可遏，他一边用力摇晃着玛丽-玛德琳，一边咆哮道："你是谁？"她回答说她是伦敦派来见艾克斯市特工的间谍。他们正在寻找的那个人确实到过她的门口，但她不知道他是谁。他只是一个密使，过来为她和她第二天要见的特工安排一个见面的时间。

当德国人命令她说出自己的真实姓名时，玛丽-玛德琳冷冷地回答说，他远远不够级别让她开口说话，她只跟这个地区的盖世太保高级军官说话。盖世太保小头目突然向下属下了一道命令，一个下属离开了。几分钟后，下属回来在小头目耳边低声说了几句话。这个小头目告诉玛丽-玛德琳，马赛盖世太保高级官员已经同意第二天早晨到艾克斯市来审问她。他命令她收拾东西，然后推着她下了楼。他们上了一辆黑色汽车，玛丽-玛德琳坐在后座上，夹在两名盖世太保中间，而小头目坐在前排，汽车以最快的速度疾驰而去。

玛丽-玛德琳没有被带到监狱，而是被带到艾克斯市区的一个军营，她被推进了士兵禁闭牢房。里面的几个人被叫醒了，然后走出去，她一个人留在狭小空间里，屋子里充满了尿液、汗水和烟草的臭味。她躺在一张床上，上面铺着肮脏的灰色毯子，玛丽-玛德琳绝望地瞥了一眼牢房紧闭的门。

玛丽-玛德琳突然感到肚子不舒服，她跑到屋子一角吐了起来。在德国人面前，她虽然表面上镇定自若，实际上害怕得要命。她精疲力竭，气喘吁吁地回到床上，她强迫自己睡一觉，以便能够更好地应付第二天早上她肯定要面对的严峻考验。到那时，他们应该已经翻遍她的邮件，知道她是谁了。

她能保持沉默，经受住即将到来的殴打和其他形式的折磨吗？她记得曾向神父忏悔过她对盖世太保审讯的恐惧。神父的答复是，在这种情况下服用氰化物不是自杀，而是反抗敌人的一种必要手段。

玛丽-玛德琳找到了她的手提包，打开了它。也许她现在应该服用氰化物，这样她就不会开口了。但她马上意识到，如果她这样做了，盖世太保第二天早上就会等着德伊斯纳尔到她的公寓来。他和他的组织——联盟的堡垒，都会被消灭，几乎可以肯定的是，整个情报网也会随之被摧毁。在她实施这不可逆转的一步之前，她必须探索每一个逃跑的可能性。

在闷热的牢房里，玛丽-玛德琳感到头晕目眩，她走到装着铁栅栏的窗户前呼吸新鲜空气。她站在那里，仔细查看了窗户，窗户很大，没有玻璃。一块水平的厚木板被拧进窗框，堵住了窗框一半以上的开口，只在顶部留下一个相对较小的空间，可以让空气和一点光线进来。木板和覆盖窗户的铁条之间也有一个空间。

玛丽-玛德琳清楚，如果没有合适的工具，就不可能重新移动木板或者一根或多根铁条。但她能从木板和铁栅栏之间的空间钻出去吗？玛丽-玛德琳记得她父亲说过，印度的强盗会把身体涂上油，然后从他们目标房屋的大门或窗户的栏杆里挤进去。由于恐惧和闷热，玛丽-玛德琳瘦小的身体已被汗水弄得滑溜溜的。她能效仿他们吗？她决定试一试。

她一直等到了凌晨3点前后，这时牢房外的警卫已经下班了。她把小床推到窗下，然后拿起一个大脸盆，把它倒过来，扣放在小床上。她把所有的衣服都脱了，然后踩上脸盆，嘴里咬着一件轻薄的夏装。

　　她设法爬了上去，翻过了木板。她的身体被牢牢地夹在木板和铁栏杆之间，她开始试着把头从缝隙中探出去。但前两个缝隙太狭窄了，下一个缝隙宽一些，她使劲把头从缝隙里探了出去。这一过程痛得出奇，但奏效了，她的头钻了出去。

　　但就在这时，一个德国卡车车队在军营外面停了下来，位置刚好正对着牢房的窗户。她迅速把头从缝隙里缩回来，一阵剧痛，她担心自己的耳朵被扯掉了。她猜想，这些人是盖世太保。如果他们来得再早一点，就会发现她像一只虫子一样被卡在木板和栏杆之间。

　　一名军官从一辆指挥车里走了出来，对着在军营前站岗的哨兵大喊了一些什么，他们距离玛丽-玛德琳的窗口几百英尺。玛丽-玛德琳如释重负，她意识到军官只是在问路。结果证明，车队并不是盖世太保，而只是一支迷路的普通军队。哨兵做出回应后，军官回到了车里，卡车车队消失在街道上。

　　车队离开后，玛丽-玛德琳再次用力把头伸进铁栅栏的缝隙里，这比先前的那次更加痛苦。她汗流浃背，她的一个肩膀出来了，右腿也出来了。最剧烈的痛是当她把脱臼的臀部挤出缝隙的时候。她一边努力，一边告诉自己，酷刑的痛苦要比她现在所经历的痛苦得多。

　　玛丽-玛德琳奇迹般地成功了，她站在外面窗台上，衣服还咬在牙齿间。她跳到地上时，脚下的动静惊动了哨兵。哨兵打开手电筒，大声喊道："谁在那儿？"她平躺在地上，手电筒的光照在她身体上方。哨兵最后把手电筒关掉，走开了。玛丽-玛德琳把咬在嘴里的衣服绕在脖子上，她膝盖着地，像螃蟹一样爬着横穿过街道。

在街道的另一边，她跳起来穿上了衣服，在黑暗中跌跌撞撞地跑开了。几分钟后，她发现了一大片墓地，白色的家族陵墓星罗棋布，一些陵墓有小教堂那么大。她可以在那里躲一会儿，想想下一步该怎么办。她看到一个门坏了的墓穴，爬了进去。她坐下来一边休息，一边检查在这次逃跑中所受的伤：她的脸瘀青流血了，膝盖也严重擦伤，因为光脚在荆棘和石头街道奔跑，她的脚底已经皮开肉绽。

玛丽-玛德琳清楚她不能在这里久留。她必须在 7 点前赶到农场，阻止德伊斯纳尔前往她的公寓，以免他落入盖世太保的陷阱。但首先她得摆脱德国搜捕人员和警犬，他们很快就会盯上她。她想起了小时候读过的一本书，讲的是一名逃跑的军官在小溪里洗去身上的气味以躲避警犬的故事。她发现附近有一条小溪，她用溪水清洗了受伤的脸、膝盖、手和脚。她一边清洗，一边回忆怎么去德伊斯纳尔的农场。

她意识到，要去农场，必须折回镇上，而且要经过她刚刚逃出的兵营。她吓坏了，但她必须尽快这么做。天亮后不久，守卫打开她的牢房，就会发现她已经逃跑了。

她又害怕又痛苦，浑身发抖，她沿着来时的路往回走。金灿灿的晨光中，一切都静悄悄的，尽管有几个路人好奇地看着她，但营房前面的哨兵没有注意她。但就在几分钟后，当她拐上通往德伊斯纳尔农场的那条路，她听到远处传来了曾让她害怕的声音：狗的狂叫声和汽笛声。他们已经发现她逃跑了。

玛丽-玛德琳机械地继续往前走，她脑子里在思考如何想办法避开这条路上很快就要设置的路障，以及从艾克斯市出来的其他路障。她离开大路，向旁边的田野走去。那里有几个老农妇在捡之前收割时落在地上的谷穗。玛丽-玛德琳加入了她们，她弯腰捡起了一两根谷穗，并用眼角的余光看到士兵在路上截住行人和车辆，检查他们的证件，但没有人注意到田里的妇女。

玛丽-玛德琳又捡拾了几分钟，直到士兵和路障已经远远离开。她再次回到大路上，终于找到了德伊斯纳尔的农场。前门没锁，玛丽-玛德琳一瘸一拐地走了进去。她一边走，一边呼叫德伊斯纳尔和他妻子的名字。她打开他们卧室的门，他们从床上跳了起来，惊讶地瞪大了眼睛。玛丽-玛德琳说："我刚逃出来，我救了你的命。"

然后她倒下了。

323

第三十章　解放和之后的故事

　　玛丽-玛德琳到达农场后不到一个钟头，她和德伊斯纳尔一家都撤离了。怀孕的玛丽-索朗吉把两岁的凯瑟琳放在自行车后座上，骑行了大约 20 英里来到普罗旺斯的艾克斯市北部，这里有一处由她丈夫的家族拥有的城堡，她和凯瑟琳在那里度过了战争的余下时间。德伊斯纳尔把玛丽-玛德琳带到艾克斯市附近山上的一个藏身之处，这里是他和其他抵抗组织共用的躲避地。

　　据一位给玛丽-玛德琳带换洗衣服的联盟特工说，德国人正在艾克斯市挨家挨户搜查她和德伊斯纳尔。但总部还没有受到影响，所有的特工也都躲起来了。德伊斯纳尔的无线电接线员米歇尔·莱维克（Michel Lévêque）把他的电台带到了藏身之处。玛丽-玛德琳和德伊斯纳尔将在那里待上一两天，好让她有时间从痛苦中恢复过来。之后，他们将转移到维克特瓦山（Mount Victoire）山麓的一个游击队营地。维克特瓦山是一座可以俯瞰艾克斯市的石灰岩山。

　　经历了这一切之后，玛丽-玛德琳再也不能忍受被关起来，她坚持要睡在外面。岗哨已经布置好，机关枪整装待命，她精疲力竭，在庭院里一直睡到了天亮。

　　当天晚些时候，莱维克在屋外架起了电台，他把天线挂在了一棵柏树上。在他发送给伦敦的信息中，包括玛丽-玛德琳叙述了她被捕和逃跑的经过，以及她请求立即为德伊斯纳尔、他的特工和法国游击队员安排降落伞空投。莱维克工作的时候，一群特工进进出出，他们带来了食物、补给和德国追捕两名逃犯的最新消息。德伊斯纳尔断定，留在原地太危险了。尽管玛丽-玛德琳受伤的脚还未痊愈，但他、玛丽-玛德琳和另一个特工当天晚上必须徒步赶到大约 12 英里外的游击队营地。

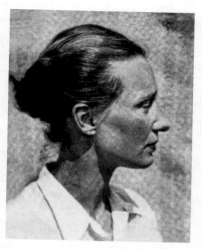

图 30-1　玛丽-玛德琳从牢房逃脱之后（注意她脸上和脖子上的擦伤和瘀血）

　　过去的几个月里，游击队已经成为法国抵抗运动的主要力量。大多数队员是年轻的法国人，为了避免被送到德国做劳工，他们离开了自己的家乡，转入地下。但是，与德伊斯纳尔合作的游击队员大多是西班牙人，他们曾在西班牙内战中为共和国而战。1939 年，佛朗哥将军的法西斯军队接管国家后，他们逃到了法国。

325

　　当天晚上很晚的时候，玛丽-玛德琳和她的两个同伴带着包和武器动身去游击队营地。对她来说，这趟要花费一整夜的上山徒步既痛苦又可怕。只要听到哪怕最轻微的声响，这 3 个人就迅速躲进岩石道路边上的灌木丛中。这样的事情经常发生，因为附近似乎有没完没了的德国巡逻车经过。玛丽-玛德琳觉得走路越来越困难，德伊斯纳尔和另一个特工不得不抬着她。

黎明时分，玛丽-玛德琳在去营地的路上晕倒了。一辆骡子拉的车被叫来载着她走完剩下的路。营地戒备森严，哨兵在小悬崖边的杜松树丛中站岗，这里可以俯瞰下面的道路。营地隐蔽在一片空地上，四周是茂密的灌木丛。多亏了德伊斯纳尔和联盟，游击队以及该地区的其他抵抗组织获得了充足的武器以及其他军事装备和食物。

在空地的一个角落，莱维克安装了用电池供电的电台，天线缠绕在一棵松树上。玛丽-玛德琳立即开始工作，对全国各地的联盟部门源源不断发来的情报进行编码，其中包含德军在诺曼底前线的军事行动和盟军轰炸的结果等情报。

玛丽-玛德琳喜欢游击队营地的一切，特别是能在维克特瓦山山麓凉爽、干燥的空气中工作和睡觉。晚上，她躺在空地上注视着星空，回忆起孩童时期她和父亲在中国做过同样的事情。她把头靠在父亲的怀里，父亲带她指认天上的各个星座。

玛丽-玛德琳也非常喜欢游击队员之间的情谊。一天晚上，她和几个游击队员围在一小堆灌木篝火旁。一名游击队员问她是怎么逃跑的，她是怎么想到从牢房的铁栅栏里溜出去的。她向大家讲述了印度劫匪的例子，同时表示自己也非常惊讶，铁栅栏之间的缝隙竟然足够宽，足以让她把头钻过去。

一个游击队员笑了起来。他说，他是个泥瓦匠，在许多牢房里都装过铁栅栏，他知道她怎么能逃出去。在水泥还未干的时候，当监狱官员检查了铁栅栏之间的缝隙后，他会把其中的一根铁条推一两英寸，把缝隙加宽。他说，正是那根被移动的铁条让她的头钻了过去。他和其他泥瓦匠伙伴称之为"自由的铁条"。

在这种田园诗般的环境中过了一个多星期后，玛丽-玛德琳认为，她的脚几乎痊愈了，是时候动身去巴黎了。她又染了头发，照了一张新的照片。1944 年 7 月 29 日，玛丽-玛德琳带着一个新名字和伪造的身份证件，坐在摩托车后座上，由一名游击队员骑车载着离开了营地，她的胳膊紧紧地搂着这名穿着皮夹克的游击队员的腰部。

游击队员把她带到了马赛，在那里她遇到了乔治·拉马克和他的一些德鲁伊教员。他们给了她接下来旅程中的一套伪装——全套丧服，其中包括黑色连衣裙和羊毛外套、带黑色面纱的帽子、黑色长筒袜和漆皮鞋。尽管在炎热的 7 月要穿着厚重的黑衣服多少有点令人难以接受，但玛丽-玛德琳还是接受了这个悲伤的寡妇角色，并在当晚登上开往巴黎的火车时把这个角色演绎到了极致。陪同她的还有拉马克和联盟的另一位地区负责人亨利·巴图。

由于频繁的空袭警报，这段曲折的旅程花了两天时间。在离巴黎几英里的地方，铁轨被盟军的空袭摧毁，火车不能再往前走了。拉马克和巴图招手拦下一辆载满木炭的卡车，带他们走完剩下的路程。玛丽-玛德琳坐在卡车上的木炭麻袋上，离开巴黎一年多之后，这是她第一次再见到巴黎。

1944 年 8 月初，巴黎正处于狂热之中。经过漫长而血腥的夏天，盟军在诺曼底的灌木篱笆阻碍中艰难跋涉，终于取得突破，现在正切入法国的心脏地带。有谣言说，盟军已逼近巴黎，离解放只有几天的时间了。

玛丽-玛德琳被带到埃菲尔铁塔附近的一间公寓里，她开始恢复自己以前的装扮。她不再需要单调沉闷的伪装，如果要住在巴黎，她必须看起来像一个时髦的巴黎人。她在美容院重新染了头发、做了造型后，买了一套优雅的米色爱马仕套装和一个时下流行的长方形肩包。

玛丽-玛德琳回到巴黎没几天就找到了藏在市中心一间公寓里的让·圣特尼。她告诉圣特尼，他仍然处于危险之中，军情六处希望他尽快前往伦敦。玛丽-玛德琳提出让他乘船或拉山德小型飞机撤离。圣特尼提出了另一种可能，即越过敌方防线加入正在逼近巴黎的盟军，盟军随后将帮助他抵达英国。

328

玛丽-玛德琳询问他如何去，圣特尼表示"可以骑摩托车"。伯纳德·德·比利，凯旋门附近一家很受欢迎的酒吧的老板，兼作联盟的特工，答应圣特尼可以带他去。但圣特尼不想空手去英国，他要带上来自全国各地最重要的情报，以及关于德军在巴黎的活动和位置的情报。

图 30-2　让·圣特尼

　　在玛丽-玛德琳的指挥下，联盟在巴黎内外的特工收集了有关德国驻军的情报。有传言称，德国在为最后防线做准备。但实际正好相反，德国采取的防御措施似乎只是一种计谋，好让他们的军队能从法国北部和中部大规模撤退。几天来，德国整个国防军部队都在向东行进，在向巴黎行进的过程中，征用了能得到的所有交通工具，从卡车到农用货车再到自行车。

　　8月16日，英勇无畏的圣特尼坐在伯纳德·德·比利的摩托车后座上出发了，他的行囊里塞满了有关德军飞机从巴黎匆忙撤离的情报以及大量其他情报。两人乔装成电话工程师，骑车到达了位于巴黎西南130英里处的勒芒。乔治·巴顿（George Patton）将军的第三集团军（Third Army）在那里建立了临时指挥部。圣特尼向巴顿将军的情报主管提交了联盟特工收集的情报，以及他从巴黎到勒芒一路观察到的德军防御情况的报告。在圣特尼的请求下，第三集团军总部的无线电接线员把玛丽-玛德琳的其他情报都转给了军情六处。

　　玛丽-玛德琳以为圣特尼已经在伦敦安顿好了，两天后当圣特尼从巴黎的一家咖啡馆打电话给她时，她吓了一跳。他为什么回巴黎了？难道他不知道这里有多危险吗？圣特尼打断了玛丽-玛德琳的责备，他指出美国对他带去的情报印象深刻，希望得到其他尽可能详细和具体的信息。美国尤其需要知道，德国是否在巴黎桥梁上布有地雷，如果有的话，是哪些桥。它还需要知道更多关于德军在布洛涅森林和万塞讷森林集中兵力的情况。

联盟特工再一次开始收集情报。就在前一天，德国最高级别的文职官员，包括帝国保安部和盖世太保的首脑，连同一群戴着单片镜的将军，逃离了这座城市。驻扎在巴黎及其周边地区的大部分德国军队也撤离了。玛丽-玛德琳得知，德军驻巴黎指挥官迪特里希·冯·肖尔蒂茨（Dietrich von Choltitz）将军已向瑞典领事拉乌尔·诺灵（Raoul Nordling）保证，他将尽一切可能使这座城市免遭破坏。

她告诉圣特尼，显然德国只有一个目标——撤退到莱茵河，尽其所能挽救一切。穿越首都的德国军队需要用到巴黎的桥梁，因为下游的桥梁已经被摧毁。盟国可以利用桥梁进入巴黎。但她补充道，盟军必须尽快这么做，因为共产主义抵抗组织已经发动了一场反对驻扎在巴黎的德国军队的起义。在争夺战后对法国控制权的斗争中，共产党已经成为戴高乐的主要对手。其目的是在戴高乐重返巴黎之前巩固共产党的权威和权力。

8月中旬，巴黎爆发了一系列由共产党发起的罢工：铁路工人、警察、邮政和电报工人以及其他一些人参加了罢工。圣特尼在咖啡馆给玛丽-玛德琳打电话的那天，巴黎各地的小型抵抗军开始攻击德国巡逻队，其中大部分是共产党人。

由于担心法国内部的政治分歧会导致一场不必要的大屠杀，玛丽-玛德琳敦促圣特尼向巴顿和他的将军们强调立即采取行动解放巴黎的重要性。8月20日，圣特尼坐在伯纳德·德·比利的摩托车后座上，再一次穿过了敌人的防线。

然而这次旅途比第一次麻烦多了。在距离巴黎大约40英里的地方，4个举着枪的德国哨兵在路边命令比利停车。比利照做后，他和圣特尼被带到一个兼作哨所的小房子里。两人出示了他们的证件，解释说他们是电话工程师，被派去修理在最近一次战斗中损坏的电话线路。德国人显然不确定该拿他们怎么办，他们翻遍了两人的包，没有发现圣特尼裤子口袋里隐藏的一份情报。于是士兵们把两人锁在房子里，他们去和高级军官商议。摩托车就停在外面，等这 4 个人一离开视线，圣特尼和比利就打破了一扇窗户，爬了出去，跳上了摩托车。傍晚时分，他们再次到达了巴顿将军的指挥部。

8 月 25 日，隶属于巴顿将军第三集团军的法国第二装甲师（the Second French Armored Division）进入巴黎。

玛丽-玛德琳没有在巴黎参加随后举行的盛大的庆祝活动。几天前，军情六处要求她派侦察人员到法国东北部，为第三集团军收集德国阵地的信息。第三集团军要继续向德国边境进发，它的下一个主要目标是解放法国东部的阿尔萨斯省和洛林省，这两个省在战争开始时被德国宣称为德国的领土。

8 月初，玛丽-玛德琳拒绝了肯尼思·科恩的提议，他要求玛丽-玛德琳在下个满月时乘坐拉山德小型飞机回伦敦。玛丽-玛德琳告诉他，在法国获得完全解放之前，她不会离开法国。现在她决定亲自负责最后的侦察任务。巴黎和法国西部大部分地区自由了，她认为不应该再派已冒着生命危险多年的特工去执行这项新任务。她只会派那些自愿参加的人，她自己也在其中。

玛丽-玛德琳想承担这项侦察任务还有一个更私人的原

因。她和特工向盟军提供的情报越多，那么盟军军队就可以越早穿过德国边境。运气好的话，就可以救下费伊、罗德里格斯和数百个被捕的联盟成员。她希望他们还在德国监狱和集中营里活着。

乔治·拉马克自告奋勇负责洛林首府南锡周围的地区，玛丽-玛德琳则前往阿尔萨斯首府斯特拉斯堡。她选了年轻的皮埃尔·诺阿尔做她的副手。皮埃尔·诺阿尔虽然是新招募来的特工，但他非常刚毅、大胆。

玛丽-玛德琳有了一个秘书/护士的新身份，名叫玛丽-苏珊娜·英伯特（Marie-Suzanne Imbert），她借了一辆红十字会救护车，在车后面的毯子下藏了一台无线电发射电台。她开着车向东穿过德国设置的路障。每到一站，他们就告诉卫兵，他们是法国合作者，与撤退的军队一起去救助伤员。这个故事为他们赢得了赞誉，并获准继续前行。

图 30-3 玛丽-玛德琳的假身份证件，化名玛丽-苏珊娜·英伯特

　　他们的第一站是凡尔登，这里是第一次世界大战中最血腥的战役之一的战场，距离德国边境不到 80 英里。当他们到达联盟当地负责人的家里时，这位负责人告诉他们，巴黎盖世太保的高层领导者刚刚在街对面的旅馆里临时下榻。玛丽-玛德琳和诺阿尔迅速回到救护车上，又往前开了几英里，来到了阿贡的一个小村庄布拉班特。

332

　　由于无法通过无线电与伦敦取得联系，玛丽-玛德琳派了一名联盟在当地的特工去与帮助解放巴黎的第三集团军取得联系，这个人拥有一辆摩托车。此时第三集团军正迅速从西边挺进。这名特工带着敌军活动的情报，情报提醒巴顿和他的手下注意埋有地雷的道路和可能会遭到德军伏击的地方，同时也清楚地指出凡尔登和周围地区只有少量防御，可以不费什么事拿下。

　　8 月中旬，乔治·拉马克突然出现在玛丽-玛德琳所在的布拉班特村庄。他和他的无线电接线员已经到达南锡，并在当地设立了一个哨所。他告诉玛丽-玛德琳，他将继续前进，先到达莱茵河，然后进入德国，目的是在德国内部建立一个情报部门。

　　拉马克表示，他的紧迫感是出于对手下几名年轻女特工被捕的负罪感，特别是他自己招募的珍妮·鲁索。玛丽-玛德琳也有同样的紧迫感和负罪感，但她告诫拉马克不要独自闯进德国。拉马克没有回应。玛丽-玛德琳请求他再多待一两天，拉马克谢绝了，他愉快地跟玛丽-玛德琳告别，"希望很快能再见"。

　　在 8 月的最后几天，大批德国军队在阿贡的布拉班特寻找临时安置所，玛丽-玛德琳和诺阿尔不得不再次搬离，这次他们搬到了几英里外一个茂密森林中新建立的游击队营地里。营地中的大多数人是来自凡尔登和周围地区的年轻抵抗战士。

到达营地后不久，一名联盟情报人员告诉他们，第三集团军已经收到了情报，并根据他们提醒的可能遭到德军伏击的地点，改变了路线。陆军情报官员想要更多关于德国在阿贡森林附近防御工事的信息。他还补充说，盟军在不到一天路程之外。

玛丽-玛德琳和诺阿尔查清了阿贡防御工事的情况后，他们又派了另一名特工前往巴顿的军队。第二天晚上，他们听到从西边传来一声沉闷的轰鸣声。天亮时，诺阿尔离开去查看发生了什么事。一个小时后他回来了，脸色苍白，声音颤抖。他告诉玛丽-玛德琳，巴顿的军队已经解放了凡尔登。

当天下午，她和诺阿尔开着救护车来到附近的雷斯库尔村（Recicourt），当地的村民欣喜若狂，他们一起喝酒庆祝、载歌载舞。他们一看见救护车，就把玛丽-玛德琳和诺阿尔从车里拉出来，拥抱他们，亲吻他们，递给他们酒杯。庆祝活动仍在继续，玛丽-玛德琳忍不住流下了眼泪。诺阿尔举杯庆祝胜利时，玛丽-玛德琳反驳说，"胜利"是一个没有意义的词，因为很多赢得这场胜利的人仍下落不明。

当时距离盟军最终胜利还有 8 个多月。但是毫无疑问，经过 4 年的艰难岁月，德国终于放弃了对法国大部分地区的铁腕控制。经历了一段充满秘密和恐惧并且似乎没有尽头的时间之后，如今看到身穿制服的士兵出现在大街上，并且知道他们是解放者而不是迫害者，一切都好像不真实。起初，玛丽-玛德琳不知如何是好。她不知道要过多久，自己才会习惯使用自己的真实姓名而不是假名，或者意识到敲门的不再是盖世太保，而只是送信的邮差。为了从阴影中走出来，她首先采取的措施之一是在凡尔登联盟的房子正门上贴上一个牌子，上面公开她和她的特工代表的各种情报组织：联盟—情报行动总局—情报服务。

9 月初，玛丽-玛德琳短暂地回到了巴黎，那里挤满了盟军官兵，他们已经接管了数以百计的酒店供自己使用。城里最好的餐馆两周前还在为德国国防军和盖世太保提供服务，现在正在欢迎不断涌来的美国和英国的官员和记者。

联盟在香榭丽舍大街的一栋大楼里设立了办公室，数十名 334 特工从法国各地涌来，庆祝情报网和他们个人的幸存。在这场老朋友的欢乐聚会上，特工们第一次向同事做正式的自我介绍，以前他们只知道彼此的代号。用玛丽-玛德琳的话来说，"挪亚方舟上的动物又变成了人"。

玛丽-玛德琳抵达巴黎后不久，肯尼思·科恩带着特殊的任务也抵达了巴黎，他们有了一次愉快的团聚。在一个美丽的初秋，肯尼思·科恩带着一群英国军事和外交官员，其中一些像肯尼思·科恩一样，身穿海军制服，一些身穿英国皇家空军蓝色制服，还有一些身穿陆军卡其色制服，他们来到联盟办公室，向该情报网及其领导者在战争期间所取得的非凡成就致敬。在大家的簇拥下，肯尼思·科恩把玛丽-玛德琳叫到身边，向她授予大英帝国勋章 （the Order of the British Empire），这是英国政府颁发给英勇的立功人员的最高荣誉之一。

玛丽-玛德琳想要说点什么，但她太过激动，一句话也说不出来。在随后的香槟招待会上，肯尼思·科恩问她军情六处还能为她做些什么。玛丽-玛德琳请求立即进行两次降落伞空降，一次在凡尔登，另一次在卢茨村附近，这里是乔治·拉马克指挥部的所在地，距离德国边境大约 25 英里。然后她请求把她的孩子们从瑞士带回来。

玛丽-玛德琳已经和她 14 个月大的儿子团聚了。不久之后，她又与 14 岁的克里斯蒂安和 12 岁的比阿特丽斯激动地相聚了。1943 年夏天，她从里昂住所的窗户里看到了他们，然后他们就被偷偷带出了法国，此后她就一直没有见过他们。她直到几个月后才知道，她的孩子们被迫自己穿越边境进入瑞士，最后住进了一个难民营。多亏了一名联盟特工得知了他们在那里的消息，他们被带到外祖母在瑞士的小木屋，一直待到这次被带回巴黎。

335 在此之前的 4 年里，两个孩子几乎都没有和母亲在一起。玛丽-玛德琳最后一次和比阿特丽斯在一起是在 1942 年春天，是她在图卢兹进行手术的那段时间。在她的回忆录中，玛丽-玛德琳极其简洁地描述了她和孩子们的团聚，只说他们"回来了，奇迹般地没有受到影响。当然他们体格更大了，但最重要的是，他们被一种强烈的情感充实了，这将使他们永远与其他许多人不同。"读者如果对玛丽-玛德琳的这一观点持怀疑态度，也是可以理解的。因为人们的确很难相信玛丽-玛德琳的子女没有受到与母亲长期分离的巨大影响，更不用说他们痛苦的出逃经历。不过玛丽-玛德琳在回忆录里也承认，她对自己未能与孩子们在一起感到愧疚，但她显然不想进一步谈论这个问题，至少不想在公开场合谈论。

肯尼思·科恩履行了他对玛丽-玛德琳的另一个承诺。9月7日，他到凡尔登视察他安排的降落伞空投行动，这也是他第一次目睹这一行动。数十顶降落伞从英国皇家空军的轰炸机上降落下来，联盟特工和附近的游击队员一起扑向降落下来的集装箱。玛丽-玛德琳帮忙打开并分发集装箱里的物资，包括无线电台、食物、冲锋枪、手榴弹和左轮手枪。

她一边工作，一边想到了拉马克，给他安排的降落伞空投行动在当天晚上也会展开。第二天，玛丽-玛德琳从伦敦收到了一个可怕的消息，派往拉马克所在区域的轰炸机驾驶员发现一个村庄着火了，于是他们放弃了空投。军情六处也与拉马克的无线电接线员失去了联系。

玛丽-玛德琳再也没有收到拉马克的消息。她后来得知纳粹党卫军追踪到了他的无线电信号，并逮捕了他，一同被捕的还有他的无线电接线员和副官。拉马克其实早已得到了这次突袭的密报，但他拒绝逃离，因为他担心纳粹党卫军会报复卢茨村的居民。他被捕几个小时后，村民们目睹了纳粹党卫军把他和他的两名同事推到附近的一个果园里，在那里他们被立即处决了。事实证明，拉马克的自我牺牲并没有完全白费。纳粹党卫军放火焚烧了村民们的房子和农场，但饶了他们的命。

　　玛丽-玛德琳为再次失去一名关键特工而感到痛惜。不过她对拉马克的牺牲尤其感到悲伤。拉马克的工作在情报网最黑暗的日子里起了至关重要的作用。他的德鲁伊教众对情报网的贡献是不可估量的，尤其是珍妮·鲁索。拉马克无穷的精力和热情，以及他敏锐的才智，使他赢得了玛丽-玛德琳的喜爱。一想到这位才华横溢的年轻数学家，这个可以为战后法国贡献良多的人，却在战争行将结束时牺牲了，玛丽-玛德琳感到特别痛苦。

　　玛丽-玛德琳对拉马克的死感到悲伤，加上盟军进展缓慢以及费伊和在德国被监禁的其他特工生死未卜，使她越来越焦虑。第三集团军在法国北部和中部不受阻碍地行进着，但在摩泽尔河（the Moselle River）以西 35 英里的地方突然停下了，这里靠近德国边境。

　　这并不在巴顿将军的计划之中。巴顿将军决心连续进攻德国，他急于横扫德军，攻入德国的心脏地带。凡尔登解放后，他立即派侦察兵到摩泽尔河，为军队越过摩泽尔河做准备。

　　但就在这关键时刻，巴顿军队的汽油耗尽了，往东行进的其他盟军也遇到了同样的问题。位于诺曼底的瑟堡港（Cherbourg）是盟军部队唯一的汽油和其他补给来源，盟军离瑟堡港越远，保持补给线畅通就越困难。

　　当玛丽-玛德琳被告知巴顿军队突然停下来的原因时，她惊呆了。玛丽-玛德琳提出暂停战斗会让德国在洛林重新集结军队。美国陆军官员告诉她，德国军队已经失败了。事实上，玛丽-玛德琳是对的，德国利用暂停进攻的时机调来了步兵和装甲部队守住摩泽尔。

337

被玛丽-玛德琳称为她和联盟在战争期间经历的最漫长的冬天就这样开始了。她尽自己最大的努力催促盟军前进，要求特工继续探索法国东部的地形，并向巴顿军队的情报主管报告德国军队的行踪。在冬季的某一时期，联盟特工提醒第三集团军注意来自卢森堡的一个德国装甲师的进攻，这给了美国挫败这次进攻的时间。

11月初，皮埃尔·诺阿尔秘密带领一支联盟巡逻队越过摩泽尔河，侦察德军后方，并将侦察区域一直延伸到边境。在为期7周的任务中，诺阿尔和他的部下共发送了54条关于敌军活动的信息。这些信息指导第三集团军和亚历山大·帕奇将军（Alexander Patch）的第七集团军在12月底发动攻势，最终德军被赶出了法国东部，撤回德国国土。

与此同时，在法国南部，德伊斯纳尔及其手下的特工为8月中旬的"龙骑兵行动"（Operation Dragoon）提供了重要情报，盟军在蓝色海岸登陆。8月21日，德伊斯纳尔帮助解放艾克斯市之后，他加入了美国军队，沿着罗讷河谷向阿尔卑斯山进发。

1945年1月初，除了拉罗谢尔、圣纳泽尔、洛里昂和布列塔尼其他沿海据点的一小部分德军抵抗力量外，整个法国已解放。新一代的联盟特工取代了被盖世太保抓捕的特工，继续从这些地方提供情报，直到1945年5月德军最终投降。

战争期间，没有其他盟军间谍情报网能像联盟一样，持续的时间如此之长，提供的重要情报如此之多。历史学家兼记者大卫·舍恩布伦后来写道："通过他们的工作和牺牲，联盟特工拯救了成千上万名盟军士兵的生命，加速了对希特勒战争的胜利。"

在战争即将结束的几个月里，一群消失在德国监狱和集中营的"黑夜和迷雾"里的联盟特工活着回来了，玛丽-玛德琳欣喜若狂。1944 年底的一个晚上，玛丽-玛德琳走进联盟在巴黎的办公室，看到了一个她以为是幽灵的人。这个人背对着她站着，是一个年纪较大、身材矮小、头发灰白且剪得很短的男人，他正在仔细研究墙上的一幅法国东部的大型地图，地图上标记的小国旗，是联盟特工和盟军部队的所在地。

"贝尼斯上校。"玛丽-玛德琳喃喃地说。他转过身来，正是夏尔·贝尼斯上校，他曾是法国军队情报机构二处的官员，教会了她情报收集的基本知识，但他似乎一直怀疑女性管理大型间谍网的能力。她一直不确定自己是否得到了他的认可。贝尼斯上校回头看着墙上的地图，"这是我见过的最好的情报地图，亲爱的，谢谢你"。玛丽-玛德琳的担忧终于减轻了。

1945 年初，随着盟军进一步深入德国，其他人的消息随之传来，他们奇迹般地从被德国囚禁的地狱中幸存下来。其中，玛德琳·克罗泽和米歇尔·戈尔德施米特等几名女特工是从臭名昭著的拉文斯布吕克妇女集中营（Ravensbrück Women's Camp）被解救出来的，这个集中营位于柏林北部。1943 年春天，她们在被送到集中营之前，曾被里昂臭名昭著的盖世太保头目克劳斯·巴尔比严刑拷打。

拉文斯布吕克妇女集中营里的另一位幸存者是珍妮·鲁索，她能活下来要归功于德国官员的官僚作风。鲁索被盖世太保逮捕时，她的身份是玛德琳·肖富尔（Madeleine Chauffour），这是她的化名。她在先后关押她的 3 个集中营里，向每个集中营的官员报了真实姓名，所以官员们没能把她和发给所有集中营的官方档案联系起来，无法指认她是危险的盟军间谍玛德琳·肖富尔。

珍妮·鲁索被送往托尔高集中营，位于萨克森的一个军火厂。她告诉集中营的官员，她和其他法国妇女都是战俘，根据《日内瓦公约》，她们不能被强迫制造武器。于是，她很快被送到一个惩罚集中营，之后又被送到拉文斯布吕克妇女集中营。在那里，她只有 70 磅重，濒临死亡。在战争的最后日子里，她被瑞典红十字会解救。

纳瓦尔也回来了。1941 年 7 月，在卢斯托诺-拉科少校被捕两年后，维希政府把他交给了盖世太保。他被驱逐到奥地利的毛特豪森集中营，这里绝大多数囚犯在恶劣的条件中死去。当纳瓦尔被美军解救时，瘦弱的他体重不到 100 磅。

还有另一个震撼人心的好消息。1945 年 1 月底，肯尼思·科恩的助手给玛丽-玛德琳打电话，告诉她"喜鹊"刚刚在囚犯交换中获释。玛丽-玛德琳的心怦怦直跳，费迪南德·罗德里格斯，又名爱德华·罗德尼，他还活着！这个消息让她又重新燃起了微弱的希望，她深爱的男人和其他数百名失踪的联盟特工可能还活着。莱昂·费伊也能躲过死神吗？

339

340

第三十一章 "万福玛丽亚，你充满圣宠"

1945 年 1 月 14 日，是费迪南德·罗德里格斯被捕后的第453 天，他躺在德国松嫩堡（Sonnenburg）一所要塞监狱的草垫上。罗德里格斯清楚地知道他被捕后的日期和天数，主要是因为他对这两者的执念，他用藏起来的小铅笔在纸片上草草地进行记录。这是他保持清醒的方法之一。

他很清楚还会有另一段艰难的时期。1944 年 6 月，德意志最高军事法庭宣判他犯有间谍罪，被判处死刑，距离被捕已经过去 160 天了。这个月还有数十名联盟特工也遭到审判并被判处死刑。他认为，他们中大部分人的死刑已经被执行了。但他以及与他一样被审判的莱昂·费伊都还活着。

直到两周前，罗德里格斯也没有费伊的消息。自从 1943年 9 月在巴黎郊外被盖世太保抓获后，两人再也没有见过面。1945 年新年伊始，罗德里格斯被关押在德国的斯瓦本哈尔堡垒里。这是他被捕后被关押的第 4 所监狱。

1 月 2 日清晨，他被人从牢房里叫醒，手脚上戴着镣铐，他匆匆走下几段楼梯，被推进了一间散发着霉味、汗味和尘土味的大屋子里。屋子里有几十个面容憔悴、剃光了头的囚犯，他们中很多人虚弱得几乎走不动。在罗德里格斯看来，他们就像行走的骷髅。他清楚在他们看来，他自己也一样。他回忆道："这里没有个性，没有生命的光芒。在这一大群人中，也许有军官、工程师、工匠、教授或牧师。但现在他们都失去了明显的特征。"

他低声问这一群囚犯："我们要去哪儿？发生什么事情了？"沉默了片刻之后，有人小声回答："我们要被转移了。"

罗德里格斯扫视着拥挤的房间，试图寻找熟悉的面孔。每次遇到大批其他犯人时，他都会这样做，当然这种情况并不多。在过去的 15 个月里，他只遇到过两次其他联盟特工。

在这个屋子里他只看到了陌生人。忽然，他发现在房间的另一头有一个看上去有点面熟的人。一个驼背的老人，眼窝深陷，脸上有白胡茬，头皮上有白色的头发。罗德里格斯又仔细看了看，认出了这个男人的鹰钩鼻和结实的下巴。他拖着镣铐一瘸一拐地走过去，哽咽着喊了一声："司令！"莱昂·费伊难以置信地睁大了眼睛，他的脸上露出了一丝笑容。因为都戴着镣铐的缘故，两个人无法拥抱，他们把脸颊贴在一起，紧紧握住了对方的手。

"出去！出去！"一名警卫用机关枪指着他们喊道，并示意他们散开。当他们和其他囚犯排队离开监狱，登上等候的火车时，罗德里格斯一直注视着费伊。在火车上，他想办法靠近自己的老朋友兼上级。接下来的几个小时里，他们低声讲述了之前 15 个月里各自遭遇的地狱般的经历。

费伊向罗德里格斯讲述了他在福煦大街被监禁和越狱失败的经历，之后他被单独监禁在布鲁赫萨尔监狱冰冷潮湿的地下牢房里。从他到那里的第一天起，污水淹没了地板，水从他的草垫里渗出来。无论是冬天还是夏天，他的手脚都生了冻疮。 342

牢房旁边的工厂无休止的噪声损害了他的听力，使他耳朵里不断地嗡嗡作响。他每天的食物只有一碗汤，每周放风锻炼时间限制在 10 分钟以内，而且总是与其他犯人分开。

46 岁的费伊仍被认为是一个危险的越狱专家，以至于盖世太保拒绝让他离开监狱接受审判。1944 年 6 月，德国军事法庭专门来到布鲁赫萨尔监狱审判他。费伊精心准备了自己的辩护。他被传唤到由两名将军、三名上校和一名上尉组成的特别法庭，他坚称联盟并非如指控的那样是一个恐怖间谍组织，而是一个保卫国家的官方军事组织。他提到在福煦大街审问他的帝国保安部官员承诺，他和他的同事将被当作战俘对待。

法官却不以为然。首席法官指控费伊和联盟其他特工谋杀了大批德国海员。联盟向军情六处传递了有关德国潜艇和船只动向的情报，导致这些潜艇和船只最后沉没了。费伊对首席法官表现出的愤怒感到震惊。法官还提到了盟军关于诺曼底海岸防御工事的一系列情报，他说这些情报导致了数千名德国士兵的死亡。这是费伊第一次知道盟军在西欧已经登陆。

听到法官的严厉斥责，费伊意识到对他的判决已成定局。审判结束时，法庭宣布他有罪并判处死刑，费伊尽可能把虚弱的身体站直了，他大声高呼："法兰西万岁！"然后他被送回牢房，在那里一直待到 1944 年 9 月，随后被转到斯瓦本哈尔。

他告诉罗德里格斯，在离开布鲁赫萨尔监狱之前，他用藏起来的铅笔和纸写了一篇关于他被捕后发生的事情的报告。他把包括遗嘱在内的纸片卷起来，藏在牢房里坏掉的取暖设备的网罩后面，希望战后能被人发现，并转交给玛丽-玛德琳。

费伊讲完他的故事后，他向罗德里格斯询问他的故事。这位英国无线电接线员讲述了他在巴黎附近的弗雷斯监狱度过的时光，然后在 1944 年 1 月他被转移到德国克尔（Kehl）的监狱，这座城市与斯特拉斯堡隔着一条莱茵河。3 个月后，他被转移到弗里堡附近的一处要塞，位于斯特拉斯堡东南约 50 英里处，绝大多数联盟特工是在这里被审判的。

费伊问："我们的朋友们呢？你有他们的消息吗？"

罗德里格斯回答说，他曾在克尔远远看见过保罗·伯纳德，但没有机会和他交谈。直到 1944 年 5 月的一个早晨，在他到达弗里堡后不久，他才与以前的伙伴有了唯一的一次联系。这一天他被带到院子里放风锻炼，一群囚犯围在院子里，他看到了好几个来自联盟情报网的最亲密的老朋友，他惊呆了。这些人有阿维亚地面后勤保障小组的负责人皮埃尔·达拉斯、联盟在布列塔尼的负责人、风趣爱玩乐的吕西安·普拉尔、负责伪造证件的前警察埃内斯特·西格里斯特、"海星"子情报网的负责人若埃尔·勒穆瓦涅以及马赛行动的长期领导人、无与伦比的加布里埃尔·里维埃。

罗德里格斯大声笑了起来，不仅仅是因为看到他们发自内心的喜悦，还因为他们穿着五颜六色的衣服，"就像劳拉与哈代①电影里走出来的人物"。普拉尔的穿着是最奇怪的，他穿着被捕前不久玛丽-玛德琳在伦敦给他买的格子长睡衣。他

① 劳拉与哈代（Laurel and Hardy）是世界喜剧电影史上最出名的二人组合，曾师从喜剧之王卓别林，在好莱坞颇富声望。

穿着这件衣服绕着人群走着，就好像是一位正在晨间散步的绅士。罗德里格斯的这些伙伴被警卫阻止交谈，但他们灿烂的笑容表达了见到他的喜悦。

一周后，另一名囚犯给罗德里格斯送去早上配给他的清水汤，并低声告诉他，盟军已经登陆诺曼底了。当天下午，当罗德里格斯被押送到院子里放风锻炼的时候，他注意到他的伙伴和其他犯人围成了一个比平时要小的圈子，这让他们有机会互相耳语。其中一个人说："他们登陆了。"另一个人说："我们得救了！"第3个人脱口而出："他们15天内能到。"

这些人的乐观刺痛了罗德里格斯的心，要是他们是对的就太好了，但他不是那种轻易相信奇迹的人。加布里埃尔·里维埃也不相信，他悄悄地过来和罗德里格斯进行了简短的交谈。里维埃问他是否接受了审判，罗德里格斯回应还没有。里维埃明确指出，他和其他联盟同志，其中20多人已经被判死刑。里维埃用食指模仿了开枪的样子。

1944年6月24日，罗德里格斯出庭受审。在审判开始前，他问指派给他辩护的律师，是否已经对被关押在弗里堡的联盟特工实施了死刑。他得到的答案是否定的，审判之后，案件必须被送往柏林进行复审，这意味着从判决到处决之间至少要推迟3个星期。

审判那天，罗德里格斯被带到一个圆形剧场形状的大法庭上，5名法官坐在铺着深绿色地毯的高台上。他被审判时使用的名字是他的代号——爱德华·罗德尼。德国人还没有发现他的真名。

344

和费伊一样，罗德里格斯为自己辩护称，联盟是一个军事组织，它的特工应该被当作战俘对待。法庭的反应也是一样的：由于联盟提供的情报，德国船员在大西洋上被杀害，德国士兵在诺曼底被杀害。罗德里格斯自豪地回忆起：1943 年 8 月离开法国前往伦敦之前，他从贝约（Bayeux）到诺曼底瑟堡安装了一连串无线电台。毫无疑问，这些机器在盟军登陆西欧时和之后都被用来发送法官所提到的情报。

罗德里格斯清楚对他有罪的判决是毫无疑问的，但真正宣判时他还是感到震惊。他强迫自己保持镇静。当问到还有什么遗言时，他大声说："上帝保佑国王！"警卫把他带出法庭，他手上戴着手铐，这时他突然意识到自己永远不能重获自由了。但至少他活得够久，活到了盟军登陆西欧的那天，知道是他和联盟其他人为这一切成为可能做出了贡献。他也知道自己至少还能再活 21 天。

审判结束两天后，他和联盟的其他成员被送上火车，送往德国中南部巨大的斯瓦本哈尔堡垒。随着时间的流逝，罗德里格斯越来越恐惧。7 月 3 日，他剃了头，还刮了胡子。现在他整天被铐着，他发现自己几乎不能吃饭穿衣了，更不用说过去 15 个月里为了保持体力而进行的体育锻炼了。院子里再也看不到散步的场所，也看不到他的老朋友们了。21 天已经过去了，接下来的每天他都是活在借来的时间里。他能做的只有祈祷，从他刚入狱就开始祈祷。

8 月 18 日，他听到牢房水管的敲击声。这是来自联盟的几个伙伴发出的莫尔斯电码。所有人竟然都在同一楼层。他们显然认为他还没有被判处死刑，因为他们提出希望他在战后可以找到他们的家人，转达他们对家人的爱。他答应了。他决定不告诉他们，他也被判有罪，永远没有机会履行自己的诺言。

两天后的傍晚，两名狱警走进罗德里格斯的牢房。其中一人取下了他的锁链，在他的手腕上套上了手铐。另一名狱警的胳膊上还搭着另外 20 多套手铐。罗德里格斯默默地伸出手，他意识到，自他的判决被宣布以来，已经过去 57 天了。

罗德里格斯想问狱警发生了什么事，却一句话也说不出来。狱警关上了牢房的门，离开了。他确信，从被捕以来一直害怕的那一天终于到来了。几个小时过去了，他在床上睡着了。半夜里，他被脚步声吵醒。他听到附近牢房的门嘎吱一声打开了。

他躺在那里，手里紧握《玫瑰经》①，他告诉自己必须坚强，要继续祈祷，直到自己的牢房门被打开。沉重的脚步声走下铁楼梯，接着另一扇门被打开了。他的脑海里浮现出他的老朋友们的身影——里维埃、达拉斯、西格里斯特、普拉尔和其他人。

每当一扇门被打开，他的心就怦地跳一下。三……四……五……六。没有说话声，也没有哭喊声，只有下楼的脚步声。罗德里格斯开始大声背诵经文："万福玛丽亚，你充满圣宠。主与你同在……"

七……八……九……十。

———

① 《玫瑰经》是普世教会用于敬礼圣母玛利亚的祷文。——译者注

"你在妇女中受赞颂，你的亲子耶稣同受赞颂。"

十一……十二……十三。

"天主圣母玛丽亚，求你现在和我们临终时，为我们罪人祈求天主，阿门。"

开门的嘎吱声越来越近了。

十四……十五……十六。

听到一个狱警在他牢房外停下了，罗德里格斯呼吸困难，他又开始背诵"万福玛利亚"。警卫走过，他旁边牢房的门开了，然后又关上了。

当他们最终来找他时，他决心不流露任何感情，他努力控制住自己颤抖的双手。

十七……十八……十九……二十。

还有多久才能轮到他呢？

二十一……二十二……二十三……二十四。

"万福玛丽亚，你充满圣宠。主与你同在……"

汗水浸湿了罗德里格斯的脸，他拿一条粗糙的灰色毯子紧紧裹住自己。声音慢慢地消失了，开门的嘎吱声和楼梯上的脚步声也听不见了。监狱里又恢复了寂静，他渴望追上同伴，加入他们的行列，大声叫喊着他也在那里。

第二天，他被转移到另一层的牢房。当他拿到早上的口粮时，他问送来口粮的犯人是否知道头天晚上被转移的犯人发生了什么。对方回答："你的朋友们……都死了。"

夏去秋来，然后进入冬天。对罗德里格斯来说，每一天都是一样的。他用毯子盖住肩膀，沉浸在祈祷中。他用颤抖、沙哑的声音唱圣诞颂歌庆祝圣诞节。他认为，他再也看不到圣诞树了，再也不会和母亲、姐妹以及朋友一起庆祝这个节日了。

一周后，他被从牢房里带走。他走下楼梯，与费伊重聚了。当他们在火车上低声交谈时，他告诉他老朋友死亡的消息，费伊陷入了深深的沮丧之中。他告诉罗德里格斯，他应该在死去的朋友们之前被枪毙，眼下这种情况是不对的。

费伊说到了困扰罗德里格斯的问题上，他疑惑地问道："为什么我们还活着？他们要拿我们怎么办？"费伊认为，他们被当作了人质，德国想用他们来交换被盟军囚禁的德国间谍。

罗德里格斯可以理解，费伊作为联盟的主要领导者，他会被选为人质。但是为什么也会选他？他认为，在任何情况下，人质交换的可能性都是微乎其微的。那么多人被杀了，为什么他们能幸免呢？

他们坐了 3 天火车，从斯瓦本哈尔到柏林北部的松嫩堡要塞，行程将近 400 英里。在希特勒掌权之前，松嫩堡曾是一个流放地。纳粹接管后，他们把这里变成了关押政治对手的集中营，其中一人称它为"酷刑的地狱"。第二次世界大战期间，这里关押的许多囚犯是法国、荷兰和比利时抵抗组织的成员。

在松嫩堡，罗德里格斯和费伊被安排到相邻的牢房里。在罗德里格斯的另一边是一个他从未见过的联盟特工，名叫罗伯特·弗农（Robert Vernon）的年轻爱尔兰人，他曾在马赛做信使。1943 年春天，他与演员罗伯特·林恩以及部门其他成员一起被捕。

这间牢房是罗德里格斯待过的最小的牢房，不超过 3 英尺乘 6 英尺。牢房里没有暖气，也没有电灯。有费伊和弗农在他身边，他意识到这是他被捕后最幸福的一段时间。3 个人没有被禁止进行交谈，于是他和费伊经常交流，主要是关于信仰和宗教的话题。费伊表示，如果他能在战争中幸存下来，他希望每年花一些时间去战前在阿尔及尔发现的修道院冥想。

罗德里格斯继续日常练习祷告《玫瑰经》，从头到尾背诵已记住的祈祷书。有时费伊会让他唱圣歌，这样他们就能跟着一起唱了。罗德里格斯心中出现了一个略带讽刺意味的念头，他已经成为"一个地窖里的唱诗班指挥"。

1945 年 1 月 13 日，也就是他们到达松嫩堡的第 8 天，罗德里格斯听到狱警打开了费伊牢房门上的小门。一分钟后，狱警也打开了罗德里格斯牢房门上的小门。狱警用右手食指指着罗德里格斯，然后弯曲手指模仿开枪的动作。狱警厉声说道："明天！"接着他去了弗农的牢房。

罗德里格斯呆住了。他冲费伊喊道："我有误解刚才发生的事吗？"费伊回答说没有。然后他问弗农："有人告诉你是明天吗？"弗农的回答是肯定的。

罗德里格斯认为，如果这就是结局，他将用生命的最后几个小时与费伊和弗农一起祈祷。他心中打算，"我们 3 个人的生命将不再分开了，我们一起祈祷，一起离开，一起死亡"。弗农用发抖的声音问他，子弹击中时会不会感到疼痛。罗德里格斯回答说，一切马上就会结束，自己会一直安慰弗农直到最后。

在那个漫长的夜晚，3 个人反复呼喊着对方的名字。罗德里格斯念了一遍又一遍的《玫瑰经》祷文，他想起了他的母亲和 3 个姐妹，还有他们在法国的童年时光。透过牢房的小窗户，他看到了黎明的到来。几分钟过去了，几小时过去了。

下午 3 点左右，他听到了走近的脚步声。他们在他牢房前停了下来。他机械地站了起来，看着一把钥匙在锁孔里转动。门打开时，3 个男人站在那里——一名狱警、一名监狱长和一个穿灰色西装的不认识的人。狱警示意他离开牢房，他站得不稳，却照做了。监狱长命令他跟他们走。他低声说："你被交换了。"

罗德里格斯几乎崩溃了。他不敢相信这个变态的恶作剧是多么麻木不仁。他盯着监狱长说："这不是真的。这肯定又是你们折磨人的另一种方法。"监狱长回头看了他一眼："跟我去办公室，你要去瑞士。"

当罗德里格斯和其他人经过费伊的牢房时，他想喊出来，但他又不知道该说什么。在茫然和恐惧中，他被带到了一间办公室，里面有一张大桌子、一盏绿色灯罩的台灯，还有几个书架和两张皮扶手椅。监狱长示意他坐到其中一张皮扶手椅上，然后他在桌子后面坐下。他介绍了坐在另一张椅子上的人，他是柏林盖世太保中的一员，他会和一名狱警一起护送罗德里格斯前往瑞士边境。

然后他被带到另一间牢房，在那里他的镣铐被取下来了。他被留在牢房里，他跪了下来，感谢上帝和圣母玛利亚救了他的命。那天晚上，他喝了两份浓汤，几个月来他第一次睡觉没有做噩梦。

　　第二天，他被允许洗个澡，这是他被捕后第一次洗澡。看到热水中自己消瘦的身体，他想起了被拔过毛的鸡。一名警卫给他拿来了他在 1943 年被捕时一直穿的皱巴巴的脏衣服：雨衣、衬衫、休闲裤和蓝绿相间的领带。当他穿戴上它们时，他想起了费伊和弗衣。他们也会被交换吗？他不敢想象另一种可能。

　　几个小时后，在盖世太保军官和一名狱警的陪同下，罗德里格斯戴着手铐走出了松嫩堡。外面很冷，但他情绪高涨，即便只穿了轻薄的夏装，他也不觉得冷。他们 3 个人乘火车前往柏林，将在柏林换乘当天晚些时候的另一辆火车。因为还有几个小时的时间，军官和狱警决定在附近的一家酒吧吃午餐。他们在酒吧门口商量了一下，然后示意罗德里格斯跟他们一起进去。一名服务员把他们领到一张桌子旁，罗德里格斯用胳膊肘推了一下狱警，并指了指他的手铐。他的意思很清楚：他们想让手铐在嘈杂拥挤的酒吧里引起大家的注意吗？警卫把他带到帘子后面，解开了手铐。

　　德国人给自己点了腌酸菜配土豆猪肉，让侍者给罗德里格斯端来了面包夹香肠。1943 年他和费伊飞回法国之前，曾在坦米尔英国皇家空军基地吃过火腿三明治。自那以后，这是他第一次吃到肉。他一边吃香肠，一边呷着一小杯啤酒，不禁想到这段经历是多么离奇——就在他满心期待死亡的几天后，他在柏林酒吧与盖世太保军官共进午餐。

　　吃过饭后，他就被戴上手铐，3 个人返回火车站。他们的火车到了，他们坐到一个隔间里，里面坐着 3 个德国人——一

350

名老人和两名妇女。他们盯着罗德里格斯和他手上的手铐，不过让他吃惊的是，他们的眼神里没有敌意。几个小时后，其中一名妇女匀给罗德里格斯一部分她正在吃的三明治。他拒绝了，但她坚持给他，最后他只好让步了。然后她又递给他几片苹果，这是他被捕后第一次吃水果。在这个过程中，他想到了费伊和弗农，想到了火车轮子的每一次转动都在把他带离他们。

那天深夜，火车停在了一个看上去像废弃车站的地方。只有罗德里格斯和他的监护在这一站下车。大约半小时后，另一列火车驶近。火车尖叫着停下来时，盖世太保打开了罗德里格斯的手铐，把他交给了一个身穿便服的高大瘦削的男人，他将罗德里格斯押送上了火车。这列火车其实是瑞士红十字会用来运送英国战俘的，英国战俘将被用来交换受伤的德国战俘。

罗德里格斯的押送员把他带到了一间满是身穿制服的英国士兵的隔间里。当他们看到骨瘦如柴、穿着褴褛便服的罗德里格斯时，隔间里顿时鸦雀无声。大约过了 10 分钟，他打破了沉默："这么说，你们都是战俘？"其中一人点头说："我们来自德国不同的战俘营。"罗德里格斯回答说："我和你们一样，只不过穿便衣而已。"

这就是他们谈话的内容。他其实很想告诉他们、他的同胞在参加法国抵抗运动时是怎样的，向他们讲述从科雷兹的一处甜菜地里向伦敦发送军事机密的非凡经历。但是做了这么多年的秘密工作之后，他不允许自己这么做。他和他们之间有一条巨大的鸿沟，他认为这个鸿沟是无法弥合的。

火车只走了一小段路就停了下来。护送的人回来告诉罗德里格斯，当晚他们不会再前进了。他们从最后一站之后只走了这么短的路程，是因为"我们认为你们更愿意站在边境的右边"。他凑近身子，接着说："我们在瑞士。"

在火车上的乘客安顿下来之前，他们受到了一群红十字会工作人员的热情欢迎，并为他们提供了白面包和热茶。其中一名工作人员还递给罗德里格斯厚厚的米色羊毛衫和暖和的裤子，换下了他所穿的脏兮兮的、结了块的衣服。当他结结巴巴地表示感谢时，工作人员回答说他很抱歉衣服不是新的。罗德里格斯想告诉他，他从未收到过如此慷慨的礼物。他后来写道："总之，活着值得。这件羊毛衫给我带来了身体上的温暖，也让我心中充满了暖意。而就在几天前，我的内心还在为我的同胞感到绝望。"

第二天，火车继续前进。每到一站，红十字会的志愿者都会欢迎他们，并给他们提供茶、面包、巧克力和其他糖果。当火车最终抵达格内瓦时，英国大使馆的武官迎接了罗德里格斯，并告诉他交换人质的细节。

费伊的猜测是对的。在党卫军头目海因里希·希姆莱的命令下，费伊、罗德里格斯和弗农等少数被抓获的盟军情报人员被扣押为人质，以进行可能的交换。罗德里格斯的英国人身份和军情六处特工身份帮助了他。在军情六处局长斯图尔特·孟席斯和肯尼思·科恩的施压下，军情六处被要求尽一切努力营救他。经过军情六处与外交部几个月的谈判，德国人同意用他交换阿勃维尔间谍贝特霍尔德·舒尔茨-霍尔索斯（Berthold

Schulze-Holthus），他在伊朗被英国抓获。

在感谢了大使馆专员的帮助后，罗德里格斯请求他给陆军部发一封电报，敦促他们立即采取措施，为费伊和弗农安排类似的人质交换。专员答应了他的请求，但他又提醒说，进行更多人质交换的希望渺茫。他还告诉罗德里格斯，他不会立即返回巴黎，而是直接被送回英国。在一位英国上校的陪同下，他将乘火车前往马赛，然后登上一艘医疗船回国。

对于罗德里格斯来说，回到久违的现实世界就像是上天的恩赐。他被过去几天发生在他身上的事情压得几乎喘不过气，更不用说之前的 17 个月的经历了。他需要安静一下，才能接受这一切。他独自一人待得太久了，以至于很难适应身边有其他人。他继续虔诚地进行日常祷告，现在他不再大声祈祷，而是在心里重复着祷文："这么长时间以来，祈祷是我唯一的慰藉，我不能放弃。"

罗德里格斯在医疗船上的第一天被要求躺在床上。他是个高个子，但体重只剩 116 磅。体检时，当医生按压罗德里格斯的腹部时，他甚至可以感觉摸到了他的脊椎骨。医生让他每天喝两次由巧克力、葡萄糖和鸡蛋调制的混合饮品，可以使他变得强壮起来。他非常喜欢这种混合饮品，在他下船后的很长一段时间里都在喝。

尽管罗德里格斯很瘦弱，但他的身体状况良好，可以被允许在余下的航程中从床上起来。他大部分时间在户外，走在舰桥上，享受着海风吹在脸上的感觉。他指出："这简直是监狱生活的对立面，它让我陶醉在幸福之中。对我来说，现在就是在天堂里。"

　　他总是一个人，不跟任何人说话，甚至吃饭时也不说话。每当有人走近他时，他就走开。他尽量避开任何人，因为他们可能分散他对还在松嫩堡的费伊和弗农的担心。他不知道政府机构是否已经开始运作，他们是否能及时获救。

　　在海上航行了 5 天之后，2 月 2 日医疗船抵达了英国海岸。船上最后一次体检显示，罗德里格斯在航程中体重增加了 10 多磅。当他到达伦敦维多利亚（Victoria）火车站时，肯尼思·科恩的女助理正在那儿等他。他们十分相熟，拥抱在一起。军情六处官员也同样热情地欢迎他，并问了他很多问题。在伦敦期间，他被任命为陆军情报上校。

　　3 月中旬，罗德里格斯终于回到了巴黎，与两年多没见的母亲和姐妹团聚了。在联盟位于香榭丽舍大街的办公室里，他和玛丽-玛德琳、莫妮克·邦廷克以及其他联盟幸存者共同庆祝回归。

　　玛丽-玛德琳看见他时，她竭力掩饰自己的震惊：他骨瘦如柴、瘦削憔悴，他淡蓝色的眼睛里流露出呆滞的神情，活像个幽灵。他手腕上仍留有获释前几个星期戴手铐的痕迹。玛丽-玛德琳表示，罗德里格斯拒绝谈论自己的经历，"他心里只想着别人"。他讲述了他和费伊在斯瓦本哈尔重逢，以及他们在松嫩堡被监禁的经历，并宣称："如果我们要救他，就必须全力以赴。"

　　玛丽-玛德琳告诉他，前线的消息不是很乐观。1 月 27日，也就是罗德里格斯被释放约两周后，柏林电台宣布费伊还

活着。德国准备释放费伊，以交换一名在巴黎被判死刑的德国
354　通敌者。戴高乐政府拒绝这样做，下令处决这名通缉犯，尽管
至少有一名法国官员努力为其减刑。没有人知道费伊接下来发
生了什么事。

接下来的日子里，罗德里格斯不停歇地走在巴黎的大街
上，他试图寻找对那些已被处决或仍被囚禁的朋友的记忆，
"我不能忘记那些死去的可怜的伙伴"。他兑现了承诺，去看
望了在斯瓦本哈尔被处决的特工家属，并把他们的遗言转达给
了他们。用他自己的话说，他仍然有"强烈的独处的需求"。
当他看到认识的人向他走来时，他就会穿过马路。

与此同时，他最亲近的人——他的家人、玛丽-玛德琳和
联盟其他朋友让他感受到温暖和关心，尽一切可能让他走出封
闭的自我世界，回到现实中。尤其重要的是，他与玛丽-玛德
琳的年轻助手莫妮克·邦廷克的关系日益加深。1943 年的前 6
个月，他们曾密切合作过。

几周过去了，罗德里格斯一直没能忘记过去，但他慢慢开
始回到现实生活，抓住生活的希望和机会。他作为爱德华·罗
德尼的生活已经结束了。他受够了这个代号背后传达的秘密和
痛苦。

他写道："我现在看着自己，看到的只有费迪南德·罗德
355　里格斯。"

第三十二章　通往客西马尼的路

玛丽-玛德琳花了很长时间才说服罗德里格斯讲出他和其他人在德国的遭遇。他开始一点一点叙述，从他和费伊被捕开始，接着被转移到不同的监狱，最后在弗里堡进行审判和得到死刑判决。罗德里格斯克服了极大的情感障碍，讲述了 1944年 8 月 20 日夜晚发生的事情。他被恐惧吓瘫了，他听到了其他伙伴走下了斯瓦本哈尔的铁楼梯。他还告诉玛丽-玛德琳，费伊在布鲁赫萨尔牢房的取暖设备后面为她留下了遗言。

玛丽-玛德琳手下 3000 名特工中约有 600 人在战争期间被德国人关进了监狱。到目前为止，她只知道大约有 150 人幸存。剩下的 450 人中，确定有几十人已经死亡，其中包括她的一些高级副手和特工：亨利·舍雷尔、莫里斯·库斯特诺布勒、吕西安·瓦莱、罗伯特·杜安、安托万·于贡、乔治·拉马克、加布里埃尔·里维埃、皮埃尔·达拉斯、埃内斯特·西格里斯特和吕西安·普拉尔。但她不知道包括莱昂·费伊在内的绝大多数失踪人员的命运如何。

1945 年 5 月，欧洲战争终于结束。为了寻找数百名还没有回来的人，玛丽-玛德琳和罗德里格斯开始了前往法国东部和德国的漫长旅行。这是一次令人心碎的旅行。她几乎立刻意识到，1944 年夏末和秋天她对盟军行进缓慢和被囚禁特工命运的担忧是有道理的：随后 8 个月的战争夺去了许多人的生命，如果不能说是大多数人的话。

对玛丽-玛德琳和罗德里格斯来说，第一个可怕的发现发生在他们穿越莱茵河进入德国之前。

1944 年的春夏，108 名被俘的联盟成员——其中 16 名是女性——分 3 批到达法国东部阿尔萨斯省的希尔梅克（Schirmeck）集中营。大多数特工年龄在 20 岁到 80 岁不等，他们是在 1943 年 9 月罗德里格斯和费伊被捕后，在大规模的盖世太保围捕行动中被捕的。

他们的新囚禁地位于佛日山脉（the Vosges Mountains），原本是法国军队在战争初期建立的一个小训练营。纳粹占领阿尔萨斯后，把这里变成了监狱，用于关押住在该省的抵抗运动成员。这些人被送到这里后，被迫在几英里外的斯特卢特霍夫（Natzweiler-Struthof）帮助建造一个新的集中营。

关押在希尔梅克的盟军特工，超过一半的人曾在布列塔尼、波尔多和诺曼底的德国潜艇基地或船厂收集情报。其中有几位联盟最重要的特工：来自洛里昂的雅克·施托斯科普夫；联盟在波尔多地区的负责人菲利普·柯尼希斯瓦特；协助玛丽-玛德琳逃出马赛的法国警察皮埃尔·勒·图里耶，他后来加入联盟成为雷恩地区的负责人；还有莫里斯·吉列特（代号独角兽），他在布雷斯特的工作非常出色，他还有 6 个家庭成员也都被关押在希尔梅克。他的妻子被关押在普福尔茨海姆（Pforzheim）。

被关押的也有部分来自其他地区的特工，包括巴黎和法国

东部地区。玛丽-玛德琳的挚友玛格丽特·布鲁耶，她曾在
1942 年夏天在地中海海岸勒拉旺杜的家中为联盟领导者提供
过庇护，这里也是当年晚些时候帮助吉罗将军逃跑的据点。

　　关押在希尔梅克的联盟特工都没有被正式起诉或审判。他
们在集中营的存在是最高机密，被严格地与其他囚犯隔离开。
他们分别住在男女军营里，通过表演戏剧或组织即兴英语、文
学、物理和数学课来消磨时间。8 月，得知盟军解放巴黎的消
息后，他们热切地谈论着他们个人的解放，这是他们时刻都在
期待的。他们想象战后法国和他们的生活将会是什么样子。

　　巴黎解放后几天，盖世太保在斯特拉斯堡的头目朱利斯·
格鲁姆（Julius Gehrum）接到柏林总部的紧急命令。上级指
示，随着巴顿军队逼近摩泽尔河，是时候采取严厉措施打击联
盟特工了，其他法国抵抗运动情报网成员没有包括在内。

　　9 月 1 日晚上，12 名特工被命令离开牢房，登上了开往未
知目的地的卡车。联盟另一个特工看到了他们离开，他是勒拉
旺杜的一名医生，是被玛丽-玛德琳招募进联盟的。在集中营
中他被德军任命为营里的医生。由于工作的缘故，他没有和联
盟其他人住在一起。那天晚上，他忧心忡忡地注意到，他的同
伴没带行李就被带离了集中营，空车每两小时回来一趟带走更
多的人。

　　后来他才知道，他们被带到了斯特卢特霍夫集中营，被强
行推进一个水泥建筑里，脱光了衣服，然后一个接一个从楼梯
下到一个地下墓穴。党卫军刽子手开枪击中他们的后脑勺，然
后，他们的尸体用升降机运到一层的集中营火葬场焚烧。

斯特卢特霍夫集中营里的囚犯说，他们总听到枪声，还有尖叫声和模糊的歌声。玛丽-玛德琳到达斯特卢特霍夫集中营后，她得知火葬场的烟囱在大屠杀后两天内一直在冒烟。被护送到行刑的地下室后，她看到地上排水沟里有已经干涸的血迹和一颗子弹壳。

党卫军焚烧尸体显然是为了掩盖罪行。集中营里没有任何特工的记录，他们的名字也没有被列在登记册上。但多亏了医生的证词以及在一间牢房的地板下发现的装满纸条的瓶子，上面记录了被关押特工的名字以及特工在集中营最后几个月的遭遇，其中包括施托斯科普夫、柯尼希斯瓦特和布鲁耶，集中营里被杀害的人的身份不再是秘密。①

虽然朱利斯·格鲁姆负责监督希尔梅克大屠杀，但大屠杀发生时他并不在场。在柏林下令的下一轮杀戮中，他亲自参与了。1944 年 11 月 23 日，也就是盟军解放斯特拉斯堡的那天，格鲁姆和他的两名手下开始了一场为期一周的血腥巡查，他们走访了德国西部的一系列监狱，其中一些位于黑森林（Black Forest），靠近法国边境。

他们的第一站是位于克尔的监狱，与斯特拉斯堡隔着莱茵河相望，罗德里格斯曾在这里被短暂监禁。在斯特拉斯堡解放几小时后，格鲁姆和他的党卫军手下从牢房里抓了 9 名联盟特工，并把他们赶到了莱茵河岸边。他们的后脑勺被击中，尸体

---

① 为了纪念施托斯科普夫，1946 年，戴高乐前往洛里昂重新命名了当地的潜艇基地。

被扔进了河里。这 9 名联盟特工大多数是联盟南特区的，包括负责人安德烈·宽多（代号野牛）。

第二天，行刑者到达克尔以北 30 英里处拉斯塔特的监狱。他们押送了 12 名联盟特工至莱茵河边的一处空地，他们都来自法国中部各区。这些特工也被击中了后脑勺，尸体扔进了河里。

11 月 27 日，4 名年轻的情报网女特工被从奥芬堡（Offenburg）监狱带走，然后在附近的森林中被枪杀，并被埋在那里。11 月 28 日，格鲁姆和手下回到莱茵河。他们从布尔（Buhl）监狱中带走了 8 名情报网特工，把他们装上一条船，带到莱茵河中央。在那里他们被枪杀，尸体被扔进河里。

对 3 名党卫军刽子手来说，11 月 30 日是杀人最多的一天。他们在普福尔茨海姆监狱带走了 26 名特工，其中有 8 位女性。特工被卡车从他们的牢房转移到附近森林中的一处空地。他们在这里被杀害，尸体被扔进了一个砾石水坑里。被害者里有莫里斯·吉列特的妻子玛丽·吉列特和皮埃尔·戴恩。皮埃尔·戴恩是一名巴黎警察，他在战争初期曾是玛丽-玛德琳的私人保镖。①

在普福尔茨海姆完成任务后，格鲁姆和手下驱车 30 英里到达了嘉格纳（Gaggenau）监狱。他们把图卢兹和波尔多区的 9 名联盟特工押送到一处森林空地，枪毙了他们。这些尸体

359

---

① 战争结束后不久，法国军队在普福尔茨海姆发现了乱葬坑。他们把被害者的尸体移入棺木中，并举行了体面的葬礼。

被埋在行刑地点附近的一个集体墓穴中。受害者中有图卢兹区负责人穆周·达姆和他的儿子。

这一周后来被称为"黑色森林血腥周"。格鲁姆在手下的协助下，共杀害了 68 名盟军特工，他们唯一的目的是阻止特工被盟军营救。这次血腥屠杀再次表明德意志帝国对联盟的无情复仇。这个情报网对于德国战败起到了重要作用，而且它一直在持续发挥作用直到战争结束。

目前尚不明确为什么在斯特卢特霍夫和黑森林被杀的联盟成员都没有受到德国最高军事法庭的审判。他们中的许多人其实并没有活跃地收集或传递情报，只是充当信使或以其他方式协助情报网，所以德国其实不能以间谍罪起诉他们。不过其中一些人的确是间谍，比如柯希斯瓦特和施托斯科普夫。这些人没有被审判的原因可能是党卫军仍在收集证据，随着盟军部队越来越近，他们并没有更多的时间进行判决。

查看了斯特卢特霍夫和黑森林的大部分屠杀地点后，玛丽-玛德琳和罗德里格斯继续前往弗里堡监狱。罗德里格斯和其他许多人在这里接受了军事法庭的审判。在监狱的每一层，玛丽-玛德琳都能看到她的特工在墙上或桌子上潦草刻画的信息和图画。在监狱办公室里，罗德里格斯检查了囚犯登记簿上的一长列名单，并向玛丽-玛德琳介绍。在审判之后，联盟成员已被送往其他几所监狱，其中包括路德维希堡（Ludwigsburg）、布鲁赫萨尔和斯瓦本哈尔监狱。

1943 年 11 月，第一批涉及联盟特工的审判开始了。当时被判处死刑的特工大多来自多尔多涅和科雷兹地区，他们随后被转移到弗里堡东北部约 120 英里的路德维希堡。玛丽-玛德琳和罗德里格斯到达这里后，得知 15 名联盟特工于 1944 年 5 月 25 日在监狱外被处决。最后时刻与他们在一起的牧师说，当他们被押送至行刑地点时，他们大喊："天堂见！"

　　路德维希堡监狱的囚犯是唯一在死后立即得到妥善埋葬的人。坟墓上刻有被害者的名字，保存得很好，有几个坟墓上撒满了鲜花。其中一个坟墓属于蒂勒大教堂的神父查理斯·让·莱尔。1943 年春天，罗德里格斯从大教堂钟楼发送情报时，神父一直帮忙放哨。罗德里格斯找到莱尔的坟墓后，他跪下来祈祷，眼里含着泪水。

　　下一站是布鲁赫萨尔，玛丽-玛德琳表示这是她见过的"最可怕的监狱"，可能是因为这是费伊曾被囚禁过的地方。她被带到关押费伊的地下牢房，看到了绑在狭窄铁床脚上的脚镣。在她的请求下，她认识的一位自由法国将军已经取回了费伊藏在牢房取暖设备后留给她的遗言。

　　1944 年秋天，费伊被转移到斯瓦本哈尔监狱。他并不知道有 14 名联盟特工也被关押在布鲁赫萨尔监狱，他们中大多来自图卢兹和马赛。1944 年 4 月 1 日，这 14 名联盟特工被处决。在玛丽-玛德琳的要求下，他们的尸体被从原本的集体墓坑里挖了出来。所有人都能辨认，包括让·菲利普警长，他是图卢兹地区的情报负责人，以及年轻的演员罗伯特·林恩，他曾告诉玛丽-玛德琳他在联盟的工作将是他演员生涯中最重要的角色。

361

接着他们前往斯瓦本哈尔监狱。对罗德里格斯来说，这是一次特别痛苦的经历。他们一进监狱，玛丽-玛德琳担忧地看着他似乎又变回了原来的那个囚犯，脸色蜡黄，佝偻着腰，蹒跚地走着。在一名狱警的陪同下，他们爬上铁梯，来到 1944 年 8 月 20 日晚他被关押的牢房。这名狱警原本没有认出这位身穿英国制服的官员，直到他们走进牢房，罗德里格斯咆哮道："手铐在哪里？脚上的锁链呢？"

狱警认出了他的囚犯，顿时脸色煞白。当罗德里格斯询问他的其他伙伴发生了什么事时，这名狱警拿出了他们的行李箱让他和玛丽-玛德琳检查。这些行李箱磨损得都很严重，里面装满了血迹斑斑的内衣、破烂的钱包，折了角的照片和纸条。8 月的那个晚上，当特工们被从牢房中带走时，狱警只是被告知，他们将被转移到一个新的监狱，但他们的个人物品将留在斯瓦本哈尔监狱。

有 24 个人被用卡车转移到西边 25 英里处的海尔布隆（Heilbronn）的一个军营里，他们即将被处决。据一名听到他们忏悔的天主教牧师说，联盟特工互相拥抱，在前往行刑地点的路上，他们齐声高喊："法兰西万岁！"

他们中枪后被埋在附近的苹果园里。玛丽-玛德琳组织了尸体挖掘工作。对她来说，这是一种极其痛苦的场面，尤其是当她看到吕西安·普拉尔裹着她为他买的睡衣的尸体。

当这一项艰难的任务结束时，玛丽-玛德琳推断德国已处决了 438 名联盟成员，但其中一些人的尸体没有被找到。由于松嫩堡监狱位于战后被苏联占领的德国地区，并禁止前盟友进入，她和罗德里格斯没有被允许前往那里探寻莱昂·费伊的命运，但他们很快就知道了他的遭遇。

1945 年 1 月 30 日，在罗德里格斯被释放 15 天后，苏联军队从东部逼近松嫩堡。柏林发出命令，在苏联红军到达之前，将监狱里的所有囚犯处死。一支由 20 人组成的党卫军特别分队被派去执行死刑。

尽管几十名囚犯在看守的帮助下在混乱中成功逃脱，但仍有 800 多人未能幸免。那天晚上，党卫军刽子手将他们 10 人一组押送到监狱后面，他们被击中头部。屠杀持续了两个小时之后，囚犯的尸体被点燃焚烧。

几小时后，苏联红军到达松嫩堡，他们在被烧焦的堆积的尸体中只发现了 4 名幸存者。莱昂·费伊和罗伯特·弗农都没在其中。和其他数百名遇难者一样，他们烧焦的遗体被苏联人埋葬在两个集体墓穴中，费伊和弗农的遗体也从未被确认。 363

在玛丽-玛德琳的要求下，联盟特工的遗体被运回法国，并举行了葬礼。但她心爱的"鹰"，用她的话说，仍然是一个孤立的哨兵，守卫着战争前线。 364

后　记

1977 年，一个美丽的夏日午后，玛丽-玛德琳坐在于塞勒镇附近一片广阔草地的尽头，这里坐落在法国南部苍翠的山麓边。她的身边围着一大群人，他们从全国各地赶来庆祝，此时距离 1942 年 8 月盟军第一个拉山德航班返回英国已经 35 周年。

68 岁的玛丽-玛德琳因受关节炎折磨，手里拄着一根拐杖。现在她已经头发银白，脸上也有了岁月的痕迹，但还可以看出她名噪一时的美貌。前来庆祝的人中大多数在战争爆发时就认识她，毫无疑问，现在的她仍像当年一样果断、专一和具有传奇的组织能力。

当天的庆祝活动都是由她安排的，包括邀请一位瘦高个子、举止优雅、身着英国皇家空军蓝色制服的中年男子作为男伴，她紧紧抓着他的手臂。他就是彼得·沃恩·福勒。1943 年，20 岁的拉山德飞行员彼得·沃恩·福勒载着玛丽-玛德琳从巴黎附近的着陆点飞到了英国。玛丽-玛德琳对英俊男子的欣赏并没有随着年龄的增长而减少，她先前已经把他介绍给大家，说他是"我们英俊的英雄，彼得·沃恩·福勒"。这使他感到不好意思，但心里很开心。

她还安排了一架飞机重演月光下第一次空中接人的戏剧场面，飞机将很快就出现在于塞勒机场。不过这架飞机并不是拉山德小型飞机，战时的拉山德小型飞机目前只有一架还处于飞

365

行状态。要想让它从英国飞到法国，即使是玛丽-玛德琳也不可能获得飞行所需的官方许可。但她发现法国的布鲁萨德（Broussard）轻型运输机看起来非常像拉山德小型飞机，于是她说服法国官员当天准许她使用一架。

随着飞机预定出现的时间越来越近，玛丽-玛德琳、彼得·沃恩·福勒和其他人都眯起眼睛仰望着万里无云的天空。布鲁萨德轻型运输机就在那里，它突然从阳光中俯冲下来。飞机用灯光向机场地面一名男子发出了莫尔斯电码 M 的信号。这名男子是联盟的一名特工，曾在战时服役，他用手电筒灯光回应了字母 C 的信号。确认信号无误后，布鲁萨德轻型运输机的高度降低到周围松树以下，最后完美地降落在草地上。

从飞机驾驶舱下来的是另一个瘦高个子、身穿英国皇家空军制服的中年男子，他是休·维里提上校，在战争期间曾领导年轻勇敢的拉山德飞行员队伍。拥抱维里提之后，玛丽-玛德琳告诉大家，是维里提指挥了整个拉山德行动，光他自己战时就飞进飞出被占领的法国 20 余次。玛丽-玛德琳表示："无论如何，我们都活着看到了这一天。"

接着玛丽-玛德琳转过身来，把手交给了让·温赞特。这位木材和煤炭商人曾是联盟在于塞勒的领导者。当特工通过拉山德小型飞机前往英国或从英国返回时，他多次冒着生命危险为他们提供住处。1943 年，他还允许费迪南德·罗德里格斯和其他无线电接线员从他家的阁楼上传送消息，还差点因盖世太保突袭酿成灾难。多亏了他机敏的女仆玛丽，她在盖世太保发现之前就藏好了电台，温赞特才得以平安度过这个事件以及

366

战争的余下时间。

玛丽-玛德琳策划这个活动是为了纪念拉山德行动，它对联盟和英国都至关重要。这个活动也是为了庄严致敬联盟中死去的同胞。35 年前第一次乘坐拉山德小型飞机的特工是莱昂·费伊，他是联盟中最著名的殉道者。在费伊被捕和被处决之前，他曾 3 次乘拉山德小型飞机往返英国。

战争结束以后，缅怀费伊和其他受害者成为玛丽-玛德琳最重要的事情。1945 年 11 月 23 日，为了纪念逝去的同胞，巴黎圣心大教堂（Sacre Coeur Basilica）举行了一场庄严的安魂曲弥撒，数百名法国和英国的悼念者参加了活动。接下来的几个月里，玛丽-玛德琳致力于把在德国发现的联盟成员遗体带回法国，并以隆重的军礼进行了安葬。

1977 年 9 月的一天，玛丽-玛德琳和其他人在于塞勒广场（Ussel's town square）的遇难者纪念碑（Monument des Morts）前举行了仪式，再次纪念逝者。和法国各地其他战争纪念碑一样，这座纪念碑也是为了纪念在两次世界大战中阵亡的当地居民。武装仪仗队出场之后，法国前总理雅克·希拉克（Jacques Chirac）发表了简短的讲话，赞颂了联盟及其逝去的成员。在玛丽-玛德琳的带领下，人群高唱《游击队之歌》（Chant des Partisans），这是法国抵抗运动的非官方赞歌，歌词是这样开头的：

> 朋友，抬头看，
> 黑乌鸦在祖国上空飞翔；

朋友，可听见，

祖国在铁蹄下悲伤哭泣。

接着到了要为活着的人祝酒的时候了，这也是出自玛丽-玛德琳的提议。美国记者兼历史学家大卫·舍恩布伦（David Schoenbrun）也参加了这次活动，据他介绍，集会组织者将这个活动视为"一个庆祝和怀旧的周末，为逝者流泪，为幸存者欢呼"。

在遇难者纪念碑前的仪式结束后，约有100人去当地的一家小旅馆吃了一顿丰盛的午餐，有香肠、火腿、土豆、沙拉和一种叫"*potée Limou-sine*"的当地特色咸菜，再配上几瓶当地的红酒，大家吃得津津有味。这正是莱昂·费伊在布鲁赫萨尔遗嘱中提到的，他敦促联盟伙伴"为我们不幸的国家服务，让它再次享受和平、幸福、歌曲、鲜花和种满鲜花的旅馆"。

这些共进午餐的人分别是从巴黎、马赛、布列塔尼、尼斯、里昂、波尔多、诺曼底、图卢兹等地赶到于塞勒的。他们中有汽车修理工、水管工，还有教师、贵族、商人和官僚等。旅馆外面，一辆来自巴黎的劳斯莱斯银云（Rolls-Royce Silver Cloud）停在一辆来自里昂的雷诺2CV（Renault 2CV）旁边。穿着姬龙雪（Guy Laroche）毛衣的男人和穿着香奈儿（Chanel）套装的女人，与穿着牛仔服和棉布裙的战时同事热情洋溢地互致问候。自战争爆发以来，许多人彼此都没有见过面。他们很多人都是第一次见面，但这些并不重要：作为联盟中的一员，他们曾经是也将永远是同一个紧密联系的大家庭中的一员。正如玛丽-玛德琳在她的回忆录中提到的："当国家面临威胁，国人紧紧团结在一起。人们接纳彼此，一起前进。只有被俘或死亡才能将他们分离。"

整个周末，大家都在关心彼此自战争结束以来一直在做的事情。很大一部分前军官已返回法国军队，比如埃朗·德伊斯纳尔。20世纪40年代末，他重新加入空军，在法国驻土耳其大使馆担任武官。退役后，他成为一家美国石油公司巴黎分公司的总裁。但飞行仍是他最大的爱好，他在空军预备役中待了很多年。他经常驾驶一架P-47雷霆式战斗机在普罗旺斯自己家族的城堡上低飞，借以取悦他的6个孩子。他的长子夏尔-埃朗（Charles-Helen）回忆说，那是一架"声音非常大的强大的美国战斗机"①。

费迪南德·罗德里格斯也重新服兵役，但这是在他参与逮捕了让·保罗·利恩之后。利恩曾是联盟特工，也是盖世太保的线人。他背叛了罗德里格斯、费伊和其他100多名联盟特工。1945年春天的一个晚上，罗德里格斯正要离开联盟的巴黎总部，另一名特工从街上跑到他跟前。他抓着罗德里格斯的胳膊，匆匆带他去了附近一家很受欢迎的酒吧。利恩正坐在酒吧角落的凳子上喝酒。罗德里格斯轻声示意让同事去通知警察，他自己则守在酒吧门口，以防叛徒试图逃跑。几分钟后，两名便衣警察赶到了。他们抓住利恩，给他铐上了手铐，把他带走了。罗德里格斯写道："我控制住了扇他耳光的冲动，而

---

① 引自对夏尔-埃朗·德伊斯纳尔的采访内容。

是用凶狠的眼神盯着他，这让我很解恨。我和利恩都没说话。为了方便警察的逮捕行动，我为他们打开了门。"利恩被带到索萨街的警察总部，1943 年罗德里格斯也被盖世太保送进了这座大楼。利恩后来受到审判、定罪，并被行刑队处决。

　　几个月后，这位联盟无线电台前负责人参加了另一个重大活动，这一次充满了喜悦。1945 年 7 月 28 日，29 岁的罗德里格斯与 25 岁的莫妮克·邦廷克在巴黎圣克洛蒂尔德大教堂（the Basilica of Saint Clotilde）举行了婚礼。众多宾客中，玛丽-玛德琳写道，这对夫妇"为我们指明了希望之路"。

费迪南德·罗德里格斯与莫妮克·邦廷克的婚礼

　　婚礼后不久，罗德里格斯被英军派往印度，在当今的越南和柬埔寨担任法国军队的情报联络官。他抵达东南亚后，遇到了另一位联盟同事——神气活现的让·圣特尼。

　　第二次世界大战后不久，戴高乐临时政府迅速指派圣特尼

前往印度，试图重建法国对其战前殖民地的控制。20 世纪 30
年代，圣特尼曾在印度做生意。1946 年，他与战时印度支那
独立力量领导人胡志明（Ho Chi Minh）达成协议，将该地区
的管理权交给法国。但这段脆弱的关系很快就破裂了，胡志明
和他的革命军对法国军队发动了游击战。1954 年日内瓦协议
将印度一分为二时，圣特尼被任命为法国驻越南民主共和国
特使。

　　在越南连续多年的动荡和冲突中，包括后来美国干涉越南
事务，圣特尼始终与胡志明政府保持着良好的关系。20 世纪
60 年代后期至 70 年代早期，圣特尼曾作为尼克松政府和越南
民主共和国领导者谈判的调解者，最终促成了两国之间的秘密
谈判，从而结束了越南战争。

　　1946 年，费迪南德·罗德里格斯回到法国，开始过上平民
的生活。为了纪念他在联盟情报网的工作，在他从部队退役之
前，被召到伦敦，并被授予了殊功勋章（the Distinguished
Conduct Medal）。这是英国最古老的英勇勋章，以奖励最勇敢
的行为。国王乔治六世（King George VI）在白金汉宫亲自将
勋章授予罗德里格斯。

　　不久之后，他与另一位联盟领导者保罗·伯纳德有了联
系。伯纳德接替玛丽-玛德琳成为联盟的领导者。1944 年 3
月，伯纳德被捕。他与罗德里格斯一样，得以奇迹般地从恐怖
的德国监狱中活了下来。1944 年秋天，罗德里格斯在克尔的
监狱短暂地瞥见了伯纳德。1944 年 11 月 23 日，伯纳德没有
被带到莱茵河，也没有被朱利斯·格鲁姆及其手下射杀。在大

屠杀开始的两天前，他已经被转移到柏林的莫阿比特（Moabit）监狱接受审讯。1945 年 4 月，他被进攻德国首都的苏联红军解救。

在监狱里的漫漫长夜里，伯纳德总梦到飞行，这使他精神振奋。于是他下定决心，如果他能活下来，就要创办一家航空公司。他真的做到了。1946 年，他创立了洲际航空公司 TAI，并成为法国领先的航空公司之一，专门经营飞往非洲、亚洲、塔希提岛（Tahiti）和太平洋上的其他法属岛屿的航线。

罗德里格斯是一名受过专业培训的会计师，他后来成为 TAI 的首席财务官。后来，他还在一家地区性航空公司——非洲航空公司（Air Afrique）担任同样的职务，这家公司主要经营非洲境内的航线。于塞勒重聚的 4 年后，他从法航高管的职位上退休。

1990 年，74 岁的费迪南德·罗德里格斯成为一位法国公民。9 年后，他去世了。

战争结束后不久，3 位幸存的联盟领导者——保罗·伯纳德、玛丽-玛德琳和纳瓦尔在巴黎会面。当玛丽-玛德琳问另外两人关于未来的计划时，纳瓦尔说他打算从政，伯纳德提到了要创办一家航空公司的梦想。当他们向玛丽-玛德琳提出同样的问题时，她回答说，作为联盟的领导者，她的使命仍然是她心中最重要的。玛丽-玛德琳表示，他们两位已经为抵抗运动尽了全力，是时候让他们以及情报网的其他幸存者继续自己的生活了。但她觉得她对联盟的使命还没有完成。

371

战后的玛丽-玛德琳、费迪南德·罗德里格斯与保罗·伯纳德

和伯纳德一样，纳瓦尔也实现了他的梦想。尽管他从未从1940年所受的创伤中完全恢复过来，也从未从毛特豪森集中营的遭遇中恢复过来，不屈不挠的纳瓦尔总是被政治争议吸引，投身于法国政治。1951年6月，他以独立议员身份被选为法国参议院（France's Chamber of Deputies）议员。1955年2月，他被提升为法国陆军准将。8天后，他死于巴黎，享年60岁。

372　　而玛丽-玛德琳，她一方面设法维持联盟的运转，同时也开始了自己的新生活。1946年，她与长期不和的丈夫爱德华·让·梅里克离婚了。1947年，她嫁给了出身名门的年轻巴黎商人于贝尔·弗尔卡德（Hubert Fourcade）。战时他们第一次见面时，玛丽-玛德琳试图招募于贝尔·弗尔卡德进入联盟。但他去了伦敦，加入了戴高乐的自由法国军队。据玛丽-玛德琳的传记作者米歇尔·康特说，于贝尔·弗尔卡德没有像她第一任丈夫那样试图限制她的自由，"他没有私心和个人野心，一心只想着她，他永远不会成为控制者或对手"。

1949 年，玛丽-玛德琳生下了她最后一个孩子佩内洛普。佩内洛普·弗尔卡德-弗蕾西内（Pénélope Fourcade-Fraissinet）回忆说："我的母亲深爱她的孩子，但她不太善于表达，也不属于很深情的人。"她补充道："她不是大家所说的那种母亲……她很忙，我们不常见到她。"① 她的父亲成了父母之爱的主要来源。

20 世纪 50 年代末，玛丽-玛德琳开始深入参与法国政治，她在战争期间是坚决避免参与政治的。她的丈夫从战争初期就一直是戴高乐将军的坚定支持者。1946 年初，戴高乐突然辞去法国临时政府领导人的职务，因为他对反对他政策的人感到非常失望。玛丽-玛德琳的丈夫此时仍坚定地支持戴高乐将军，她也支持这位将军。1958 年，为了让戴高乐重新掌权，弗尔卡德夫妇成功地领导了相关活动。后来，玛丽-玛德琳成为欧洲议会的一员，她的时间分别花在布鲁塞尔、斯特拉斯堡、巴黎奥赛码头（Quai d'Orsay）的雅致公寓，以及卡马尔格（Camargue）的乡村别墅里。卡马尔格位于普罗旺斯，是一个美丽的地方，这里有盐沼和海滩。

---

① 引自对佩内洛普·弗尔卡德-弗蕾西内的采访内容。

　　与此同时，战时活动仍然是玛丽－玛德琳生活的重心。在她看来，战时和她一起工作的人，就像她的丈夫和孩子一样，都是她家庭的一部分。1945 年 5 月，她成为联盟情报网的清算官，被要求证明联盟的 3000 名特工是参与了抵抗运动的真实成员，这将允许他们享受政府养老、医疗和一些其他福利待遇以及获得官方荣誉。她还要为那些被德国处决了的特工的家属争取援助。许多失去丈夫的妇女都没有工作，她们处于严重的经济困难中，没有钱给孩子提供吃、穿和教育。为他们提供足够的帮助成为一项日益艰巨的任务，因为这个国家急于忘记战争，忘掉所有的痛苦和内部矛盾，继续前进。尽管如此，玛丽－玛德琳还是不停地向政府施压，要求他们提供援助。20 世纪 70 年代末，大卫·舍恩布伦写道，"玛丽－玛德琳曾是纳粹的眼中钉，后来的 30 多年她成为法国官员心中的讨厌鬼"。她冲进巴黎各部的走廊或是办公室，为联盟特工寻求一切可能的福利。她还从私人那里募集资金，其中包括菲利普·柯尼希斯瓦特的父母，他们捐了一大笔钱来帮助像他儿子一样被杀害的联盟特工的遗孀和遗孤。此外，她个人还拿出了相当大的一笔钱用于各种福利项目：为失踪特工的孩子们建立一个夏令营；为一个家庭提供过冬衣物；为死去的特工的儿子提供来巴黎学习的住所，帮他们寻找房子，并支付租金。

　　玛丽－玛德琳还与联盟幸存者保持着密切的联系。据佩内洛普·弗尔卡德-弗蕾西内回忆，她母亲几乎每个月都要举办一次联盟特工聚会。"即使他们不住在巴黎，他们也会回来相聚。大家都保持联系。他们余生里都是好朋友。"①

在这些人中，玛丽－玛德琳最亲密的朋友是费迪南德·罗德里格斯和他的妻子邦廷克、埃朗·德伊斯纳尔和玛丽－索朗吉·德伊斯纳尔。玛丽－玛德琳是帕特里克·罗德里格斯－雷明顿（Patrick Rodriguez-Redington）的教母，帕特里克是罗德里格斯和邦廷克 3 个孩子中的第一个孩子。玛丽－玛德琳也是夏尔－埃朗·德伊斯纳尔的教母。玛丽－玛德琳从普罗旺斯艾克斯市的监狱越狱时，玛丽－索朗吉当时还正怀着夏尔。玛丽－玛德琳还是科林·科恩（Colin Cohen）的教母，科林是科恩夫妇的儿子，出生于 1945 年的夏天。

玛丽－玛德琳的孩子与科林·科恩、罗德里格斯和德伊斯纳尔的孩子们都保持着非常亲密的关系。小时候，他们一起过 374 周末和假期。直到今天，正如夏尔－埃朗·德伊斯纳尔所说，他们一直保持着"非凡的团队精神"②。

虽然玛丽－玛德琳无比珍视这些情谊，也很满意战后她自己的生活，但她的心仍有一部分留在过去。她很少谈论自己的战时经历，但偶尔会向女儿佩内洛普提起莱昂·费伊。佩内洛普后来意识到"他显然对她非常重要"。玛丽－玛德琳写战时回忆录时，她的女儿有时会发现她在流泪。

1989 年 7 月 20 日，玛丽－玛德琳去世，享年 79 岁。她是第一位在荣军院（Les Invalides）举行葬礼的女性。荣军院位

---

① 引自对佩内洛普·弗尔卡德－弗蕾西内的采访内容。

② 引自对夏尔－埃朗·德伊斯纳尔的采访内容。

于巴黎，是一片纪念法国军事荣誉的宏伟建筑群。拿破仑·波拿巴（Napoleon Bonaparte）和其他几十位著名的法国军事英雄都葬在荣军院。

巴黎荣军院

在举行葬礼的那天早晨，玛丽-玛德琳的遗体受到了共和国卫队的迎接，他们只在重要国事场合担任仪仗队，随后由士兵抬进圣·路易荣军院大教堂。在数百名哀悼者中，有法国前总理雅克·希拉克和法国时任外交部长罗兰·杜马（Roland Dumas）。杜马曾是一名抵抗运动者，说服法国时任总统弗朗索瓦·密特朗（François Mitterrand）授予玛丽-玛德琳这一象征性荣誉。

　　这是对法国抵抗运动贵夫人的体面告别。然而，在接下来的几年里，玛丽-玛德琳和她的成就开始淡出人们的视野。尽管她的葬礼相当隆重，但作为战时抵抗运动中最重要的领导者之一，她从未得到应有的尊重。而联盟作为法国最大、最重要的盟军情报网，也没有得到应有的荣誉。法国政治的多变在这些疏漏中起到了重要作用，玛丽-玛德琳的性别也是原因之一。

在法国，个体抵抗者或团体被纪念的方式，在很大程度上取决于他们在战前和战争期间与其他抵抗者的关系。可见，与戴高乐及其支持者保持良好关系尤为重要，因为至少在战后的头几十年里，他们主导了这场战争以及法国对战争的反应。法国共产党也在其中发挥了关键作用，它是抵抗运动的一支主要力量，在战争结束后成为该国占优势的政党。

戴高乐主义者和共产主义者在很多问题上没有达成一致，但在一件事上他们是一致的：与贝当或维希政府有关系的人都不会因为反抗纳粹而受到赞扬。历史学家沃雷特利·迪肯（Valerie Deacon）写道："多年来，无论是对学者还是普通大众来说，很难想象一个右翼人士会是抵抗者。"因为大量与维希政权有联系的早期抵抗者都被从历史上抹掉了。

卢斯托诺-拉科，还有稍逊一些的玛丽-玛德琳都在其中。纳瓦尔在政治上是右翼，也曾是贝当的助手，并在维希建立了自己羽翼未丰的情报网。他也树敌众多，其中最著名的就是戴高乐。这两个人的恶意竞争可以追溯到几十年前他们在圣西尔军校的日子。从认识的第一天起，他们就无法忍受对方。

法国共产党是纳瓦尔的另一个宿敌。它们没有忘记纳瓦尔在 20 世纪 30 年代的反共运动。1945 年 10 月举行的新国民议会选举中，共产党获得了最多的选票，占比 26%。他们利用新的政治权力对纳瓦尔这样的敌人进行报复。

376

在战争结束之前，共产主义者和戴高乐支持者甚至质疑联盟及其领导者的战争记录。1945 年的一份警方报告坚称，纳瓦尔在组建联盟时，只是"从右翼人士、极端政党或组织中招募了成员"。报告中接着指责说，该情报网"只能被认为是一个只效力于贝当政府的秘密宣传和情报机构"。显然，这两项指控都不成立。正如玛丽-玛德琳所指出的，联盟特工代表了社会的所有阶层和所有政治派系，包括共产主义者。

在法国共产党的煽动下，1947 年纳瓦尔因战前右翼政治活动而被起诉，他在监狱里待了 6 个月才被释放。1951 年他当选为国民议会议员时，还经常受到共产党代表的侵扰，被指控曾与纳粹共事。以色列历史学家西蒙·爱普斯坦（Simon Epstein）在他的著作《法国矛盾》（A French Paradox）一书中指出，1941 年 6 月德国入侵苏联之前，侵扰纳瓦尔的许多共产主义者实际上都没有在法国参与反抗纳粹活动，而纳瓦尔当时已经开始他的抵抗工作很久了。

虽然玛丽-玛德琳没有遭遇纳瓦尔受到的这些报复，但她在战争期间拒绝打击戴高乐的对手和批判者，这些无疑会对她和联盟不利。戴高乐将军在 1940 年曾对纳瓦尔说："不支持我的人就是反对我的人。"这也表明了他对纳瓦尔副手的态度。令戴高乐和他手下尤其不满的是，玛丽-玛德琳和联盟坚持与英国保持联系，不同意直接为自由法国工作，这种情况一直持续到战争快结束的时候。联盟的另一个污点是，它曾帮助戴高乐的头号对手亨利·吉罗将军逃离法国，尽管玛丽-玛德琳最初并不知道逃离背后的原因。

1958 年，玛丽-玛德琳支持戴高乐重掌政权。部分得益于此，在她去世时她的政治资本已经有了很大改善，所以才能在荣军院举行引人注目的葬礼。但玛丽-玛德琳仍然有一个最大的障碍——她的女性身份。

1940 年 11 月，戴高乐设立了解放勋章（Compagnons de la Libération），授予二战期间争取法国解放的英雄。战争结束时，共有 1038 人被授予了这项荣誉，其中 1032 人是男性。

被授予荣誉的男性中，有 3 位是联盟成员，他们是亨利·舍雷尔、让·圣特尼和乔治·拉马克。同样被选中的还有玛丽-玛德琳的前夫爱德华·让·梅里克。他是自由法国的军官，1944 年 8 月，盟军在法国南部登陆时他指挥了一个团，并在马赛附近俘获了 1200 多名德国人。

其他人还包括各种抵抗运动和情报网的领导者。"战斗"抵抗组织的领导者亨利·弗里内就是其中之一。另一位是吉尔伯特·雷诺，他是圣母兄弟会的领导者。圣母兄弟会是一个法国情报网，在规模、广度和重要性上仅次于联盟。

然而联盟领导者却不是获此殊荣的 6 位女性之一。这 6 位女性大多是与戴高乐结盟的男性领袖的伴侣。只有一位女性，伯蒂·阿尔布雷希特（Bertie Albrecht）在战争中发挥了领导作用，在"战斗"组织中担任亨利·弗里内的副手和参谋。这位唯一的女性实际上也是抵抗运动的领袖，她在情报方面的成就是无与伦比的，配得上这一荣誉。

玛丽-玛德琳未被授予勋章，战争期间，她的女性战友也特别少，这反映出在自由法国和大多数抵抗运动领导者中的性别歧视。在他们看来，男人打仗、女人待在家里是合理的。历史学家亨利·诺格雷斯（Henri Noguères）指出："基于性别不平等的歧视观念在抵抗运动中和法国其他地方都根深蒂固。"诺格雷斯自己也是一个抵抗者。

378

男人还在犹豫着要不要让女性加入抵抗运动，实际上已经有成千上万的法国妇女冒着生命危险对抗德国，有人因此最终失去了生命。她们并没有在抵抗组织中担任领导职务。诺格雷斯回忆说："就像一些公司只招募女性人员担任接线员或前台接待一样，妇女也加入了抵抗运动，她们主要担任信使和联络员。"虽然这些工作可只是协助性的，但实际上也是非常重要和危险的。

许多女性抵抗者敏锐地意识到社会对女性行为的要求，她们在战争期间和战后都极力贬低自己的战时成就。与男性抵抗者不同，她们既不要求功劳，也不要求报酬。正如历史学家罗伯特·吉尔迪亚（Robert Gildea）所指出的那样，"战后，在抵抗运动中表现最差的人往往吹得最多，而表现最好的人往往说得最少"。吉尔迪亚还补充说，女性"尤其谦虚"。

玛丽-玛德琳也对自己战时的所作所为轻描淡写，她在战后接受采访时把自己描述为"一名军官的妻子，一个家庭的母亲，不属于任何政党，是一个天主教徒"。正如她的传记作者米歇尔·康特指出的那样，这是"一位在法国领导过庞大且重要的抵抗情报网的女性，对自己相当谦逊且进行了带有误导性的描述"。这些描述没有提到她在战前、战时和战后作为一个女人的独特之处,她打破了当代人对女性的歧视。但是这些描述反映了她的行为和当时社会期待之间的背离。

类似的沉默也出现在珍妮·鲁索身上,她关于 V-1 导弹和 V-2 火箭的报告是战争中最伟大的情报之一。她也没被授予解放勋章,不过她和玛丽-玛德琳一样获得了一些分量较轻的荣誉——抵抗勋章、十字勋章和法国荣誉军团勋章。

379

战争结束后,鲁索对自己的功绩也保持沉默,并逐渐消失在历史的视野中。1993 年,二战结束近 50 年后,美国中央情报局表彰她"在第二次世界大战期间为盟军做出的英雄般的重大贡献"。在中央情报局总部举行的一个仪式上,局长詹姆斯·伍尔西(James Woolsey)指出,她关于恐怖武器的报告扰乱了这些武器的制造和测试,最终"拯救了西方成千上万人的生命"。不久后,《华盛顿邮报》上刊登了一篇关于鲁索及其事迹的长篇简介。这是她第一次受到公众的关注。

二战后的几十年里,法国抵抗运动的历史几乎都是由男性撰写的,在很大程度上忽视了女性的贡献。现在已经不再是这样了,关于这个问题的论述,大都提到了女性,但一直低估了女性参与的程度和重要性。用一位历史学家的话来说,"本质上是男性故事中的一个无名的背景元素"。

近几十年来,有很多书论述了法国女性在战争时期方方面面的经历,但仍倾向于回避凸显非典型的女性的贡献,比如玛丽-玛德琳。她作为一个军事情报网的领导者，不同于大多数女性抵抗者。

380　　　　缺乏关注并没有让玛丽-玛德琳感到烦恼。在她看来，她情报网中的数千名特工才是应该被记住的人，她努力让别人记住他们。她在回忆录中写道："岁月流逝，我的朋友们去世了，但他们的精神长存。我希望他们不会被历史遗忘，他们心中燃烧的火焰能被我们感受到。"

　　　　这些普通人其实并没想过要成为英雄，但是他们付出的一点都不比被授予解放勋章的 1038 个人少，有的人甚至付出的更多。尽管他们来自各行各业，有着不同的政治背景，但他们同是法国人，这一共同点战胜了所有差异。他们拒绝沉默，坚定地反对破坏自由和人类尊严的行径。他们和其他抵抗组织成员一起，拯救了法国的灵魂和荣誉。

　　　　同样重要的是，他们为我们树立了榜样：不管是在当下还是未来，当普通人的基本人权受到威胁时，我们应该怎么做。正如珍妮·鲁索在战争结束多年后指出的那样："抵抗是一种
381　精神状态。我们可以在任何时候进行实践。"

致　谢

　　有一条主线将我写的 8 本书联系在一起。这些书都是关注无名英雄的，这些充满勇气和良知的人改变了他们的国家和世界，但由于各种原因，他们没能名垂青史。这些书中有 7 本是关于战争的，特别是第二次世界大战，所以我所关注的大多数英雄人物都是男性也就不足为奇了，只有《弗尔卡德夫人的秘密战争：抵抗希特勒的法国间谍战》这本书是个例外。

　　为了完成我的新书《最后的希望岛》（*Last HopeIsland*），我对法国抵抗运动进行了研究，从中我第一次知道了玛丽-玛德琳。不过我当时查阅的书籍和期刊中，只有零星记录提到了她。这位当时有两个孩子的年轻母亲、法国抵抗运动主要情报网中唯一的女性领导者，我了解很少，但我想了解更多。当我深入挖掘玛丽-玛德琳和联盟的故事时，我发现比我想象的要丰富得多。我很难想象她在美国竟然鲜为人知，于是我决定弥补这一不足。

　　我最重要的资料来源是玛丽-玛德琳自己的战时回忆录。这部书充满人性，以微小的细节描述了反抗纳粹侵略者的成就感和喜悦，还有担忧和恐惧。回忆录的英译本《挪亚方舟》（*Noah's Ark*）于 1974 年在美国出版。最初的法语版出版于 1968 年。

　　让·布特龙和费迪南德·罗德里格斯撰写的回忆录也很有

383

帮助，他们是玛丽-玛德琳的两位高级副手。罗德里格斯的回忆录重点讲述了他在盖世太保监狱里地狱般的生活。这是我读过的关于第二次世界大战最令人心寒、感动和心碎的书之一。

我还从历史学家米歇尔·康特为玛丽-玛德琳撰写的传记，以及美国历史学家沃雷特利·迪肯关于玛丽-玛德琳、卢斯托诺-拉科和其他法国右翼人士战时活动的著作中，学到了很多东西。

我衷心感谢玛丽-玛德琳的女儿佩内洛普·弗尔卡德-弗蕾西内；罗德里格斯的儿子和女儿，帕特里克·罗德里格斯·雷明顿和伊丽莎白·珀内特（Elizabeth Pernet）；埃朗·德伊斯纳尔的儿子夏尔-埃朗·德伊斯纳尔，埃朗·德伊斯纳尔是联盟中的另一位关键人物。他们慷慨地与我分享他们对父母以及其他联盟成员的记忆和见解，并向我提供了几份之前未发表的关于联盟活动的报告，这对我把他们这些令人惊叹的人物写到书本里至关重要。

为了写这本书，我也经历了很多，现在立刻浮现在我脑海中的是夏尔-埃朗·德伊斯纳尔和他的妻子西尔维（Sylvie）在巴黎一个雅致的公寓里举办的一次鸡尾酒会。其他宾客包括佩内洛普·弗尔卡德-弗蕾西内和她的丈夫、德伊斯纳尔的5个兄弟姐妹和他们的配偶，他们都是从法国各地赶来的。他们热情欢迎我和我的朋友兼同事多利·登比-劳伦特（Dorie Denbigh-Laurent），这反映出他们对自己的父母以及他们在战争期间取得的非凡成就感到无比骄傲。

说到睿智而美丽的多利·登比-劳伦特，我也要特别感谢她。我不仅要感谢她帮我翻译，还要感谢她在法语方面提供的专业指导和建议。没有她，我不可能完成这本书。

我还要感谢西尔维娅·布里杜·查宾·史密斯（Sylvia Bridou Chapin Smith）（玛丽-玛德琳的弟媳）的儿子汤姆·查宾（Tom Chapin），是他让我得以阅读他母亲未出版的根据真人真事写成的小说，这本书讲述了她和玛丽-玛德琳一家在战争期间的经历。

也要感谢那些研究法国抵抗运动、维希法国政府和军情六处的历史学家，他们的研究让我在写这本书和其他关于第二次世界大战的书时受益匪浅。我要特别列出的有福特（M. R. D. Foot）、罗伯特·帕克斯顿、朱利安·杰克逊、凯斯·杰夫（Keith Jeffery）、西蒙·基特森（Simon Kitson）、H. R. 肯沃德（H. R. Kedward）、道格拉斯·波齐（Douglas Porch）、罗伯特和伊莎贝尔·图姆夫妇（Robert and Isabelle Tombs）以及大卫·舍恩布伦。

巴黎的法国国家档案馆和万塞讷（Vincennes）的法国国防部档案馆也为我提供了帮助，这两个档案馆都有关于联盟及其成员的大量资料（大部分可以在网上找到）。这些记录包括莱昂·费伊的生活记录，以及他被盖世太保逮捕、从福煦大街84号越狱失败以及在德国噩梦般囚禁经历的记录。

联盟之友协会（Association of Friends of Alliance）是属于联盟成员及其家人的组织，由玛丽-玛德琳在战后成立。该组织还编辑了一份关于联盟历史的文件，其中包括一份令人心酸的长篇报告，以纪念被德国人杀害的联盟特工。

　　我要感谢朱莉·萨默斯（Julie Summers），她写过几部以二战时期的英国为背景的精彩历史书，包括《果酱大师》（*Jambusters*）和《不速之客》（*Our Uninvited Guests*）。她在很多事情上都给予我帮助，包括帮我联系上了才华横溢的年轻的英国研究员和历史学家弗洛伦斯·史密斯（Florence Smith）。弗洛伦斯热心地帮我在牛津大学博德利图书馆（Bodleian Library）找到了英国外交官帕特里克·赖利未出版的回忆录。

　　伦敦帝国战争博物馆里出色的口述历史收藏也是非常有用的，尤其是休·维里提和芭芭拉·伯特伦的口述史，他们在英国皇家空军的拉山德行动中扮演了重要角色，负责在法国和英国之间运送玛丽-玛德琳和其他法国情报人员。

385　　写这本书是我写作生涯中最令人满意和愉快的经历之一，这在很大程度上要归功于我出色的编辑苏珊娜·波特（Susanna Porter）和兰登书屋（Random House）其他成员的鼓励和指导。我也非常幸运能让无与伦比的盖尔·罗斯（Gail Ross）作为我的经纪人和朋友，我们的关系已经蓬勃发展了20多年。

　　最重要的是，我必须感谢我一生的挚爱——我的丈夫斯386　坦·克劳德，还有我们的女儿卡莉。你们是我的一切。

参 考 文 献

档案资料

Archives of the French Ministry of Defense (*Service Historique de la Défense*), Vincennes. *Gestapo Files on Alliance Network (subseries GR 28P 3)*

Bodleian Library, Oxford. *Patrick Reilly, unpublished memoirs*

Imperial War Museum, London. *Oral histories of Hugh Verity and Barbara Bertram*

International Spy Museum Archive, Washington, D.C. *Jeannie Rousseau video interview with David Ignatius*

National Archives of France (*Archives Nationales de France*), Paris. *Reseau Alliance, 72AJ/35, Dossier No. 8*

专著

Aid, Matthew M., and Cees Wiebes, eds. *Secrets of Signals Intelligence During the Cold War and Beyond*. Abingdon, U.K.: Routledge, 2001.

Ambrose, Stephen E. *D-Day: June 6, 1944: The Climactic Battle of World War II*. New York: Simon & Schuster, 1995.

Atkin, Nicholas, and Frank Tallet, eds. *The Right in France: From Revolution to Le Pen*. London: I. B. Tauris, 2003.

Bannalec, Jean-Luc. *Death in Brittany*. New York: Minotaur Books, 2014.

Bartos, Adam, and Colin MacCabe. *Remembering Chris Marker*. New York: OR Books, 2017.

Basu, Shrabani. *Spy Princess: The Life of Noor Inayat Khan*. Amherst, MA: Omega Publications, 2007.

Beevor, Antony, and Artemis Cooper. *Paris After the Liberation 1944–1949*. New York: Penguin, 2004.

Bertram, Anthony, and Barbara Bertram (ed. Jerome Bertram). *The Secret of Bignor Manor*. Lulu Press, 2014.

Bertram, Barbara. *French Resistance in Sussex*. Pulborough, UK: Barnworks Publishing, 1996.

Bodson, Hermann. *Downed Allied Airmen and Evasion of Capture: The Role of Local Resistance Networks in World War II*. Jefferson, NC: McFarland, 2005.

Boutron, Jean. *De Mers-el-Kébir à Londres 1940–1944*. Paris: Plon, 1980.

Brown, Anthony Cave. *"C": The Secret Life of Sir Stewart Graham Menzies*. New York: Macmillan, 1987.

Churchill, Winston S. *Closing the Ring*. Boston: Houghton Mifflin, 1951.

———. *Triumph and Tragedy*. Boston: Houghton Mifflin, 1953.

Clifford, Nicholas R. *Spoilt Children of Empire: Westerners in Shanghai and the Chinese Revolution of the 1920s*. Middlebury, VT: Middlebury College Press, 1991.

Cloud, Stanley, and Lynne Olson. *The Murrow Boys: Pioneers on the Front Lines of Broadcast Journalism*. Boston: Mariner Books, 1996.

Cobb, Matthew. *Eleven Days in August: The Liberation of Paris in 1944*. London: Simon & Schuster UK, 2014.

———. *The Resistance: The French Fight Against the Nazis*. London: Pocket Books, 2010.

Cointet, Michèle. *Marie-Madeleine Fourcade: Un Chef de la Résistance*. Paris: Perrin, 2006.

Deacon, Valerie. *The Extreme Right in the French Resistance: Members of the Cagoules and Corvignolles in the Second World War*. Baton Rouge: LSU Press, 2016.

D'Este, Carlo. *Patton: A Genius for War*. New York: Harper Perennial, 1996.

Dimbleby, Jonathan. *The Battle of the Atlantic: How the Allies Won the War*. Oxford: Oxford University Press, 2016.

Fabius, Odette. *Un Lever de Soleil sur le Mecklenbourg: Mémoires*. Paris: Albin Michel, 1986.

Foot, M.R.D. *Six Faces of Courage*. London: Eyre Methuen, 1978.

———. *SOE in France: An Account of the British Special Operations Executive in France 1940–1944*. London: HMSO, 1966.

——— and J. L. Langley. *MI9: Escape and Evasion 1939–1945*. London: Biteback Publishing, 2011.

Fourcade, Marie-Madeleine. *L'Arche de Noé*. Paris: Fayard, 1968.

———. *Noah's Ark: A Memoir of Struggle and Resistance*. New York: Dutton, 1974.

Frenay, Henri. *The Night Will End*. New York: McGraw-Hill, 1976.

Fuller, Jean Overton. *The German Penetration of SOE: France 1941–1944*. Maidstone, UK: George Mann Books, 1996.

Gallery, Daniel V. *U-505*. San Francisco: Lucknow Books, 2016.

Gildea, Robert. *Fighters in the Shadows: A New History of the French Resistance*. Cambridge, MA: Belknap Press of Harvard University Press, 2015.

Glass, Charles. *Americans in Paris: Life and Death Under Nazi Occupation*. New York: Penguin, 2009.

Grescoe, Taras. *Shanghai Grand: Forbidden Love, Intrigue, and Decadence in Old China*. New York: Picador, 2017.

Guéhenno, Jean. *Diary of the Dark Years 1940–1944*. Oxford: Oxford University Press, 2014.

Harrison, Edward. *The Young Kim Philby: Soviet Spy and British Intelligence Officer*. Liverpool: Liverpool University Press, 2012.

Hastings, Max. *The Secret War: Spies, Codes and Guerrillas 1939–1945*. London: William Collins, 2015.

Helm, Sarah. *A Life in Secrets: Vera Atkins and the Missing Agents of World War II*. New York: Anchor, 2007.

Irving, David. *The Mare's Nest*. London: William Kimber, 1964.

———. *The War Between the Generals: Inside the Allied High Command*. New York: Congdon and Lattes, 1981.

Jackson, Julian. *France: The Dark Years 1940–1944*. Oxford: Oxford University Press, 2001.

Jeffery, Keith. *The Secret History of MI6*. New York: Penguin Press, 2010.

Jones, R. V. *Most Secret War*. Ware, UK: Wordsworth Editions, 1998.

Kaplan, Philip. *Grey Wolves: U-Boat War 1939–1945*. New York: Skyhorse Publishing, 2014.

Kedward, H. R. *Resistance in Vichy France*. Oxford: Oxford University Press, 1978.

Keene, Tom. *Cloak of Enemies: Churchill's SOE, Enemies at Home and the Cockleshell Heroes*. Staplehurst, UK: Spellmount, 2012.

Kershaw, Alex. *Avenue of Spies: A True Story of Terror, Espionage, and One American Family's Heroic Resistance in Nazi-Occupied Paris*. New York: Broadway Books, 2015.

Kitson, Simon. *The Hunt for Nazi Spies: Fighting Espionage in Vichy France*. Chicago: University of Chicago Press, 2007.

———. *Police and Politics in Marseille, 1936–1945*. Leiden, Netherlands: Brill, 2014.

Lacouture, Jean. *De Gaulle: The Rebel, 1890–1944*. New York: W. W. Norton, 1990.

Langley, J. M. *Fight Another Day*. Barnsley, UK: Pen and Sword, 2013.

Loustaunau-Lacau, Georges. *Mémoires d'un Français Rebelle*. Paris: Robert Laffont, 1948.

Lyman, Robert. *The Jail Busters: The Secret Story of MI6, the French Resistance and Operation Jericho*. London: Quercus, 2014.

Macintyre, Ben. *Double Cross: The True Story of the D-Day Spies*. New York: Crown, 2012.

Marks, Leo. *Between Silk and Cyanide: A Codemaker's War, 1941–45*. Stroud, UK: History Press, 2013.

Middlebrook, Martin. *The Peenemünde Raid: The Night of 17–18 August 1943*. Barnsley, UK: Pen and Sword, 2006.

Morgan, Sir Frederick. *Overture to Overlord*. Garden City, NY: Doubleday, 1950.

Morgan, Ted. *An Uncertain Hour: The French, the Germans, the Jews, and the City of Lyon, 1940–1945*. New York: Arbor House, 1990.

Muggeridge, Malcolm. *Chronicles of Wasted Time*: Vol. 2, *The Infernal Grove*. London: Collins, 1973.

Neufeld, Michael. *Von Braun: Dreamer of Space, Engineer of War*. New York: Knopf, 2007.

Nicolson, Harold. *The War Years: Diaries and Letters 1939–1945*. New York: Atheneum, 1967.

Olson, Lynne. *Citizens of London: The Americans Who Stood with Britain in Its Darkest, Finest Hour*. New York: Random House, 2010.

———. *Last Hope Island: Britain, Occupied Europe, and the Brotherhood That Helped Turn the Tide of War*. New York: Random House, 2017.

———. *Those Angry Days: Roosevelt, Lindbergh, and America's Fight over World War II, 1939–1941*. New York: Random House, 2013.

O'Sullivan, Adrian. *Nazi Secret Warfare in Occupied Persia (Iran): The Failure of the German Intelligence Services 1939–1945*. Basingstoke, UK: Palgrave Macmillan, 2014.

Padfield, Peter. *Dönitz: The Last Fuhrer*. London: HarperCollins, 1987.

Paillole, Paul. *Fighting the Nazis: French Intelligence and Counterintelligence, 1933–1945*. Enigma Books, 2003.

Parry, Dan. *D-Day 6.6.44: The Dramatic Story of the World's Greatest Invasion*. London: BBC Books, 2004.

Paxton, Robert O. *Vichy France: Old Guard and New Order, 1940–1944*. New York: Columbia University Press, 2001.

Porch, Douglas. *The French Secret Services: From the Dreyfus Affair to the Gulf War*. New York: Farrar, Straus and Giroux, 1995.

Pryce-Jones, David. *Paris in the Third Reich: A History of the German Occupation, 1940–1944*. New York: Holt, Rinehart and Winston, 1981.

Read, Anthony, and David Fisher. *Colonel Z: The Secret Life of a Master of Spies*. New York: Viking, 1985.

Read, Piers Paul. *Alec Guinness: The Authorized Biography*. New York: Simon & Schuster, 2005.

Riding, Alan. *And the Show Went On: Cultural Life in Nazi-Occupied Paris*. New York: Knopf, 2010.

Robertson, K. G., ed. *War, Resistance and Intelligence: Collected Essays in Honour of M.R.D. Foot*. Barnsley, UK: Pen and Sword, 2000.

Rodriguez, Capt. *L'Escalier Sans Retour*. Paris: Éditions France-Empire, 1984.

Romanones, Aline, Countess of. *The Spy Wore Red: My Adventures as an Undercover Agent in World War II*. New York: Random House, 1987.

Rosenberg, Tina. *The Haunted Land: Facing Europe's Ghost After Communism*. New York: Random House, 1995.

Rossiter, Margaret L. *Women in the Resistance*. New York: Praeger, 1985.

Sansom, C. J. *Winter in Madrid*. New York: Penguin, 2009.

Schiff, Stacy. *Saint-Exupéry: A Biography*. New York: Knopf, 1995.

Schoenbrun, David. *Soldiers of the Night: The Story of the French Resistance*. New York: Dutton, 1980.

Sebba, Anne. *Les Parisiennes: How the Women of Paris Lived, Loved and Died Under Nazi Occupation*. New York: St. Martin's Press, 2016.

Sergeant, Harriet. *Shanghai: Collision Point of Cultures 1918–1939*. New York: Crown, 1990.

Sevareid, Eric. *Not So Wild a Dream*. New York: Atheneum, 1976.

Shirer, William L. *The Collapse of the Third Republic: An Inquiry into the Fall of France in 1940*. New York: Simon & Schuster, 1969.

Smith, Colin. *England's Last War Against France: Fighting Vichy 1940–1942*. London: Phoenix, 2010.

Smyth, J. E. *Fred Zinnemann and the Cinema of Resistance*. Jackson: University Press of Mississippi, 2014.

Sullivan, Rosemary. *Villa Air-Bel: World War II, Escape, and a House in Marseille*. New York: Harper Perennial, 2007.

Summers, Julie. *Our Uninvited Guests: The Secret Lives of Britain's Country Houses 1939–1945*. London: Simon & Schuster, 2018.

Tombs, Robert, and Émile Chabal, eds. *Britain and France in Two World Wars: Truth, Myth and Memory*. London: Bloomsbury, 2013.

Verity, Hugh. *We Landed by Moonlight: The Secret RAF Landings in France 1940–1944*. Manchester, UK: Crécy Publishing, 2000.

Vomécourt, Philippe de. *An Army of Amateurs*. New York: Doubleday, 1961.

Vosjoli, P. L. Thyraud De. *Lamia*. Boston: Little, Brown, 1970.

Wake-Walker, Edward. *A House for Spies: SIS Operations into Occupied France from a Sussex Farmhouse*. London: Robert Hale, 2011.

Weitz, Margaret Collins. *Sisters in the Resistance: How Women Fought to Free France, 1940–1945*. New York: John Wiley and Sons, 1996.

West, Nigel. *MI6: British Secret Intelligence Service Operations 1909–1945*. New York: Random House, 1983.

Wieviorka, Oliver. *The French Resistance*. Cambridge, MA: Harvard University Press, 2016.

索　引

（索引页码为原著页码，即本书边码）

图书在版编目（CIP）数据

弗尔卡德夫人的秘密战争：抵抗希特勒的法国间谍战／（美）琳内·奥尔森（Lynne Olson）著；蔡佳译. --北京：社会科学文献出版社，2023.3
（思想会）
书名原文：Madame Fourcade's Secret War: The Daring Young Woman Who Led France's Largest Spy Network Against Hitler
ISBN 978-7-5228-0585-6

Ⅰ.①弗… Ⅱ.①琳… ②蔡… Ⅲ.①第二次世界大战-间谍-情报活动-史料-法国 Ⅳ.①D756.536

中国版本图书馆 CIP 数据核字（2022）第 173938 号

思想会
弗尔卡德夫人的秘密战争：抵抗希特勒的法国间谍战

著　　者／〔美〕琳内·奥尔森（Lynne Olson）
译　　者／蔡　佳

出 版 人／王利民
责任编辑／吕　剑　聂　瑶
责任印制／王京美

出　　版／社会科学文献出版社·当代世界出版分社（010）59367004
　　　　　地址：北京市北三环中路甲 29 号院华龙大厦　邮编：100029
　　　　　网址：www.ssap.com.cn
发　　行／社会科学文献出版社（010）59367028
印　　装／三河市东方印刷有限公司

规　　格／开　本：889mm×1194mm　1/32
　　　　　印　张：15.125　字　数：322 千字
版　　次／2023 年 3 月第 1 版　2023 年 3 月第 1 次印刷
书　　号／ISBN 978-7-5228-0585-6
著作权合同
登 记 号／图字 01-2022-1229 号
定　　价／89.00 元

读者服务电话：4008918866